Janina Findeisen

MEIN ZIMMER IM HAUS DES KRIEGES

Janina Findeisen

MEIN ZIMMER IM HAUS DES KRIEGES

351 TAGE GEFANGEN IN SYRIEN

PIPER

Mehr über unsere Autoren und Bücher:
www.piper.de

MIX
Papier aus verantwor-
tungsvollen Quellen
FSC® C014496

ISBN 978-3-492-05940-4
© Piper Verlag GmbH, München 2019
Satz: Kösel Media GmbH, Krugzell
Gesetzt aus der Minion Pro
Litho: Lorenz & Zeller, Inning am Ammersee
Druck und Bindung: GGP Media GmbH, Pößneck
Printed in Germany

Kein Mensch bekämpft die Freiheit;
er bekämpft höchstens die Freiheit der anderen.

Karl Marx

Inhalt

VORWORT

Inzwischen bin ich seit über zwei Jahren aus Syrien zurückgekehrt. Genug Zeit, um mich wieder an das Leben in der Komfortzone zu gewöhnen. Die Fragen, ob meine Lebensmittel bio oder Küken für meine Eier gestorben sind, ob meine Zahnreinigung zusatzversichert und mein Netflix-Account mit dem WLAN verbunden ist oder ob ich mit meinem Diesel bald nicht mehr durch die Innenstadt fahren darf, sind langsam wieder relevant für mich geworden, aber es hat lange gedauert.

Jeder Journalist, der in Syrien war, hatte in erster Linie ein Anliegen: über die Situation in Syrien zu erzählen, von der anderen Seite zu berichten. Jeder Journalist, der die Grenze überschritten hat, wollte, davon gehe ich aus, die Wahrheit herausfinden. Unabhängig davon, ob er oder sie überlebt hat oder nicht.

Wir Journalisten sind nicht die Geschichte, um die es eigentlich gehen sollte. Es geht um Syrien und vor allem darum, die Syrer selbst wieder in den Fokus zu rücken. Das Interesse für Syrien ist leider gering. Es sei denn, es passiert uns aus dem Westen etwas vor Ort. Doch das Leben eines Syrers ist so viel wert wie unseres.

Wo einst eine arabische Revolution startete, ist diese in einen grausamen Bürgerkrieg umgeschlagen, der von internationalen Playern mit schmutzigen Methoden instrumentalisiert und inzwischen von radikal-dschihadistischen Milizen angeführt wird. Ich bin nach Syrien gereist, um über die Hintergründe berichten zu können. Doch nun muss ich leider eine ganz andere Geschichte erzählen.

PROLOG

Entführt zu werden ist, wie ins Koma zu fallen: Das Leben drum herum geht weiter, nur ohne dich. Du bist plötzlich nicht mehr dabei, aber du bist trotzdem noch bei vollem Bewusstsein. Bloß kannst du nichts mehr tun, und keiner kann dir mehr helfen. Gefangen zu sein, das ist, wie in einen Strudel unter Wasser hinabgezogen zu werden, in die Tiefe des Ozeans. Alles ist in Schlieren. Ungreifbar, trüb und einsam. Keiner hört dich mehr, weil niemand mehr da ist, der dir zuhören kann. Du bist auf dich selbst zurückgeworfen, auf deine Erinnerung. Du lebst in einer anderen Realität als der Rest der Welt. Die Vergangenheit und alles, was bis dahin war, existiert von einem auf den anderen Moment nicht mehr. Sie ist ausgelöscht und unerreichbar. Wie ein Leben unter Tage. Du bist auf stumm geschaltet. Jedes Gespräch, jeder Traum, jede Erinnerung, jede Idee, alles ist nicht stofflich und fluid, ungreifbar und findet nur noch in deinem Kopf statt, weil der Bezug zu deinem echten Leben weg ist.

Doch du fällst nicht wirklich ins Koma, sondern du erwachst nach einer kurzen Zeit der Betäubung wieder. Und du erwachst in einer grausamen Realität: der Gefangenschaft mit ungewissem Ausgang. Nur im Traum kannst du noch frei sein. Du bist tagsüber eingemauert, aber nachts in deinen Träumen kannst du alles tun, bist zurück in deinem alten Leben, triffst deine Liebsten und deine Freunde. Und nach Monaten der Gefangenschaft kannst du nicht mehr zwischen Träumen und Realität unterscheiden.

Wenn du entführt wirst, dann sind alle Brücken gekappt, du stehst alleine im Dunkeln, es ist tiefe Nacht, und der schlimmste Albtraum deines Lebens wird mit einem Mal wahr. Von einem auf den anderen Moment ist er deine neue Wirklichkeit. Die Qualen, die Einsamkeit, die Demütigung, die Hoffnungslosigkeit, die Lebensfeindlichkeit im Krieg, das sind nur einige der Dinge, die mich zeitweise bis an den Rand der Verzweiflung gebracht haben. Es war die schwerste Prüfung meines Lebens, und ich bin froh, dass mein Sohn und ich diese Reise überlebt haben. Ich bin unendlich dankbar dafür, dass ich wieder zu Hause in Deutschland bei meiner Familie und meinen Freunden bin. Nach Syrien hat eine neue Zeitrechnung für mich begonnen.

Manche Momente im Leben sind teurer als andere, denn sie werden in einer anderen Währung bezahlt. Währung und Preis kennt nur, wer es bezahlen musste.

Und obwohl ich jetzt schon seit einer Weile zurückgekehrt bin, ist nichts wie vorher. Meine Zeitrechnung unterscheidet die vorsyrische, die syrische und die nachsyrische Zeit. Es sind die kleinen Dinge im Leben, auf die es für mich inzwischen ankommt. Ich konzentriere mich auf das Jetzt. Die Zeit, die ich durch meine Rückkehr gewonnen habe, nicht jene Zeit, die ich verloren habe.

Jede Geschichte hat ihren Anfang. Alles beginnt irgendwo, an einem spezifischen Punkt im Universum, zu einer spezifischen Zeit und an einem spezifischen Ort. Die Leben mancher Menschen kreuzen sich, manche Wege gehen wir ein Stück gemeinsam, einige Wege und Menschen haben Bedeutung, andere zerfallen im Kontinuum der Zeit, wie ein atomarer Stoff, der qua Naturgesetz kontinuierlich abgebaut wird. Aber manche Menschen prägen uns viel mehr, als wir das vielleicht jemals für möglich gehalten hätten, und beeinflussen dadurch unseren Weg.

Diese Geschichte beginnt mit meiner Freundschaft zu Laura, meiner alten Schulfreundin. Laura war eine von uns, bevor sie zum Islam konvertierte. Mit ihrer Konversion sollte sich vieles ändern. Unsere Freundschaft begann in der Grundschule und entwickelte sich zu einem Sandsturm, in dem ich unterging. Seit ihrer Ausreise aus Deutschland habe ich mich auf die Suche nach ihr begeben und versucht zu rekonstruieren, was geschehen war. Was hat Laura, meine Freundin seit der Grundschulzeit, zur radikalsten Lebensform des Islams gebracht? Welche Gründe haben zu ihrer Abkehr von unserer Gesellschaft geführt? Und warum hat sie für sich und ihre Kinder die Entscheidung getroffen, im Krieg zu leben? Warum kommt sie nicht nach Deutschland zurück? Letztere ist vielleicht eine der wichtigsten Fragen, die ich beantworten werde.

Als ich Laura das erste Mal seit ihrer Ausreise im Frühjahr 2009 wiedersah, war ich ihrer Gruppe vollkommen ausgeliefert. Ich war mir dessen nur noch nicht bewusst. Es war diese Freundschaft aus Bonner Zeiten, die mich fast mein Leben und das Leben meines Sohnes kostete. Mit meiner Reise nach Syrien wurde ich in die Falle gelockt. Meine Sicherheitsgarantie löste sich in Luft auf, und jene Gruppe, die eben noch für meine Sicherheit eingestanden hatte, entführte mich im nächsten Moment. Das Gefährlichste an Syrien ist die Unberechenbarkeit, doch dies und vieles andere habe ich zu spät begriffen. Ich bin erst viel später in diesem Krieg angekommen. Es hat Monate gedauert, bis ich akzeptiert habe, dass ich in Syrien bin und bis auf Weiteres nicht nach Deutschland zurückkehren werde. Ich dachte, ich könne eine kurze Reise nach Syrien machen, für eine kurze Weile in das Leben von Laura eintauchen und anschließend einfach zurückkommen, nach einigen Tagen Recherche.

Die Entführung hat mein Leben aus den Angeln gehoben, meine Welt auf den Kopf gestellt – sie war die größte Prüfung meines bisherigen Lebens: die tägliche Kriegshölle, der Zweifel, das Kopfkino, die Angst, die Verzweiflung, die Hoffnungslosigkeit und auch die Bitterkeit. Ich weiß nicht, ob man sich einsamer und verlorener fühlen kann, als ich das getan habe, wahrscheinlich kaum. Es war ein Kampf gegen die Zeit. Ein Kampf um jede Minute, die vergehen musste.

Ich habe nicht nur die Tage gezählt, sondern die Stunden und irgendwann auch die Minuten. Und ich habe versucht, mich an jeden vergangenen Tag minutiös zu erinnern. Ich lebte in meinen Erinnerungen und für sie. In meinen Träumen war ich frei und konnte meine Liebsten treffen, wenn ich aufwachte, war da ein verschlossenes Zimmer – mit mir darin. Sonst nichts. Später, nachdem mein Sohn geboren worden war, war alles leichter und schwerer zugleich. Ich habe versucht, das Beste aus jedem Tag zu machen. Für meinen Sohn glücklich zu sein und mit ihm.

Ich habe mich in einem Moment in Syrien dazu entschieden, mich nicht unterkriegen zu lassen. Sondern mich meinem Schicksal zu ergeben. Ich habe versucht, das Beste aus meiner widrigen Situation zu machen, ich habe versucht, allen Zweifeln, die mich zerreißen wollten, zu widerstehen und an das Gute zu glauben, an das persönliche Happy End meines Lebens. Ich habe an jedem der 351 Tage, die ich gefangen gehalten wurde, an meine Rückkehr geglaubt. Obwohl es unwahrscheinlich schien, jemals nach Deutschland zurückzukehren. Syrien war so unmittelbar und real und Deutschland wie ein weit entferntes Land in einem Märchen. Es war die bitterste Zeit meines Lebens, aber ich habe niemals aufgegeben, ich habe mich gegen die Entführer gestellt, ich habe versucht, das schwarze Loch, das sich um mein Leben herum gebildet hatte und mich verschlingen wollte, zu besiegen. Man kann einen Menschen innerhalb von wenigen Stunden brechen, doch glücklicherweise hat niemand versucht, mich zu brechen.

Vor meiner Reise war ich blauäugig, ich dachte, dass meine Sicherheitsgarantie halten würde. Eine Sicherheitsgarantie in muslimischen Gesellschaften hat einen hohen Stellenwert, das gegebene Wort gilt wie ein Vertrag und untersteht einem Ehrenkodex. Ich glaubte, dass ich geschützt sei, dass ich unantastbar sei. Aber das war ich nicht. Ich war offensichtlich eine leichte Beute in einem großen Spiel. Ich habe die Situation falsch eingeschätzt. Und doch war ich in gewisser Hinsicht geschützt. Viele Dinge, die Frauen in den Gefängnissen jeden Tag erleben, sind mir erspart geblieben. Ich war eine Marionette der Entführer und irgendwann ein Schatten meiner selbst.

Meine Entscheidung, schwanger mit einer Sicherheitsgarantie in ein Land einzureisen, in dem Krieg herrscht, ist heute nicht mehr zu begreifen. Es war verantwortungslos, leichtsinnig und falsch. Ich bedauere diesen Schritt zutiefst, doch ich kann meinen Fehler weder ungeschehen machen noch verbergen oder vergessen. Er ist Teil meiner Lebensgeschichte. Ich habe mich jeden Tag damit gequält, warum ich nach Syrien gereist bin, und meine ausweglose Situation verflucht. Ich habe mich selbst verflucht, dass ich nicht wachsam und achtsam genug war, und in den Krieg gereist bin wegen einer Geschichte über eine alte Schulfreundin. Oft habe ich mich in Gefangenschaft gefragt: Warum bin ich hier? Und warum bin ich *eigentlich* hier? Warum habe ich mir und meinem Kind das angetan? Warum dieses Risiko? Wozu? Warum dieser unnötige Schmerz? Diese Frage drehte sich die ganze Zeit über in meinem Kopf wie ein Mühlrad. Was hat mich dazu gebracht, diese vollkommen falsche Entscheidung zu treffen? Ich hatte alles in Berlin. Ein Leben, Freunde, Arbeit. Und bin trotzdem das Risiko eingegangen, alles zu verlieren. Das ist für mich heute, nachdem ich zurückgekehrt bin, nicht mehr nachvollziehbar. Wollte ich mir selbst etwas beweisen? Woher kam der Druck?

Es war nicht alleine meine Naivität. Am Ende haben viele Faktoren zu dieser Entscheidung geführt. Es war ein Geflecht aus Personen, Orten, Umständen und Worten, die Menschen gesagt haben oder nicht gesagt haben. Viele Kontrollinstanzen haben versagt, auf Produktionsebene und auf menschlicher Ebene.

Ob ich konvertiert oder übergelaufen bin? Ich wäre sofort konvertiert, wenn es mir geholfen hätte. Aber ich habe in keinem einzigen Moment den Vorteil gesehen. Natürlich wurde ich oft danach gefragt, sowohl von Laura als auch von den Entführern. Deshalb habe ich darüber nachgedacht. Warum bin ich nicht konvertiert? War nicht genug Zeit dafür? Gab es nicht genug Möglichkeiten? War es nicht das, was viele erwartet haben? Die Sicherheitsbehörden, die Dschihadisten? Vielleicht sogar einige meiner Freunde und meine Familie? Ja, natürlich war es zu erwarten, aber es ist nicht geschehen, weil mich meine Zeit in Syrien eher vom Islam entfernte, als ihn mir nahezubringen. Auch wenn ich mich mit aufrichtigem Interesse mit dem Koran beschäftigte, hat der Text »nicht zu mir gesprochen«, sosehr ich mich auch in die Textzeilen vertieft habe. Auch die muslimische Lebenspraxis fand ich während meiner Entführung eher abschreckend als einladend, besonders die Rechte und Stellung der Frau.

Ich ging als Journalistin und Freundin nach Syrien und kehrte als Fremde zurück. Nach Syrien war nichts mehr, wie es einmal war. Das Erlebte bleibt sehr präsent. Das bringt ein Jahr im Krieg mit sich. In meiner Zeit der Gefangenschaft habe ich mir immer wieder gesagt: Die Liebe wird alles besiegen. *Omnia vincit amor.* Es sollte zu meinem Motto während der Gefangenschaft werden. Und es sollte sich bestätigen. Ich habe dem Tod ins Auge gesehen, und ich hatte Glück. Jetzt, wenn ich mit meiner Familie zusammen bin, wenn ich an der Spree stehe und in die Nacht schaue, nun, da ich zurückgekehrt bin, scheinen die Dinge wertvoller zu sein, als sie vorher je hätten sein können, weil ich sie nicht mehr hatte und eine zweite Chance bekommen habe. Jeder einzelne Moment für sich genommen, jedes einzelne Lachen meiner Freunde und die Nähe meiner Familie. Unser freies und doch so sicheres Leben in Deutschland und Europa. Mein Überleben verdanke ich in erster Linie der Liebe zu meinem Kind. Mein Sohn gab mir die Stärke, diese Zeit zu überstehen. Ihm verdanke ich alles.

Ich habe während der unendlichen Tage und Nächte in Syrien immer geschrieben. Meine Tagebücher sind verloren gegangen, aber auch das ist Teil der Geschichte, die ich hier rekonstruiere. Ein weißes Blatt liegt vor mir auf dem Tisch. Ich bewege den Stift in meiner Hand. Das Aufschreiben mit Zettel und Stift hilft mir, mich an die Zeit in Syrien zu erinnern. Es fällt mir nicht leicht. Meine Erinnerungen an die Gefangenschaft sind, so erzählen es auch andere Geiseln, die freigekommen sind, in meine Gehirnwindungen eingebrannt. Nur die Details verblassen langsam. Das Grundgerüst bleibt als Konstante unauslöschbar in meinem Bewusstsein erhalten, auch wenn mir alles hier und heute sehr fremd erscheint: Zu anders ist das Leben in Syrien gewesen, zu unterschiedlich sind die Parameter der beiden Welten, zu einsam waren die Erfahrungen dort.

Noch eine allgemeine Bemerkung: Ich erzähle in diesem Buch meine Version der Geschichte, aber natürlich waren viele Menschen in die Geschehnisse involviert. Zum Schutz von Personen habe ich manche Namen und Orte verändert.

TEIL I

TÜRKEI –
DER BEGINN DER REISE

INSIDE TURKEY

Laura schreibt mir per Mail: »Liebe Janina. Du sollst nach den Eid-Tagen nach Antakia kommen, dort ein Hotelzimmer nehmen und dich bei mir melden. Werde dir noch Einzelheiten schreiben, nur dass du dich schon mal bereit machst. LG, Umm Leila«

Nach dem Flug ohne Zwischenstopp von Berlin nach Istanbul ist die Ankunft in der Metropole hektisch. Wir landen am 26. September 2015 auf dem nach Atatürk benannten Flughafen auf der europäischen Seite, Durchsagen schallen über die Lautsprecher. Überall wimmelt es von Menschen. Die Fahrt in die Innenstadt dauert über eineinhalb Stunden, es herrscht viel Verkehr. Von Istanbul aus soll es nach ein paar Tagen mit dem Flugzeug weitergehen nach Antakya, ins Grenzgebiet zu Syrien. Eine Sonderzone, für die man eine Extradrehgenehmigung braucht. Ich werde dorthin reisen, denn in Nordsyrien, vielleicht nur wenige Dutzend Kilometer hinter der Grenze, ist Laura. Ich bin auf dem Weg zu einem Dreh für einen Dokumentarfilm über meine Freundschaft zu ihr.

In Antakya soll der Schleuser mich abholen, der mich nach Nordsyrien bringen soll. Als ich mit meinem Kamerateam dort ankomme, checken wir zunächst ins Hotel ein. In Antakya gibt es nur zwei Hotels, die überhaupt für Ausländer zugelassen sind. Sie liegen einander direkt gegenüber. Wir nehmen das größere der beiden, ein Boutiquehotel. Die Atmosphäre ist wie in einem Ex-Sowjethotel: überdimensioniert, bombastisch, geschmacklos, leer. Es wirkt dunkel, die Flure sind lang und braun. In der Lobby, die protzig-düster daherkommt, wirkt alles seltsam ausgestorben. Kein einziger anderer Gast ist zu sehen. Nirgendwo. Es scheint, als seien wir tatsächlich die Einzigen hier.

Durch das Fenster ist der Muezzin zu hören, der zum Morgengebet ruft, dem *Fadjr*. *Steh auf, Gebet ist besser als Schlaf.* Der erste Tag beginnt mit einem kräftigen Frühstück: Omelette und Tee mit Milch. Wir sitzen auf der Terrasse, es ist schwül, Autos hupen. Unweit des Hotels beginnen die Berge. Es gibt nur zwei Gründe, überhaupt ins Grenzgebiet zu Syrien zu fahren: Man will in den Dschihad. Oder: Man will über den Dschihad schreiben.

Antakya ist eine alte Stadt, aber ihre Geschichte wurde immer auch von ihrer Lage geprägt. Sie war einst eine Handelsmetropole, und auch heute ist in der Altstadt und auf dem großen Basar noch einiges von der Handelstradition vergangener Tage spürbar. Wir sind zur Mittagszeit in der Altstadt. Alles hupt, Motorräder drängen durch die Gassen, Zweitaktmotoren knattern. Im Basar sind allerlei Verkaufsstände nebeneinander aufgereiht. Ein alter Mann schleppt ein Dutzend Teppiche, Kinder verkaufen Süßigkeiten. Am Straßenrand grillt ein Händler Kebab-Spieße auf Holzkohle. Es wird frischer Ayran, das türkische Joghurtgetränk, in weißen Plastikbechern angeboten.

Rauchschwaden steigen auf, es duftet nach scharf gewürztem Fleisch. Zwei junge Männer schieben einen Handkarren, eine Frau mit blumengemustertem Kopftuch sitzt auf dem Asphalt. Heute erzählt man sich Geschichten vom Krieg, der im benachbarten Syrien herrscht. Ein grausamer Krieg mit Millionen von Flüchtlingen und Flüchtigen. Es ist eine undurchsichtige Situation. Antakya ist die türkische Großstadt, die den Schlachtfeldern des Antiterrorkrieges am nächsten liegt, eine Stadt, in die der Krieg längst mit seinen blutigen Händen hineingreift. Wir machen eine Fahrt durch die Stadt und zur Kirche. Antakya mit seinen über 200 000 Einwohnern ist nicht so chaotisch und unüberschaubar, wie ich es angenommen habe, sondern durchgeplant. Außerdem ist Antakya christliches Kernland. Ich laufe über den Vorplatz der Kirche. Sie befindet sich hoch oben auf einem Berg nahe der Stadt, ist Teil unserer christlich-abendländischen Geschichte. Antakya ist der Geburtsort der christlichen Kirchen. Auf einem Berg ein wenig außerhalb der Stadt befindet sich die älteste christliche Kirche der Welt, vom Vatikan zertifiziert, es ist die St.-Petrus-Grotte. Die Höhlenkirche, die direkt im Fels liegt, stammt aus dem 1. Jahrhundert nach Christus und soll von Weggefährten Christi als Treffpunkt und Ritualort genutzt und von dem Apostel Petrus selbst geweiht worden sein.

Wir drehen am Abend in der Altstadt. Plötzlich werden wir von drei Motorrädern umzingelt. Dann kommen rund zehn Zivilbeamte dazu. Wir sind umringt. Es tritt ein kräftiger Mann auf uns zu, ebenfalls in Zivil. »Was macht ihr hier?« Wir erklären ihm die Situation. Sie wollen jetzt, etwas bestimmter, unsere Papiere sehen. Wieso? Weil er von der türkischen Polizei sei. Und er kontrolliere alle Ausländer. »Wieso?«, frage ich ihn erneut. Wir werden allesamt aufgefordert, in ihre beiden Autos zu steigen. Zur Polizeistation. Wir fahren zuerst zum Hotel und holen dort unsere Ausweise, dann fahren wir weiter zur Polizeistation. Während der Fahrt sagt einer der Polizisten: »Mein Cousin lebt auch in Deutschland!« »Wo denn?« »In Duisburg.«

Der Polizist lächelt nicht, als er uns in einen Raum bittet. Er hat einen grauen Schnauzbart und eine Halbglatze. Er bittet uns einzutreten, und wir setzen uns auf die Stühle, die vor seinem Schreibtisch aufgebaut sind. Die Polizeistation ist ruhig und groß.

Wir werden bei den Dreharbeiten festgenommen, das fängt ja gut an, denke ich, während wir unsere druckfrischen Presseausweise auf den Tisch legen.

Dann kommt ein weiterer Polizist dazu und setzt sich an unseren Tisch, es scheint sein Vorgesetzter zu sein. Er trägt ein rotes Poloshirt und hat einen harten Blick. Er sagt, dass wir keine Drehgenehmigung hätten. Spät in der Nacht dürfen wir die Polizeistation wieder verlassen.

Am nächsten Morgen beim Frühstück entdecken wir ein gepanzertes Fahrzeug vor dem Hotel. Überall auf der Straße sind Beamte in Zivil unterwegs, die uns auf der Terrasse vom Hotel beobachten. Wir gehen zurück in die Hotelzimmer und dann hinaus nach Antakya.

Während wir gerade beim Mittagessen sitzen, klingelt mein zweites Telefon. Das bedeutet, dass der Kontaktmann von Laura anruft. Es klingelt weiter. Die Melodie tönt durch den Raum. Wie in Trance stehe ich auf und nehme das Telefon in die Hand. Langsam schaue ich auf das leuchtende Display.

Eine türkische Nummer blinkt auf, während es weiter klingelt, die Dschihadisten benutzen häufig türkische SIM-Karten, wenn sie sich in der Grenzregion aufhalten. Der Kreis schließt sich. Niemand hat diese Nummer, die ich mir gestern zugelegt habe. Außer Laura, der ich sie am Abend mailte. Sie und ihre Kontaktleute.

Das Telefon klingelt immer noch. Ich schaue auf die Uhr. Es ist zehn nach zwölf. »Hallo?«

Ist es ein Kontaktmann? Ist es Laura? Wer will mich anrufen? Es ist ein Anruf aus einer anderen Welt. Und es ist auch eine gefährliche Welt. Denn wenn dieses Telefon klingelt, dann ruft das Taxi nach Syrien an. »I will kill you in one hour«, verstehe ich. »I will tell you in one hour«, meint er hoffentlich. Die Stimme dieses Mannes klingt aufgeregt. Es ist nicht Laura. Ich höre nur Rauschen in der Leitung und dann abgehackte arabische Wortfetzen, die durch die Leitung huschen. Dann reißt die Verbindung mit einem Mal ab, und es ist nur noch ein Tuten in der Leitung zu hören. Es war ein Anruf von al-Qaida.

Einige Stunden später klingelt mein Telefon erneut. »Hallo!« Diesmal ist die Verbindung besser, und es ist ein anderer Mann am Telefon. Seine Stimme klingt ganz ruhig. Der Mann am anderen Ende der Leitung spricht unerwartet gut Deutsch mit einem nordarabisch-frankophonen Akzent, ein Relikt aus der Kolonialzeit. »Ich bin der Kontaktmann«, gibt er mir zu verstehen. Es durchzuckt mich. Irgendwie hatte ich nicht daran geglaubt, dass der Kontakt zu ihr zustande kommen würde. Ich hatte immer gedacht, dass es nicht möglich sein könne. Nun ist es plötzlich anders.

»Der Schleuser ist in Antakya«, sagt er mit fester Stimme. Mein Herz rast. Ich bin angespannt. Es rauscht in der Leitung. »Komm zum großen Krankenhaus«, fährt der Anrufer fort. Nun ist das Tor plötzlich offen. Nun ist alles mit einem Mal real geworden. In diesem Moment denke ich, dass diese Tür wahrscheinlich nur einmal aufgehen und sich danach direkt wieder verschließen wird. »Wir rufen später noch mal an«, sagt der Anrufer, dann legt er auf. Ich bin wie benommen, als ich das Tuten in der Leitung höre.

Nachdem ich mich gesammelt habe, fasse ich die Situation noch einmal für mich zusammen: Bei dem Telefonat haben die Dschihadisten gesagt, dass ein Treffen mit Laura arrangiert werden könne. Doch wie realistisch ist eine solche Möglichkeit? Von einer Reise nach Syrien sollte man immer absehen. Es gibt drei Faktoren, die die Lage in Syrien so gefährlich machen: Die größte Gefahr sind die Dschihadisten. Es gibt allein in Syrien rund 60 unterschiedliche Gruppen, die zum Teil alte Fehden pflegen und untereinander verfeindet sind. Selbst wenn man den Schutz einer Gruppe genießt und bei ihr zu Gast ist, dann heißt das nicht, dass andere Gruppen nicht andere Interessen verfolgen. Das ist der Grund dafür, dass immer wieder Ausländer entführt werden, zuletzt waren das Journalisten. Sie wurden in Nordsyrien und weiter im Süden entführt und anschließend in den Irak oder andere Gegenden verschleppt und an eine der dschihadistischen Gruppen verkauft. Nun wollen sie Lösegeld von den Staaten erpressen. Und mit den Videos des Islamischen Staats, in denen die Enthauptung von Journalisten gezeigt wird, ist eine neue Qualität der Erpressung und Gewalt erreicht. Manche Entführte kommen, wenn überhaupt, erst nach vielen Jahren zurück. Es klingt beängstigend und furchtbar.

Der zweite Grund ist die syrische Armee vor Ort, die einzelne Stützpunkte über das Land verteilt hat. Diese kontrollieren die Straßen in und aus Nordsyrien. Auf jeder Straße sind mehrere Checkpoints. Es ist für einen Ausländer, sei er Tourist oder Journalist, nicht erlaubt, nach Syrien einzureisen. Der Staat hat das Gebiet gesperrt. Wenn man es aber doch irgendwie schafft, an der türkischen und syrischen Armee vorbeizukommen, dann befindet man sich im Niemandsland.

Die Gefahr geht zudem von den Bomben der syrischen Armee, der Russen und Amerikaner aus. Die Daten, die zum Angriff führen, könnte ich selbst liefern, wenn ich dorthin reise und dann in ein Internetcafé gehe oder telefoniere. Keiner weiß genau, wie die Daten erhoben werden, die dann zum Schuss führen. Wenn ich mich in der Nähe von Zielpersonen aufhalte, kann das zur ganz konkreten Gefahr werden.

Der Tag ist schnell vergangen. In dieser Nacht bin ich unruhig. Ich liege im Hotelzimmer und wälze mich von einer Seite auf die andere und versuche abzuwägen. Doch was gibt es da eigentlich noch abzuwägen? Der Plan kann nicht aufgehen, denke ich. Es ist zu gefährlich. Endlich ertönt der Muezzin. Ein Hund bellt, und sein Bellen hallt durch die Straßen.

SAFEHOUSE IN ANTAKYA

Noch bevor ich Deutschland verlassen hatte, hatte Laura mich per E-Mail vorbereitet: »Die Fahrt bis zur Grenze ist komplett sicher. Habe noch nie gehört, dass da was passiert ist. Da du auch keine dschihadistische Kämpferin bist, droht dir im schlimmsten Fall, dass du zurückgeschickt wirst. Beim Grenzübergang gibt es verschiedene Arten, je nachdem, was gerade offen ist. Für Muslime, die Arabisch sprechen, gibt es sogar die Möglichkeit, offiziell durchzufahren. Dann gibt es Grenzübergänge, die eigentlich nicht offiziell sind, aber die Polizisten erhalten Schmiergeld und lassen einen durch. Und es gibt Wege mit ca. 20 Minuten Fußweg. Deshalb immer festes Schuhwerk dabeihaben.« Sie versucht, mich zu ermutigen: »Wenn du die Grenze überquert hast, ist es gar nicht mehr gefährlich, außer natürlich, dass du dich im Kriegsgebiet befindest. Aber Polizei ist hier natürlich keine. Entweder ich bin dabei, wenn du abgeholt wirst auf unserer Seite, oder du wirst zu mir gebracht.« Sie beschreibt die Situation vor Ort: »Auf den Wegen gibt's alle paar Kilometer Grenzposten. Keine Panik, die gucken immer nur kurz ins Auto oder winken einen sogar direkt durch, wenn sie den Fahrer kennen. Der Bruder, der dich fahren wird, ist vertrauenswürdig. Da musst du dir keine Gedanken machen. Was vor Ort passieren KANN, siehst du nahezu täglich im Fernsehen, aber wie gesagt, die Brüder sind sehr vorsichtig in Bezug auf die *Muhajireen* (Anm: die ›Auswanderer‹) und bringen sie immer zu den sichersten Orten.« Und weiter: »Aber du bist eine Frau. Du musst dich draußen in Syrien bedecken, die Leute werden sich gar nicht um dich kümmern. Wären wir auf der Seite von ISIS, wäre das eine andere

Sache.« Sie spricht auch über die Ausreise: »Rein- oder rauskommen ist kein großer Unterschied. Und täglich bewegen sich Leute. Wenn du reingekommen bist, sehe ich keine große Gefahr mehr. Das Risiko einer Bombardierung ist immer gegeben, wird aber gering gehalten. Und ich hab's ja immerhin sechseinhalb Jahre durchgehalten ...« Dann geht es um die Sicherheitsgarantie: »Eine Garantie, dass dir nichts angetan wird und du bestens behandelt wirst, habe ich schon von den Brüdern bekommen. Somit hast du auch eine mündliche Garantie über mich von ihnen. Wirklich krass verfeindete Gruppen gibt's hier nicht. Entgegenkommen in die Türkei kann ich dir natürlich nicht.« Sie beendet ihre E-Mail mit den Worten: »So, das war's erst mal. Morgen fahren wir ein bisschen weiter zu einer Freundin mit Pool. Da können die Kinder schwimmen, und gegrillt wird auch. Richtiger 5-Sterne-Dschihad hier. Ich bin gespannt, was kommen mag ... LG, Umm Leila.« So kenne ich Laura, humorvoll. Jetzt nennt sie sich Umm Leila. Das bedeutet »Mutter von Leila«.

Am 2. Oktober mache ich mich alleine auf den Weg zum Krankenhaus, dort treffe ich das erste Mal den Schleuser. Sein Name ist Waleed, Laura hat den Kontakt zu ihm hergestellt. Er ist groß und hager, hat ein ovales Gesicht und trägt seine Haare mittellang, sodass seine dunklen Locken zu sehen sind, die er mit Gel frisiert hat. Seine braunen Augen wirken freundlich, wenn er spricht. Er trägt ein schwarzes T-Shirt und eine blaue Jeans. Immer wenn Waleed lächelt, sieht man seine weißen Zahnreihen blitzen, sein linker Eckzahn steht etwas zurückversetzt. Er hat wohl keine Zahnspange getragen, denke ich – anders als Laura und ich. Waleed und ich gehen zu einem Taxi. Der Taxifahrer, der uns von dem Krankenhaus zum Safehouse bringt, erzählt uns, dass die Benzinpreise immer weiter gestiegen seien.

Er schaut uns misstrauisch im Rückspiegel an, als Waleed nicht auf Türkisch, sondern auf Arabisch antwortet. Ich schaue aus dem Fenster, Antakya zieht vorüber.

Die Wohnung, zu der wir fahren, gehört Waleeds Schwager Said. Sie befindet sich im zweiten Stock eines Mehrfamilienhauses, das ein wenig außerhalb vom Stadtzentrum Antakyas in einer Seitengasse liegt. Das Haus ist weiß und hat eine braune massive Holztür. Es hat drei Stockwerke, jeweils mit Balkon. Links daneben ist eine Bäckerei, in der es ab dem frühen Morgen nach frisch gebackenem Brot riecht. Im anderen Nachbarhaus an der Ecke ist ein Restaurant mit weißen Plastikstühlen und roten Tischdecken, wo gegrilltes Fleisch und Linsensuppe angeboten werden. Gegenüber liegt ein türkisches Regierungsgebäude. In dieser Nacht sind die Sirenen eines Krankenwagens zu hören, der einen Notfall einliefert. Sonst ist die Nacht ruhig in Antakya.

Seit drei Tagen bin ich jetzt im Safehouse. Ich warte auf die Einreise nach Syrien. Ich schlafe auf der Couch im Wohnzimmer. In beiden Nächten konnte ich kaum schlafen, ich habe mich unruhig hin und her gewälzt, kam nicht zur Ruhe, die Gedanken ratterten ununterbrochen in meinem Kopf. Es ist Nachmittag, und es ist draußen heiß, hier drinnen surrt der Ventilator vor sich hin. Ich solle mich nicht am Fenster blicken lassen, das könnte die Nachbarn misstrauisch machen, ermahnt mich Said. »Nicht mal zum Wäscheaufhängen. Nur mit *Niqab*, sonst stellen sie Fragen«, ergänzt er. Ich ziehe vorsichtig die weiße Gardine zur Seite und schaue auf die Straße. Dort spielen Kinder mit einem roten Fußball. Eine Nachbarin sitzt auf dem Balkon im Nachbarhaus und schält Kartoffeln. Hier ist zwar noch kein Krieg, aber hier hat die heile Welt schon erste Risse.

Als ich ins Wohnzimmer komme, spielt der Junge mit einem Tablet-Computer. Alles scheint normal zu sein, beinahe westlich. Bei Said und seiner Frau steht ein Fernseher im Wohnzimmer, er läuft häufig im Hintergrund. Saids Frau heißt Fatima. Sie kocht, bringt mir Essen. Wir essen Hummus, Hühnchen, Salat und Baklava zum Nachtisch. Ihr kleiner Sohn heißt Mohammed, er ist sechs Jahre alt. Er hat lockige schwarze Haare, große Kulleraugen und lacht mich freudig an. Er scheint sich über Besuch zu freuen. Er erzählt mir stundenlang etwas auf Arabisch und schaltet zwischendurch grinsend mit der Fernbedienung durch die Programme. Der Sender Al-Quds erscheint auf dem Bildschirm, Männer in Kampfmontur laufen durch das Bild. Dann kommen arabische Nachrichten auf Al Jazeera. Mohammed schaltet weiter bis zu einem Cartoon: *Tom und Jerry*, auf Arabisch synchronisiert. Er kichert, als die Maus vor der Katze wegläuft und sie austrickst.

Fatima traut sich erst nach einiger Zeit, auf Englisch mit mir zu reden. Zuerst sagt sie nur ein paar Worte, aber dann kommt sie ins Erzählen. Sie spricht besser Englisch als ihr Bruder und ihr Mann. »Antakya ist ein sehr alter Ort«, erklärt sie mir. »Hier wurde bereits im 4. Jahrtausend vor Christus Handel betrieben. In der Bronzezeit lag in der Nähe das Handelszentrum Alalach. Und an dieser Stelle trafen sich die Handelsstraßen, die von Aleppo, Mesopotamien und Palästina nach Anatolien und dann weiter Richtung Mittelmeer führten. Durch den Fluss Orontes war die Stadt direkt mit dem Mittelmeer verbunden. In der Antike befand sich an gleicher Stelle die Metropole Antiochia.« Sie wischt sich mit ihrer kleinen Hand eine Strähne aus dem Gesicht. Fatima hat langes braunes Haar. In der Wohnung trägt sie weder Kopftuch noch *Niqab*. Sie hat dünnes Haar am Ansatz, das fällt mir auf.

»Was bist du von Beruf?«, will ich wissen. »In Syrien bin ich Koranlehrerin für Kinder gewesen«, erzählt sie. Ich bin überrascht, dass sie einen so religiösen Beruf hatte. Sie erzählt, dass sie in der Türkei nicht alleine rausgehe, nur mit einem *Mahram,* einem männlichem Begleiter, wie ihrem Mann oder Bruder. Sie fühle sich nicht wohl. Es gefalle ihr hier nicht, sagt sie. Aber in Syrien habe die Familie nicht mehr sicher leben können. Sie schaut zu Boden, ich sehe, wie sie sich eine Träne von der Wange wischt. Abends, als Mohammed schläft und wir alleine auf dem weich gepolsterten Sofa mit Blumenmuster in ihrem Wohnzimmer sitzen, erzählt sie vom Krieg in Syrien und von ihrer Angst während des Bombenhagels. »Wir sind aus Latakia wegen der Bomben von Assad geflohen, das liegt im Westen Syriens am Mittelmeer. Unser ganzes Viertel wurde dem Erdboden gleichgemacht.« Aus ihrem Blick spricht eine tiefe Traurigkeit. »Bum-bum-bum«, mit ihrer Hand imitiert sie die fallenden Bomben und deren Einschlag. Ich glaube für einen Moment die Angst in ihrem Blick zu sehen, die sie damals empfunden hat. Ein kalter Schauer läuft mir den Rücken herunter. Auch Mohammed sei ganz verängstigt gewesen, fügt sie hinzu. Beide seien in der Türkei wegen ihres Traumas behandelt worden. »Geh nicht nach Syrien, es ist zu gefährlich«, rät sie mir. Ich winke ab. »Ich habe eine Sicherheitsgarantie von meiner Freundin«, entgegne ich ihr. »Geh nicht«, wiederholt sie ihre Worte, die eine Mischung aus Rat und Bitte sind, dabei schaut sie mich mit ihren weit aufgerissenen braunen Augen an.

In mir läuft alles auf Autopilot. Ich dusche mich, wasche meine Haare. Das Wasser strömt aus der Duschbrause und fließt in einem Strudel den Abfluss hinab. Ich reinige mich für die anstehende Reise, die Station im Safehouse ist wie die Ruhe vor dem Sturm. Ich schreibe in mein schwarzes Tagebuch, das ich mir einige Wochen vor der Reise gekauft habe: »*Die Einreise nach Syrien steht kurz bevor. Haben uns an einer Straßenecke in Antakya verabschiedet. Dann habe ich ein Taxi genommen, um den Schleuser zu treffen. Er hat mich zum Haus seines Schwagers gebracht. Ich soll mich nicht mehr in der Stadt bewegen. Zu gefährlich. Waleed und ich sind zum Basar in Antakya gefahren. Waleed ist ein freundlicher Typ. Und doch habe ich schreckliche Angst.*«

Said bedeutet auf Arabisch »der Glückliche«. Sein Name passt zu ihm: Wenn er lacht, steht sein großer Mund weit offen, und sein ganzes Gesicht formt sich zu einem freundlichen Smiley. Er hat diese Art von Lachen, die für andere ansteckend ist. Er ist untersetzt, hat eine Halbglatze, dazu trägt er einen leicht gestutzten schwarzen Vollbart. Mit dem rechten Bein humpelt er. Said und ich sitzen bei süßem Schwarztee zusammen und essen frittierte Teigrollen. Plötzlich schaut er mich ernst an und setzt sich auf dem Sofa auf. »Ich habe jeden Tag starke Schmerzen. Besonders schlimm ist es morgens nach dem Aufstehen.« Sein Gesicht ist dabei schmerzverzerrt. Er hebt vorsichtig sein T-Shirt hoch und zeigt mir seinen Rücken. Lange tiefe Narben sind dort zu sehen. »In Syrien hat mich eine Bombe erwischt. Was du siehst, sind die Reste der Granatsplitter, die sie mir herausoperiert haben«, erklärt er mir. Aber es sei immer noch nicht besser geworden. »Die medizinische Versorgung hier ist zwar besser als in Syrien, aber sie konnten mir in der Türkei auch nicht helfen. Ich habe immer noch starke Schmerzen, deshalb humpele ich auch.« Er hält kurz inne, dann atmet er tief ein und fährt fort: »Kannst du uns helfen, nach Deutschland zu kommen? Wir wollen unbedingt nach Deutschland. Dort habt ihr doch so gute Ärzte, und die können mir vielleicht helfen.« Er schaut mich dabei fast flehend an. Ich überlege, wie ich ihm helfen kann. »Ich werde es versuchen, sobald ich aus Syrien zurück bin«, antworte ich ihm. Ich gebe ihm meine E-Mail-Adresse. Für alle Fälle. Er solle sich bei mir melden, wenn ich zurück bin, falls wir uns nicht mehr sehen.

FAHRT ZUR SYRISCHEN GRENZE

Am Nachmittag kommt Waleed zurück, es herrscht Aufregung in der Wohnung. Endlich soll es einen Weg über die Grenze geben, eine Möglichkeit, nach Syrien einzureisen, anders als die letzten beiden Tage. Immer wieder spricht Waleed von einem *Tarik*, Arabisch für »Weg«. Fatima läuft hektisch durch die Wohnung. Dann näht sie noch zwei Knöpfe am Ärmel meines quadratmetergroßen Überwurfs an, damit ich die Kutte am Handgelenk befestigen kann, die sie zuvor gewaschen hat. Rasch packe ich meine letzten Sachen zusammen. »Wohin fahren wir?«, frage ich Waleed. »Nach Al-Dana«, antwortet er mir. »Im Nordwesten von Idlib.«

Ich ziehe alles zurecht, zurre, schaue in den Spiegel, schaue erneut in den Spiegel. Der *Niqab* ist recht schwierig zu tragen für eine Anfängerin, wie ich es bin. Wir gehen die Treppe hinunter und verlassen das Haus. Waleed packt meine Tasche in den Kofferraum des weißen klapprigen Toyota-Kombi. Wir steigen ein und fahren durch Antakya. Die Temperaturen sind Anfang Oktober mild am südlichsten Zipfel der Türkei, was gleichzeitig auch der südlichste Zipfel der Zivilisation ist, wie wir sie kennen: Shoppingmalls, Frauen in kurzen Röcken und mit tiefem Ausschnitt, Polizei, Militär, Krankenhäuser, Latte macchiato und alles andere, was wir unter Moderne oder westlichem Lebensstil verstehen. Auf der anderen Seite spürt man den Einfluss der Region, daher werden das Straßenbild und die Atmosphäre auch von Moscheen, Frauen im *Niqab* und *Kunafah*, der palästinensischen Nachspeise aus Teigfäden und Zucker, und natürlich von türkischem Kaffee geprägt. Auf den ersten Blick wirkt die Universitätsstadt westlich orientiert, und sie kommt harmlos daher. Das ist jedoch nur der oberflächliche Eindruck. Darunter spinnt sich ein ganzes Netzwerk von illegalem Grenzverkehr, Import und Export von Waffen, Personen, Öl und anderen Gütern. Das ganze Programm. Offiziell werden nur Lebensmittel und Medikamente eingeführt. Die Stadt liegt in der südtürkischen Provinz Hatay. Seit dem Beginn des Krieges kamen zu der Bevölkerung Zehntausende von syrischen Flüchtlingen hinzu. Sie prägen das Straßenbild, arbeiten in Restaurants, sitzen in den Fußgängerzonen und betteln, sie stehen in den Krankenhäusern Schlange. Sie sind ein Teil der Türkei geworden, aber sie werden als Menschen zweiter Klasse behandelt. Sie sind hilflos, mittellos, gestrandet, und manche betteln, viele arbeiten im Hintergrund. Sie leben in Armut. Es sind Kriegsverletzte, körperlich und seelisch.

Die Region Hatay hat eine enge Verbindung zu Syrien behalten. Seit der Gründung der Türkei durch Atatürk wurde Hatay von Syrien getrennt. Sie behielt jedoch einen Sonderstatus innerhalb des Waren- und Grenzverkehrs. So weist die Region elf Grenzübergänge auf, die zum Teil für Personen und Fahrzeuge sind, zum Teil sind es auch Eisenbahnübergänge. Die Grenze verläuft entlang der alten Strecke der Bagdadbahn, die zwischen 1903 und 1918 gebaut wurde. Sie führte durch das damalige Osmanische Reich von Konya, das auf dem heutigen Gebiet der Türkei liegt, bis nach Bagdad im Irak.

Der Wagen rollt durch ein paar ruhige Seitenstraßen in Richtung *Rehanlı*, dem türkischen Gebiet nahe der syrischen Grenze. Neben mir auf der Rückbank sitzt Fatima mit Mohammed auf dem Schoß. Waleed sitzt auf dem Beifahrersitz. Wir fahren nach Osten in Richtung syrisches Grenzgebiet, durch Antakya hindurch, hinaus auf die Ausfahrtsstraße. Wir nehmen die kleinen Schleichwege, nicht die großen offiziellen Straßen. An einer Ecke sitzt ein alter Mann auf einer Bank, er trägt einen braunen Hut und stützt sich auf einen Stock. In seiner Hand hält er eine Gebetskette. Wir bewegen uns jetzt auf einer staubigen Landstraße entlang, die Sonne brennt. Tagsüber klettern die Temperaturen in dieser Gegend noch auf über 30 Grad Celsius. Fatima fächert sich mit einem Papier Luft zu. Andere Autos überholen uns mit höherem Tempo. Wir fahren an einem Steinbruch vorbei, Lastwagen transportieren Steinhaufen ab. Ortsschilder auf Türkisch. Auf einem lese ich: *Beşaslan.*

Fast alle der deutschen Dschihadisten haben von der Türkei aus die Grenze nach Syrien überquert. Der Grenzübertritt hängt von der jeweiligen Situation und dem Netzwerk der Rekruten ab. Es gibt nächtliche Transporte über die Grenze. Früher gab es auch »offizielle« Wege, die durch die Zahlung von Schmiergeld an türkische Grenzbeamte ermöglicht wurde. Das Netzwerk der Dschihadisten funktioniert »länderübergreifend«. Viele deutsche Rekruten sind von der türkischen Region Hatay in Richtung Syrien aufgebrochen, andere über die Route durch Gaziantep zum Islamischen Staat gereist. Immer wieder werden Anlaufstellen für Rekruten sogar in Istanbul genannt. Im Schatten der Großstadt hat sich auch dort kontinuierlich ein Netzwerk etabliert. Aber nicht nur in Istanbul, sondern auch in der Grenzregion zu Syrien sind die Netzwerke der Dschihadisten aktiv.

Die Nachmittagssonne brennt. Obwohl es Oktober ist, ist es immer noch so heiß wie in Deutschland nur an manchen Tagen im Hochsommer. Wir kommen zu einer abgewrackten Tankstelle in einer abgelegenen Gegend, dem verabredeten Treffpunkt mit den türkisch-syrischen Schleusern. Waleed und Said steigen aus dem Wagen und gehen hinüber zur Tankstelle. Sie kommen mit Wasser, Cola, Plastikbechern und Schokoriegeln zurück. Wir essen und trinken. Hin und wieder fährt ein Auto vorbei. Sonst passiert nichts. Schließlich beginnt Waleed zu beten. Er schließt die Augen und murmelt eine Sure leise vor sich hin. Ich denke über seine Absicht nach. Seine wahre Absicht. Irgendwie beruhigt es mich, dass er betet. Das bedeutet, dass er sich an die

Regeln hält, wenigstens an islamische Regeln. Besser, als wenn er nicht beten würde, denke ich bei mir.

Ich schaue aus dem Fenster des Autos, dort ist direkt neben der Tankstelle ein Olivenhain. Ein Falke kreist am Himmel und beobachtet seine Beute. Vielleicht eine Maus oder einen kleineren Vogel. Der Falke fliegt aus der Höhe im rasanten Sturzflug hinab. Er verschwindet für einen Augenblick zwischen den Olivenbäumen. Kurze Zeit später taucht er aus dem Olivenhain wieder auf und fliegt mit einer Maus im Schnabel davon.

Plötzlich hält ein Auto links neben unserem Wagen, zwei bärtige Männer steigen aus. Das müssen die Schleuser sein. Die beiden sprechen mit Waleed Arabisch und untereinander Türkisch. Sie wirken bereits auf den ersten Blick eher wie Gangster und nicht wie Islamisten. Zwei muskulöse Typen. Der Kräftigere von beiden trägt ein weißes Muskelshirt, und auf seinem rechten Oberarm ist ein Adler eintätowiert, der seine Schwingen ausbreitet. Der andere hat Jogginghosen an, er ist etwas schmaler, aber trägt dafür eine umso größere goldene Kette um den Hals. Zwei zwielichtige Gestalten, aber wie stellt man sich schon die letzten Schleuser vor der Grenze vor? Als ich Fatima fragen will, wann wir über die Grenze gehen, unterbricht sie mich. »Tschhhhh«, zischt sie. »Jetzt kein Wort mehr«, sagt sie zu mir und hält sich den Zeigefinger vor ihren Mund, über dem der schwarze Stoff ihres Gesichtsschleiers hängt. Redeverbot für mich. Sonst fliegt meine Tarnung sofort auf. Von der kleinen Tankstelle kommt einer der Schleuser mit zwei Flaschen Heineken zum Auto zurück. Dschihadisten, die ein kühles Bier am Nachmittag trinken und eine Zigarette nach der anderen rauchen? Eher unwahrscheinlich.

Wir folgen dem Wagen der beiden Schleuser. Sie wohnen in einem kleinen Dorf direkt an der Grenze zu Syrien. Auf einem Straßenschild am Eingang steht *Cilvegözü*. Es liegt in einer bergigen Region, umgeben von grünen Wäldern, der Grenzturm ist in Sichtweite. Hoch oben auf einem Berg weht die türkische Flagge in der Sonne. Der weiße Halbmond mit dem Stern auf rotem Hintergrund, der »Mondstern«, wie er auf Türkisch heißt. Es ist ein verschlafenes Dorf. Einige ältere Leute sitzen in der Mittagshitze im Schatten einer Markise vor ihren Geschäften. Dort werden Lebensmittel und andere Dinge des täglichen Bedarfs verkauft. Orangen, Wassermelonen, Äpfel sowie Tomaten, Gurken und Spinat liegen in der Auslage, daneben stehen mehrere große Säcke mit Kartoffeln. Keine Fußgänger sind unterwegs, die Bürgersteige wie leer gefegt. Kinder spielen Ball auf einem Platz neben der Straße. Bei jedem ihrer Schritte wird Staub aufgewirbelt, der in der Nachmittagssonne glitzert und zu Boden fällt.

Unser Auto hält neben einem kleinen weißen Haus mit Vorgarten. Ein paar Kinder huschen an unserem Wagen vorbei, schauen neugierig durch die Scheiben. Die Männer stehen auf der Veranda und diskutieren. Fatima, ihr Sohn und ich warten auf der Rückbank im Wagen. Die beiden Schleuser versuchen, einen Weg zu finden, aber es scheint Probleme zu geben. Wir sollen am Abend wiederkommen, wenn es dunkel ist, das sei sicherer, raten die Männer uns. Waleed und sein Schwager steigen wieder in den Wagen. Was für ein verschlafenes Örtchen das ist, denke ich noch, während wir auf dem Rückweg durchs Dorf fahren, doch dann versperrt ein grüner Militärpanzer die Straße. Die Luke des Fahrzeugs ist aufgeklappt, und der Oberkörper eines Soldaten in olivgrüner Uniform schaut heraus. Er trägt sein Maschinengewehr im Anschlag und blickt sich grimmig um. In diesem Moment wird klar, dass die Türkei die Grenze zu Syrien im Blick hat und niemand einfach hindurchschlüpfen kann, egal, auf welchem Schleichweg oder zu welcher Tages- oder Nachtzeit man es auch immer versucht. Said parkt den alten Wagen am Rand der Straße einige Meter weiter. Die beiden diskutieren. Waleed steigt aus, kommt nach ein paar Minuten wieder. Wir sollen den Bus nehmen, entscheiden sie. Eine Kontrolle würde uns sofort auffliegen lassen. Es scheint ihnen zu riskant zu sein bei Tag im Grenzgebiet. Die Soldaten kontrollieren Autos, Personen, Lastwagen und Fußgänger. Vor allem Fremde fallen in diesem Nest auf.

Um keinerlei Verdacht zu erregen, steigen Waleed und ich also aus dem Auto seines Schwagers aus und nehmen für einige Stationen einen Minibus, ich als seine Frau oder Schwester verkleidet. Als wir einsteigen, sitzen dort schon einige Leute. Es sind Frauen mit Kopftüchern, Taschen und Kindern. Aber ich bin die einzige vollverschleierte Frau. Einige halbstarke Jugendliche mit Smartphones steigen ein. Nach und nach füllt sich der Bus. Ein älteres Ehepaar und einige Männer mit gestutztem Bart steigen ein, einer von ihnen trägt mehrere Einkaufstüten mit Lebensmitteln. Schließlich ist der Wagen fast bis auf den letzten Platz besetzt. Der Minibus setzt sich in Bewegung, und wir verlassen den Parkplatz. Nach rund 15 Minuten steigen wir an einer Haltestelle an der Schnellstraße aus. Wir warten in der gleißenden Nachmittagshitze, dann stoppt Saids Wagen neben uns. Waleed öffnet die Tür, und ich setze mich auf die Rückbank. Der erste Anlauf, am Tag nach Syrien einzureisen, funktioniert nicht. Wir brechen ab und fahren zurück in Richtung Antakya. Wir fahren mit dem Wagen zur Wohnung von Said und seiner Frau zurück. Dort warten wir bis zum späten Abend.

Es ist schnell Nacht geworden in Antakya. Plötzlich stürmt Waleed ins Wohnzimmer und ruft: »Der Weg ist offen. Heute Nacht gibt es eine Möglichkeit, nach Syrien einzureisen.« Jetzt wird es ernst, das spüre ich. Die Fahrt am Nachmittag zur Grenze scheint wie eine Generalprobe gewesen zu sein. Vor der Abfahrt trinken wir noch einen starken Kaffee. Mein Magen knurrt. Ich habe am Abend vor Aufregung kaum etwas gegessen. Mir ist mulmig zumute. Ich streife den *Niqab* über, schaue noch ein letztes Mal in den Spiegel. Vergewissere mich, ob meine islamische Kleidung richtig sitzt. Dann winkt mir Waleed zu, ich solle kommen. Waleed lächelt mich an. »Es ist alles fertig. Bist du bereit?« Ich nicke, aber bin ich wirklich bereit? Ich hadere mit mir. Dann gebe ich mir einen Ruck, stehe auf und nehme meine Tasche. Hastig dreht er sich zu mir um und wirft mir einen prüfenden Blick zu, indem er mich von oben bis unten mustert. Dann schüttelt er den Kopf. »Dein Gesicht musst du noch bedecken«, mahnt er mich. Das hatte ich vollkommen vergessen. Ich streife mir den Schleier über mein Gesicht. Es wird alles schwarz vor meinen Augen, dann zupft Waleed den Stoff zurecht, und ich blicke durch einen schmalen Schlitz in die Welt. Wir gehen die schmalen Treppen des Hausflurs hinunter, wie schon am Nachmittag. Ich halte mich am Geländer fest, gehe jede Treppenstufe vorsichtig hinab. Waleed öffnet die Haustür, davor steht das Auto seines Schwagers. Draußen ist alles dunkel. Said, Fatima und Mohammed sitzen bereits im Auto, Said nickt mir zu, als ich einsteige. Er dreht den Zündschlüssel um. Der Motor heult auf, und das Auto setzt sich langsam in Bewegung. Said lenkt den Wagen durch die leeren Straßen und dann weiter durch verlassene Gassen. Bei Nacht haben die meisten Geschäfte in Antakya die Rollläden heruntergelassen. An einer Tankstelle halten wir. An der Zapfsäule neben uns stoppt ein Polizist auf einem Motorrad. Er schaut kurz zu uns herüber. Wird er uns kontrollieren? Findet der Polizist die nächtliche Reisegruppe so nahe der Grenze auffällig? Zwei Frauen komplett verhüllt, ein Kind, zwei Männer. Anscheinend nicht. Der Polizist tankt ebenfalls und ist mit seinem Tankdeckel statt mit uns beschäftigt. Said zahlt, dann startet er den Motor. Die Fahrt geht weiter. Der Wagen klappert, als wir über den Kiesweg auf die Schnellstraße fahren. Wir sind bereits außerhalb von Antakya. Die Straße wird von großen Laternen in orangefarbenes Licht getaucht. Es ist nach Mitternacht. Kaum ein Auto ist auf den Straßen unterwegs. Die Fahrt führt uns hinaus aus der Stadt in Richtung Grenze. Waleed ist seit vier Jahren Schleuser. Er hat schon Russen, Europäer und andere Leute in sein Heimatland gebracht. Und jetzt mich.

Ich schaue aus dem Seitenfenster hinaus auf die Straße.

Büsche, steinige Hügel, Bäume, Felder ziehen vorbei. Ich versuche, Luft zu holen unter den vielen schwarzen Stofflagen des *Niqab*. Der Schweiß sammelt sich unter dem synthetischen Stoff des Gesichtsschleiers, der Sauerstoff ist knapp. Ich hebe den Stoff einen Spalt nach oben, damit ich überhaupt Luft bekomme. Mir ist abwechselnd heiß und kalt. Ich schaue aus dem Fenster und sehe die Silhouette der dunklen Hügel vorbeirauschen. Links neben mir auf der Rückbank des Wagens sitzt Fatima mit ihrem Sohn und schaut mich an. Auch sie trägt einen *Niqab*, ich sehe nur ihre Augen, keine Mimik mehr. Ist es wirklich eine gute Idee, nach Syrien zu reisen? Oder sollte ich jetzt einfach umkehren? Stoppen, nicht weiterfahren, sondern umdrehen und zurückfahren nach Istanbul, zurück nach Berlin und den Plan endgültig verwerfen. Den Plan, Laura, meine alte Grundschulfreundin, die in den Dschihad gezogen ist, nach so vielen Jahren wiederzusehen. Um hinter die Kulissen zu schauen. Hinter die Kulissen des Dschihad, hinter die Kulissen des Krieges. Es ist der Blick, der jenseits der journalistischen Distanz liegt, ein Blick, bei dem es um diese Freundschaft geht.

Ich bin verunsichert. Von der ganzen Konstellation und vor allem von meiner eigenen, ganz persönlichen Situation, meiner Schwangerschaft. Ich habe ein mulmiges Gefühl im Bauch. Im wahrsten Sinne des Wortes. Doch dann denke ich, dass ich es schaffen kann. Rein nach Syrien und wieder raus. Drei Tage, Maximum eine Woche. So, wie es geplant war, so, wie wir Hunderte Male darüber gesprochen haben. Warum sollte es nicht funktionieren? Ich versuche, mir selbst Mut zu machen. Ich habe eine Sicherheitsgarantie von Laura. Die dschihadistische Gruppe, bei der sie lebt, wird mich während meiner Anwesenheit schützen. So hat Laura es mir per E-Mail zugesagt. Eine solche Garantie gilt in Syrien viel, sage ich mir und versuche, mir dadurch Mut zu machen. Es wird schon alles gut gehen. Ich wiederhole diesen Satz mantraartig. Dann beiße ich die Zähne aufeinander. Noch kann ich umkehren, denke ich bei mir.

Die Fahrt führt über Serpentinen. Das Auto klappert bei jedem Schlagloch. Die Luft ist trocken, die Hitze aus der Wüste zieht vorbei. Obwohl es Nacht ist, ist es immer noch recht warm. Der Süden der Türkei und die Grenze zu Syrien stehen unter massiver Beobachtung. »In Syrien lebten vor dem Krieg rund 20 Millionen Menschen. Unser Land grenzt im Westen an das Mittelmeer und den Libanon, im Süden an Israel und Jordanien, im Osten an den Irak und im Norden an die Türkei«, erklärt Waleed, während die Landschaft vorbeizieht. »Die Soldaten des Regimes von Baschar al-Assad, dem Despoten, der Syrien seit dem Tod seines Vaters im Jahr 2000 regiert, kontrollierten zeitweise nur noch zwei von den elf Grenzübergängen zur Türkei. Die anderen waren in der Hand des Islamischen Staats, der Dschihadisten der Al-Nusra-Front und einiger anderer Gruppen.«

Wir fahren wieder in Richtung Rehanlı. Die Grenze kommt immer näher. Waleed dreht sich zu mir um. Zunächst sagt er gar nichts, sondern schaut mich nur durchdringend an. Ich blicke wie gebannt zurück. Ob es gefährlich werde, frage ich ihn, wie schon die letzten Tage. Er zuckt mit den Achseln, fährt sich mit der Hand durch den Bart. Ich frage mich, ob es ein Zurück gibt. Es gibt immer ein Zurück, denke ich. Aber ob das wirklich stimmt? Ich schaue ihn an, starre förmlich in sein Gesicht und versuche, seinen Blick zu deuten, versuche zu verstehen, was er wirklich denkt. Ob diese Reise zu gefährlich sei, frage ich ihn noch einmal. Sein Blick löst sich von meinem Gesicht und schweift nach rechts aus dem Fenster des Autos hinaus. Immer noch zieht die Landschaft vorbei, immer noch ist es Nacht, immer noch habe ich ein mulmiges Gefühl, und immer noch sind wir auf dem Weg nach Syrien. Heute ist die Nacht der Entscheidung.

Ich ziehe die schwarzen Handschuhe aus und wische mir die Schweißperlen auf meinen Handflächen an der langen schwarzen Nylonkutte ab, die wir für die Reise gekauft haben, gemeinsam mit der Mutter von Laura. Der ursprüngliche Plan war es, gemeinsam mit ihr nach Syrien zu Laura zu reisen. Im letzten Moment entschied sich Lauras Mutter jedoch dagegen. Das lag daran, dass die Russen wenige Tage zuvor mit den Bombardierungen begonnen hatten. Sie flog von Antakya aus zurück nach Bonn. Ich blieb in Antakya und wartete auf den Schleuser.

Das Dröhnen des Motors wird jetzt immer lauter. Dann schaue ich zu Said. Er peitscht den Wagen, der nicht so recht will, den steilen Berghang hinauf. Die Karosse ächzt. Rechts und links der Schotterpiste geht es steil den Berg hinab. In einer Kurve drehen plötzlich die Reifen durch, wir rutschen zur Seite ab, Steine fallen neben der Straße den Hang hinunter. Dann greifen die Reifen des Wagens wieder, und wir setzen unsere Fahrt fort. Ich kurble die Fensterscheibe runter und halte mein Gesicht, das von dem schwarzen Schleier bedeckt ist, in den kühlen Fahrtwind. Dann schaue ich durch den Augenschlitz in den Himmel: Es ist eine klare Nacht. Keine Wolke ist zu sehen. Nur die Sterne funkeln im Schwarz und werden von keinem nächtlichen Licht einer großen Stadt verschlungen. Es ist ruhig an der Grenze zur Schutzzone, zur Flugverbotszone. Es ist ruhig an der Grenze zum Krieg.

Ich denke an all die Dinge, die ich über Syrien gehört, gelesen und recherchiert habe: Was im Frühjahr 2011 während des Arabischen Frühlings mit Demonstrationen gegen das Regime von Baschar al-Assad in der Hafenstadt Tartus begann, die vom Regime brutal niedergeschlagen wurden, verwandelte sich in einen brennenden Bürgerkrieg, der nach Schätzungen der UNO bisher mindestens 500 000 Menschen das Leben kostete. Es ist allerdings vollkommen unklar, wie Tote und Neugeborene in diesem Chaos erfasst werden sollen. Es gibt keine zentrale Datenbank. Daher sprechen andere Experten des Konflikts in Syrien von einer unkalkulierbar hohen Dunkelziffer von Toten.

Die Angst steigt in mir auf. Der Kaffee vor der Abfahrt hat sich inzwischen in beißendes Sodbrennen verwandelt. So wie das Sodbrennen steigt auch das Angstgefühl aus der

Mitte meines Magens die Kehle hinauf. Meine innere Stimmung kippt. Plötzlich hält Said an. Am Wegesrand in der Dunkelheit stehen die beiden Schleuser vom Nachmittag. »Jetzt fahren wir mit zwei Autos weiter. Und dann müssen wir das letzte Stück zu Fuß gehen«, erklärt mir Waleed. Wir wechseln das Auto. Steigen aus dem Wagen von Said aus und setzen uns in die der Schleuser. In dem einen Wagen sitzt der türkische Schleuser mit Waleed und mir, in dem anderen Said und seine Familie. Sie kommen nur zur Tarnung mit und wollen nicht mit über die Grenze gehen. Wir fahren jetzt auf einer staubigen Landstraße Richtung Krieg. Die Fahrt ist abenteuerlich, unser Fahrer rast wie ein Wilder über die holprige Geröllpiste. Das Auto scheppert bei jedem Schlagloch. Wir fahren zu schnell in die Kurven und auf Schleichwegen, die voller Steine sind, abseits der Hauptstraße, immer tiefer in die verbotene Zone. Der Fahrer scheint es sehr eilig zu haben. Die Tachoanzeige seines Autos leuchtet blau, sonst ist es dunkel im Inneren des Wagens. Ich blicke durch die Windschutzscheibe auf den Weg vor uns. Die Straße wird nur im Kegel der Scheinwerferlichter erleuchtet. Der Schleuser wirkt gehetzt. Immer wieder schaut er in den Rückspiegel, um zu sehen, ob uns ein Auto folgt. Wir fahren rund 20 Minuten durch die menschenleere türkische Bergregion. Von hier aus ist Syrien nur einen Steinwurf entfernt. Der Nichtort kommt immer näher.

Auf der Straße ist nichts zu sehen außer der ruhigen Nacht, die da draußen liegt und auf uns wartet. Es ist immer wieder nur das Geräusch des Motors zu hören, der bei Steigungen kurz aufheult und ächzt und ansonsten gleichmäßig vor sich hin rattert. Ich betrachte den Fahrer. Er macht nur seinen Job, er hat ihn schon oft gemacht, für ihn ist nichts dabei, Leute über die Grenze zu bringen, es ist sein Broterwerb. Ich versuche, den Gedanken, dass das Ganze schiefgehen könnte, einfach wegzudrücken. Aber es gelingt mir nicht recht. Dann erreichen wir ein kleines Dorf. Die Straßenlaternen tupfen helle Inseln in das Schwarz. Wir halten an einer Kreuzung. Jetzt sind wir nicht mehr ganz alleine irgendwo in den Bergen zwischen der Türkei und Syrien, sondern am belebten letzten Außenposten der Türkei. Ich bin überrascht, wie viel Trubel an diesem abgelegenen Ort herrscht. Hier scheint der Schleuserknotenpunkt zu sein. Minibusse kommen uns entgegen, abgewrackte Modelle, die Nummernschilder hängen schief, die Seitentüren sind verbeult. Menschen hasten geschäftig umher, wechseln die Straßenseite. Die Grenze scheint offen zu sein.

Die ersten Leute sind zu sehen, denen die Angst noch ins Gesicht geschrieben steht. Sie kommen aus der anderen Richtung. Direkt aus Syrien. Sie tragen ihre Taschen und Säcke auf dem Rücken, haben Kinder auf dem Arm, huschen durch die Schatten, meiden die Leuchtkegel der Straßenlaternen. Sie sind auf der Flucht, getrieben, blicken sich nervös um. Anspannung liegt in der Luft. Ein Schlepper zischt ein Kommando durch die Nacht, daraufhin rennt eine Gruppe von einigen Dutzend Menschen auf einmal los bis zu einem Wagen, dort kauern sie sich auf den Boden und steigen auf erneuten Befehl nacheinander ein. Hier tanzt keiner aus der Reihe, das kann sich niemand leisten, denn es kann zur Gefahr für die ganze Gruppe werden, einschließlich des Schmugglers. Sie haben es nun fast geschafft. Als sie im Auto sitzen, wirken ihre Gesichter ein klein wenig erleichtert. Sie müssen nur noch das letzte kleine Stück von der türkischen Grenze hinein in die Türkei schaffen, dann sind sie endgültig in Sicherheit. Andere Menschen hasten immer noch umher, von Schatten zu Schatten. Getrieben, sie sind noch nicht sicher, sie sind noch nicht am Ziel.

Dann läuft eine Frau direkt neben unserem Wagen vorbei, sie trägt ein Kopftuch. Ich sehe ihr Gesicht, es ist angstverzerrt. Sie hat ein schreiendes Baby auf dem Arm, an der Hand hält sie ein kleines Kind, das weint. Über ihrer Schulter trägt sie eine kleine Tasche. Ihr Hab und Gut. Mehr konnte sie nicht mitnehmen, über die Grenze, bei Nacht, auf der Flucht, hinaus aus Syrien.

Bürgerkrieg in Syrien ist eine humanitäre Katastrophe. Seit dem Beginn des Krieges sind mehr als fünf Millionen Menschen aus ihrer Heimat geflohen. Auch Waleed kennt die Situation aus seiner eigenen Familie. »Viele sind, wie meine Schwester und ihre Familie, in die Türkei geflohen. Andere sind in die anderen Nachbarländer, nach Jordanien, in den Libanon, und manche sind sogar in den Irak geflohen, dort vor allem in die kurdischen Gebiete. Die anderen Landsleute haben versucht, nach Europa und in andere Länder zu fliehen, aber viele kamen nie in Europa an, sondern ertranken bei der Reise über das Mittelmeer. Einzureisen ist viel leichter als auszureisen«, erklärt mir Waleed. Seit 2011 ist die Grenze zwischen der Türkei und Syrien umkämpft und offiziell geschlossen. »Die Schlupflöcher sind zwar da, aber sie können sich innerhalb von wenigen Stunden verschieben. Wenn irgendwer nach Syrien will, dann ist das machbar, aber der Weg zurück ist in jedem Fall schwerer, wenn man nicht aufgegriffen werden will.« Dann fährt er fort: »Sonst ist es natürlich egal. Raus kommt man immer an irgendeiner Stelle an der Grenze, man muss nur die richtigen Leute kennen«, versichert er mir. Ich möchte ihm in diesem Augenblick glauben. Wir halten an einem kleinen Hang. Waleed und der Schleuser steigen aus, sie warten an einer Straßenecke unter einem Baum. Ich schaue auf meine Uhr. 01:30 zeigen die Pixel an. Es ist noch mitten in der Nacht. Wir warten auf den Grenzübertritt.

Waleed bedeutet mir, im Auto zu warten, und schaut mich dabei ernst an. Ich habe keinen Grund, etwas anderes zu tun als das, was er mir sagt. Also bleibe ich im Wagen, in diesem kleinen Dörfchen in der Türkei am letzten Punkt, an dem man noch nicht in Syrien ist, aber auch schon fast nicht mehr in der Türkei. Ich komme erneut ins Grübeln: Ich werde es mir nie verzeihen, wenn mit meinem Sohn etwas passiert. Das schwöre ich mir in diesem Moment. Aber es ist bisher in meinem Leben immer alles gut gegangen. Immer. Warum sollte es dieses Mal anders sein? Mein Bauchgefühl ist schlecht. Ich denke, ich sollte es nicht tun, aber ich höre nicht auf meinen Bauch.

Nach zehn Minuten kommt Waleed von der Straßenecke zurück. Er öffnet langsam die Tür und steigt wieder in den Wagen ein. Er setzt sich neben mich und schaut mich ernst an. »Gleich geht es los. Ich warte nur noch auf das letzte grüne Licht. Heute wird es klappen.« Es ist unser letztes Gespräch vor Syrien. Ich habe keine Fragen mehr oder stelle keine mehr. Ich bringe kein Wort mehr heraus. Die Angst schnürt mir die Kehle zu. Ich befinde mich in einem Tunnel. Ich gehe immer weiter und hoffe nur noch, dass der Tunnel irgendwann vorbei ist.

»*Yallah*«, sagt Waleed, was auf Arabisch so viel heißt wie »Los geht's«. Dann fährt er fort: »Steig aus dem Auto aus und komm. Wir laufen jetzt los!« Er bedeutet mir, ihm zu folgen, und holt meine beiden Taschen aus dem Kofferraum. Zu meiner Beruhigung finden sich noch einige andere zusammen, die in dieser Nacht zu Fuß über die Grenze wollen. Wir gehen zu einer Gruppe von jungen Syrern, die das Gepäck über die Grenze tragen sollen. Zwei von ihnen heuert Waleed an. Said bringt uns noch bis zum Rand eines Olivenhains. Er klopft mir zum Abschied auf die Schulter. Er lächelt mich dabei freundlich an und wünscht mir alles Gute. Dann hebt er seine rechte Hand zum Gruß und ruft mir hinterher: »*Bismillah!*«, was der Anfang von nahezu jeder Sure des Koran ist und auf Arabisch »im Namen des Gnädigen und Barmherzigen« bedeutet. Wir laufen los. Jetzt gibt es kein Zurück mehr. Die beiden Träger laufen vor, Waleed und ich hinterher. Es ist mitten in der Nacht, es ist dunkel, die Sterne funkeln, der Mond ist fast voll und spendet uns etwas Licht auf unserem Marsch durch die Dunkelheit.

Wir gehen jetzt auf dem Schleichweg rein, aber es gibt auch zwei offizielle Grenzübergänge, die für Hilfskonvois und Krankentransporte geöffnet werden. Aus- oder einreisen kann niemand mehr einfach so, sondern nur noch mit einer Spezialgenehmigung, die nur in Ausnahmefällen erteilt wird, zum Beispiel für die Lieferung von Hilfsgütern oder anderen Ladungen. Wir gehen querfeldein durch die Reihen der Olivenbäume. Sie werfen knorrige Schatten durch das Licht des Mondes. Der Trampelpfad führt verschlungene Wege entlang, erst durch den endlosen türkischen Olivenhain, dann einen Pfad entlang eines Berghangs. Ich kann genau sagen, woran ich in diesem Moment zwischen den Olivenbäumen gedacht habe, denn es war einer von jeden Momenten, an die man sich für immer erinnert. Ich schaute in den Himmel und dachte, dass ich es schaffen müsse. Ich wusste, dass es jetzt kein Zurück mehr gab. Das bedeutete, ich musste es schaffen, was auch immer kommen sollte.

Es ist ein schwieriges Gelände. Meine blauen Turnschuhe aus Deutschland haben eine glatte Sohle und sind eher zum Segeln gedacht als zum Wandern. An manchen Stellen rutsche ich im Geröll ab. Ich denke nicht an die Gefahr, ich denke an gar nichts. Nur an den nächsten Schritt auf dem Weg. Ich gehe einen Schritt nach dem anderen. Schritt für Schritt wie die Perlen einer Kette. Das aufgeregte Rufen einer Eule bricht die Stille. Ich bleibe stehen, halte inne. Waleed ist schon vorausgegangen. Ich sehe ihn kaum noch. Dann eile ich hinter ihm her und hole wieder auf. Der Weg führt uns jetzt steiler bergauf. Unser Marsch wird immer anstrengender, ich schwitze heftig. Wir zwängen uns zwischen Gestrüpp durch, das rechts und links den Weg versperrt. Die Büsche ragen wie schwarzes Gestein aus dem Boden. Unscheinbaren Pfaden folgend, schlagen wir uns durch das Grenzgebiet. Es sind noch andere Gruppen in dieser Nacht unterwegs, wir sind nicht die Einzigen. Das Gelände ist zwischendurch steinig und schwer zu passieren, aber Waleed hilft mir an den unwegsamen Stellen. Plötzlich sehen wir eine andere Gruppe, schemenhaft sind Menschen zu erkennen, die am Rand einer Böschung mit Blick auf die Grenze kauern. Dann holen wir auf. Als wir näher kommen, sieht man, dass es mehr Leute sind als wir. Männer und Frauen. Wir kauern uns ebenfalls auf den Boden. Weil die anderen Handzeichen geben, sind wir gewarnt. Wir verhalten uns so unauffällig wie möglich, weil auch wir auf keinen Fall die Aufmerksamkeit der türkischen Soldaten auf uns ziehen wollen. Nach einigen Minuten gehen wir alle zusammen weiter. Jetzt ist wieder alles dunkel. Es sind keine Soldaten zu sehen.

Die Grenze zwischen der Türkei und Syrien ist 899 Kilometer lang und erstreckt sich vom Mittelmeer bis nach Anatolien. Es ist die längste internationale Grenze, die der NATO-Staat hat, und auch die wichtigste, dazu die am härtesten umkämpfte. Nachdem die ersten Aufstände gegen das Regime im Jahr 2011 begonnen hatten und die Situation zum Bürgerkrieg geführt hatte, war das auch der Anfang des Kampfes um die Grenze. Die Region hat Abertausende von illegalen Grenzübertritten zu verzeichnen. Viele spätere dschihadistische Attentäter reisten aus Syrien in die Türkei und wieder zurück. Diese Route ist die der Dschihadisten – und auch der Journalisten. Seit 2015 fuhr jedoch kaum ein ausländischer Journalist nach Syrien. Für Syrien wiederum ist es nicht die längste, aber trotzdem eine der wichtigsten Grenzen.

Jeder mag wohl andere Gründe haben, in dieser Nacht nach Syrien zu gehen. Aber wir alle gehen gemeinsam über die Grenze. Alle anderen in der Gruppe sind Syrer, die aus unterschiedlichen Gründen nach Hause zurückwollen, nur ich nicht. Ich gehe in die Fremde und fühle mich als Fremde unter ihnen. Waleed zurrt mir mein Kopftuch zurecht, es ist komplett verrutscht. Ein Mann aus der Reisegruppe zischelt »Saudi-Arabia«, als er an mir vorbeigeht. Wie unrecht er hat, denke ich bei mir.

Wir kommen vom Grenzgebiet zur eigentlichen Grenze. Nur noch wenige Meter bis nach Syrien, nur noch wenige Meter bis zum Krieg. Einige Hundert Meter entfernt ist eine Bergkuppe zu erkennen. Ein Militärfahrzeug fährt über den

Kamm eines Berges. Der Zaun und das Sperrgebiet vor uns, hinter dem Zaun, wird durch starke Flutscheinwerfer beleuchtet. Durch die schwarze Nacht schwenken die Lichtkegel von Zielscheinwerfern scheinbar wahllos umher. Der Zaun ist jetzt in Sichtweite. Wir stehen unmittelbar vor der Grenze. Mein Herz rast. Die türkischen Soldaten versuchen, Menschen im Gebüsch und am Zaun zu orten. Illegale Ein- und Ausreisende. Menschen wie uns. Wir schleichen weiter in Richtung Nacht. Es geht immer weiter, und jeder weitere Schritt ist ein Schritt in die Katastrophe hinein. Nichts und niemand scheint mich davon abzuhalten, sehenden Auges in mein Unglück hineinzulaufen. In die Falle zu tappen, die sich schließen sollte. Als wären Menschen auf Jagd nach anderen Menschen. *Homo homini lupus* bedeutet auf Deutsch: »Der Mensch ist dem Mensch ein Wolf.«

Und dann kommen wir zum Grenzzaun. Der Grenzturm selbst ist unbeleuchtet. Dafür ist der Stacheldrahtzaun massiv und sehr hoch. Wir gehen nun den letzten Anstieg bis zum Grenzturm hinauf. Ein ausgetretener Weg direkt am Hang, der steil bergauf führt. Auf diesem Stück sind schon Hunderte, wenn nicht Tausende von Menschen aus Syrien geflohen oder eingereist. Er sieht wie eine Schneise aus, dieser Eingang zum Nadelöhr. Auf dem Boden liegen Massen von zurückgelassenen Gegenständen: aufgeklappte Koffer, zerrissene Kleidung, einzelne Schuhe, leere Plastikflaschen, auch leere Taschen liegen kreuz und quer über den Hang verteilt. Zurückgelassen wurde der Ballast, der offenbar zu groß, zu schwer oder zu unhandlich beim Überqueren der Grenze war. Der Grenzverkehr scheint hier ein florierendes Geschäft zu sein. Diese Grenze ist ein Nadelöhr, manche schlüpfen unerkannt hindurch, andere werden festgenommen. Ich schaue zum Grenzturm hoch: Die Scheinwerfer tauchen alles in grelles Licht. Ein eckiger Betonquader, der hoch über den Zaun ragt, mit einer Reihe von Fenstern. Die türkischen Grenzsoldaten müssen von dort oben eine gute Sicht über die ganze Landschaft haben. Die Soldaten drücken in diesem Moment wohl ein Auge zu, weil ihnen *Bakschisch* gezahlt wurde, Trinkgeld, wie es auf Arabisch heißt, oder in diesem Fall Schmiergeld. Ich ahnte nicht, dass dies für lange Zeit mein letzter Moment in Freiheit, wie wir sie kennen, sein würde, aber er war es. Wirkliche und absolute Freiheit. Ich ahnte von dem verhängnisvollen Verlauf dieser Reise nichts. Und ich blendete die reale Gefahr aus. Das war leichter für mich. Das war für mich die einzig mögliche Option zu diesem Zeitpunkt.

Einer nach dem anderen rennt kauernd zum Zaun und klettert hastig darüber. Mindestens 15 Leute sind es. Am Ende sind nur noch Waleed und ich übrig. Alle anderen sind schon in Syrien, und kein Soldat ist eingeschritten, alle durften diese Grenze, diese Grenze der Welten vom Frieden zum Krieg, passieren. Das Fenster ist offen, das Fenster zur Hölle. Wir haben nur wenig Zeit. Werden sie Waleed und mich auch noch durchlassen? Wir sind die letzten beiden auf türkischer Seite. Waleed geht als Erster über den Zaun. Hilft mir, als wir den Zaun erklettern. Die Spitzen des Stacheldrahts stechen durch den dünnen Nylonstoff der Handschuhe in meine Hände, als ich mich auf den NATO-Draht stütze. Meine Finger schmerzen, dann gebe ich mir einen Ruck und steige über den Zaun. Dort steht Waleed, und ich hangle mich vorsichtig herunter. Auf dieser Seite des Zauns, in Syrien, herrscht eine seltsame Stille. Es scheint, als würde die Welt für den Bruchteil eines Augenblicks anhalten. Ich stehe mit beiden Füßen auf syrischem Boden und hole tief Luft. Jetzt bin ich in Syrien. Wir haben syrische Erde erreicht. Ich setze vorsichtig einen Fuß vor den anderen. *Inside Syria.* Hier sollte der verhängnisvolle Teil meiner Reise beginnen. Es sollte fast ein Jahr dauern, bis ich diese Grenze erneut überqueren konnte.

TEIL II

BLACKBOX
SYRIEN

INSIDE SYRIA

Wir passieren das Grenzgebiet ungehindert und gehen einen Hang hinunter, der zu einem Tal führt. Die türkischen Soldaten haben in dieser Nacht offensichtlich Besseres zu tun. Als wir gerade einige Hundert Meter in Richtung Tal gelaufen sind, knallt plötzlich ein Schuss. Ich schrecke zusammen, bleibe wie eingefroren stehen. Der Schuss hallt an den umliegenden Bergen wider. Ist es ein Warnschuss, galt er uns? Waleed sieht meinen Schrecken. Er versucht, mich zu beruhigen. »So ist es in Syrien. Du musst dir keine Sorgen machen«, zischt er mir zu. Als er sieht, dass ich mich keineswegs bewege oder beruhige, sagt er: »Syrien ist mein Zuhause, keine Angst!« Ich drehe mich um und schaue, ob ich den Schützen sehe, aber hinter mir ist alles schwarz, und in der Dunkelheit sind die Umrisse der Berge nur noch holzschnittartig zu erkennen, schemenhaft, losgelöst von einem realen Gebiet, einem wirklichen Ort, einem Ort, der morgen noch so ist wie heute. Es war der erste Schuss von vielen Schüssen, die ich in Syrien hören sollte.

Ich blicke lange zurück in Richtung türkischer Grenze. Aber einfach mitten im schwarzen Nichts stehen zu bleiben scheint auch keine Lösung zu sein, deshalb gehe ich weiter. Mit jedem Schritt entfernen wir uns weiter vom türkischen Grenzzaun. Es fühlt sich seltsam an, in Syrien zu sein, unbestimmbar, beängstigend, einsam und irgendwie vom ersten Moment an auch verloren. Auf dem Weg Richtung Tal sitzt ein einzelner Mann am Wegrand und hat einen Kessel mit dampfendem Tee vor sich aufgebaut. Er verkauft Tee an die Reisenden. Wenige Minuten später, als wir unten im Tal ankommen, sind zu meiner Überraschung sogar mehrere

Bretterverschläge aufgebaut. Es sind notdürftige Beleuchtungen an den Holzrahmen befestigt. Aber es stehen Getränke und Snacks bereit. An einem Stand stehen dampfende Kessel, in denen Suppe köchelt. Mit einer Kelle füllt ein Mann Tee in kleine Gläser. Menschen überall, es herrscht Geschäftigkeit so nahe der Grenze auf syrischer Seite. Mitten in der Nacht ist hier Rushhour.

Syrien, was ist das eigentlich für ein Land? Was ist dort in den letzten fünf Jahren geschehen? Was für ein Land war Syrien vor dem Krieg? Syrien, das halb so groß wie Deutschland ist, entstand durch die Abtrennung der arabischen Gebiete vom Osmanischen Reich, die unter französische Vorherrschaft gestellt wurden, als »Völkerbundmandat für Syrien und Libanon«. Vor dem Bürgerkrieg lebten hier rund 21 Millionen Menschen. Während des Krieges sind viele geflohen.

Alles ist dunkel, es gibt keine elektrische Straßenbeleuchtung. Auch kein anderes Licht. Nur der Mondschein taucht die Welt in eine Melange aus Schwarz und Weiß. Zwei Typen kommen auf uns zu, der Jüngere von beiden trägt eine Kalaschnikow locker über der Schulter. Der ältere Typ hat einen verschlissenen beigen Kaftan an. Auf dem Kopf trägt er eine gehäkelte Gebetskappe, unter der seine langen grauen Haare strubbelig heraushängen. Er hat einen zerzausten grauen Bart, der in Fusseln an seinem Gesicht herabhängt. Ich stehe hinter Waleed, halte mich bewusst im Hintergrund. Dann gibt es offenbar Streit. Die Männer diskutieren laut. Ich bin von ihrem Ton verunsichert. Aber dann stellt sich heraus, dass es ein normales arabisches Basargespräch ist. Hier wird gefeilscht. Waleed will Geld wechseln und ein Taxi anheuern. Nach einigen Diskussionen entscheidet Waleed sich für den älteren Mann als Taxifahrer und wechselt bei dem Typen mit Gewehr türkisches in syrisches Geld. Für rund 300 Türkische Lira, also 100 Euro, bekommen wir ein riesiges Bündel mit Assad-Geldscheinen, umgerechnet circa 25 000 Syrische Lira. 1000 Syrische Lira entsprechen also etwas mehr als vier Euro. Die Inflation hat seit dem Bürgerkrieg stark zugenommen. Der Wechselkurs der Syrischen Lira brach ein, und die Währung verlor nahezu 70 Prozent ihrer Kaufkraft. Zeitweise brach der Kurs gegenüber dem Dollar auf 1:500 ein. Die Inflation wurde im Juli 2013 auf 213 Prozent geschätzt. Aufgrund der hohen Inflation ist Münzgeld kaum noch im Umlauf. Als Waleed das Bündel durchzählt, sehe ich das Bild von Baschar al-Assad auf einem der Geldscheine. Denn auf dem 2000-Lira-Schein, der wertvollsten Banknote des Landes, hat sich der Diktator selbst verewigt. Denn Macht ist in Syrien erblich. Baschar Hafiz al-Assad wurde 1965 in Damaskus als Sohn des Offiziers Hafiz al-Assad geboren. Sein Vater spielte beim Putsch im Jahr 1966 eine wichtige Rolle und wurde erst Verteidigungsminister und war ab 1971 Staatspräsident des Landes und Vorsitzender der sozialistischen Baath-Partei. Er regierte Syrien mit harter Hand bis zu seinem Tod im Jahr 2000. Unter seiner Herrschaft baute er ein System der absoluten Kontrolle und der Vetternwirtschaft auf. Gegen Feinde ging er erbittert vor.

Am Ende des Handels scheinen alle zufrieden zu sein. Der bärtige kleine Typ mit dem grimmigen Gesicht zählt sein Geld, und der ältere Mann fordert uns auf, ihm zu folgen. Wir gehen weiter in Richtung Dunkelheit. Er stoppt vor einem weißen Van, der am Rand eines Wegs geparkt steht. Davor und dahinter stehen noch weitere Wagen. Es scheint eine Art Taxistand an der Grenze zu sein. In Syrien gibt es kein Taxometer, und in Syrien haben die Fahrzeuge nicht einmal Nummernschilder. Im Krieg ist alles erlaubt. Der Taxifahrer öffnet die seitliche Schiebetür seines Wagens, ich steige hinten ein und setze mich auf die Rückbank. Die letzte Sitzreihe bleibt leer. Neben mich auf die Rückbank stellt Waleed meine beiden Reisetaschen. Als der alte Mann den Wagen startet, fährt er wie ein Rennfahrer über die unasphaltierten Straßen, obwohl ich ihn auf über 60 schätzen würde. Er hält das Lenkrad seines Wagens mit beiden Händen fest umklammert. Wir rasen durch die syrische Nacht. Vor uns und hinter uns ist kein anderer Wagen zu sehen. Wir sind auf dem Weg zu dem Haus von Waleeds Bruder. Er heißt Abdullah. Wo es sich genau befindet, weiß ich nicht. Doch es soll nahe der oder noch in der Flugverbotszone liegen. Mindestens an einem sicheren Ort, so hat es mir Laura wenigstens zugesichert. Aber was ist ein »sicherer Ort« in Syrien? Gibt es überhaupt einen sicheren Ort in Syrien? Von Waleed weiß ich, dass wir nach Al-Dana fahren, eine größere Stadt in der nordwestlichen Region von Idlib. Dort soll der Treffpunkt mit Laura und ihrer Gruppe sein.

Waleed hat sich auf den Beifahrersitz nach vorne neben den Fahrer gesetzt. Ich sitze alleine auf der Rückbank. Das Scheinwerferlicht fällt auf staubige Büsche und graues Gestein am Wegesrand. Der Wagen schlängelt sich die Bergstraßen hinab. Immer weiter in Richtung bewohntes Gebiet. Neben dem Weg auf der rechten Seite sind die ersten Bretterverschläge zu sehen. Zwischendurch ein Geschäft, das beleuchtet ist. Wir halten an einem der Geschäfte rechts neben der Straße. Waleed steigt aus und winkt mir mit seiner Hand, ich soll ebenfalls aussteigen. Vor dem Laden baumelt eine Glühbirne im Wind, die einen schwachen Lichtschein wirft. Vor dem Verkaufsraum ist eine Plane gespannt. Ein Mann mit braunem Bart und T-Shirt steht hinter einer kleinen Theke. Waleed geht zu einem Kühlschrank und holt eine Dose Mirinda und eine Flasche Wasser heraus. Er bezahlt mit Assad-Geld, dann gehen wir zurück zu dem weißen Van, in dem der Fahrer wartet. Der Motor startet nicht. Erst nach mehrmaligen Versuchen zündet er. Dann ruckelt die Karosse kurz beim Anfahren, und wir setzen unsere Fahrt fort.

Es scheint, als würden wir uns in einem Vorort des Krieges befinden. Nichts deutet in diesem Moment direkt auf Krieg hin. Die Oberfläche ist austauschbar. Es könnte auch ein Land sein, in dem kein Krieg herrscht. Für Momente scheinen das Leid, die Bomben, die Not unsichtbar zu sein.

Oder ist es nur mein Wunsch, das alles auszublenden? Ich halte die eiskalte Dose Mirinda fest in meiner Hand umklammert, ziehe meine Handschuhe aus, um die Dose zu öffnen. Erst knackt es, und dann zischt es laut. Ich hebe mit einer Hand den Gesichtsschleier ein wenig nach oben, damit ich trinken kann, ohne mein Gesicht zu zeigen. Standard im konservativ-muslimischen Alltag *Niqab* tragender Frauen. Die Limonade mit künstlichem Orangenaroma läuft süß und zuckrig meinen Rachen hinunter. Mein Blutzuckerspiegel schnellt schlagartig in die Höhe. Die Limo schmeckt wie Fanta mit Sprudelwasser verdünnt.

Ich blicke aus dem Fenster, dort sind mit Planen geschützte Verschläge an der Seite der Straße hochgezogen. Jetzt ist der Krieg plötzlich ganz nah. Manche der Zeltkonstruktionen sind mit kleinen Kaminen versehen, die aus den Häuschen herausgucken. Aus einigen steigen dampfende Schwaden von weißlich-dicklichem Rauch auf, die vom Schwarz des Nachthimmels angezogen werden, sich auflösen und langsam in ihm versickern. Die Zeltstätten sind campartig. Es sind lange Reihen. Die bunten Planen hängen kreuz und quer. Manche sind geflickt, fraglich, ob sie starkem Regen standhalten. Kälte sowieso nicht. Sie sind nicht isoliert. Dann fahren wir an einem befestigten Camp vorbei, einer Zeltstadt mit Strommasten und zwischendurch einem zentralen Container. Clean, strukturiert, sauber. Beleuchtete Zeltstraßen, ein weitläufiges Gelände. Offizielle Flüchtlingsunterkünfte.

Rechts und links der Straße sind einige Minuten später die ersten Häuser zu sehen. Keines von ihnen ist zerstört, es ist kein bombardiertes Areal, oder die Häuser wurden schon wieder aufgebaut. Eine Katze huscht aufgeschreckt vor unserem einsamen Wagen in der Nacht über die Straße und flüchtet hastig ins Gebüsch. Etwas, das es in Syrien nicht gibt, ist Beständigkeit. Syrien ist immer im Wandel. Ein Ort, der heute noch sicher ist, kann morgen bereits von einer Fassbombe dem Erdboden gleichgemacht sein. Und andersherum: Ein Ort, der heute noch im Bombenhagel zerstört wurde, kann morgen wieder frei von Bomben sein, wenn sich die Front verschiebt. Dann blüht der Alltag von einem auf den anderen Moment wieder auf. Der Wille des Menschen zum Leben ist unauslöschbar, gleichgültig, wie widrig die Umstände auch sein mögen. Der Mensch ist anpassungsfähig und leidensfähig. Eine Situation, die eben noch sicher war, kann im nächsten Moment lebensgefährlich werden, das syrische Roulette.

Der Ruf zum *Fadjr*, dem Morgengebet, erklingt. Der Krieg beginnt mit einer Melodie. Es klingt erhaben. *Allah u akbar. Ashhadu an la ilaha illallah. Ashadu anna Muhammadan rasul Allah. Hayya al sala. Hyya al al falah. Al salatu chayrun min an naum. Allah u akbar. La ilaha illallah.* Bedeutet übersetzt: »Gott ist am größten. Ich bezeuge, es gibt keinen Gott außer Allah. Ich bezeuge, dass Muhammad der Gesandte Allahs ist. Kommt zum Gebet. Kommt zum Heil. Steht auf, Gebet ist besser als Schlaf. Gott ist am größten. Es gibt keinen Gott außer Allah.« Ich halte für einen Moment inne.

Die Nacht ist vorbei, der neue Tag beginnt. Es ist mein erster Tag in Syrien. Wir halten an einer Moschee. Ein zweistöckiger Bau aus Stein mit zwei Fenstern mit arabesken Verzierungen und grünem Glas, durch das Licht aus dem Inneren des Gebetsraums schimmert. Die Luft ist mild und trocken. Waleed steigt aus und betet das Morgengebet. Es ist niemand anderer auf den Straßen zu sehen. Ich bleibe mit dem Fahrer im Auto. Ob dieser Fahrer vertrauenswürdig ist, frage ich mich. Ich kann es nicht wirklich einschätzen. Als Waleed zurückkommt, sage ich ihm, dass ich auf die Toilette müsse. Er führt mich zu einem Raum, der links an die Moschee grenzt. Es ist immer noch stockdunkel. Es ist ein kleiner Toilettenraum. Hinter einer Tür ist ein Plumpsklo versteckt. Der Raum ist dunkel. Kein Licht. Nur der Mond scheint hell. Ich gehe hinein, es riecht streng nach Urin und Fäkalien. Ein schmutziger Wassereimer steht neben dem Erdloch. Ich sehe gar nichts, wenn ich die Tür schließe, ist es vollkommen dunkel. Anschließend taste ich mich zurück aus dem Anbau der Moschee. Nachdem wir wieder eingestiegen sind, fährt der Fahrer los. Er fragt Waleed, ob ich kein Arabisch spreche. Waleed verneint. Dafür reicht mein gebrochenes Arabisch.

Wir sind am Rand vom Al-Nusra-Gebiet. Immer noch nahe der Türkei, aber wir entfernen uns von ihr und fahren in Richtung des syrischen Kernlands. Wir sind auf dem Weg in Richtung Al-Dana. Immer tiefer hinein in das Kriegsgebiet. Jetzt gibt es so leicht keinen Weg mehr zurück. Einige Kilometer später kommen wir zu einem Checkpoint der Al-Nusra-Front. Es ist ein kleiner Bretterverschlag, der mit Sandsäcken und alten aufgestapelten Autoreifen gesichert ist. Ein Mann mit Kalaschnikow hebt den Arm, um uns zu kontrollieren. Er trägt ein beiges Käppi und eine Hose mit grünem Flecktarn. Der Fahrer stoppt sofort den Wagen. »Wohin?«, fragt der Grenzwächter auf Arabisch. Unser Fahrer antwortet: »Al-Dana.« Wir sind zwei Männer und eine Frau in dem Wagen. Der bewaffnete Mann, der vor seinem kleinen Häuschen steht, wirft einen prüfenden Blick durch das Seitenfenster in unseren Wagen, dabei schaut er mir direkt in die Augen. Mit der Hand fährt er sich durch den Bart. Anschließend nickt er dem Fahrer zu. Wir dürfen ohne genauere Kontrolle passieren. Ich bin erleichtert.

Das ganze Land ist mit Checkpoints übersät. Und das Land ist zersplittert. Das Regime von Assad verlor große Teile des Landes an unterschiedliche Kampfgruppen. Die Gebiete waren aufgeteilt in verschiedene Teile, die von der Al-Nusra-Front kontrolliert wurden, dem Islamischen Staat, kurdischen Rebellen wie der kurdischen Arbeiterpartei, kurz PKK, und der YPG, sowie anderen Gruppen wie der Freien Syrien Armee. Das Regime von Baschar al-Assad wurde auch aus den eigenen Reihen bekämpft. Auf Aufstände aufgrund der Missstände reagierten einige ranghohe Offiziere aus den Reihen des Regimes. Die Offiziere gründeten 2011 mit einigen anderen ehemaligen Regimegetreuen die Kampfgruppe der » Freien Syrischen Armee« und begannen, Assad und seine ehemaligen Verbündeten aktiv und erfolgreich zu bekämpfen.

Der Weg von Baschar al-Assad an die Spitze des syrischen Staats war zunächst nicht absehbar, da sein älterer Bruder Basil der Kronprinz in der Familie war. Basil war es, der eine militärische Ausbildung absolvierte und als Kommandant die Streitkräfte befehligte und somit als sicherer Nachfolger seines Vaters galt. Baschar ging statt zum syrischen Militär an die Universität in Damaskus und studierte Medizin. Danach zog er Ende der Achtzigerjahre nach London, setzte dort sein Studium fort und absolvierte in einem Krankenhaus eine fachärztliche Ausbildung zum Augenarzt. Zu dieser Zeit lernte er in London seine spätere Ehefrau, die Syrerin Asma Fauaz al-Akhras, kennen. Die spätere Asma al-Assad stammt aus einer wohlhabenden sunnitischen Familie. Sie ist in Großbritannien geboren und aufgewachsen, studierte an einer renommierten Universität und trägt kein Kopftuch. Im Anschluss an ihr Studium arbeitete sie unter anderem als Investmentbankerin bei der Deutschen Bank. Baschar war zunächst nicht für eine Rolle innerhalb des Regimes vorgesehen. Doch während Baschar in London war, verunglückte sein älterer Bruder Basil mit seinem Sportwagen in der Nähe des Flughafens von Damaskus tödlich. Er verlor die Kontrolle über sein Fahrzeug und starb noch am Unfallort. Das war am 21. Januar 1994 und stellte den Wendepunkt für den Al-Assad-Clan und vor allem den Wendepunkt im Leben von Baschar dar. Er war zu diesem Zeitpunkt 28 Jahre alt. Er kehrte aus London sofort nach Syrien zurück. Asma und Baschar blieben auch nach seiner Rückkehr nach Syrien miteinander in Kontakt und heirateten im Jahr 2000. Sie haben inzwischen drei Kinder.

Baschar al-Assad wurde zum neuen Nachfolger seines Vaters aufgebaut. Hatte Assad zunächst keinerlei militärische Kenntnisse, wurde er im Eilverfahren militärisch ausgebildet und machte einen Schnellkurs zum Panzerkommandanten. In den nächsten Jahren stieg er in der militärischen Hierarchie im Jahrestakt auf und wurde schließlich Kommandant der Präsidentengarde. Als der Vater Hafiz al-Assad im Jahr 2000 starb, stand sein zweitältester Sohn bereit. Doch Baschar war mit seinen 34 Jahren formal zu jung, um Präsident zu werden, denn die syrische Verfassung schrieb ein Mindestalter von 40 Jahren vor. Nach einer raschen Verfassungsänderung wurde er mit 97,29 Prozent der Stimmen zum Präsidenten »gewählt«. Seine Präsidentschaft dauert bis heute an.

Nach der Machtübernahme ruhten weltweite Hoffnungen der »Liberalisierung« und »Öffnung Syriens zum Westen« auf dem modernen Paar. Die beiden wurden nicht nur von der Queen empfangen, sondern auch von anderen politischen und gesellschaftlichen Repräsentanten. Ein neues Syrien schien mit dem westlich geprägten Power-Paar möglich zu sein, aber alle Hoffnung zerschlug sich, als Baschar sich als seines Vaters ebenbürtig erwies: Auch er ging gegen seine Feinde brutal vor und führte so den Weg seines Vaters unbeirrt weiter. Den internen Machtapparat nutzte er, um Kritiker und Feinde zum Schweigen zu bringen. Während sein Vater seine Gegner einfach verschwinden ließ, veranstaltete Baschar al-Assad Schauprozesse. Das alles war vor dem Krieg.

Asma al-Assad wurde gerade seit dem Ausbruch des Krieges zu einer wichtigen Figur innerhalb der medialen Repräsentation des Regimes. Eine Frau, die in der Presse als »First Lady of Hell« betitelt wurde. Als moderne Frau, die auch die britische Staatsbürgerschaft hat, und als Sunnitin sollte sie das Image des alevitischen Al-Assad-Clans aufbessern. Und sie erfüllt ihre Rolle vorbildlich. So betreibt sie einen Instagram-Kanal mit mehr als 300 000 Followern. Ihr Auftritt auf Facebook hat über 550 000 Likes. Diese Bilder, auf denen sie sich wie ein Model präsentiert oder in Charity-Mission unterwegs ist, stehen in hartem Kontrast zu der Realität des Krieges in Syrien. Das Regime verbreitet Bilder einer heilen

Welt. Der Krieg führte zu einer Aufteilung des Landes. Und der Bürgerkrieg in Syrien entwickelte sich zu einem Stellvertreterkrieg, der durch den starken Einfluss von mächtigen Ländern wie Russland, Saudi-Arabien, Amerika, Türkei und anderen bestimmt wurde. Vor allem der Beginn der Intervention durch Russland markierte einen Wendepunkt. Bis zur russischen Unterstützung war das Regime von Assad stark unter Druck geraten. Seit 2011 waren viele verschiedene Gruppen in den syrischen Bürgerkrieg involviert. Viele davon in unterschiedlichen Allianzen organisiert, die fluid waren, je nach Machtgefüge wechselnd. Es ist ein komplexer Krieg in Syrien. Ständig verschieben sich die Grenze und das Kräfteverhältnis: Im Sommer 2015 befand sich fast die Hälfte des Landes unter der Herrschaft des Islamischen Staats. Die Regionen, die der Islamische Staat unter seine Kontrolle bringen konnte, waren zum großen Teil unbesiedelte Wüstenregionen. Sie beherrschten keine wichtige Großstadt des Landes, sondern in diesem gesamten Gebiet lebten nur rund 15 Prozent der gesamten Bevölkerung Syriens. Ein großer Teil der Syrer, die noch in Syrien leben, befinden sich in den vom Regime kontrollierten Gebieten, die vor allem die Hauptstadt Damaskus und die umliegende Region umfassen.

Assad wird als Alevit (13 Prozent der Bevölkerung) eigentlich von Sunniten wie Schiiten als Gegner und Ungläubiger gesehen, erhebt jedoch den Anspruch, für das ganze Land zu sprechen und zu handeln. Die Fronten haben etliche Male gewechselt; während es bis 2015 ein gemeinsames Ziel der IS und Al-Qaida-Gruppen war, Assad zu stürzen, verfielen die Gruppen immer mehr und überschlugen sich mit Neuallianzen und Gründungen, bekämpften sich gegenseitig und verloren militärisch immer weiter an Boden gegen die besser ausgerüsteten Assad-Soldaten. International hat Assad immer weiter an Unterstützung verloren, die ganze EU plädiert im Grunde für seinen Rücktritt. Auch das Verhältnis zur Türkei ist immer schlechter geworden. Obwohl sie sich in der Frage der Kurden – dass sie nicht zu viel Einfluss in dem gemeinsamen Grenzgebiet haben sollten – einig waren, bekämpft Assad mittlerweile die Türkei offen.

Langsam wird es hell. Wir sind schon mindestens eineinhalb Stunden gefahren. Karge Mondlandschaft im Morgengrauen zieht vorbei. Beige Wüste, matt, im Blau des Morgens. Wir passieren weitere Kilometer staubiger Wüstenstraße. Der Mond ist nur noch eine silberne Sichel. Der Himmel drückt sich hinaus aus dem Dunkel und wird langsam durchscheinend. Wie ein Transparent. Am Horizont wird es Tag.

Vielleicht wollte ich es einfach nicht wahrhaben. Vielleicht wollten wir beide, Waleed und ich, es einfach nicht wahrhaben, dass es sich als idiotische Idee entpuppen würde, vielleicht hatten wir beide Zweifel, vielleicht denselben Zweifel oder einen anderen, aber diese gemeinsame Reise nahm an diesem Punkt ihren Anfang. Die Reise, die unser Leben für immer verändern sollte.

Nach einigen Kilometern ändert sich die Region von einem ländlichen Gebiet zu einer städtischen Gegend. Das Straßenschild mit der Aufschrift »Al-Dana« steht verbeult neben der Straße. Wir biegen in die Straßen einer Stadt ein. Ein Haus reiht sich an das nächste, wir fahren durch enge Gassen. So früh am Morgen ist noch niemand auf den Straßen zu sehen. Alles wirkt wie ausgestorben. Die Geschäfte haben die metallenen Türen und Rollläden noch geschlossen. Erst in einigen Stunden wird der lebendige Alltag auf diesen Straßen beginnen, das Städtchen zum Leben erwachen, mitten im Krieg.

An einem größeren Platz lenkt der grauhaarige Alte das Auto um die Ecke. Waleed gibt dem Fahrer die Anweisung zu halten. Er bezahlt ihn aus dem dicken Bündel von Geldscheinen. Wir steigen aus, gehen einige Meter zurück in die Richtung, aus der wir gekommen sind, biegen dann um die Ecke und kommen zu dem weitläufigen Platz zurück, der mit einigen Bäumen in der Mitte bepflanzt ist. Von dort biegen wir rechter Hand in den Hauseingang eines mehrstöckigen Gebäudes und huschen hinein.

Das syrische Safehouse hat keine Eingangstür. Das Treppenhaus ist unverputzt, grauer Beton, Baustaub in den Ecken. Wir gehen die schmalen Stufen hinauf. Offene Kabelleitungen an den Wänden. Drei Stockwerke sind es bis nach oben. Die oberste Etage ist noch zur Hälfte im Rohbau, vom Flur aus gehe ich in eines der unausgebauten Zimmer hinein. Es gibt weder Wände noch Fenster. Der Beton liegt blank. Der Wind weht durch das Haus. Mein Blick schweift über Al-Dana und die angrenzende Wüstenlandschaft, die direkt hinter dem Städtchen beginnt und weitläufig ist. Waleed zieht mich zurück. Er schüttelt den Kopf. »Komm. Du könntest gesehen werden.« Dann gehen wir einige Schritte in den Flur zurück. Er bleibt vor einer braunen eisernen Tür auf der linken Seite stehen. Klopft. Ruft. »Abdullah!« Wartet. Klopft erneut, jetzt heftiger. Es klingt metallen. Dann ruft er lauter: »Abdullah! Abdullah!« In der Wohnung rührt sich endlich jemand. Das Schloss wird von innen entriegelt, die Tür geht auf. Ein junger Mann mit schwarzen Haaren und Bart öffnet die Tür und sieht verschlafen aus. Beide lächeln. Wir gehen hinein. Die Tür fällt ins Schloss. Abdullah verriegelt die Tür. Ich bin erleichtert, atme tief durch, endlich in Sicherheit. Das Haus in Al-Dana ist groß, und es kommt mir wie ein sicherer Ort vor inmitten der Unsicherheit.

Waleed zeigt mir mein Zimmer. Die ganze Anspannung der Reise fällt von mir ab. Mein Zimmer ist groß und geräumig. Auf dem Boden liegt ein großer Teppich aus Kunststofffasern mit beige-grünem Blumenmuster. Es ist ein quadratischer Raum mit einem Fenster, das so weit oben liegt, dass man weder heraus- noch hereinschauen kann. Matratzen und Decken liegen in der rechten Ecke aufgestapelt. In der linken Ecke steht ein kleiner metallener Ofen, dessen Abzugsrohr fehlt. Daneben einige Kartons. Sonst ist der Raum leer. Das Zimmer scheint als Gästezimmer genutzt zu werden. Ich lasse mich auf die Matratze fallen. Die Reise war anstrengend. Ich drehe mich zur Seite und schließe die

Augen, aber ich kann noch nicht sofort einschlafen. Stattdessen habe ich Zeit nachzudenken über das, was zum größten Fehler meines Lebens werden sollte. Und ich merke nicht, wie ich in mein Unglück hineinschlittere. Ich fühle mich siegesgewiss. Ich denke, dass ich stark bin. Furchtlos. Unerschrocken und mutig.

Es ist bereits hell, langsam beginnt der Tag. Das Fenster ist offen. Ich höre Geräusche von der Straße. Ich drehe mich um, dann schlafe ich ein. Ich träume von der Flugverbotszone, von kläffenden Hunden und von einem Morgen, der niemals kommen wird. Ich sehe die Gesichter meiner Eltern vorbeischweben, schaue auf meine Hände. Dann sehe ich Bäume und Häuser, den Rhein, das Siebengebirge, den Drachenfels.

Am nächsten Morgen wache ich vom lauten Hupen eines Autos auf. Es ist der 5. Oktober 2015. Von draußen sind statt Kriegsgeschrei nur Kinderlachen, Hundegebell und Straßenlärm zu hören. Ich versuche, aus dem Fenster zu schauen. Es ist schwierig, unmöglich, weil es hoch oben liegt. Ich sehe nur den Himmel und die Mauer des angrenzenden Hauses. Sie ist grau.

Dann notiere ich in mein Tagebuch: »Einreise nach Syrien sehr anstrengend. Die erste Nacht in Syrien voller stürmischer Träume. Heute ist das Treffen mit Laura. Ich bin sehr gespannt, aber ich bin in Syrien angekommen.« Ich klappe das Tagebuch zu, lege den Kugelschreiber beiseite und verstaue es in meiner Reisetasche. Auf einmal ertönt der Muezzin, der zum Mittagsgebet ruft. Es muss schon nach elf Uhr sein. Ich öffne die Tür zu meinem Zimmer und gehe in den Flur an der Wohnungstür vorbei. Die Wohnung hat zwei Räume, dazu eine Küche, ein Bad sowie eine abgetrennte Toilette mit Waschbecken. Es ist geräumig. Durch den lang gezogenen Flur gehe ich bis zum Ende. Von dort aus geht jeweils rechts und links ein Zimmer ab. Ich öffne die Tür des linken Raums. Sie knarrt. Es ist das Wohnzimmer. Ein kleiner Fernseher steht auf dem Boden links neben dem Eingang. Vor dem großen Fenster auf der rechten Seite liegen mehrere Matratzen auf dem Boden und an der Wand. Kissen sind in einer Ecke aufgestapelt. Waleed liegt dort auf einer Matratze. Er scheint gerade erst aufgewacht zu sein. Als ich hereinkomme, richtet er seinen Oberkörper auf, setzt sich in den Schneidersitz und reibt sich verschlafen die Augen. Zwischendurch blinzelt er mich an. »Alles in Ordnung?«, fragt er mich. Ich nicke. Er lächelt vorsichtig. »Gut geschlafen?«, schiebt er hinterher. »Wilde Träume«, antworte ich. »Wo ist Abdullah?«, frage ich. »Abdullah ist rausgegangen. Er kommt erst heute Abend wieder zurück.« Ob ich hungrig sei, fragt er und deutet auf seinen Bauch. »Ja«, antworte ich ihm und nicke zur Bekräftigung heftig mit dem Kopf. Er scheint selbst hungrig zu sein. »Warte«, sagt er und zieht sich seine ausgelatschten schwarzen Turnschuhe an.

Dann sieht er mich durchdringend an. »Du bleibst hier drin. Draußen ist es zu gefährlich für dich. Öffne niemandem diese Tür. Auf keinen Fall. Und mach den Riegel hinter mir zu«, stellt er klar, bevor er in den Hausflur geht und die Tür hinter ihm ins Schloss fällt. Ich verriegele sie. Jetzt bin ich das erste Mal allein in der Wohnung und schaue mich um. Die Decken sind hoch, mindestens drei Meter. Die Wohnung ist geräumig. Die Wände sind verputzt, aber noch nicht gestrichen. Der Boden ist gefliest. In den beiden Wohnräumen sind mehrere Teppiche auf dem Boden ausgelegt. Im Flur, direkt vor dem Toiletten- und dem Duschraum, ist ein Waschbecken angebracht. Der Wasserhahn tropft leise vor sich hin. Im Rest der Wohnung ist es still.

Plötzlich höre ich Schritte auf dem Gang. Jemand kommt näher. Ich hoffe, dass es Waleed ist. Es klopft an die Tür. Mein Herz schlägt schneller. »Ich bin es, Waleed.« Ich erkenne seine Stimme und atme auf, Entwarnung. Ich schiebe den eisernen Riegel der Tür beiseite. Waleed kommt mit zwei weißen Plastiktüten zurück. Wir gehen wieder ins Wohnzimmer. Er öffnet den Knoten der Plastiktüte und gibt mir eine Teigtasche, gefüllt mit Tomaten und Hackfleisch, sowie eine zweite Teigtasche mit weißem Käse. Sie sind noch warm. Ich beiße hungrig ein Stück ab und schlinge es hastig herunter. »Willst du Tee?«, fragt er. Ich nicke. Er geht in die Küche und setzt Wasser auf. Einige Minuten später kommt er mit einer Metallkanne voll mit dampfendem Tee zurück. »Zucker?« Er gibt mir ein kleines Schälchen. Ich rühre einen Löffel Zucker in meiner Tasse um. Er trinkt einen Schluck aus seinem Teeglas, dann erzählt er mir von seiner Familie: »Abdullah ist mein jüngerer Bruder, noch nicht verheiratet, und hat deshalb auch noch keine Kinder. Anders als ich.« Er holt sein großes weißes Samsung Smartphone aus der Tasche. »Ich bin verheiratet«, fährt er mit ein wenig Stolz in der Stimme fort und zeigt mir die Bilder seiner drei Kinder. Sie sind noch klein und sehen goldig aus. Sie lächeln auf den Pixeln des kleinen Smartphone-Displays. »Ich bin 30 Jahre alt«, fügt er leise hinzu. Dann packt er das Telefon wieder in seine Tasche, als sei es ein Schatz, den er behüten muss. Waleed erzählt weiter: »Früher habe ich mich mit meiner älteren Schwester Fatima nicht so gut verstanden. Aber inzwischen verstehen wir uns sehr gut. Seitdem sie in der Türkei wohnt und ich sie dort oft besuche. Seit dem Krieg ist die Familie überhaupt enger zusammengerückt. Meine Schwester ist in der Türkei zwar glücklich, aber sie vermisst unsere Heimat Syrien sehr.« Es sei nicht leicht, als Flüchtling in der Türkei zu leben, gerade in Hatay oder überhaupt in der Grenzregion, wo so viele syrische Landsleute seien. Die Masse mache das neue Leben besonders schwer. »Der Sohn meiner Schwester geht auf eine Schule extra für syrische Kinder«, ergänzt er. Sie lebten isoliert von der türkischen Bevölkerung als Menschen zweiter Klasse.

»Die Offiziellen nennen unser Land die ›Arabische Republik Syrien‹, auf Arabisch *al-Dschumhūriyya al ʿarabiyya as-sūriyya*«, sagt Waleed. Dann dreht er sich zu mir um: »Wir sind hier fast schon im Vorderen Orient«, fügt er hinzu. »Es ist heiß, weil in vielen Regionen in Syrien trockenes Wüstenklima herrscht. Große Teile unseres Landes bestehen nur aus Wüste, die nicht bewohnbar ist. Oder nur von Nomaden.« Er nippt an seinem Teeglas. »Seit dem 7. Jahrhundert kam der Islam nach Syrien, vorher gab es hier viele Christen.« Waleed fährt fort: »Die Syrische Republik wurde im Jahr 1930 gegründet. Dann wurde Syrien 1946 unabhängig. Als dann der Putsch im Jahr 1963 alles veränderte, kam die Baath-Partei an die Macht und damit der Al-Assad Clan, der das Land seitdem regiert.«

Es piepst. Waleed schaut auf sein Telefon. Zieht die rechte Augenbraue hoch, hält mir das Telefon hin. Eine WhatsApp-Nachricht ist eingegangen. Ich sehe mir die arabischen Schriftzeichen an. »Deine Freundin kommt bald«, übersetzt er mir. Ich bin perplex, dass sie so schnell schon da sein soll.

DSCHIHAD UND GUMMIBÄRCHEN

Damit man versteht, wie es überhaupt zu dieser Reise nach Syrien kam, muss ich die Geschichte meiner Freundschaft mit Laura erzählen: Laura und ich kennen uns aus der Grundschule in Bonn.

Bonn am Rhein, ein wenig mehr als 300 000 Einwohner. Das Siebengebirge in Sicht, westdeutsche Gartenzwergidylle in den kleinen, umzäunten Vorgärten der Gründerzeithäuser. Hier hat die heile Welt kaum Brüche; auf den ersten Blick zumindest. Wenn man jedoch genauer hinschaut, dann treten die Abgründe der Stadt zutage.

Laura und ich waren fünf Jahre alt, als die Mauer fiel. Zu Beginn unserer Jugend war Bonn noch Hauptstadt. Früher war Bonn wichtig und jeden Abend in den Nachrichten. Aus der Provinz heraus wurde Weltpolitik gemacht. Und Bonn war so klein, dass man die Weltpolitik hautnah miterleben konnte: Joschka Fischer joggte mit ein paar Bodyguards morgens am Rhein entlang. Norbert Blüm kaufte im Supermarkt um die Ecke ein. Zu Hauptstadtzeiten wurde in Bonn alles verhandelt, was groß war und von Bedeutung. Und manchmal wirkte Bonn sogar modern, behielt aber immer seinen provinziellen Charme.

In den Achtziger- und Neunzigerjahren hatten die Bonner das Gefühl, dass Bonn schon immer Hauptstadt gewesen war. In unserer Kindheit fuhren Diplomatenkonvois durch die Stadt. Ich dachte immer, ob die Politiker wohl da drinsitzen, die ich dann abends in den Nachrichten sah? Es gab Demonstrationen im Hofgarten und PKK-Aufmärsche in der Innenstadt. Polizeiabsperrungen. Und jedes Mal schulfrei – egal, wer demonstrierte.

Dass diese Stadt überhaupt zur Hauptstadt gekürt wurde, war vor 1945 noch nicht absehbar. Und doch war es kein Zufall: Es lag alles an Konrad Adenauer, dem Bürgermeister von Köln. Und vor allem lag es an Adenauers Haus, das in Rhöndorf, einem Stadtteil von Bad Honnef, südlich von Bonn auf der anderen Rheinseite lag. Es war ein historischer Glücksfall für das Städtchen am Rhein. Als die Wahl auf Bonn als neue Hauptstadt von Westdeutschland fiel, war das Schicksal der Stadt besiegelt: Bonn sollte bedeutend werden. Der erste Schritt auf dem langen Weg der Bedeutsamkeit war die Gründung der BRD am 23. Mai 1949. Die Eröffnungsfeier des Parlamentarischen Rats fand am 1. September 1948 im Museum Alexander Koenig statt.

Nach einigen Jahrzehnten als Regierungssitz muffte Bonn jedoch ziemlich. Vielleicht gerade wegen dieser muffigen und in die Jahre gekommenen Bürokratie schien Bonn von außen immer so harmlos zu sein. Oder wie John le Carré es einmal beschrieb: »Sie wissen, was man von Bonn sagt: Entweder es regnet, oder die Bahnschranken sind runter. Tatsächlich passiert natürlich beides gleichzeitig. Eine Insel, durch den Nebel von der Welt abgeschnitten, so sieht's hier aus.«

Aber das täuschte. Die Stadt hatte schon immer einige Geheimnisse, die unter der Oberfläche brodelten. Und Bonn hält da einige Rekorde. Bis zum Regierungsumzug war die Stadt eine Hochburg für Geheimdienstmitarbeiter aus aller Welt. Bonn war Spionhauptstadt. Außerdem hatte Bonn die höchste Beamtendichte der Bundesrepublik, auf die Einwohnerzahl gerechnet. Und zwischenzeitlich hatte Bonn sogar die höchste Dschihadistendichte der Bundesrepublik.

Nach dem Regierungsumzug änderte sich alles. Nicht nur für Spione wurde die Stadt zunehmend uninteressant, sondern auch für alle anderen. Laura und ich waren neun Jahre alt, als der Umzug beschlossen wurde.

Es wurde stiller in der Stadt Bonn. Von einem auf den anderen Tag. Politiker, Beamte, Diplomaten und Journalisten und alle anderen zogen von Bonn nach Berlin. Die ganze Stadt wurde zu einem Museum. Ein Museum der westdeutschen Geschichte. Hier wurde fortan alles konserviert. Hier ging nichts verloren. Bonn ist mit dem Umzug gewissermaßen in Rente gegangen. Das war fortan das Gefühl, das man in Bonn kollektiv verspürte. Die kleinen Gassen leerten sich wieder, und es war plötzlich wieder so, wie es vor Adenauers Zeiten gewesen sein musste: klein, idyllisch, provinziell. Ein verschlafenes Städtchen.

Viele Eltern von unseren Klassenkameraden waren bei der Regierung oder in anderen benachbarten Bereichen angestellt. Viele zogen nach Berlin. Schulklassen wurden auseinandergerissen, Freundschaften zerbrachen. Bonn war im totalen Umbruch. Es fand eine Bedeutungsverschiebung statt. Die Stadt verlor ihre bisherige Identität. Mit dem Umzug veränderte sich nicht nur unsere Sicht auf die Stadt, sondern auch auf unser Leben: Bonn war bedeutungslos geworden und wir, die Bonner Jugend, gleich mit. In Bonn war man verloren. Das erklärt vielleicht auch, warum Bonn zeitweise die höchste Dschihadistendichte Deutschlands aufwies, denn in diese Zeit der Leere und des Vakuums traten unter anderem Prediger, die junge Leute abfischten. Radikale, die sich an verunsicherte Jugendliche wandten.

Die dschihadistischen Agitatoren suchten gezielt nach jungen Leuten, die resonant waren für radikale Ideen, für Selbstopferung.

Laura

Wir lernten uns in der ersten Klasse kennen. Nach der Schule gingen Laura und ich gemeinsam in den Hort, der in der Innenstadt war. So verbrachten wir die ersten vier Schuljahre zusammen und tobten uns aus. Wir waren schon von Beginn an sehr unterschiedlich. Aber Gegensätze ziehen sich bekanntlich an.

Bereits in der Grundschule war Laura immer bestens organisiert. Sie hatte eine sehr ordentliche Schrift. Die Hausaufgaben trug sie akkurat in ihr Hausaufgabenheft ein, und nachdem wir im Hort zu Mittag gegessen hatten, setzte sie sich ins »Hausaufgabenzimmer« und erledigte die Hausaufgaben. Und sie war auch sonst vorbildlich in ihrer Arbeitsplanung. An den Nachmittagen im Herbst sammelten wir, wie die meisten anderen Jugendlichen in der Stadt, Kastanien. In der Haribofabrik konnte man die Kastanien gegen Süßigkeiten tauschen. Diese wurden vom Firmengründer Hans Riegel an seine Wildtiere verfüttert. Das war eine feste Tradition in der Stadt. HA-RI-BO steht für Hans Riegel Bonn.

Laura und ich waren zwei Mädchen, die aus sehr unterschiedlichen Kontexten kamen. Wir waren von unserem Wesen und auch von unseren Ansichten her sehr unterschiedlich.

Wir wuchsen aber beide in einem christlich geprägten Umfeld auf. So feierten wir in der Grundschule mit einem Gottesdienst in der evangelischen Kirche das Erntedankfest. Laura und ich gehörten zu den wenigen Mädchen in unserer Grundschulklasse, die weder Kommunion noch Konfirmation feierten. Wir sind beide nicht getauft. Doch Religion sollte für unsere beiden Leben trotzdem prägend werden.

Wir waren immer wieder erstaunt über unsere unterschiedlichen Lebensumstände, aber wir mochten uns und verbrachten viel Zeit zusammen. Ihre Mutter arbeitet beim Roten Kreuz und war deshalb manchmal im Ausland unterwegs, in Usbekistan, Afghanistan oder Tadschikistan.

Dann wechselten wir auf das Gymnasium. Das Clara-Schumann-Gymnasium war eine heile Welt inmitten einer noch heileren Welt – der Bonner Südstadt. Auf den langen Fluren des Altbaus roch es nach triefender Bürgerlichkeit und Zitronenreiniger. Auch im Gymnasium war Laura immer eine sehr gute Schülerin. Vor den Prüfungen lernte sie strukturiert und gewissenhaft. Aber in der beginnenden Pubertät fing sie an auszuscheren. Sie war immer konsequent. Das war ihr Markenzeichen. Vielleicht *zu* konsequent. Laura war ruhig und besonnen, aber im Zweifelsfall für jede Schandtat zu haben. Das war immer klar, auch wenn sie sich in der Schule ganz anders gab. Sie tat so, als sei sie immer brav, aber das war sie gar nicht. Laura war subversiv und rebellisch. Aber das war für andere nicht wirklich sichtbar.

Wir feierten zusammen auf der Unterstufenparty im Gymnasium eine Party. Es gab Fanta, Sprite und Chips. Alle lachten. Es wurde *Alex* gespielt von den Toten Hosen und natürlich *Schrei nach Liebe* von den Ärzten, das Antineonazilied. In dem Text heißt es: »Deine Gewalt ist nur ein stummer Schrei nach Liebe, deine Springerstiefel sehnen sich nach Zärtlichkeit, du hast nie gelernt, dich zu artikulieren, und deine Eltern hatten niemals für dich Zeit. Oh oh oh, Arschloch.« Wegen des Wortes »Arschloch« durfte das Lied damals nicht im Radio gespielt werden. Wir tanzten zu den lauten Gitarrensounds und den tiefen Bässen wild durch die Turnhalle. Dieses Lied der Ärzte spiegelte unser Lebensgefühl wider. Ein großer Teil unserer Freunde war nicht deutsch-deutsch. Sie kamen aus vielen verschiedenen Ländern, hatten unterschiedliche Traditionen und Religionen aus ihrem Elternhaus gelernt, gegen die sie mehr oder weniger stark in bestimmten Phasen rebellierten.

Wir, Laura und ich, die beiden sehr deutschen Mädchen, kannten Rassismus nicht durch unsere eigenen Erfahrungen, wohl aber unsere Freundin Jenny. Jennys Vater kam aus Jamaika. Ihre Mutter war deutsch. Jenny hatte lockige braune Haare und einen dunklen Teint. Daher war Jenny, anders als Laura und ich, in unserer Klasse »die Schwarze«. Im Unterricht erlebten wir immer wieder, wie sie von Lehrern aufgrund ihrer Hautfarbe rassistische Kommentare erntete. Manche Lehrer verpackten das als Witz, andere taten nicht mal das, sondern stigmatisierten sie unverfroren. Jenny musste viel aushalten und ließ sich ein dickes Fell wachsen, wie so oft in solchen Situationen. Niemand sagte etwas. Auch Laura und ich nicht. Nur nach dem Unterricht. Das System der Angst, das in den Klassenräumen erzeugt wurde, ließ uns verstummen. Rassismus war in unserer Jugend an der Tagesordnung.

Jenny, Laura und ich trafen uns oft am Stein. Wir hörten die Backstreet Boys, Puff Daddy oder Wu-Tang-Clan auf unserem Walkman. Der Stein war das Zentrum unserer Welt. Der Stein lag schräg gegenüber vom Hauptbahnhof Bonn, mitten im Zentrum des Busbahnhofs. Ich weiß nicht, wer dem Stein seinen Namen gegeben hat, aber dieser Name setzte sich durch. Der Stein war auf den ersten Blick nur ein grauer Waschbetonklotz mitten auf einer Verkehrsinsel am Busbahnhof. Aber für uns war dieser Ort mehr, es war der Mittelpunkt unserer Welt. Der Stein war *der* soziale Hotspot unserer Jugend. Das lag vor allem an den vier gelben Telefonzellen, die auf der Verkehrsinsel neben dem Betonklotz standen. Von den Telefonzellen aus riefen wir Freunde an, um uns zu verabreden, oder unsere Eltern, um zu sagen, dass wir später kämen.

Der Stein ist ein Ort, den alle Bonner meiner Generation kennen. Heute behaupten manche, dass sie nie am Stein gewesen seien, aber wir haben dort gewohnt. Die *Steinzeit* fing in der achten oder neunten Klasse an. Dort haben wir geträumt, rumgesponnen, gelacht, über Geheimnisse gesprochen oder uns einfach nur durch Schulschwänzen erholt. Denn Schule war immer sehr anstrengend, fanden wir.

Der Stein bedeutete Freizeit und Freiheit zugleich. Es war die schulfreie Zone. Unser Wohnzimmer – wenn wir keine Lust hatten, nach Hause zu gehen, zum Abendessen oder für die Hausaufgaben, dann blieben wir einfach noch länger, denn dort passierte immer etwas. Am Stein haben wir das gemacht, was wir machen wollten. Nichts sonst. In der *Steinzeit* wollten Laura und ich auf Teufel komm raus erwachsen werden. Wir warteten jahrelang darauf, bis es so weit war:

der Ausbruch aus der heilen Welt. Und diese Jahre des Transits verbrachten wir zusammen. Wir waren ganz einfach zwei Bonner Mädchen, die auf ihr Leben warteten. Unsere Strategie war denkbar einfach: *copy and paste*. Wir haben uns fast alles von den älteren und cooleren Mädchen abgeschaut. Vielleicht waren wir naiv, aber unsere Absicht war eindeutig: Wir waren Mädchen und wollten Frauen werden. Und wir gaben uns größte Mühe, dass unsere Eltern von unseren Experimenten kaum etwas mitbekamen. Wir wollten sie nicht unnötig in Aufregung versetzen. Oder wie Laura immer sagte: »Schlafende Hunde sollst du nicht wecken!«

Denn irgendwann ging es natürlich auch um das Verbotene. Wir tasteten uns langsam vor. Zuerst ging es um Alkohol. Dann folgten die ersten Partys mit lauter Musik und die erste Berührung mit verbotenen Substanzen. Die Grenze spüren, um zu spüren, wer du bist. Darum ging es eigentlich. Wir waren jung, und wir waren auf der Suche nach dem ultimativen Kick.

Bei uns ging es natürlich auch um Jungs. Nicht ausschließlich, aber fast. Zumindest war es ein zentrales Thema unserer stundenlangen Mädchengespräche. Jungs waren eine fremde Welt, die es zu erforschen galt. Der Ausbruch aus der braven Wirklichkeit fand außerhalb der elterlichen vier Wände statt. Wir trafen uns draußen, auf der Straße. Der Stein war meistens nur unser erster Treffpunkt. Von da aus ging es los in die Abenteuer. Auch Mounir kam oft zum Stein. Er hatte dunkelbraune, fast schwarze Augen, kurzes Haar. Manchmal war auch sein Bruder Yassin dabei. Wer hätte damals wissen können, dass die beiden einmal zu international gesuchten Terroristen werden würden? Immerhin sind Mounir und Yassin innerhalb weniger Jahre zu den Chefpropagandisten der »Islamischen Bewegung Usbekistans« aufgestiegen. In den letzten fünf Jahren haben die beiden Brüder über 50 Video- und Audiobotschaften produziert und über das Internet weltweit verbreitet. Sie erhalten Zehntausende von Klicks und schafften es nicht nur bis in die *Tagesschau*, sondern auch in die Terrordatenbanken der internationalen Geheimdienste und sogar bis auf die Todesliste des US-Präsidenten. Sicher eine besondere Ehre unter Dschihadisten. In den Propagandafilmen der Choukas wird der Dschihad zum Abenteuer hochstilisiert. Mit ihren Videos sind die Chouka-Brüder jedenfalls zu den ersten deutschen Stars der internationalen Dschihadszene geworden.

Yassin, der jüngste Bruder der Familie, war immer sehr schüchtern. Er spielte im Fußballverein und galt als intelligent und brav. Er war ein Sportler, kein Grenzgänger wie Mounir. Yassin war ein braver Kerl. Nur Mounir suchte immer wieder die Grenze und rebellierte gegen die bestehenden Strukturen. Er brach aus.

Als wir Mounir, den Hip-Hopper, zum ersten Mal am Stein trafen, ahnten wir von alledem natürlich nichts. Vor allem Laura hatte keinen blassen Schimmer, dass sie eines Tages seinen Bruder Yassin heiraten würde – und zwar in Waziristan. Doch wer war damals dieser Mounir? Er galt als Draufgänger, ihn umgab stets eine Aura des Undurchschaubaren. Eine solche Arroganz wie Mounir hatten nur wenige Jungs in diesem Alter. Er trug Parfum und Deo und achtete penibel darauf, sauber gekleidet zu sein. Immer trug er geputzte Schuhe und kämmte sein Haar nicht nur, sondern stylte es mit Gel in die richtige Position.

Damals war die Zeit, wo man in mindestens fünf oder sechs Jungs gleichzeitig verliebt war, und zu denen gehörten mindestens zwei, die man nur aus dem Fernsehen kannte. Wir wussten damals auch, dass unsere Eltern es nicht gutheißen würden, wenn sie erführen, dass wir diese Jungs »von der Straße« trafen. Sie spürten wohl irgendwie: Hier lag Ärger in der Luft. Aber was haben Eltern schon zu sagen, wenn man gerade mitten in der Pubertät ist? »Pubertät ist, wenn die Eltern schwierig werden«, hat Laura einmal gesagt und ich fand, dass sie damit recht hatte.

Mounir und Yassin jedenfalls wurden in Bonn geboren, wie wir alle. Sie wuchsen in Kessenich auf, nur zwei Querstraßen von der Haribofabrik entfernt. Jeden Mittwoch, wenn der Geruch von Lakritz durch die Straßen des Viertels weht, laufen die Süßwarentüten vom Fließband. Das ist heute so, und damals war es nicht anders. Wer diesen Duft einmal gerochen hat, vergisst ihn nie wieder. Haribo gehörte zu Kessenich wie das Amen in die Kirche. Seit fast hundert Jahren prägt die Fabrik das Viertel. Mitten in diesem süßlichen Geruch einer kleinbürgerlichen westdeutschen Idylle beginnt die Geschichte der Chouka-Brüder.

»Meine Eltern emigrierten vor vielen Jahren nach Deutschland«, erzählt Mounir selbst über diese Zeit in einem Interview mit dem Online-Magazin AZAN aus Waziristan: »Mein Vater eröffnete ein marokkanisches Restaurant in Deutschland, als er 20 Jahre alt war. Inzwischen lebt er seit mehr als vier Dekaden am Rhein. Mein Bruder und ich sind in Deutschland geboren und aufgewachsen. Wir haben unsere Heimat Marokko nur einmal im Jahr für vier bis fünf Wochen in den Sommerferien besucht. Wir sind in einer christlichen Kleinstadt groß geworden … Unsere Vorbilder waren Indiana Jones und Karate Kid.«

Im katholischen Kindergarten des Viertels waren die Chouka-Brüder die einzigen Muslime. Danach gingen sie auf die katholische Grundschule zwei Ecken weiter. »Unsere Eltern erlaubten uns, einmal die Woche mit den anderen Kindern den Gottesdienst zu besuchen. Sie sagten uns, dass wir uns einfach dazusetzen und ruhig sein sollten, aber nicht an der Zeremonie teilnehmen. Ich begann, Flöte im Kirchenorchester zu spielen. Ich sang auch die christlichen Lieder auf der Bühne mit.«

Die Brüder wechselten nach der Grundschule aufs Beethoven-Gymnasium, eine der elitärsten Schulen der Stadt. Früher hieß es »Königlich-Preußisches Gymnasium Bonn«.

Mounir galt unter seinen Klassenkameraden als intelligent und talentiert, spielte im Schultheater, sang im Chor.

Ob auf der Bühne oder in der Klasse, er stach immer heraus. »Zu dieser Zeit war ich sehr erfolgreich im weltlichen Leben«, sagt Mounir später. »Und für meine Eltern lief alles nach Plan. Sie waren mit dem alltäglichen Leben beschäftigt – Geld verdienen. Ihr einziges Ziel war es, dass ihre Kinder eine gute Schule besuchen und eines Tages einen guten Job haben und reich werden.« Und vielleicht ein gesichertes Leben haben. Aber Mounirs Leben sollte nicht nach den Vorstellungen seiner Eltern verlaufen, sondern sich in die gegenteilige Richtung entwickeln.

Die Ruhe vor dem Sturm

Als wir nach 13 Jahren die umzäunte Wirklichkeit der Schule verließen, hatten Laura und ich uns das Abitur wohl verdient. Für uns Mädchen bedeutete das die absolute Freiheit, und für die Jungs fing erst mal die harte Zeit des Lebens an. Sie mussten sich zwischen Zivi und Bund entscheiden. Damals, als es die Wehrpflicht noch gab.

Auch für Mounir fing nach dem Abi mit dem Bund erst mal der Ernst des Lebens an. Er machte seine AGA, seine Allgemeine Grundausbildung, bei einer Panzerdivision. Er schickte seinen Freunden Bilder, auf denen er mit Waffen posierte. Laura und ich verloren uns nach dem Abi ein bisschen aus den Augen, jede ging ihren eigenen Weg. Meiner war ein bisschen bequemer als ihrer, weil sie relativ schnell mit einer dualen Ausbildung bei einer Behörde begann: Studium und Ausbildung kombiniert. Laura, eine Beamtin?

Ich war von ihrer Berufswahl schockiert. Ich hatte ihre Zielstrebigkeit und ihre Ausdauer zwar schon immer bewundert, aber wollte sie jetzt wirklich die nächsten 45 Jahre bei der Verwaltung des Rhein-Sieg-Kreises arbeiten? Das passte doch gar nicht zu ihr. Ich verstand die Welt nicht mehr.

Als ich von einer Reise zurückkam, traf ich mich mit Laura, und wir machten einen Spaziergang durch die Stadt. Ich fragte sie, warum sie sich für eine Laufbahn im Beamtenapparat entschieden habe. Sie sagte, dass ihre Tante ein hohes Tier in der Behörde sei und ihr den Job besorgt habe. Ich nickte ihr zu. Aber ich konnte ihre Entscheidung nicht verstehen.

Mit Anfang 20 ist Beamtin kein wirklicher Traumjob. Topfpflanzen am Bürofenster. Postkarten an der Wand. Ein Kalender auf dem Schreibtisch und ein kurzer Weg zur Kantine. Ein Computer vor der Nase und dann die nächsten 40 Jahre Formulare ausfüllen. Ein kleines Rädchen in der großen Mühle der Bürokratie sein.

Nach seinem Wehrdienst war auch Mounir zunächst ratlos, was er machen sollte. Mounir bewarb sich – nach einigen Umwegen – für eine Ausbildung als Bürokaufmann im Statistischen Bundesamt. Über einen guten Freund, der dort arbeitete, hatte er von der Stellenausschreibung erfahren. Er bekam die Stelle. Einige Wochen später begann er die dreijährige Ausbildung. Während Mounir sich durch seine Ausbildung als Bürokaufmann als Spießer outete, arbeiteten die anderen Bonner Jungs fleißig Vollzeit an ihren kriminellen Karrieren. Während sich Mounir mit Abrechnungsformularen, Urlaubsanträgen und sonstigen behördlichen Eigenheiten beschäftigte, drehte sein Freund Giwar wirklich große Dinger.

Aber Mounir war mit seiner Ausbildung vollkommen ausgelastet. Nebenbei ging er dreimal die Woche auf das Ludwig-Erhard-Berufskolleg gegenüber vom Statistischen Bundesamt.

Kristin, eine ehemalige Mitschülerin, traf ihn regelmäßig im Berufskolleg: »In jeder Klasse waren 20 bis 25 Azubis, je nach Ausbildungsschwerpunkt«, berichtet sie. Manchmal begegnete sie Mounir in der Straßenbahn oder auf dem Schulhof, dann grüßten sie sich und unterhielten sich kurz. »Er war gut aussehend, sportlich und fröhlich. Er war so sympathisch und lustig. Ein echter Weiberheld. Er hatte immer eine nette Art, auf andere zuzugehen«, erinnert sie sich.

Lauras Konversion

Laura entsprach den Anforderungen, die in der Ausbildung an sie gestellt wurden. Aber sie wirkte nicht wirklich erfüllt durch ihren Job, sondern eher genervt, dass sie nach der Schule nun in der nächsten Institution gefangen war. War das einer der Gründe, warum sie plötzlich zum Islam konvertierte?

Auf einer Urlaubsreise nach Tunesien brachte eine Freundin Laura den Islam näher. Fasziniert von der fremden Welt und von dem familiären Zusammenhalt trotz Armut, konvertierte Laura schließlich, als sie 20 Jahre alt war. Zunächst war sie eine liberale Konvertitin: ohne Kopftuch, ohne Missionierungstendenzen und ohne die Absicht, ihr Leben als Beamtin in der Verwaltung des Rhein-Sieg-Kreises bei Bonn aufzugeben.

Ich war inzwischen nach Berlin gezogen, und wir sahen uns nicht mehr regelmäßig. Ich studierte zu diesem Zeitpunkt schon Vergleichende Religionswissenschaften und interessierte mich daher sehr für ihre Konversion. Als ich mal wieder in Bonn war, besuchte ich sie zu Hause. Sie wohnte noch bei ihrer Mutter in der Südstadt, einer gepflegten Wohngegend mit Gründerzeithäusern. In einem Altbau mit gelber Fassade stieg ich die knarrenden Treppenstufen, die mit rotem Teppich bezogen waren, bis ins Dachgeschoss hinauf. Laura stand schon in der Wohnungstür und lächelte mich an.

Am Küchentisch sitzend, erzählte sie mir dann das erste Mal von ihrer neuen Religion. Sie hatte also den Islam angenommen, das hatte sie ja schon am Telefon berichtet. Nun berichtete sie mir von ihrem Weg dorthin: Sie habe sich viel mit dieser Religion auseinandergesetzt. Einmal habe sie den ganzen Koran durchgelesen, und diese alte Überlieferung habe sie sehr berührt, viel mehr als die Bibel. Sie hatte ein Glänzen in den Augen. Sie sei mit einer Freundin einige Male im Urlaub in Tunesien gewesen. Dort habe sie das traditionelle dörfliche Leben kennengelernt, und von da an habe sie das muslimische Leben sehr fasziniert, und sie habe angefangen, sich für diese Religion zu interessieren. Ihren Glauben lebe sie als moderne, aus dem Westen stammende Konvertitin nach den Regeln, die sie für richtig halte. Dazu gehöre, dass sie kein Kopftuch trage.

Kurz nach unserem Gespräch lernte sie über eine Freundin, die mit seinem älteren Bruder befreundet war, den gebürtigen Afghanen Djavad kennen. Im *Carpe Noctem*, einem Klub um die Ecke, legte der ältere Bruder von Djavad als DJ Hip-Hop-Musik auf.

Djavad war ein kleiner Junge, als seine Eltern mit ihm und seinen Geschwistern aus Afghanistan vor den Taliban flohen. Er lebte mit seinen Eltern und seinen vier Geschwistern in Bonn. Sie wurden ein Paar und heirateten, und mit Lauras Hilfe schrieb er 200 Bewerbungen für eine Ausbildungsstelle und kassierte 200 Absagen. Ein schlechter Schnitt. Seine Perspektiven als Djavad Sediqi in Bonn waren mau. Wenn er Arbeit fand, dann wurde er betrogen. Er arbeitete bei einem Maler in Kessenich, dann machte der Pleite. Djavad wurde nicht bezahlt. Auch ein anderes Mal bekam er das Geld für seine Arbeit nicht ausgezahlt. Je mehr seine Möglichkeiten schrumpften, umso mehr schwand seine Hoffnung auf ein normales bürgerliches Glück. Welche Alternativen blieben ihm? Er fand mit der Zeit, in der immer mehr Ablehnungen kamen, Anschluss an muslimisch-orthodoxe Kreise und schließlich sukzessive Zugang zu radikaleren Kreisen.

Bonn hatte ja zeitweise die höchste Dschihadistendichte in Deutschland. Das lag an den Netzwerken, die im Dunstkreis der Botschaften über Dekaden in der Bonner Republik am Rhein ungehindert gewachsen waren. Djavad war eine leichte Beute für die Talentscouts in den Moscheen, die nach frustrierten und perspektivlosen Männern Ausschau hielten, um sie anschließend zu kampfbereiten Dschihadisten umzupolen, die jung zu Märtyrern werden wollten.

Laura war von den neuen Ideen ihres Mannes zunächst überrascht. Aber sie ließ sich von den radikalen Vorstellungen und dem konservativen Lebensentwurf anstecken. Sie begann, ein Kopftuch zu tragen. Erst stimmte sie Kopftuch und Kleidung farblich ab. Dann wurde ihre Kleidung immer länger und dunkler. Irgendwann trug sie nur noch schwarze lange Kutten und zog sich auch sonst immer weiter von ihrem bisherigen Leben zurück. Im Verkehrsamt Rhein-Sieg war das Tragen eines Kopftuchs aber verboten. Eine aufwendige Prozedur folgte: Sie ging mit Kopftuch zur Arbeit, zog es bei der Arbeit aus und in der Pause wieder an, um es danach wieder abzulegen und nach der Arbeit wieder anzuziehen. Das stellte ich mir wahnsinnig anstrengend vor. Ich bewunderte Lauras Zielstrebigkeit, aber ihre Verbissenheit machte mir Sorgen. War das denn wirklich notwendig, dieser ganze Aufwand wegen eines Stückchen Stoffs? Ich konnte das nicht nachvollziehen, aber Laura und ich waren schon immer so verschieden gewesen, dass es mich auch nicht wunderte, dass sie ihren Willen mit aller Ausdauer und Sturheit durchsetzte. Trotzdem dachte ich daran, wie einsam sie dort war: unter ihrem Kopftuch in der Mittagspause und danach wieder lächelnd ohne Kopftuch am Schalter irgendwelche Nummernschilder ausgebend. Ich machte mir Gedanken um sie, deshalb rief ich sie auch ab und zu direkt im Verkehrsamt auf ihrer Durchwahl an. Dann verloren wir uns immer mehr aus den Augen. Wir schrieben uns nur noch ab und zu E-Mails und telefonierten immer seltener.

Laura folgte Djavad in die Radikalität, denn auch sie hatte Fotos und Videos von Verletzten und Toten in den vielen Kriegen gesehen und wollte helfen. Sie wollte nicht auf ihrem verbeamteten Bürostuhl in Bonn herumsitzen, während anderswo auf der Welt die Menschen reihenweise getötet wurden. Sie wog ihr Leben gegen das der scheinbar bedrohten *Umma*, der Gemeinschaft aller Muslime, ab. Und die Gemeinschaft überwog.

Djavad hatte plötzlich eine fixe Idee: »Märtyrer zu werden«, das offenbarte er Laura am Küchentisch. Ursprünglich war es seine Idee gewesen, nach Tschetschenien auszureisen. Tschetschenien war aber kein Land für Frauen und Kinder. Dann baute Djavad Verbindungen nach Waziristan auf. Laura war von der extremistischen Vorstellungswelt angefixt, denn es ging zunehmend um die orthodoxere Auslegung des Islams. Es ging um Dschihad statt um Kochrezepte, es ging um Osama bin Laden statt um Sufismus, es ging um Krieg statt um Kleiderspenden, es ging um Aktion statt um Routine in Deutschland. Alle Dinge, die von den Dschihadisten propagiert wurden, passten perfekt in ihr Leben. Jedoch diametral entgegengesetzt: Vorher lebte sie als Beamtin im öffentlichen Dienst, war verheiratet, hatte eine Tochter, wohnte mit ihrem Ehemann in einer Zweizimmerwohnung im Erdgeschoss einer bürgerlichen Wohngegend am Rande von Bonn. Kleine Häuser mit akkuraten Vorgärten und verschiedenfarbigen Geranien auf dem Balkon. Westdeutsche Spießigkeit, provinziell und urkonservativ. Laura hatte einen lebenslangen Arbeitsplatz und eine stabile Rente. Durch ihre Radikalisierung driftete sie in die entgegengesetzte Richtung ab. Und lebte ein Leben, das sich radikal von meinem Lebensentwurf und allen anderen Lebensentwürfen ihrer Familie oder früherer Freunde unterschied. Auch Mounir veränderte sich. Sein religiöser Wandel entging auch seinen Mitschülern und Lehrern nicht. Irgendwann grüßte er seine Mitschülerin Kristin nicht mehr, wenn sie sich in der Straßenbahn trafen. »Das war im dritten Lehrjahr, als sich Mounir veränderte«, sagt sie. »Irgendwann schaute er mich nicht mal mehr an. Ebenso wie die anderen Mädchen auf dem Schulhof. Er trug dann Bart, Gewand und diese Kappe. Das war ziemlich auffällig.«

Die Chouka-Brüder schlugen zunächst einen bürgerlichen Weg ein: Yassin ging ebenso wie Mounir zur Bundeswehr und begann nach dem Abitur mit dem Studium der Elektrotechnik in Aachen. Die Brüder hatten einen deutschen Pass. Sie wuchsen nicht in einer zerrütteten Familie auf, sondern wohlumsorgt. Sie machten beide ihr Abitur. Alles schien normal zu sein. Was passierte dann?

Mounirs ehemaliger Weggefährte Yusuf berichtet: »Das war 2005 oder 2006. Da hat sich Mounir angeschlossen. Das erste Mal habe ich ihn in der Moschee in der Theaterstraße getroffen. Ich war überrascht, als er dazukam, weil ich ihn von früher kannte. Ich kannte ihn von der Zeit, bevor ich gebetet habe.«

Yusuf war ein schüchterner Typ, anders als Mounir. Er suchte Anschluss und Vorbilder in der Moschee: »Das strenge Praktizieren gibt einem eine sichere Identität. Gerade wenn man jung ist, dann ist man zwischen den Welten und weiß nicht, ob man sich damit identifizieren will, kann oder möchte. Und dann gehst du in die Moschee, alle nennen sich Muslime, und da gibt es dieses Buch, wo vorgegeben wird, wie du Muslim bist, und diese Vorgabe ist ganz klar. Du liest in diesem Buch, verrichte dein Gebet so, mach das so wie der Prophet, und wenn du dich daran hältst, dann kriegst du am Ende des Kurses das Paradies. Das ist klar angegeben. Und ich glaube, als Jugendlicher ist das reizvoll. Und die Atmosphäre in der Moschee ist ja auch eine nette, friedliche, warme Atmosphäre. Man wird willkommen geheißen, man kann sich zusammentun und ist Teil einer Gruppe, die einen aufnimmt und akzeptiert, wie man ist, aber natürlich nur, wenn du Moslem bist.«

Yusuf erinnert sich an die gemeinsame Zeit zurück: »Mounir hatte weite Hosen, Sneaker, Sweatshirt und Käppi. So kam er in die Moschee. Auf einmal war er da und supereifrig. Er kam regelmäßig zu Abu Jamals Vorträgen, dann zu Vorträgen in Dransdorf, bis er selbst ein Organisator war und Vorträge mit organisiert hat.«

Mounir interessierte sich dann auch immer stärker für den salafistischen Prediger Pierre Vogel. Er ist einer der bekanntesten Konvertiten Deutschlands. Vogel konvertierte im Mai 2001 zum Islam. Schnell stieg er zu einem der bedeutendsten Laienprediger der salafistischen Szene auf. Seine Videos, wie »Islam in 30 Sekunden«, sind Kult unter jungen Muslimen und wurden zum Teil mehrere Hunderttausend Male angeklickt. Auch auf den jungen Mounir wirkte Vogel anziehend. Vogel wohnte zu dieser Zeit seit vielen Jahren in Bonn und hatte dort sein Netzwerk aufgebaut. Mounir war auf der Suche und der ideale Kandidat für dieses Netzwerk. Einige Zeit später folgte ihm sein jüngerer Bruder Yassin in die Moschee.

Mounir und Yassin waren vorher regelmäßig auf Hip-Hop-Partys gewesen, tranken Alkohol und tanzten. Aber in ihr neues religiöses Leben passte das bald nicht mehr, wie sie bei den Predigten gegen Alkohol und Partys hörten.

Und es ging bald weiter: Hinter verschlossenen Türen sprach der Prediger Abu Ubayda beispielsweise nicht nur über Disco und Alkohol, sondern auch über den Dschihad. Er hielt in seiner Dachgeschosswohnung in Bonn Predigten vor einem kleinen Kreis von ausgewählten jungen Anhängern. Mounir und Yassin waren immer häufiger im privaten Zirkel dabei. Es ging um die Aufgaben im Diesseits und im Jenseits, um Märtyrertod und Ausreise. Es ging um die Rekrutierung von Märtyrern aus den Reihen der Bonner Jugendlichen. Abu Ubayda und andere Prediger in Bonn schufen ein Netzwerk, das für viele Jugendliche zu einem Sog in den Krieg wurde. Auch für Mounir und Yassin.

Die beiden Brüder waren sich in ihrer Radikalität ebenbürtig und wurden fortan unzertrennlich. Sie tauchten gemeinsam unter. Sie reisten auf der Suche nach dem Märtyrertod über den Jemen, bis sie schließlich in Waziristan ankamen. Es dauerte über ein Jahr, doch dann tauchten sie in Propagandavideos im Internet auf. Mitten in Waziristan: Über den schwarzen Bildschirm fließen von rechts nach links goldene Schriftzeichen: »Die islamische Bewegung Usbekistans. Studio Jundullah präsentiert: Soldaten Allahs.« Schnelle Schnitte, begleitet von einem treibenden arabischen Gesang. Bärtige Männer mit Kalaschnikows sind zu sehen. Mounir Chouka sitzt im Kreis von usbekischen Kämpfern. Er schaut in die Kamera und lächelt. Sein Gewand ist beige, er richtet seine Hände flehend zum Himmel: »*Helft euren Geschwistern, helft euren Geschwistern, dass Allahs Wort das höchste ist. Bittet Allah, bittet Allah aufrichtig, dass er euch einen Weg zum Dschihad geben wird. So seid nicht von denjenigen, die warten, bis andere handeln, sondern von denjenigen, die selbst die Religion mit Wort und Tat zum Siege führen.*«

So groß war Bonn nicht. Wir gehören alle zur selben Generation, geboren zwischen 1980 und 1985. Die beiden radikalisierten sich und wurden zu den einflussreichsten deutschen Dschihadisten der ersten Generation. Sie standen auf der geheimen Drohnenliste der CIA und wurden von den Amerikanern gesucht. Yassin starb bei dem Versuch, nach Syrien zu reisen, bei einem Schusswechsel mit iranischen Soldaten, sein älterer Bruder Mounir sitzt seitdem in einem Hochsicherheitsgefängnis im Iran.

Bevor ich verstand, was passierte, war es bereits zu spät. Im Frühjahr 2009 versuchte ich, Laura auf dem Handy zu erreichen. Aber ihr Handy war ausgeschaltet, und nur die Mailbox sprang an. Zwei Wochen lang konnte ich sie nicht erreichen. Sie war wie vom Erdboden verschluckt. Weder telefonisch noch per E-Mail bekam ich eine Antwort von ihr, dabei meldete sie sich sonst innerhalb kürzester Zeit zurück. Ich machte mir langsam Sorgen und rief Lauras Mutter an. »Ich kann Laura seit zwei Wochen nicht erreichen. Was ist da los?« Schweigen am anderen Ende der Leitung. Dann erzählte sie mir von Lauras geheimem Verschwinden. Sie erzählte mir von einem handschriftlichen Abschiedsbrief, den sie in ihrem Briefkasten gefunden hatte. Darin schrieb Laura, dass sie Muslimen helfen wollten und dafür in ein sicheres muslimisches Land gereist seien. Ihre

Mutter solle sich keine Sorgen machen. Dort gebe es genug Essen und Kleidung. Lauras Mutter sagte, dass sie die Sicherheitsbehörden eingeschaltet habe, nachdem sie den Brief gelesen hatte. Aber da war bereits alles zu spät. Laura war in den Dschihad gegangen. Sie war einfach abgehauen. Wohin genau sie gefahren war, wusste zu diesem Zeitpunkt noch keiner. Laura und Djavad waren im April 2009 Mounir und Yassin nach Waziristan gefolgt.

Bevor Laura ihr Bonner Leben verließ, gab es schon erste Anzeichen. Als ich sie ein paar Monate vorher mit einer Freundin in ihrer Wohnung besuchte, zeigte sie uns Kleidung, die sie im Katalog bestellt hatte. »Ich gehe nicht mehr in die Geschäfte zum Einkaufen. Ich lasse mir das nach Hause schicken, und wenn es nicht passt, dann schicke ich es wieder zurück.« Sie hatte sich schon immer weiter zurückgezogen.

Auch wenn ihr Leben von außen immer noch stabil aussah: Sie war verbeamtet. Sie war verheiratet, hatte eine kleine Tochter, und die junge Familie lebte in einer Dreizimmerwohnung in einem gutbürgerlichen Wohnviertel in Bonn-Beuel im Souterrain. Laura war seit mehreren Jahren im öffentlichen Dienst angestellt und hatte die Stufe zur Beamtin früh, mit 25, erklommen. Sie hatte auf die Verfassung geschworen und war ein vollwertiges Mitglied der Gesellschaft. Als sie Deutschland verließ, war sie 25 Jahre alt, ihre Tochter Leila war kurz zuvor ein Jahr alt geworden. Ihr Ehemann Djavad und sie weihten niemanden in ihre Pläne ein, sondern trafen die Vorbereitungen für ihre bevorstehende Ausreise im Geheimen. Laura und ihr Mann hatten, wie immer, alles bestens organisiert. Niemand schöpfte Verdacht: weder ihre Familie noch Freunde. Höchstens die Sicherheitsbehörden, aber die hielten sie nicht von der Ausreise ab. Und ich auch nicht.

Das letzte Mal, dass Laura und ich uns in Deutschland gesehen haben, war an Weihnachten 2008. Unter dem Baum lagen Geschenke, die Lichter am Weihnachtsbaum brannten. Laura kam mit Leila auf dem Arm mit dem gelben Twingo ihrer Mutter zur Wohnung meiner Mutter in Bonn. Leila war gerade knapp zehn Monate alt. Laura war in Elternzeit, sie trug zu diesem Zeitpunkt schon einen *Niqab*, erzählte aber ihrer Mutter nichts davon. Das fand ich damals sehr beruhigend. Ich dachte: So schlimm kann es nicht sein, wenn sie vor ihrer Mutter noch den *Niqab* verheimlicht. Unislamischer geht's nicht. Aber es war eine falsche Interpretation dessen, was vor sich ging: Laura bereitete bereits ihre heimliche Ausreise vor. Und die Reisepläne waren weit fortgeschritten, sie verhielt sich konspirativ. Sie wollte keine schlafenden Hunde wecken. Hätte ihre Mutter etwas von ihrer fortgeschrittenen Radikalisierung oder ihren Ausreiseplänen geahnt, dann hätte sie sofort die Sicherheitsbehörden eingeschaltet, aus Lauras Sicht den Feind, und aus Sicht der Sicherheitsbehörden war Laura ja auch eine Staatsfeindin.

Suche nach Laura

Seit ihrer Ausreise recherchierte ich im Internet. Ich begab mich auf die Suche nach ihren virtuellen Spuren und wurde fündig. Ich tauchte in die Welt des Onlinedschihad und der Propaganda ein, die mir bis dahin vollkommen fremd gewesen war. Ich machte mich auf die Suche nach ihrer Wahrheit und begab mich immer weiter in ihre Wirklichkeit. Am Anfang meiner Suche hatte ich nur ein Ziel vor Augen: Ich wollte verstehen, was mit Laura passiert war und wie es dazu kommen konnte. Das war ich ihr und mir schuldig. Manchmal wünschte ich mir zwar, Laura einfach vergessen zu können. Sie und alles, was mit ihrem neuen Leben zu tun hatte. Aber so viele Jahre Freundschaft kann man nicht einfach so vergessen. Sie war immer eine treue Seele, auf die ich mich stets verlassen konnte. Ich wollte auch für sie eine gute Freundin sein, trotz der widrigen Umstände. Ich versuchte, mich ihr zu nähern, ich versuchte zu verstehen, was es eigentlich bedeutet, in den »Dschihad« zu gehen, und ich machte meine Hausaufgaben gründlich. Ich beobachtete die Gruppe, der sie sich angeschlossen hatte: die Islamische Bewegung Usbekistan, kurz IBU, eine zentralasiatische Terrorgruppe, die mit den Taliban verbündet ist und in Waziristan und Afghanistan operiert.

Es war auch ein Versuch, das wiedergutzumachen, was ich vor ihrer Ausreise versäumt hatte: mich intensiver mit ihrem neuen Leben auseinanderzusetzen. Mehr Fragen zu stellen, mehr Interesse an ihrer Welt zu zeigen, mehr mit ihr über ihre Ansichten zu diskutieren. Das war jetzt alles zu spät, ich konnte nur noch rekonstruieren, was passiert war. Und mit aller Macht versuchen, sie zurückzuholen. Hätte ich gewusst, dass Laura ihre Ausreise plante, dann hätte ich alles dafür getan, um sie daran zu hindern. Dafür hätte ich auch die Sicherheitsbehörden eingeschaltet. Im Nachhinein habe ich die eine oder andere Andeutung verstanden, die sie mir gegenüber kurz vor ihrer Abfahrt gemacht hatte. Aber ich ahnte damals tatsächlich nichts von ihrem Plan, daher traf mich ihre Ausreise in den Dschihad wie aus heiterem Himmel …

Wenige Monate nach ihrer Ausreise, im Herbst 2009, erschien ein Video von ihr. Ihr Mann Djavad war bereits in einem Video mit den anderen Bonnern aufgetreten. Lauras Mutter und ich wussten, dass ihr Mann in Waziristan war. Und leider sprach alles dafür, dass Laura und ihre kleine Tochter Leila auch dort waren, aber endgültige Gewissheit hatten wir noch nicht.

Es war ein gewöhnlicher Mittwochmorgen: Ich saß vor meinem Computer und schaltete den Monitor ein. Ein neues Video der Islamischen Bewegung Usbekistans (IBU) war in der Nacht veröffentlicht worden. Ich öffnete den Clip: Die Schrift flimmerte über den Bildschirm »Studio Jundullah präsentiert: Er kam, sah und siegte.« Djavad war zu sehen. Dann war ich mir sicher: Es ist das Märtyrervideo für Lauras Ehemann. Djavad ist also gestorben.

Man sieht, wie er in die Kamera lächelt. Er trägt einen Granatwerfer und sagt, dass er sterben möchte. Dann ist er in einem Jeep. Er fährt mit anderen Mudschahedin zur Front. Er lächelt. Er zeigt mit dem Finger in den Himmel, während er eine Koransure rezitiert. Dann folgen in dem Video die Erzählungen von anderen deutschen Mudschahedin: Sie berichten, dass er bei einem Kampf mit der pakistanischen Armee getötet wurde und dass er ein liebenswerter Mensch und ein tapferer Kämpfer gewesen sei.

Harter Schnitt. Eine Frau in einer schwarzen Burka ist zu sehen. Seine Witwe, mit verpixelten Augen. Sie beginnt zu sprechen. Auf Deutsch. Ist es wirklich Laura?

»Ein großer Unterschied besteht zwischen uns Mudschahedin und diesen Feiglingen. Ich und jede weitere Witwe unserer *Umma*, der Gemeinschaft der Muslime, sind voller Stolz und Glück, dass Allah unsere Männer vor allen anderen Männern auserwählt hat und uns durch diese Prüfung ausgezeichnet hat.«

Ich erkannte ihre Stimme sofort. Es durchzuckte mich ein kalter Schauer. Laura hatte die Seiten gewechselt. Sie hatte sich verabschiedet von jedem kleinsten gemeinsamen Nenner. War das wirklich noch die Laura, die ich kannte? War das wirklich noch die Freundin, mit der ich aufgewachsen bin? In dem Video trägt sie ein Pistolenhalfter in Beige, sie sitzt kerzengerade auf einem Stuhl. Ihre Hände sind nicht zu sehen, sie trägt schwarze Handschuhe. Im Hintergrund sieht man einen Innenhof, er ist von grünen Pflanzen bewachsen. Es wirkt sehr idyllisch.

Laura fährt mit gefasster Stimme fort: »Dagegen sind deren Witwen (die der Ungläubigen) voller Verzweiflung und Unglück. Sie ernten Strafe im Diesseits und im Jenseits. Ich sage dies voller Stolz.« Ich stoppte das Video, schaute wie gebannt auf den Bildschirm. Lauras Stimme hämmerte weiter in meinem Kopf nach. Ich schaltete den Film wieder an, schon fuhr Laura fort: »Mein Mann ließ für die *Umma* – für das Recht aller Muslime – die *Dunya* (›Diesseits‹) und den trügerischen Luxus in Deutschland hinter sich und entschied sich gemeinsam mit mir und unserer Tochter für ein Leben in Freiheit, für ein Leben im Dschihad.«

Ihre Stimme klingt bedrückt. Die Worte presst sie heraus, wie abgelesen oder einstudiert. Sind das ihre wahren Gefühle? Oder bereut sie längst, einen Schritt getan zu haben, von dem es kein Zurück zu geben scheint?

Fakt ist: Laura ist die erste Frau, die in einem deutschsprachigen Propagandavideo der Dschihadisten auftritt.

»Zu unserer Familie möchte ich sagen, trauert nicht um meinen Mann, denn Allah sagt im Koran: *Und meine ja nicht, diejenigen, die auf Allahs Weg getötet worden sind, seien wirklich tot. Nein. Vielmehr sind sie lebendig bei ihrem Herrn und werden versorgt.* Seid stolz auf einen wahrhaftigen Sohn, und nehmt euch ein Beispiel an ihm.«

Dann setzt Vogelgezwitscher im Hintergrund ein. Laura fährt fort: »Ich habe mich für das Leben hier entschieden und werde auch weiterhin meine Pflicht im Dschihad erfüllen. Meine lieben Schwestern, ich rate euch, leistet auch euren Beitrag, und schließt euch den Mudschahedin an. Macht euch auf den Weg, leicht oder schwer, mit oder ohne *Mahram* (›männlicher Begleiter‹), und folgt dem Beispiel unserer Schwestern, die sich uns alleine angeschlossen haben.«

Seit diesem Tag war Laura eine Feindin unserer Gesellschaft. Sie rief zum Dschihad gegen uns auf. Ich starrte fassungslos auf den flimmernden Bildschirm. Schlug sie gerade für immer eine Tür hinter sich zu?

»Die Ehre, die Würde und die Freiheit der Frau werdet ihr nirgendwo so zu spüren bekommen wie bei uns. Die Mudschahedin, sie erfüllen sowohl ihre Pflicht gegenüber der gesamten *Umma* als auch ihre persönlichen Pflichten als Ehemänner und Familienväter und Versorger von Witwen und Waisen. So, wie Allah es ihnen vorschreibt.« *Die Ehre, die Würde und die Freiheit der Frau*, das klang ja fast nach Alice Schwarzer in jungen Jahren. Die Musik setzte wieder ein. Und es wurde ein Passfoto von Djavad eingeblendet, als er noch jung war. Ich schlug auf den Bildschirm ein und begann, leise zu weinen.

Einige Tage später stand es in der *Welt*: »Ex-Beamtin ruft zum Dschihad auf.« Jetzt ist es öffentlich. Wenige Monate später erhält Laura auch ihr eigenes Kapitel im Berliner Verfassungsschutzbericht 2009. Darin heißt es: »Frauen als Zielgruppe: In dem ›Jundullah‹-Video vom 24. November trat mit ›Umm Leila‹ – vermutlich die Ehefrau von Djavad S. – erstmals eine Frau in einem deutschsprachigen Propagandavideo auf und rief Frauen zum Dschihad auf. ›Umm Leila‹ erklärte, sie sei voller Stolz, dass Allah ihrem Mann die Gunst des ›Märtyrertodes‹ erwiesen habe. Darüber hinaus wandte sie sich an andere Frauen und rief sie auf, sich den Mudschahedin anzuschließen.«

Was hat Laura und mich damals verbunden? Wie konnten wir beide in diesen Krieg geraten? Ich auf der einen Seite, als Freundin, aber auch als Journalistin, deren Kollegen wie James Foley und Steven Sotloff vom Islamischen Staat vor laufender Kamera enthauptet wurden. Auf der anderen Seite Laura, die als zweifache Witwe mit drei Kindern unter Dschihadisten als Dschihadistin lebt. Laura, eine junge Deutsche, die abhängig ist, ohne Arbeit oder Alternativen, dieser Ideologie und dem »System Dschihad« vollkommen ausgeliefert. Eine junge Deutsche, für die ein dschihadistisches Leben Alltag geworden ist. Die Ex-Beamtin, die einst auf die deutsche Verfassung geschworen und sich inzwischen von unserer Gesellschaft abgewendet hat.

GENERATION DSCHIHAD

Meine Generation, in der ich in Bonn gemeinsam mit Laura aufwuchs, hat uns alles geboten, was für ein Erwachsenwerden nötig zu sein schien. Allen Spektren konnte man sich anschließen: von der Antifa und den K-Gruppen bis hin zu Veranstaltungen von Pierre Vogel oder von konservativen Burschenschaften. Die Erklärung von Lauras Radikalisierung funktioniert nicht nach dem klassischen Schablonenprinzip. Laura hat sich ganz bewusst für ein Leben in den dschihadistischen Zirkeln entschieden. Sie war gebildet, emanzipiert, und es liegt nicht unbedingt auf der Hand, sich der radikalsten Strömung im Islam anzuschließen. Es ist darüber hinaus sogar sonderbar, weil es so gar nicht in das Schema passt, das Laura einst repräsentierte. Laura war eine von uns, bevor wir sie an die Dschihadisten verloren haben, sie gehörte in gewisser Hinsicht nicht zur klassischen Rekrutierungsschicht. Sie war eine Ausnahme, aber Ausnahmen bestätigen ja bekanntlich manchmal die Regel.

Sie ist ein Sinnbild für unsere leistungskonforme Generation, die sich bis zur Selbstverleugnung anpasst. Der Leistungsdruck hat uns in Konkurrenz zueinander gesetzt, und wir haben die Bedingungen des Systems inkorporiert. Das System hat uns die Freundschaften verdorben, die Konkurrenz war der wichtigste Faktor für die sozialen Interaktionen, der soziale Status seine Ausdrucksform. Die Radikalisierungen der Dschihadisten lassen sich kaum erklären, ohne das Umfeld, den gesellschaftlichen Zeitgeist zu untersuchen.

Was hat mich seit der ersten Gewissheit über Lauras Radikalisierung so fasziniert? Welche Vorgeschichte und welche

Grundlage hatte meine Reise? Diese Geschichte wirft auch die Frage auf, warum so viele junge Menschen aus meiner Generation sich einer anderen Weltordnung, zumindest zeitweise, verschreiben und sich von unseren demokratischen Strukturen abgestoßen fühlen. Gibt es ein Mittel gegen den Dschihadismus?

Wer wird Dschihadist? Welche Erfahrungen und welches Netzwerk ist notwendig, um die jungen Menschen aus Deutschland und Europa zu motivieren, sich gegen die Zeit zu stellen und gegen die Menschlichkeit?

Es ist nicht die Geschichte von Laura allein, sondern es ist auch die Geschichte von anderen jungen Deutschen, die sich auf den Dschihadtrack begeben haben.

Das Phänomen Dschihadismus

Religiös begründete Weltanschauungen sind wieder auf dem Vormarsch. Es handelt sich dabei um eine Protestideologie. Der Verfassungsschutz warnt: Der Dschihadismus ist die am schnellsten wachsende extremistische Ideologie und auch die tödlichste. Und er betrifft uns alle. Der Dschihadismus ist kein Phänomen mehr, das in dunklen Hinterhöfen und in Gebetsräumen in Asylbewerberheimen stattfindet, sondern er hat die Mitte unserer Gesellschaft erreicht. Diese Entwicklung mit ernst zu nehmenden Folgen hat tiefer liegende Gründe, die es zu veranschaulichen gilt.

Es geht um Rebellion, Gemeinschaft und Abenteuer – um Entgleisung und um den Übertritt zur Gewalt. Ohne den gewaltbereiten Islam verstehen wir unsere Welt nicht mehr. Der Dschihad ist ein Hybrid aus Auflehnung und Abenteuer. Dieser Flirt mit der Gewalt ist für manche sehr attraktiv, denn gerade darin liegt ein enormes Potenzial zur Rebellion für eine ganze junge Generation, die nach Auflehnung, Anerkennung, medialer Präsenz und Aktion dürstet. Es geht um eine Gegenbewegung. Die deutschen Dschihadisten sind zahlenmäßig nur wenige unter den vielen Dschihadisten weltweit, einer transnationalen Bewegung, die durch das Internet nicht nur vernetzt ist, sondern auch eine eigene Community mit eigenen Codes, Metaphern und Symbolen kreiert. Dabei wird der Einstieg in den Dschihadismus erleichtert. Religiöse Inhalte stehen nicht mehr im Zentrum. Durch diese zentrale Veränderung verschieben sich die Parameter der Gewalt von einer ideologisch kontrollierten hin zu einer unkontrollierbaren Aktion eines Individuums, losgelöst von einer Aktion einer Gruppe hin zu einer anbindungslosen Zelle, einer Individualtat.

Es geht mehr um die Jugend- und Popkultur, mit der der Islamische Staat an seine Follower herantritt. Die Schwelle zum Dschihad zu überqueren wird dadurch extrem vereinfacht, die Zielgruppe massiv vergrößert. Es geht nicht mehr um eine theologisch begründete Ideologie, die den Anschlägen und deren Rechtfertigungen durch al-Qaida zugrunde liegt, sondern um eine Fragmentierung und Ästhetisierung der Ideologie, wie man an den HD-Videos in Computerspielästhetik und einer Ego-Shooter-Mentalität sieht. Das zeigt sich im Besonderen beim IS, der mithilfe von Videos seine Botschaft transportiert. Die ideologische Grundlage wird nebensächlich. Im Vordergrund steht zunehmend die Gewalt.

Wer sind die neuen deutschen Dschihadisten? Es sind junge Leute, meist zwischen 20 und 30 Jahren, die zum Islam konvertieren oder zurückkehren und dann immer radikaler werden in ihrer Interpretation der Religion. Die Altersstruktur von deutschen Dschihadisten hat sich in der letzten Dekade stark verändert. Waren die Attentäter des 11. September zum Beispiel Mitte 30, sind die Rekruten inzwischen eher Anfang bis Mitte 20 oder sogar jünger. Manche von ihnen reisen selbst in die Kriegsgebiete, andere unterstützen den Dschihad mit Geld, mit der Verbreitung oder Übersetzung von Propagandamaterial oder planen Attentate in Deutschland. Die Sicherheitsbehörden sprechen von über

24 000 Menschen bundesweit, die der islamistischen Szene zugeordnet werden. 10 000 von ihnen sind Salafisten. 2011 gab es in Deutschland nur 3800 Salafisten. Und die Tendenz ist weiter steigend. Die Sicherheitsbehörden stufen viele davon als gefährlich ein. Rund 1800 Menschen werden 2017 dem »islamistisch-terroristischen« Spektrum zugeordnet. Davon werden 700 als dschihadistische Gefährder geführt, denen die Polizei einen Anschlag zutraut. Dabei ist zu beachten, dass die meisten als Gefährder eingestuften Personen einen deutschen Pass haben.

Die Zahlen in den anderen europäischen Ländern wie Frankreich, Holland, Belgien sind wesentlich höher. Die dschihadistischen Gruppierungen werben in unterschiedlichen Onlinemagazinen für ihre Ideen. »Wie baue ich eine Bombe in der Küche meiner Mutter?«, lautet beispielsweise der Titel eines Artikels in einem Onlinemagazin von al-Qaida namens »Inspire«.

Die Radikalisierung erfolgt zum Teil über das Internet. Die Zielsetzung ist ein »Mitmachdschihad« oder »Open-Source-Dschihad«, wie er sehr treffend bezeichnet wird, der nach dem Franchiseprinzip funktioniert: Jeder kann zum Soldaten des Dschihad werden, der sich selbst dazu macht, ohne den sonst üblichen persönlichen Treueschwur. Die Rechnung der Extremisten geht auf: Immer mehr junge Menschen konvertieren zur Gewalt.

Außerdem werden immer mehr Menschen von »Talentscouts« in Moscheen und privaten Zirkeln rekrutiert, um sich dem bewaffneten Kampf an der Seite des Islamischen Staats und der Al-Nusra-Front in Syrien und im Irak anzuschließen. Über 1000 Deutsche haben an Kampfhandlungen in Syrien und dem Irak teilgenommen oder diese direkt vor Ort unterstützt. Ein Fünftel davon sind Frauen. Der Anteil an Frauen, die selbst an Kampfhandlungen beteiligt gewesen sind, ist sehr gering. Allerdings hat sich der Fokus der Sicherheitsbehörden in den letzten Jahren dahingehend verschoben, dass die Frauen inzwischen nicht mehr nur als Anhängsel der Männer gesehen werden, sondern manche von ihnen auch als einflussreiche Akteurinnen auftreten: Diese aktive Teilnahme reicht von Anwerbung über Unterstützung bis hin zur Beteiligung an Folter und Kriegsverbrechen. Daher müssen sie auch mit mehrjährigen Gefängnisstrafen wegen Unterstützung oder gar der Mitgliedschaft in einer ausländischen terroristischen Vereinigung rechnen. Mindestens 150 Extremisten aus Deutschland sind in Syrien oder dem Irak gestorben. Ein Drittel der Dschihadisten ist mittlerweile wieder in die Bundesrepublik zurückgekehrt. Vor allem die Rückkehrer gelten bei den Sicherheitsbehörden als Gefahr, weil manche von ihnen Kampferfahrung und das Know-how für einen Anschlag mitbringen. Die aktive Beteiligung am Kampf oder sogar an Kriegsverbrechen verändert die Rückkehrer. Eine mögliche Traumatisierung durch den Krieg kann, wenn sie ignoriert wird, zum unberechenbaren Faktor werden.

Um den Dschihadismus zu beschreiben, muss man zuerst den Salafismus beleuchten und hier zunächst eine geschichtliche Einordnung vornehmen. Denn sowohl die Geschichte des Salafismus als auch die Geschichte des Dschihadismus bringen uns substanzielle Erkenntnisse über Herkunft und Abwandlung der Ideologie.

Der Salafismus gehört zum sunnitischen Islam und ist verwandt mit dem Wahabismus, der Staatsreligion Saudi-Arabiens. Es wird zwischen der Lehre des Glaubens (*Aqida*) und der Praxis des Glaubens (*Manhaj*) unterschieden. Auch wenn es große Unterschiede innerhalb des Salafismus gibt, so lassen sich doch Gemeinsamkeiten feststellen. Dabei beziehen sich die Anhänger des Salafismus auf eine Reformbewegung, die Ende des 18. Jahrhunderts auf dem Gebiet des heutigen Saudi-Arabiens entstanden ist. Die Salafisten sehen in der Entstehungszeit des Islam (7. Jh. n. Chr.) die entscheidende Phase für die Religion. Sie berufen sich auf die Zeit des Propheten Mohammed und seiner Nachfolger. In dieser Zeit sei der »reine Islam« gelebt worden. Dies streben die

Anhänger des Salafismus auch heute an. Die Argumentation basiert darauf, dass die Abkehr vom »reinen Islam« zum Untergang der islamischen Staaten geführt habe. Als Beleg dienen ihnen die Kolonialisierung der muslimischen Länder sowie die politische Bedeutungslosigkeit der heutigen islamischen Staaten. Daher sehen die Salafisten als einzige Lösung eine Rückbesinnung auf die Ursprünge der Religion, um an die erfolgreiche Zeit des Islam anzuschließen. Dabei wollen sie mit ihrer persönlichen Lebensweise und zum Teil durch die Änderung des gesellschaftlichen Systems einen Umschwung erreichen. Sie beziehen sich dabei auf den Koran und die Hadithen, die die Lebenspraxis des Propheten Mohammed (*Sunna*) überliefern.

Zentrales Merkmal der salafistischen Ideologie ist demnach der Glaube an die Einheit Gottes (*Tauhid*), der Gott zur absoluten Instanz macht, was nicht mit weltlichen Regierungsformen wie zum Beispiel der Demokratie vereinbar ist. Als Vorbild dient ihnen die Zeit der »frommen Altvorderen«, der *al-salaf al-salih,* woraus sich auch die Bezeichnung »Salafismus« ableitet.

Die Salafisten sehen sich als »wahre Muslime« und schließen so die anderen Muslime aus. Es werden drei verschiedene Strömungen des Salafismus unterschieden: Für puristische Salafisten ist vor allem ihre persönliche Lebenspraxis von Bedeutung. Diese soll am Propheten orientiert sein. Auch wenn die puristischen Salafisten die Scharia und ein Kalifat befürworten, lehnen sie eine politische Aktivität strikt ab. Dabei spielt die Missionsarbeit (*Dawa*) eine zentrale Rolle.

Demgegenüber stehen die politischen Salafisten, die eine politische Beteiligung für notwendig halten, um ihre gesellschaftspolitischen Ziele umzusetzen. Beide Gruppen lehnen jedoch Gewalt für die Erreichung ihrer Ziele ab.

Die dritte Gruppe der dschihadistischen Salafisten hingegen befürwortet den Einsatz von Gewalt für die Umsetzung ihrer Ziele. Dabei unterscheidet sie zwischen dem »nahen«

und dem »fernen Feind«, also zwischen muslimischen Herrschern oder Schiiten und zum Beispiel dem Westen. Die dschihadistischen Salafisten werden als Dschihadisten bezeichnet, ihre Bewegung als Dschihadismus. Die Dschihadisten, die ihre Ziele mit Gewalt durchsetzen wollen, stellen nur eine kleine Gruppe dar. Die größte Gruppe bilden die Anhänger des politischen Salafismus. Sie verbreiten ihre extremistische Ideologie in allergrößter Sorgfalt, lehnen aber die Gewalt als Mittel ab.

Der Übergang zwischen den einzelnen Gruppen von Salafisten und Dschihadisten ist jedoch fließend. Darin besteht vielleicht die größte Schwierigkeit in der Erforschung dieses Phänomens. Das salafistische Gedankengut scheint ein Nährboden für die Rekrutierung von Dschihadisten zu sein. Nicht jeder Salafist ist ein Dschihadist, aber jeder Dschihadist war vorher Salafist.

Gründe für die dschihadistische Radikalisierung

Was bringt erfolgreiche Deutsche aus dem Mittelstand dazu, Heimat und Familie zu verlassen, um Dschihadisten zu werden? Warum geben sie unserer Gesellschaft den Laufpass und transformieren ihre Realität ins Radikale?

Es sind gemäßigte Muslime, die zunächst keine muslimische Kleidung wie Kopftuch oder Pluderhose und Häkelkappe trugen. Sie beteten fünfmal am Tag und verzichteten auf Alkohol und Schweinefleisch, grenzten sich aber sonst nicht spürbar ab. Und doch antworten sie mit ihrer Religion auf die Herausforderungen der modernen Welt und unterscheiden sich damit, auch schon vor ihrer Ausreise, elementar von ihrer sonst eher atheistischen Generation. Die Revertiten und Konvertiten rezitierten Koransuren auf Arabisch, statt sich in Klubs beschallen zu lassen. Sie heiraten, statt polyamourösen Hedonismus zu praktizieren. Sie fasten während des Ramadan, anstatt regelmäßig Alkohol und Drogen zu konsumieren. Ich wollte wissen, warum sie schließlich ihre Wahrheit im radikalen Islam fanden. Ist unsere grenzenlose Freiheit vielleicht doch nicht das höchste Gut, das sicher zum grenzenlosen Glück führt? Hat Sartre recht, wenn er schreibt: »Frei sein heißt zum Freisein verurteilt sein«? Steht den grenzenlosen Möglichkeiten in unserer Gesellschaft die grenzenlose Unverbindlichkeit gegenüber, auf die wir mit der Sehnsucht nach Sicherheit antworten? Liegen in ihrer Hinwendung zum Islam und ihrer immer strengeren Auslegung des Glaubens letztlich die Suche nach Halt und Sicherheit? Sie sind fasziniert vom Islam und von den festen Regeln. Sie finden Struktur im Alltag statt ultimativer Freiheit, dauerhafte familiäre Strukturen statt Patchworkkonstellationen, Antworten statt immer neuer Fragen.

Die Akteure radikalisieren sich zudem innerhalb von Cliquen. So wird es in einer Radikalisierungstheorie interpretiert. Dabei wird die Funktion der Gruppe und besonders die der Clique ins Zentrum gestellt. Die Verbindlichkeit von Gruppen, Freundschaften und Familien bilden so einen der wichtigsten Faktoren für die tatsächliche Radikalisierung einzelner Menschen.

Die Gründe für Radikalisierung, die von Politik, Sicherheitsbehörden und Medien gegeben werden, vermitteln einen falschen Eindruck von den Akteuren der Dschihadisten: So sagte Hans-Georg Maaßen, der damalige Präsident des Bundesamts für Verfassungsschutz, dass die Anhänger des Islamischen Staates mit vier »M« zusammenzufassen seien: Sie seien männlich, muslimisch, mit Migrationshintergrund und hätten Misserfolge gehabt.

Diese Loser und Underdogs, wie Maaßen sie beschreibt, entsprechen nicht den heterogenen und vielschichtigen salafistischen und dschihadistischen Gruppierungen, wie sie tatsächlich existieren. Es sind nicht immer bildungsferne Schichten, zerrüttete Familienverhältnisse, gescheiterte

Existenzen. Die Rekruten sind nicht allesamt Verlierer, sie sind teilweise talentiert und gut ausgebildet. Die neuen deutschen Terroristen hätten in Deutschland zum großen Teil die Chance auf ein erfolgreiches Leben gehabt. Warum wenden gerade sie sich gegen die Mehrheitsgesellschaft? Und was sagen sie uns über die Welt, aus der wir kommen?

Es ist ein ganz unterschiedliches Spektrum an Personen, das sich vom Dschihad angezogen fühlt: Für die einen ist es der Ausbruch aus der von den Eltern dominierten Wirklichkeit, für die anderen ist es ein Halt im Leben, wo andere Netzwerke versagen. Die Defizite in der deutschen und europäischen Integrationspolitik können jedoch nicht alleinige Erklärungsgrundlage dafür sein, warum sich auch die Mittelschicht von der dschihadistischen Ideologie angezogen fühlt. Zudem wird verkannt, dass viele Jugendliche ein Weltbild als Gegenentwurf zu westlichen Normen und Werten suchen.

Auf den ersten Blick unterscheiden sich die Dschihadisten sehr stark vom Rest ihrer Generation. Diese Generation schwankt zwischen einer karrieristischen Selbstoptimierung und absoluten Sicherheitsbedürfnissen. Doch auf den zweiten Blick ist es anders. Es werden versteckte Parallelen sichtbar: Die Radikalisierung der jungen Deutschen ist auch eine Antwort auf die Sehnsüchte einer ganzen Generation von Nichtdschihadisten. Die Dschihadisten knüpfen an ein spezifisches Narrativ von Wahrheit und Gerechtigkeit an, das in seiner Einfachheit verlockend sein kann in einer Welt, die immer komplexer und damit für jeden Einzelnen immer komplizierter wird. Es geht häufig um das Gefühl von Entfremdung und Diskriminierungserfahrungen, wobei die erlebte Diskriminierung auch häufig zum Zwecke der Rekrutierung übertrieben und instrumentalisiert wird. Dem gegenüber steht bei den Salafisten und Dschihadisten die Gruppe von Auserwählten, die Stärke verkörpern. Simple Erklärungen in einer komplexen Welt und eine klare Einteilung in *haram* und *halal*, verboten und erlaubt.

TREFFEN MIT LAURA

Es vergeht noch mal rund eine Stunde, während ich mit Waleed zusammensitze und Tee trinke. Abdullah sitzt im Wohnzimmer, raucht Zigaretten und schaut Fernsehen. Dann klopft es laut an der Tür. Waleed steht auf und öffnet sie. Ich gehe vom Wohnzimmer in den Flur. Ein Mann kommt herein. Er ist klein und hat einen langen braunen Bart. Er trägt eine Tasche und ein Dreirad. So viel sehe ich, dann trete ich hastig einen Schritt zurück ins Zimmer, weil ich kein Kopftuch trage und weil ich sicher bin, dass dies nun endgültig ein Dschihadist sein muss. Als er die Wohnung wieder verlassen hat, husche ich in mein Zimmer am Ende des Flurs zurück. Ich bin überrascht, denn dort sitzt eine Frau in Vollverschleierung auf einer der Matratzen auf dem Boden. Drei Kinder laufen im Zimmer umher: ein älteres Mädchen mit Kopftuch, ein Junge mit braunen Haaren und ein kleiner Junge mit blonden Haaren und blauen Augen.

Dieser Moment scheint wie eingefroren zu sein. Wir blicken uns an. Kreisen umeinander wie Tiere, die sich beschnuppern. Wir sind nicht mehr die zwei Mädchen, die wir einmal waren, wir sind nicht dort, wo wir gestartet sind. Wir sind an einem anderen Ort und an einem anderen Punkt. Wir sind in der Vergangenheit verbunden, und doch scheint diese weit weg zu sein.

Dann steht sie auf und hebt die oberste Lage ihres Schleiers hoch, ihr Gesicht kommt zum Vorschein. Laura. Es ist ihr Gesicht, das ich direkt vor mir sehe, und doch scheinen Welten zwischen uns zu liegen. Tatsächlich, meine alte Schulfreundin. Mitten in Syrien mit ihren drei Kindern. Obwohl ich ihretwegen so weit gefahren bin, habe ich vielleicht trotzdem nicht wirklich daran geglaubt, sie jemals wiederzusehen. Ich bin total erleichtert. All die Gefahren, die ich auf mich genommen habe, sind plötzlich vergessen. Laura ist am Leben und wohlauf. Und natürlich auch ihre Kinder. Auch sie sind putzmunter und gesund.

Jetzt stehen wir voreinander. Laura und ich. 25 Jahre nachdem wir uns im Gesundheitsamt in Bonn das erste Mal getroffen haben. Gemeinsam mit unseren Müttern zur Gesundheitsuntersuchung, wenige Tage vor der Einschulung in die Grundschule. Ich bin in diesem Zimmer, und der Kreis hat sich geschlossen. Laura steht vor mir, aber obwohl wir uns schon so lange kennen, ist sie mir doch fremd.

Sie wirkt unterkühlt. Fast wie eine Eisprinzessin. Es ist eine Seite von ihr, die ich von früher kannte. Ich hatte diese Eigenart von ihr völlig vergessen über die Jahre. Es sind nicht die Worte, die wir wechseln, die sind eher unbeholfen, es ist die Art und Weise, wie wir miteinander sprechen. Voller Vorbehalt dem anderen gegenüber, voller Misstrauen, zumindest von meiner Seite. Der Umgang ist nicht respektlos, aber er ist voller Fragezeichen in jeder Geste. Wir lauern einander auf, irgendwo in einem syrischen Haus, nach so vielen Jahren, die wir uns nicht gesehen hatten. Auch wenn es friedlich und harmonisch wirkt, brodelt es unter der Oberfläche.

Mitten im Krieg bin ich vollkommen in ihrer Hand. Sie ist meine Gastgeberin. Und ihre Gruppe ist es gewissermaßen auch.

Ich erkenne ihre Kinder kaum wieder. Auch die Fotos, die ich gesehen habe, sind schon viele Jahre alt gewesen. Leila, Achmed und Mohammed. Laura hat über die Jahre hin und wieder Bilder von ihnen geschickt. Aber jetzt stehen sie wirklich vor mir. Leila habe ich das letzte Mal gesehen, als sie ein Jahr alt war.

Der Mann, der Laura und die Kinder gebracht hat, scheint im Wohnzimmer bei den Männern zu warten. »Wer hat euch gebracht?«, frage ich sie. »Das ist einer aus der Gruppe. Der kümmert sich um alles. Alleine können Frauen sich ja hier nicht so einfach bewegen«, bemerkt sie. »Das habe ich gemerkt«, antworte ich. Ich bin immer noch aufgeregt und nestele an meinem T-Shirt herum. Laura bemerkt meine Unsicherheit nicht und klärt mich erst mal auf. »Das ist jetzt unser Frauenraum«, erläutert sie mir die hiesigen Regeln. »Du kennst das ja schon aus Pakistan und Palästina. Hier haben die Männer keinen Zutritt, nur wenn sie sich ankündigen. Deshalb können wir hier ganz unverschleiert sein.« Dann fährt sie fort: »Aber der Rest der Wohnung ist für uns tabu, wenn wir nicht verschleiert sind. Nur die Kinder können frei herumlaufen. Sowohl die Männer als auch die Frauen müssen Bescheid geben, wenn sie durch den Flur ins Bad oder in die Küche wollen. So sind die Regeln, wenn Männer und Frauen, die nicht miteinander verheiratet sind, in einer Wohnung zusammen sind.« Ich nicke. »Das ist logistisch gar nicht so leicht«, sage ich. Laura antwortet: »Ich kenne das gar nicht mehr anders.«

Wir sprechen viel über die Kinder, und die Kinder erzählen mir viel. Sie wuseln um mich und Laura herum. Sie scheinen zu spüren, dass zwischen Laura und mir ein Grundvertrauen herrscht, dass ich ihre Mutter schon seit über 25 Jahren kenne. Die Kinder erzählen von »ihrem« Syrien, was ihnen hier gut gefällt und was nicht.

Dann sind schon einige Stunden vergangen, und wir trinken einen Tee zusammen. Laura versucht, mir den Kontext zu beschreiben, in dem sie jetzt sozialisiert ist: »In Waziristan konnte jedes Mal die pakistanische Armee oder eine andere Gruppe kommen, um uns anzugreifen und zu töten.« Dann fährt sie fort: »In Syrien ist alles viel weitläufiger und unaufgeregter. Klar, der Krieg ist hier auch massiv, aber man kann auch als Fremde leichter untertauchen«, fügt sie hinzu und lächelt dabei. Ich muss schlucken. Der Muezzin unterbricht unser Gespräch. »Jetzt ist es Zeit für das Maghrib-Gebet.« Sie steht langsam auf. »Wudu«, erklärt sie mir, was auf Arabisch die kleine rituelle Waschung vor dem Gebet bezeichnet. Dann wäscht sie sich und breitet eine Decke auf dem Boden aus. Sie schließt die Augen und wirkt in sich versunken. Sie murmelt eine Sure, ihre Lippen bewegen sich, dann hebt sie gleichzeitig ihre beiden Arme und berührt damit ihre Ohren.

Laura ist eine Dschihadveteranin. Sie gehört zur ersten Generation von deutschen Dschihadisten, die die ganzen Kriegsgefechte überlebt haben. Allein die Tatsache muss sie unglaublich traumatisiert oder sie noch mehr in ihrem Glauben bestärkt haben. Nach dem Gebet frage ich sie nach ihrem Glauben: »Hast du manchmal Zweifel?« Sie lächelt mich an. Und ich weiß nicht, ob ihr Lächeln wirklich echt ist in diesem Moment, denn ihre Antwort ist eindeutig. »Wir sind auserwählt worden, und Gott gibt uns die Stärke, diese Prüfung durchzustehen.« Sie fährt unbeirrt fort. »Hier gibt es klare Regeln, wie das Leben abläuft. Die Syrer sind nicht so konservativ wie in Waziristan. Die hören hier ständig ihre syrische Volksmusik, obwohl nichtmuslimische Musik eigentlich *haram*, also verboten, ist«, belehrt sie mich. »In Waziristan gab es gar nichts, keinerlei Luxus. Auch keine Musik. Das Leben war dort viel härter und karger«, erklärt sie.

»Wie bist du aus Waziristan nach Syrien gekommen?«, frage ich sie. Dann erzählt sie von den Strapazen ihrer Reise. »Der Weg von Waziristan im pakistanisch-afghanischen Grenzgebiet war sehr mühsam. Ich war mit einer Reisegruppe unterwegs. Wir waren fünf Frauen und 20 Kinder. Es hat sechs Monate gedauert.« Ich kann kaum glauben, was sie mir da erzählt. »So eine große Gruppe wart ihr? Und so lange habt ihr gebraucht?«, frage ich verblüfft. »Ja, das war wirklich die härteste Reise meines Lebens«, antwortet sie. »Wir sind über das Netzwerk meines Mannes und seines Schwagers gereist. Es war das Netzwerk meines Mannes und seines Bruders, das unsere Reise organisiert hat. Und uns auch hier in Syrien in Empfang genommen hat. Aber das ist schon eineinhalb Jahre her. Ich bin seit 2014 hier.« »Was? Schon so lange?« Ich bin total überrascht. Ich dachte, dass sie die ganze Zeit in Waziristan war. »Warum hast du dich nicht früher gemeldet, wenn du schon so lange in Syrien bist? Hier gibt es doch Internet. Deine Mutter ist vor Sorge fast umgekommen, und auch ich habe oft an euch gedacht!« »Ich durfte nicht«, antwortet sie. »Die Brüder haben es nicht erlaubt.« »Wer hat das nicht erlaubt?« Sie winkt ab: »Das kann ich nicht sagen. Aber nur so viel: Mein Ehemann und sein Bruder haben das so abgesprochen.« Darüber will oder darf sie nicht sprechen, und ich akzeptiere es für den Moment. Aber es scheint so, als sei dies der Normalfall: ein Leben, in dem man sich in Schweigen hüllen muss. Zumindest mir gegenüber, der Journalistin.

»Und was ist mit Djavad?«, flüstere ich. Das war ihr erster Ehemann. »Der ist im Kampf mit der pakistanischen Armee gestorben, so wie es in dem Märtyrervideo, in dem ich aufgetreten bin, bekannt gegeben wurde.« Aber Laura war schon zweimal verheiratet. »Und was ist mit Yassin?«, frage ich sie vorsichtig. »Er ist gestorben, so, wie es später in den Medien berichtet wurde.« Yassin Chouka war ihr zweiter Ehemann. »Das ist ja schrecklich«, antworte ich ihr und nehme sie in den Arm. Es scheint sie traurig zu machen, darüber zu sprechen, und doch wirkt sie gefasst. »Ich habe ihn wirklich geliebt«, sagt sie. »Ich vermisse ihn sehr. Und die Kinder auch.«

»Haben Mounir und Yassin beide in Waziristan gekämpft?«, will ich von ihr wissen. »Ja«, sagt Laura. »Jeder Mann bekommt entsprechend seinen Fähigkeiten eine Aufgabe zugeteilt, das reicht vom Kämpfen über die Medienarbeit bis hin zum Koch. Manche kümmern sich auch um die Familien von Witwen und Waisen. Außerdem gibt es Lehrer, die die Kinder unterrichten. Jeder wird entsprechend seinen Fähigkeiten und seinem Wissen eingeteilt. Die meisten erzählen ja nur ihrer eigenen Frau, was sie wirklich tun.« Sie atmet tief durch und fährt fort: »In Waziristan sind die Männer immer für ein paar Wochen im Kampf gewesen. Die Front war meistens weit entfernt. Die Frauen blieben alleine zu Hause mit den Kindern. Nach einigen Wochen kamen die Männer dann wieder zurück.« Ich nicke ihr zu. Mir schwirren so viele Fragen durch den Kopf. Ich will so viel von ihr wissen.

Plötzlich bricht es aus ihrer Tochter Leila heraus: »Wo ist Oma?« Dann erklärt mir Laura, dass sie bis jetzt aus Sicherheitsgründen nicht sagen durfte, dass ich komme, nicht einmal oder gerade nicht ihren Kindern. Nun sind diese sichtlich enttäuscht, dass ihre Oma aus Deutschland nicht mitgekommen ist. Nicht nur Leila, auch die Jungs schauen mich enttäuscht an. Es tut mir leid für sie. Ich versuche, sie aufzumuntern, indem ich ihnen die Tasche gebe, die mir ihre Oma für sie mitgegeben hat. Mit lauter Dingen, die die Kinder freuen sollen, die Enkel im Krieg: ein Mp3-Player für Leila, ein Bauernhofbuch für Mohammed, Flummis für alle und Haribo halal, also Süßigkeiten ohne Schweinegelatine.

Plötzlich schaut mich Laura kopfschüttelnd an. »Du bist wirklich hier!« Sie scheint irgendwie überrascht von der Tatsache zu sein, dass ich tatsächlich vor ihr stehe. Anschließend mustert sie mich von oben bis unten. Dann sagt sie: »Du hast dich ja gar nicht verändert.« Es klingt fast, als sei sie enttäuscht, aber sie lächelt dabei. Sie sieht, dass ich kurz verunsichert bin, denn ich finde, dass ich mich sehr wohl verändert habe, seit wir uns das letzte Mal in Bonn gesehen haben. Habe ich ihren Witz gerade nicht verstanden? Dann fängt sie an zu lachen. Sie lacht laut und dunkel, so wie früher. Ich hatte den Klang ihres Lachens schon fast vergessen. Dann kontere ich: »Du hast dich auch gar nicht verändert«, sage ich betont gelassen. Mal sehen, ob sie meine Antwort als Witz oder Provokation aufnimmt. Ich finde nämlich, dass auch sie sich seit den Bonner Zeiten sehr wohl verändert hat. In Bonn hatten wir immer einen gemeinsamen, einen verbindenden Humor. In Syrien ist zunächst unklar, ob wir ihn oder eine andere gemeinsame Ebene finden können. Tatsächlich schien für einen kurzen Moment alles wie immer zu sein. Trotz Syrien, trotz des Krieges, trotz all der Jahre, in denen wir uns nicht gesehen haben.

Wir sind in dieser Wohnung, und ich fühle mich sicher.

Ich muss immer wieder an unsere Vergangenheit denken und realisiere dann erst wieder, dass ich mitten in Syrien stehe. Es ist eine unwirkliche Situation. Als es draußen dämmert, versuche ich, das Licht im Zimmer anzumachen. Sie schüttelt den Kopf. »Nein, Strom gibt es in Syrien selten.« Dann holt sie eine Taschenlampe aus ihrer Reisetasche heraus. »Gar nicht?«, frage ich. »Doch, manchmal schon, aber das sind immer nur einige Stunden am Tag, wenn die Generatoren der einzelnen Stadtteile angeschaltet werden. Vorausgesetzt natürlich, sie sind nicht mal wieder kaputt. Sie werden mit Diesel betrieben. Wann der Strom kommt, ist von Generator zu Generator und von Stadtteil zu Stadtteil unterschiedlich, aber meistens hat man mindestens vier Stunden Strom am Tag.« Ich bin verblüfft und schüttele nur den Kopf. Sie fährt fort. »Deshalb gibt es in jeder Wohnung eine Notbeleuchtung, die mit einer Autobatterie betrieben wird.« Sie zeigt auf die Kabel, die an der Wand entlang durch den ganzen Raum führen. »Die Autobatterie steht im Flur, da ist das Licht für alle Räume angeschlossen.« »Und in Waziristan, wie war es da?«, frage ich sie. »Da war es natürlich ganz anders. Da war es karg. Da gab es nicht so viele Dinge wie hier!« Ich versuche, den Unterschied zwischen dem Leben in Syrien und dem Leben in Waziristan noch genauer zu verstehen: »Also, du hast nicht so luxuriös gelebt wie hier?« »Nein, überhaupt nicht«, antwortet sie.

»In Waziristan, da musste ich zum Beispiel nie Miete zahlen. Da haben wir immer in Gästehäusern gewohnt. Die haben sich dort richtig gefreut über die Ausländer. Da hatte man eine Einzimmerwohnung mit einem kleinen Innenhof und Toilette, wenn man Glück hatte. Europäische Produkte gab es dort gar nicht. Als ich da war, fing es gerade an mit

Thunfisch oder Bohnen aus der Dose. Die Ausländer haben sich hauptsächlich von den einheimischen Produkten ernährt. Bei den Usbeken gab es am Anfang noch monatlich Geld, dann hatten die irgendwann kein Geld mehr, dann gab es monatlich ein Essenspaket mit Öl, Reis, Zucker und, wenn man Glück hatte, Gemüse. Den Rest musste man selber organisieren. Frauen sind da nie einkaufen gegangen. Oft sind aber Paschtunen für uns einkaufen gegangen. Das war ja was anderes mit der Drohne dort. Da konnte man sich ja nicht so bewegen, weder Männer noch Frauen. Da konnte man nicht so shoppen gehen wie hier in Syrien. 1000 Rupien waren 10 Dollar. Mit 20 bis 30 Dollar ist man dort ausgekommen für eine große Familie. Für englische Schokolade oder richtige Nutella musste man natürlich viel mehr zahlen. Da kam man nicht mit 30 Dollar im Monat hin.«

Ich habe noch nicht geduscht, sondern immer noch mein verschwitztes blaues T-Shirt von der Wanderung an, deshalb frage ich Laura: »Wie funktioniert das hier mit der Dusche?« Sie lacht. »Ja, das ist hier gar nicht so leicht.« »Ich habe von den Duschen in Syrien keine Ahnung«, sage ich zu ihr. »Komm mit.« Wir gehen zusammen ins Bad. Sie zeigt mir den Schalter an einem Kabel, das an der Wand entlangführt. Sie macht das Licht an, aber die LEDs leuchten nicht wirklich hell, sondern glimmen nur. »Die Batterie ist leer«, seufzt sie. »Oder die Lampen sind schon sehr alt, deshalb funktionieren sie nicht mehr richtig.«

Lauras Haare sind zu sehen. Inzwischen hat sie braune Strähnen im blonden Haar. Sie wirkt wie auch früher sehr gepflegt und keineswegs gezeichnet vom Dschihad.

Wir sind nach einigen Stunden, in denen wir uns nur unterhalten haben, langsam hungrig. Laura bittet Leila, den Männern Bescheid zu geben, damit sie uns etwas zu essen holen. Nach einer halben Stunde kommt der Typ mit dem Bart, der Laura und die Kinder gebracht hat, mit einigen Tüten in der Hand zurück. Darin sind Kartons mit Essen. Alles ist noch ganz warm, es duftet herzhaft. Wir essen gegrilltes Hühnchen, Pommes, Knoblauchmayonnaise und eingelegtes Gemüse, das aus Kohl, Rote Beete, Möhren und Gurken besteht und leicht säuerlich schmeckt. In einer zweiten Tüte sind Getränke, arabische Cola und Limo. Laura nimmt die Cola-Flasche in die Hand. »Trinkt ihr keine normale Coca-Cola?«, frage ich verwundert nach. »Eigentlich schon, es gibt natürlich einige Brüder und Schwestern, die das boykottieren.«

Nachdem wir gegessen haben und alle satt auf den Matratzen liegen, frage ich Laura: »Wohin fahren wir jetzt? Zu dir nach Hause?« »Ich weiß es nicht«, antwortet sie. »Verstehe, wann entscheidet sich das?« »Keine Ahnung. Ich frage mal nach.« Sie verlässt das Zimmer. Eigentlich sollte das Haus von Abdullah, dem Bruder von Waleed, nur eine Zwischenstation auf der Reise sein, doch als Laura zurückkommt, sagt sie: »Ich dachte, dass wir in ein anderes Haus fahren, aber die Brüder haben entschieden, dass wir hierbleiben. Das ist sicherer.« Sie klingt überzeugt. »Ich kenne das schon, wenn man einmal losfährt, dann sollte man genug dabeihaben, damit man ausgerüstet ist, manchmal dauert es lange, bis wir wieder zu Hause sind.« Und tatsächlich sieht es so aus, als habe Laura fast ihren halben Hausstand mitgebracht. In der Ecke des Raums stehen ihre Taschen, Kinderkleidung in allen Größen und Farben, dazu Kinderspielzeug, das jetzt überall im Raum verteilt liegt, und sogar der Kinderwagen von Mohammed, ihrem jüngsten Sohn, und sein buntes Dreirad. »Das Dreirad haben wir von einer Charity-Organisation geschenkt bekommen«, sagt sie. Mohammed fährt damit im Flur ununterbrochen auf und ab. »Hier gibt es viele Organisationen, die Hilfsgüter für Kinder in Syrien bringen. Auch Kleidung wird gespendet. Die wird dann hier zum Teil in Secondhandgeschäften verkauft. Die Kleider haben manchmal einen komischen beißenden Geruch. Ein Desinfektionsmittel oder so etwas Ähnliches, auf jeden Fall stinkt es bestialisch.« Sie rümpft die Nase.

Laura ist eine gute Gastgeberin. Sie gibt sich sehr viel

Mühe. Sie versucht, mich in ihrem syrischen Leben aufzunehmen, willkommen zu heißen. Es ist ein ärmliches Leben, voller Einschränkungen und Entbehrungen. Ich beobachte, wie sie versucht, aus sehr wenig viel zu machen.

Es wird langsam dunkel an meinem ersten Tag in Syrien. Meine zweite Nacht in diesem fremden Land bricht an. Mitten im Krieg, aber mit Laura an einem scheinbar sicheren Ort weit weg von der Front. Das ist Lauras Leben, denke ich. Sie, die Kinder und ich übernachten zusammen in einem Zimmer. Jeder bekommt seine eigene Matratze, ein Kissen und eine Decke. Leila wirft sich auf die größte von allen. Doch Laura ermahnt sie: »Diese Matratze ist für Janina, die ist doch schwanger.« Ich sehe Laura an, die nun schon ihr drittes Kind zur Welt gebracht hat.

Ich bekomme also die bequemste Matratze. Bezüge oder Laken gibt es nicht. Mit den Kindern ist es gemütlich. Kurz vor dem Einschlafen frage ich Laura, ob sie Deutschland vermisse. Sie nickt. »Manchmal schon.« Ich auch.

Nachts schrecke ich zwischendurch hoch, aber dann bin ich beruhigt, als ich Laura und die Kinder neben mir schlafend sehe. Ich drehe mich zur Seite und schlafe wieder ein. Beruhigt, dass ich nicht alleine bin. Beruhigt, dass alles geklappt hat.

Alltag in Syrien

Am nächsten Morgen wachen die Kinder zuerst auf. Um Frühstück zu machen, gehen wir in die Küche, die links vom Flur abgeht. Wir bereiten alles vor und tragen die kleinen Schälchen mit den Tomaten, Gurken und das Rührei wieder zurück in unser Zimmer. Laura breitet eine Decke auf dem Boden aus. Darauf stellen wir das Essen, setzen uns gemeinsam um die Decke herum, und jeder bekommt ein Fladenbrot gereicht.

In der Mitte stehen zwei runde Pappdosen mit Schmelzkäseecken. Auf der einen Verpackung steht in geschwungenen Buchstaben »La vache qui rit«, was übersetzt »Die Kuh, die lacht« bedeutet. Darunter in arabischen Schriftzeichen »Al-Baqara Ad-Dahika«. Syrien hat als ehemalige französische Kolonie natürlich eine spezielle Geschichte mit französischen Waren. Es ist nicht das einzige Relikt aus der Kolonialzeit.

Der Käse ist durch das Pasteurisieren der Milch auch ohne Kühlung haltbar, was hier in Syrien ein Vorteil ist. Die Kinder reißen fachmännisch das Brot in kleinere Stücke und greifen damit den weichen Schmelzkäse aus der geöffneten Packung.

»Wie viel Geld gibt man hier für das Leben aus?«, frage ich sie. »Die Syrer, die hier arbeiten, wobei man sagen muss, dass es hier nicht so viel Arbeit gibt, sind meistens Ladenbesitzer oder Angestellte eines Ladens. Wenn du den ganzen Tag arbeitest, außer freitags, von morgens um neun bis nachmittags um vier, verdienst du ungefähr 50 Dollar im Monat. Damit kommen die dann einigermaßen hin – die haben ja auch immer viele Kinder. Die meisten haben zusätzlich ein Stück Land, das sie bestellen und wo sie Obst und Gemüse in einer Art Subsistenzwirtschaft anbauen. Und die haben ja auch oft Familie hier, die sie unterstützen. Die Syrer wohnen häufig in Idlib, da sind die Mieten noch mal günstiger als in der Grenzregion, wo es dafür aber sicherer ist. Die Syrer leben viel günstiger als wir Ausländer, wir wollen ja Dosen haben und den Käse aus der Türkei oder mal Nutella, und wenn es nur die türkische Nutella ist. Aber diese Extras machen das Leben teuer. Die Syrer essen zum Frühstück Sate, das ist getrocknetes Thymianpulver, mit Brot und Öl. Außerdem machen die ihr Öl selber. Also, Syrer schaffen es schon, mit 50 bis 100 Dollar im Monat durchs Leben zu kommen. Meine ehemaligen Nachbarn zum Beispiel, die hatten drei Söhne und 50 Dollar im Monat zur Verfügung. Ihre Miete betrug 10 000 Pfund, das sind umgerechnet 20 Dollar, und die haben das mit 30 Dollar für alles andere im

Monat geschafft, aber es war immer knapp am Ende des Monats. Wohnungen kosten, wenn man an der Grenze zur Türkei ist, 100 bis 150 Dollar im Monat für eine Zwei- bis Dreizimmerwohnung. Für eine Bruchbude oder eine Wohnung mit Schimmel zahlst du vielleicht 70 oder 80 Dollar. Dann gibt es aber Gebiete, da bezahlt man nichts, denn die Wohnungen dort gehörten Christen, Schiiten, Jesiden oder Assadisten, die geflohen sind. Die Häuser werden dann geöffnet und benutzt. In Idlib-Stadt sind die Häuser sehr groß und gut ausgestattet. Ich habe zum Beispiel eine große Fünfzimmerwohnung für 30 Dollar gesehen, aber früher, als da bombardiert wurde, hat man nur 10 Dollar für einen Palast bezahlt.«

Ich höre im Hintergrund ein Geräusch, es wird immer lauter. Laura erstarrt für einen Moment. Es donnert nun direkt über uns. »Ein Jet«, sagt sie und schaut in Richtung des Fensters. Leila läuft zum Fenster, um hinauszuschauen. »Aber er ist zum Glück über uns hinweggeflogen. Du weißt nie, wann er die Bombe wirft. Wenn du einen Jet hörst, dann bleiben dir vielleicht nur noch wenige Sekunden Zeit.« Ich habe ein Flugzeug noch nie als bedrohlich empfunden, das ändert sich in diesem Moment.

Wir gehen in die Küche. Überall steht schmutziges Geschirr herum. »Hier müssen wir erst mal abwaschen«, sagt sie und krempelt sich die Ärmel ihrer schwarzen Galabaya hoch. In der Küche stehen auf dem Boden, unter der Spüle und der Arbeitsfläche aus schweren Marmorplatten mehrere Kartons vom Türkischen Roten Halbmond und von anderen Hilfsorganisationen wie der UNHCR. »Hilfspakete?«, frage ich und bin etwas ratlos. »Ja, die hat jeder hier in Syrien bei sich zu Hause, die kriegt man umsonst.« Ich schaue in die Kartons, es sind ein kleines Paket Salz und ein sehr großes Paket Zucker darin, außerdem mehrere Beutel mit roten kleinen Linsen, Reis, ein Paket Mehl und Nudeln und eine Flasche Olivenöl. Über das Olivenöl wundere ich mich. Bei uns ist das ein Luxusprodukt, aber hier wird es hergestellt. »Da sind die Grundnahrungsmittel drin. Die haltbaren Sachen, die man lagern kann.«

Als wir abspülen, erklärt mir Laura: »Das Wasser, das aus dem Hahn kommt, ist mit einem Tank auf dem Dach verbunden. Ein Wassertank hat ein Fassungsvermögen von rund 1000 Litern. Wenn er leer ist, dann muss das Wasser bestellt werden. Dann kommt ein großer LKW mit frischem Wasser, und ein langer Schlauch wird auf das Dach geführt und füllt den Tank.« »Wie teuer ist eine Lieferung von Wasser?«, will ich wissen. »Vor der Revolution hat eine Füllung viel weniger gekostet als nach der Revolution.«

Ich fluche, als mir ein Topf beim Spülen aus den Händen fällt und auf dem Steinboden aufschlägt: »Scheiße!«, bricht es aus mir heraus. Sie zieht eine Augenbraue hoch und schaut mich kritisch an. »Solche Schimpfwörter habe ich ewig nicht mehr gehört!« Sie nimmt mich zur Seite: »Ich bitte dich, das nicht vor den Kindern zu wiederholen, die sollen sie sich so eine Sprache gar nicht erst angewöhnen.« Ich fühle mich irgendwie schlecht. Mir ist gar nicht aufgefallen, wie vulgär ich mich manchmal ausdrücke. Ich beschließe, fortan darauf zu achten.

Es fällt mir auf, dass Laura sich sehr häufig ihre Zähne putzt. An diesem Morgen steht sie vor mir und putzt sie gründlich wie eine Marathon-Zähneputzerin. Sie hatte schon immer eine spezielle Technik, sich die Zähne zu putzen, mit kaum geöffnetem Mund.

Stolz berichtet sie mir: »Ich habe noch alle Zähne!« Es scheint keine Selbstverständlichkeit zu sein. »Andere Freundinnen von mir haben Probleme mit ihren Zähnen bekommen, aber in Waziristan war der Zahnarzt wirklich zum Abgewöhnen.« Ich erwidere, dass sie schon immer sehr konsequent gewesen sei. Sie nickt und schaut nachdenklich zu Boden. »Ich putze mir jeden Tag mindestens dreimal die Zähne.« Ich bin erstaunt, dass sie in dieser Hinsicht so geblieben ist, wie sie war, trotz der widrigen Umstände im Krieg.

Dann frage ich sie: »Wie ist es *wirklich* für dich im Dschihad?« »Ich gehe besser nicht zu sehr in die Tiefe. Ich will ja niemanden abschrecken.« Sie fängt an zu lachen. »Nein, im Ernst. Es gibt schwere Zeiten und leichte Zeiten, wie überall. Allerdings ist hier alles intensiver, drastischer und auch gefährlicher. Oft scheint man die Kontrolle zu verlieren. Und du kennst mich gut genug, Janina. Ich war ein Kontrollfreak. Das legt man hier ab. Niemals wirst du das Leben hier vollkommen verstehen, wenn du nicht ein Teil davon warst. Und im Allgemeinen ... ich denke nicht, dass ein Nichtmuslim es länger als eine Woche hier aushält. Also der Glaube spielt natürlich eine zentrale Rolle, um Geschehnisse, die du vielleicht als traumatisch beschreiben würdest, folgenlos zu verarbeiten.« Ihre Offenheit ist entwaffnend.

Waleed hat Lebensmittel vom Basar mitgebracht. Auf dem Markt scheint es viel Auswahl zu geben. Ich frage bei Laura nach. »Gibt es das alles hier auf dem Basar?« »Ja!«, antwortet sie. »Auch die frischen Sachen?« »Ja, es gibt fast alles, aber es ist häufig eine Frage des Preises. Wir haben sogar richtige Nutella auf dem Basar, aber die kann sich niemand leisten. Es gibt eine türkische Nutella-Kopie, ist auch nicht günstig, aber manchmal leisten wir uns so etwas.« Sie spült einen Teller nach dem anderen ab.

»Aber die Süßigkeiten sind hier nicht so lecker, ich habe mit den Kindern schon alles durchprobiert.« »Man kann nicht alles haben«, antworte ich provokativ. Sie schaut mich vorwurfsvoll an. »Genau das wusste ich ja, als ich Deutschland verließ, dass das Verzicht bedeutet. Verzicht auf Familie, Freunde, die gewohnte Umgebung und die eigene Sprache. Und natürlich auch Knoppers, Rafaello und Nutella.« Sie lacht, dann fährt sie fort: »Wobei ich sagen muss, hier in Syrien findest du im Gegensatz zu Waziristan wieder fast alles, wenn du Geld hast. Wer es sich leisten kann, muss beim Essen kaum auf was verzichten. Waziristan war eine gute Schule. Wer Mangel am eigenen Leib empfindet, kann die Situation anderer besser einschätzen und mitfühlen.«

»Mangel kennst *du* natürlich nicht!«, sagt sie mit hartem Unterton in der Stimme. »Woher denn auch?«, erwidere ich spöttisch. »Eben«, sagt sie wie zur Bestätigung, dass sie mit ihrer Aussage im Recht sei. »Aber man muss doch keinen Mangel erlebt haben, damit man Dinge kritisieren kann.« »Doch«, entgegnet sie und fährt erläuternd fort: »Denn wenn man keinen Mangel kennt, dann versteht man die Perspektiven von vielen Leuten in der Welt nicht mal im Ansatz. Und muss sich fragen, wie man einfach zusehen kann und mitmachen kann bei dieser Ungerechtigkeit.« Das saß. Wir schweigen uns an. Für diesen Moment scheint alles zwischen uns gesagt zu sein.

Doch ich will ihren Vorwurf nicht auf mir sitzen lassen. Sie, die erfahrene Verzichterin, ich, das westliche Naivchen, das keine Ahnung von der Welt hat. Also sage ich zu ihr, nicht ohne Vorwurf in meiner Stimme: »Für deine Kinder ist es auch nicht fair, dass du sie im Krieg hältst. Wie kannst du nur so egoistisch sein?« Sie schaut mich mit ihren blauen Augen an und legt die Stirn in Falten. Dann fragt sie mich: »Was ist mit dir geschehen, dass du so geworden bist? Meine Kinder sind im wahren Leben und nicht in einer Kunstwelt.« »Aber du bringst sie in Gefahr«, entgegne ich ihr. Sie schaut mich an. Und ich kann ihren Blick nicht wirklich deuten. Es scheint eine Mischung aus Wut, Hilflosigkeit und Vorwurf zu sein. Vielleicht sieht sie den Ausweg vor lauter Verharren in diesem Krieg nicht mehr. Vielleicht war sie in einer Schockstarre, unfähig, ihren Körper zu bewegen, unfähig, der Situation mit Realismus und Distanz zu begegnen.

Mit den Tagen kamen mir immer wieder auch ganz andere Gedanken in den Kopf. Was, wenn sie inzwischen einfach vollkommen abgestumpft war? Was, wenn die ganze Gewalt auf ihrem Weg sie zu einem anderen Menschen gemacht hatte, einem Menschen, der sich nicht mehr für andere interessiert, sondern nur noch ein Schatten seiner selbst ist? Eine Sklavin des Systems. Und eine Magd dieser Männer. Eine Abhängige, keine freie Person, ihrem eigenen

Leben gegenüber nicht mehr verantwortlich. Abgedriftet, nicht einzuschätzen und somit letztlich unkontrollierbar.

Die Küche hat einen Gaskocher mit drei Flammen. Es ist ein älteres Modell, bei dem beim Anzünden immer eine kleine Stichflamme aufflammt, außerdem riecht es häufig nach Gas.

Neben dem Kocher gibt es eine weiße Marmorplatte. »Marmor ist eine sehr praktische Arbeitsfläche in der Küche. Unverwüstlich«, fügt Laura hinzu, während sie einen großen Aluminiumtopf abspült. Als sie mich anschaut, reiche ich ihr einen weiteren Topf hinüber, in dem sich schon Schimmel gebildet hat. Ich ekele mich ein wenig vor diesem Schmutz, aber Laura greift konsequent durch. »Hier war wohl länger keine Frau mehr im Haus«, fasst sie den Zustand der Küche zusammen.

Nach dem Spülen beginnt sie mit dem Kochen. Für den Reis schneidet sie die Zwiebeln sehr klein, ebenso den Knoblauch. Sie rührt mit dem Kochlöffel die angedünsteten Zwiebeln um. Dann brät sie den Reis in Olivenöl an. »Das ist die arabische Zubereitung.« Anschließend kocht sie den Reis. »In Wasiristan haben die Einheimischen immer sehr viel Öl verwendet. Das Essen war unheimlich fettig. Mein Mann hat das manchmal schlecht vertragen.« »Yassin?«, hake ich nach. »Ja, er hatte manchmal Magenprobleme vom vielen Öl.« Dann fährt sie fort: »Die Paschtunen haben eine sehr eigene Küche, das bekommt nicht jedem.« »Und bei wem habt ihr da gewohnt?«, frage ich sie. »Bei den Paschtunen.« »Und wo genau?«, frage ich sie interessiert. »Wir lebten hauptsächlich in der Stadt Mir Ali und drum herum.« »Tatsächlich?« Ich bin überrascht, dass sie dort in der Hauptstadt Mir Ali war, wo so viele andere Deutsche gewesen sind. Von dort kamen immer die Nachrichten. Das Grenzgebiet zwischen Afghanistan und Pakistan wurde vor allem durch den Krieg in Afghanistan geprägt.

»Die Umstände in Wasiristan müssen ganz andere gewesen sein.« »Ja, die Paschtunen, die in Wasiristan leben, sind in Stämmen organisiert. Eine Art Stammesgesellschaft. Da gibt es gar keine unterschriebenen Verträge, da gibt es nur das Wort und einen Handschlag. So funktioniert das Rechtssystem dort. Und auch sonst läuft da vieles anders.« »Und wie sah euer Alltag dort aus?«

»Wir sind 26 Mal umgezogen wegen der Drohnenangriffe. Jedes Haus war anders. Mal gab es fließend Wasser, mal nicht. Oft haben wir in dem kleinen Städtchen Mir Ali gewohnt, manchmal aber auch außerhalb, irgendwo auf dem Land. Aber wir mussten nie Miete bezahlen. Wir waren immer Gäste, weil wir zum Helfen gekommen sind.« Ich schaue sie an. Dann verdunkelt sich schlagartig ihr Gesicht, und sie fährt mit bebender Stimme fort: »Eines Nachts in Waziristan gab es einen Drohnenangriff, dabei schlug die Rakete direkt im Nachbarhaus ein. Ich lief mit den Kindern hinaus und versteckte mich im Gebüsch. Dort versteckte sich auch die Frau aus dem Nachbarhaus, die ich bis dahin noch nie zuvor gesehen hatte. Das Nachbarhaus war komplett unter der Asche begraben.

Es war die direkte Verwandte eines hochrangigen Al-Qaida-Mitglieds. Ich hatte keine Ahnung, wer meine Nachbarn waren«, fasst sie die Situation zusammen. »Ist das der Drohnenangriff gewesen, von dem du auch geschrieben hast?«, frage ich sie. Sie bejaht: »Genau, der war das. Oft ist ein Drohnenangriff auch der letzte«, ergänzt sie.

Ihre Reise von Waziristan nach Syrien geht mir nicht mehr aus dem Kopf. Ich hake nach: »Und wie seid ihr mit so vielen Kindern gereist?« »Ach«, sie seufzt laut. »Die Grenze mit den Kindern zu überqueren war das Schwierigste. Nicht in den Iran rein, von Belutschistan aus, sondern vom Iran in die Türkei. Wir mussten aus dem Bus aussteigen und an einer anderen Stelle hinter der Grenze wieder einsteigen, weil wir keine Pässe hatten.«

Einen kurzen Moment lang schaue ich Laura einfach nur an. An ihren Worten, aber auch an ihrer Art, die so nüchtern zu sein scheint, ist in der Beiläufigkeit eine Härte enthalten, die schwer auszuhalten ist. Mir wird klar, wie unterschiedlich unsere Erfahrungswelten sind. Langsam, aber sicher dämmert mir, dass wir meilenweit voneinander entfernt sind. »Aber beinahe wäre am Ende alles aufgeflogen«, erzählt sie weiter. »Da waren wir schon in der Türkei. Der Sohn einer Freundin hat mit einem anderen Jungen zusammen einen leeren Wasserkanister aus dem Fenster geworfen. Das war unglaublich laut, und die Nachbarn haben die Polizei gerufen. Die türkischen Polizisten haben alle Räume der Wohnung durchsucht, nur nicht das Zimmer, in dem wir waren. Wir haben die ganze Zeit gebetet, und Gott hat uns vor der Verhaftung bewahrt.« Glaubt sie das wirklich? Denkt sie wirklich, dass sie durch das Beten und ihren Glauben beschützt wurde? Ich muss an die Berichte von den »Wundern auf dem Schlachtfeld« denken, die in den Dschihadvideos von Mounir und Yassin und von anderen Dschihadisten immer wieder erzählt werden: Eine Kugel wurde durch den Glauben umgelenkt, Tote werden erneut zum Leben erweckt, und die Feinde werden durch den Glauben besiegt. Es sind Berichte, die auch im Koran vorkommen. Auch aus der Bibel kennen wir »Wunderberichte«. Es ist ein gängiges dschihadistisches Narrativ, das Laura hier verwendet.

Ich frage Laura an diesem Tag, ob wir heute unser Interview machen sollen. »Was für Fragen hast du denn?« Sie will wissen, was ich von ihr erfahren will. Am Ende habe ich ein Dutzend Fragen, die sie mir beantworten soll. Sie stöhnt. Sie handhabt es wie lästige Schulaufgaben. Meine erste Frage ist: »Wie bist du nach Waziristan gekommen? Bist du wirklich zuerst nach Ägypten gefahren?«

»Nein!«, sagt sie und schaut dabei zu ihrer ältesten Tochter hinüber. »Wir machten uns im März 2009 auf den Weg«, sagt sie mit leiser Stimme. »Meiner Familie und Freunden erzählte ich, dass wir eine Reise nach Alexandria machen wollen. Meine Mutter hat sich auch nichts dabei gedacht, weil wir vorher schon mal in Ägypten waren. Tatsächlich aber reisten wir mit einem Direktflug von Frankfurt am Main nach Peschawar in Pakistan. Dorthin hatten uns die Kontakte von Djavad geschickt.« Ich bin verblüfft. »Du warst gar nicht in Ägypten?« »Nein«, sagt sie. »Wir sind mit dem Zug nach Frankfurt gefahren. Mit dem ICE. Djavad hatte die Tickets mit Sitzplatzreservierung in einem Abteil online gebucht. Ich fand das fahrlässig.« Die ganze Reise sei sehr angespannt gewesen, erzählt sie. »Wir dachten jeden Moment, dass die Polizei uns aus dem Abteil herauszieht, aber – Hamdulillah – es ist nichts passiert. Wir konnten ungehindert nach Pakistan ausreisen.«

Der Urlaub war nur eine Tarnung und Ägypten nur ein Vorwand. In Wahrheit war ihr Fahrschein ein One-Way-Ticket. »Wir wollten aus Peschawar weiter in die Stammesgebiete fahren. In Pakistan mieteten wir uns zunächst in einem Hotel in der Millionenstadt Peschawar ein, direkt an der Grenze zu den Stammesgebieten. In dem Hotel schienen wir in Sicherheit vor dem Zugriff der Behörden zu sein. Wir warteten auf den Anruf von einem Kontaktmann der Taliban, der uns ins rund 250 Kilometer entfernte Waziristan bringen sollte.« Der Anruf kam aber nicht. Mehrere Tage vergingen. Aus Tagen wurden Wochen, und schließlich waren bereits zwei Wochen vergangen, und nichts geschah.

Laura zweifelte immer mehr daran, ob sie es überhaupt noch schaffen würden, zu den Mudschahedin zu gelangen. »Ich war kurz davor, ein Ticket zurück nach Deutschland zu kaufen und alles abzubrechen!«, räumt sie ein. »Dann fiel mir ein, dass ich Yassin und Mounir kontaktieren könnte. Ich wusste, dass sie da waren, und hatte ihren Kontakt.« Nach wenigen Tagen meldete sich Yassin zurück. »Und das klappte dann tatsächlich. Sie organisierten die Reise für uns. Wir vereinbarten einen Treffpunkt und wurden einen Tag später mit einem Jeep abgeholt und in die Stammesgebiete an der Grenze zu Afghanistan gebracht.«

»Und was war mit dem Abschiedsbrief?«, will ich wissen.

»Den Abschiedsbrief für meine Mutter hatte ich vor meiner Abreise bei einer Freundin hinterlegt für den Fall, dass wir es schaffen würden. Sie sollte den Brief in den Briefkasten meiner Mutter werfen.«

In dem Brief heißt es: Wir werden in ein »sicheres Gebiet« fahren, wo unser Kind »unter vielen Kindern aufwachsen und genug zu essen und anzuziehen haben wird«. Im weiteren Verlauf des Briefs steht: »Solche Mütter verlieren jeden Tag ihre Kinder; und wenn sie schreien, schreit mein Mutterherz. Wenn ihre Kinder bluten, blutet mein Kind.«

»Warum bist du ausgereist?«, frage ich sie ganz direkt. »An erster Stelle ist es eine islamische Pflicht, die *Hijrah* (Ausreise) zu machen, also für deine Religion in ein Land auszuwandern, wo du sie frei ausüben kannst. Und natürlich musst du verstehen, wir glauben an ein Leben nach dem Tod. Und wir glauben an einen Tag der Abrechnung, auf den wir uns vorbereiten. Und jeder wird persönlich am Jüngsten Tag vor seinem Schöpfer stehen und muss Rechenschaft ablegen. Deshalb musst du all deine Mühe, alles, was du kannst, geben, um diesen Tag zu bestehen. Also entbehre ich und opfere ich vieles dafür, weil ich es für das Richtige halte. Dabei ist das Ergebnis irrelevant. Es zählen nur die Mühe, die du reinsteckst, und deine Absicht bei den Dingen.«

»Warum hast du dich dann radikalisiert?«, frage ich sie vollkommen naiv. Sie schaut mich vorwurfsvoll an, dann antwortet sie: »Deine Aussage, ich hätte mich radikalisiert, finde ich total anmaßend, und sie spiegelt für mich deine Arroganz wider. Die Arroganz des Schlachters mit dem Messer in der Hand, der sich wundert, warum sein Opfer versucht, sich zu wehren, und hin und her windet. Wir brauchen nicht mal sogenannte Propagandavideos. Eure Nachrichten, du hast ja auch für die ARD gearbeitet, sind für uns Grund genug, nicht mehr in den Spiegel schauen zu können. Jedenfalls ging es mir so. Ich sehe das Elend auf dem Präsentierteller. Dafür muss man doch nicht mal auf irgendwelche Undercover-Dschihadseiten im Netz gehen. Und im selben

Moment erwartet man von der muslimischen Gemeinschaft, einfach still zu sitzen, das alles zu überhören. Nach dem Motto: kann man halt nichts machen. Doch, man kann! Man kann Deutschland oder Europa verlassen. Aber das Mindeste ist doch, seine Solidarität zu zeigen, das Leid zu teilen, zu versuchen zu helfen wo man kann. Oft ist die Präsenz einer Deutschen im Kriegsgebiet alleine schon Hoffnung und Kraft. Wie oft habe ich den Satz gehört: ›Du bist hier, und unsere eigenen Leute lassen uns im Stich.‹ Und wie viele Omas haben mir das Gesicht abgeknutscht und unter Tränen erzählt, wie viele Söhne sie im Krieg verloren haben. Und sie sind gestärkt allein durch meine Anwesenheit. Oder wenn du Pakete für das Eid-Fest für syrische Kinder mit gespendeten Spielsachen aus Europa packst und dann verteilst, und dieses Leuchten in ihren Augen macht dir bewusst, warum du hier bist. Jeder hilft mit seinen Mitteln.«

»Und was ist mit deinen Kindern?«, frage ich. »Ich will auch speziell für meine Kinder dieses Leben. Ich will natürlich nicht, dass sie inmitten des Schlachtfeldes leben, aber ich will, dass sie in der Realität aufwachsen. Nicht in einer Seifenblase. Ich bin überzeugt, du musst das Leid sehen, zum Teil selber spüren, um zu verstehen, was es bedeutet, und um mit Hingabe hinter deinem Weg zu stehen. Wir waren auf einer Veranstaltung, es war eine Benefizveranstaltung hier in Syrien, dort wurden Gelder für gefangene Frauen und Kinder gesammelt. Meine Tochter hat zunächst nicht verstanden, warum sie Kuchen verkaufen, um Spenden zu sammeln. Sie meinte: ›Wir brauchen keinen Kuchen.‹ Und dann hat sie ihr länger gespartes Geld komplett in die Spendenbox geschoben. Das hat mir imponiert und mich darin bestätigt, dass es unglaublich wichtig ist für Kinder, genau hier aufzuwachsen. Und nicht in der trügerischen Komfortzone.« »In deinem Video hast du vom ›trügerischen Luxus in Deutschland gesprochen‹, meinst du das?« »Ja«, antwortet sie und nickt.

»Und noch eine Sache zu der ›Radikalisierung‹: Wenn

wir uns radikalisiert haben, dann ist aber der Rest der Welt in eine Schockstarre verfallen. Es ist für mich unbegreiflich, wie man bei all dem Leid, und lass den Glauben ruhig beiseite, einfach glücklich passiv sein Leben weiterführt, Augen und Ohren geschlossen hält und dann noch mit dem Zeigefinger auf die zeigt, die dieses Schauspiel nicht mitmachen wollen!« Sie hat sich inzwischen richtig in Rage geredet. Diese Art von Laura kenne ich auch noch von früher. Sie schaut mich mit einem überzeugten Blick an. Ich halte ihrem Blick stand.

»Für dich mag es unbegreiflich sein, warum eine deutsche Ex-Beamtin mit ihren Kindern im Kriegsgebiet lebt. Für mich ist es unbegreiflich, wie man bei der derzeitigen Weltentwicklung tatsächlich in seinem Alltag verharren kann: nichts tuend, niemandem nützend außer sich selbst. Das Mindeste ist: Geh raus, veranstalte eine Demo, sammel Spenden, organisier Hilfsgüter, berichte über das Leid, sei aktiv! Erwache aus deiner Schockstarre! Ich kann den Satz nicht mehr hören: Du kannst doch eh nichts ändern.«

»Denkst du wirklich, dass du etwas verändern kannst?«

»Natürlich kann ich! Was ist das für ein resigniertes Lebensmotto … du kannst nichts ändern …«

»War das der einzige. Grund, warum du gegangen bist?«

»Nein«, antwortet sie. »Ich habe Deutschland auch verlassen, um mein Leben so gestalten zu können, wie ich das möchte. Um mich so kleiden zu können, wie ich das möchte. Also kurz gesagt, um mein ›neues‹ Leben nach der Konvertierung frei auszuleben. So wie du dich hier unfrei und eingeengt fühlst, habe ich mich in Deutschland gefühlt. Also hier läuft meine Integration besser!« Sie lächelt mich freudestrahlend an.

»Muss ich jetzt ein schlechtes Gewissen haben?«, frage ich sie. Sie nickt: »Mindestens!« Und lacht dabei.

»Wie ist dein Leben als Frau und Witwe hier?«, will ich wissen. »Verglichen mit Deutschland, ist es natürlich eine ganz andere Welt. Das fängt mit praktischen Dingen schon

an: In Waziristan holst du zum Teil mit Eimern Wasser aus
dem Fluss, üblicherweise wäscht man mit der Hand, auch
die Windeln. Im Winter suchst du erst Feuerholz und dann
hackst du es. Und natürlich ist der Alltag in Syrien schon
wieder ein Stück einfacher.« »Und was ist mit der Bildung
deiner Kinder?« »Ich persönlich habe mich für ›home-
schooling‹ entschieden, was auch einigermaßen erfolgreich
läuft. Also, ich finde das zum einen sicherer für die Kinder,
zum anderen kann ich den Unterricht kontinuierlich fort-
setzen, unabhängig von Umzügen, die hier relativ oft vorkommen. An erster Stelle aus Sicherheitsgründen. Was das
Ganze etwas erleichtert, ist die Tatsache, dass man im Vergleich zu Deutschland sehr leicht packt. Also, kaum jemand
hat hier Möbel, man beschränkt sich auf das Nötigste. Somit
geht ein Umzug normalerweise schnell vonstatten.« »Und
wie geht es dir persönlich als Witwe?« »Besonders schwer
für mich war die Sorge um meinen Mann, meinen ersten
und dann meinen zweiten Mann. Ich kenne das nicht aus
Deutschland, dass ich jedes Mal, wenn mein Mann das Haus
verlässt, damit rechnen muss, dass er eventuell nicht wiederkommt. Mit dieser Sorge muss man lernen umzugehen. Wir
glauben daran, dass der Zeitpunkt des Todes geschrieben
steht. Und trotzdem wurde ich die Sorge nicht los. Mittlerweile sind zwei meiner Männer *Shuhada* (Märtyrer) geworden. Und ein anderer krasser Unterschied zu Deutschland
ist, dass, wenn man in einer Runde von Frauen sitzt, dann
findet man selten eine unter ihnen, die das nicht auch schon
durchgemacht hat. Die meisten sind Witwen, mindestens
einmal. Das, was in Deutschland wohl die Ausnahme ist, ist
hier die Norm. Und geteiltes Leid ist ja bekanntlich halbes
Leid. Und dann sollte vielleicht noch erwähnt werden, dass
hier allgemein Geschlechtertrennung herrscht. Das macht
manche Dinge für eine Witwe etwas komplizierter. Also, als
Beispiel habe ich noch nie von einer alleinstehenden Frau
gehört, die sich selbstständig auf ihren Namen eine Wohnung anmietet. Das erledigen dann befreundete Ehepaare

oder ein von ihr gewählter *Masul* (männlicher Verantwort-licher). Also, eine alleinstehende Frau hat im Normalfall immer einen Verantwortlichen, der bestimmte Dinge über-nimmt, beispielsweise bei Umzügen hilft, den Strom anmel-det oder größere Einkäufe erledigt.«

»Was ist mit deiner Rückkehr nach Deutschland?«, will ich jetzt aber wissen. »Also, ich denke nicht daran, nach Deutschland zurückzukehren. Ich denke daran, meine Fa-milie wiederzusehen: meine Eltern, Tanten und Cousins und Cousinen. Ich habe für deutsche Verhältnisse eine recht große Familie, und bis heute besteht ein starker Zusammen-halt. Ich bin täglich mit meiner Mutter in Kontakt, und besonders für meine Kinder wär es mir ein Herzenswunsch, dass sie uns besuchen kann. Also, kurz gefasst, wenn ich an Deutschland denke, denke ich an erster Stelle daran. Das ist es, was ich vermisse. Und einen guten Zahnarzt«, sie lacht dabei. »Aber mit deiner Frage erinnerst du mich an etwas: Besonders in der ersten Zeit nach meiner Auswanderung habe ich fast täglich nachts davon geträumt, dass ich wieder in Deutschland bin. Ich bin jedes Mal voll panisch wach geworden und habe dann beruhigt festgestellt, dass ich immer noch in derselben Lehmhütte in Waziristan bin. Diese Träume sind mit den Jahren seltener geworden. Aber ich wache immer noch überaus beruhigt auf, wenn ich fest-stelle, dass es nur ein Traum war.«

Dann kommen wir zu einem ganz heiklen Thema: Wie weit würde Laura für ihre Ideologie gehen? »Weibliche Selbstmordattentäterinnen sind ja eigentlich nur aus dem kaukasischen und zentralasiatischen Raum bekannt sowie aus Palästina«, versuche ich, das Thema einzuleiten. »Im Fall der Kaukasier sind die ›Schwarzen Witwen‹ aus Dages-tan‹ die bekanntesten. Gab es auch weibliche Attentäter in Waziristan?« »Ja«, sagt Laura. »In Waziristan gab es eine kurze Zeit, da verübten auch Frauen Selbstmordanschläge.« Sie unterbricht ihre Erklärung. »Aber das führte dazu, dass alle Frauen an den Checkpoints kontrolliert wurden. Und zwar wirklich alle. Das wollten die Taliban nicht, deshalb änderten sie diese Praxis schnell wieder. Das waren meistens Frauen von gefallenen Märtyrern.« Ich will es genau von ihr wissen: »Würdest du dich auch als Selbstmordattentäterin in die Luft sprengen?« Pause. Schweigen zwischen uns. Sie setzt zu einer Antwort an, dann verstummt sie wieder. »Nein«, antwortet sie entsetzt. »Ich muss mich um meine drei Kinder kümmern!« Ihre Antwort beruhigt mich. Auch Laura hat ihre Grenzen.

Dann treffen Laura und ich eine Abmachung. Sie sagt zu mir: »Es gibt Dinge, die du veröffentlichen kannst, und es gibt Dinge, die ich meiner Familie und einzelnen Freundinnen wie dir erzähle, die sind privat. Manche Sachen erzähle ich dir, aber ich möchte nicht, dass sie veröffentlicht werden. Einverstanden?« Ich nicke und gebe ihr mein Wort.

Abu Media

Lauras Begleiter, den ich nach einiger Zeit »Abu Media« nenne, betritt den Raum. »Ich war auch in Waziristan«, erzählt er mir fast beiläufig, als er hört, worum es geht. »Ach ja?« Ich bin überrascht. »Es war eine gute Zeit, aber die Stimmung kippte dort irgendwann.« »Wegen der pakistanischen Armee?«, frage ich nach. Er nickt. Es klopft an der Zimmertür. Abu Media steht auf und geht vor das Zimmer. »Meine Frau ist Deutsche«, raunt er mir zu, bevor er den Raum kurz verlässt. Als er zurückkommt, hat er ein paar Einkaufstüten mit Lebensmitteln in der Hand. Dann fährt er fort: »Ich kam zum Studieren nach Deutschland.« Er spricht sehr gut Deutsch. »Was hast du studiert?«, frage ich nach. »Maschinenbau.« Er hat wache Augen und einen scharfen Blick. »Und in welcher Stadt?«, frage ich interessiert nach. Bei dieser Frage winkt er ab. »Ein schönes kleines Städtchen in Deutschland.« Meine Fragen scheinen ihm zu eindeutig zu werden. »Und woher kommst du ursprünglich?«, frage ich nach. »Aus Tunesien«, antwortet er. Ich sehe, dass er auf seinem Smartphone Fußball schaut. Ich bin überrascht. »Bundesliga«, kommentiert er begeistert. Ein Fußballfan. Schon per E-Mail hatten wir über das Interview mit dem Commander gesprochen.

»Weißt du, was ich an Deutschland nicht vermisse? Das man immer einen vollen Briefkasten hat, sich immer kümmern muss, um Rechnungen, Bürokratie, Mahnungen. Man rackert sich ab, strampelt sich kaputt, nur damit alles irgendwie läuft.« Ich nicke ihm zu. Ist das nicht ein Gefühl, das viele Menschen in Deutschland haben? »War das ein Grund für dich, Dschihadist zu werden?«, frage ich ihn. Er lacht. »Nein, das hat andere Gründe gehabt«, verdeutlicht er mir. »Ich wollte für die Gerechtigkeit kämpfen.« Und er habe nicht tatenlos zusehen wollen, während Muslime auf der ganzen Welt angegriffen würden. So habe er sich dafür entschieden, schließlich mit seiner deutschen Frau nach Waziristan zu gehen. »Und dann weiter nach Syrien.« »Das haben viele versucht …«, sage ich. Er erwidert: »Ja, aber hier gibt es ein viel größeres Netzwerk. Mehr Leute, mehr Geld, mehr Waffen.« Es scheint ihnen nicht schlecht zu gehen. Oder etwa doch?

Gleich im Anschluss fragt auch er mich, ob ich Geld mitgebracht hätte. Ich verneine und erkläre ihnen, was die finanzielle Unterstützung einer ausländischen terroristischen Vereinigung für Journalisten bedeutet. Davon abgesehen, mache ich klar, dass meine journalistische Neutralität und Unabhängigkeit unantastbar sind. Ich erzähle von einem Journalisten, der 6000 Dollar an al-Qaida gespendet hat und anschließend mehrere Jahre dafür ins Gefängnis gegangen ist.

Der Commander

Über das Interview mit dem Commader hatten wir schon vorher gesprochen. Jetzt rückt es immer näher. Endlich soll das Interview mit dem Kommandanten der Gruppe stattfinden. An diesem Morgen kommt Leila zurück in den Raum und sagt:»Da sitzt ein Afrikaner.« Ich gehe ins Wohnzimmer mit Papier und Stift in meiner Hand.»Komm rein«, sagt Abu Media und winkt mir zu. Tatsächlich hat der Commander, der sofort auf einen Sitzplatz für mich am Fenster zeigt, eine dunkle Hautfarbe, ist aber weit entfernt von einem Afrikaner. Er ist ein hagerer mittelgroßer Typ mit kurzen schwarzen Haaren und einem ebenso dunklen Bart. Er ist mir vom ersten Moment an unsympathisch.»Setz dich. Möchtest du Tee trinken?« Ein dritter Mann sitzt in der Runde, er sieht so ähnlich aus wie einer der radikalen Bonner Prediger. Er grüßt mich mit einem Kopfnicken und schaut mich misstrauisch an. Alle Männer scheinen unbewaffnet zu sein. Jedenfalls sehe ich weder Kalaschnikows noch Pistolen.

Bevor ich mit dem Interview beginne, will der Commander wissen, warum ich nach Syrien gekommen bin. Die erste Frage formuliert er auf Arabisch. Abu Media wiederholt in fast perfektem Deutsch:»Warum bist du hierhergekommen?« Seine Augen funkeln dabei.»Was machst du hier? Weißt du nicht, dass es gefährlich ist? Weißt du nicht, dass du hier von allen möglichen Gruppen entführt werden kannst? Was willst du hier?« Ich bin erst mal perplex, denn die Gruppe des Commanders hat mich ja eingeladen und mir eine Sicherheitsgarantie gegeben. Ich bedanke mich zunächst bei ihnen dafür, dass sie mich eingeladen und mir Schutz gewährt haben. Dann füge ich hinzu:»Ich wollte meine alte Schulfreundin Umm Leila besuchen, die mir gegenüber eure Sicherheitsgarantie ausgesprochen hat.«»Ja«, sagt er.»Wir schützen dich, aber es ist dennoch sehr gefährlich hier. Niemand darf erfahren, dass du da bist.« Er reißt seine Augen dabei weit auf. Das klingt nicht besonders beruhigend. Eher Furcht einflößend. Ich male mir das Szenario aus, von einer fremden Gruppe gefangen genommen zu werden. Es ist noch furchteinflößender.

»Wo ist die Front?«, frage ich den Commander. »Nicht weit weg. Warum?«, fragt er mich. »Willst du etwa dahin?« Er lacht kurz auf. »Wir können dich zur Front bringen.« Ich winke ab. »Nein danke, hier reicht es mir schon.« »Hier ist es ruhig im Vergleich«, erwidert der Commander.

Ich halte mein schwarzes Notizbuch in der Hand, in dem ich meine ganzen Fragen notiert habe. Bevor ich die erste Interviewfrage stelle, muss ich mich räuspern. Ich trinke einen Schluck Tee. »Was ist euer Ziel?« Er antwortet mit klarer Stimme: »Das syrische Regime zu stürzen.« Er streift sich mit seiner Hand durch den Bart. »Wer hilft uns schon auf der Welt? Alle schauen weg. Und hier in Syrien? Da brennt die Erde. Assad tötet alle, Frauen, Kinder, Alte. Er macht keinen Unterschied. Die Foltergefängnisse sind voll. Viele sind dort gestorben. Alle, die zur falschen Zeit am falschen Ort sind, sterben. Unschuldige Zivilisten. Viele Menschen hier waren vorher Zivilisten, bevor sie Kämpfer wurden. Aber würdest du dich und deine Familie nicht auch verteidigen, wenn du angegriffen werden würdest?«

Woher er selbst stamme, will ich von ihm wissen. Er winkt ab. Alles könne er mir nicht erzählen, übersetzt Abu Media die Worte des Commanders. Und wogegen sie kämpfen, will ich von ihm wissen. »Gegen den IS«, antwortet er. »Gegen den IS und gegen wen noch?« Er antwortet und ballt dabei seine Hand zu einer Faust: »Gegen Assad natürlich. Assad ist unser Hauptfeind. Deshalb sind wir die Guten.« »Dann seid ihr die Al-Nusra-Front?« »Wir sind nicht die Al-Nusra-Front, aber wir sind Freunde der Al-Nusra-Front«, sagt er und verzieht dabei keine Miene. »Wie seht ihr die Zukunft von Syrien?« »Es gibt nur eine Zukunft für Syrien: die Scharia.« Es ist die typische Position von radikalen Dschihadisten. Sie sind auch bereit, diese Vorstellungen mit Waffengewalt durchzusetzen. Daran besteht kein Zweifel.« »Seid ihr bewaffnet?«, frage ich den Commander im Anschluss. Er klopft mit den Händen auf seine Hüfte, den Platz, wo eine Pistole getragen wird. Dann schaut er im Raum herum. Er schüttelt den Kopf. »Nein, wir sind häufig unbewaffnet, wenn wir nicht an der Front sind«, antwortet er.

Der Commander wolle auch noch Fragen an mich stellen, übersetzt Abu Media. Ich nicke. »Warum nicht. Gerne«, antworte ich mit fester Stimme. »Was denkst *du* über die Rolle von Deutschland in der Welt? Denkst du, dass die Deutschen die Guten sind?«, will er von mir wissen. Ich hatte eine solche Fangfrage erwartet. Ich spreche von Guantánamo und Murat Kurnaz, ich spreche von den deutschen Firmen, die eine Komponente für das Giftgas von Assad geliefert haben. Ich spreche über die Daten, die in Deutschland, in der Ramstein Air Base in Rheinland-Pfalz, gesammelt und ausgewertet wurden, und über die Angriffe, die von dort befehligt wurden. »Was denkst *du* über den Krieg in Syrien?«, will er danach von mir wissen. »Er muss aufhören«, antworte ich. »Was denkst *du* über Assad?« »Ich denke nicht, dass Assad das Recht hat, seine eigene Bevölkerung zu bombardieren und zu foltern.« Er nickt mir zu.

Dann fragt er mich: »Was ist freie Berichterstattung bei euch? Denkst du, dass ihr wirklich eine freie Presse habt?« »Ja!«, antworte ich. »Denkst du, dass du frei in deinem Bericht über uns bist?« »Ja, das bin ich. Bei uns gibt es keine Zensur, aber natürlich ist man von der Chefredaktion oder einem Verlag abhängig und von deren Interessen. Und mit Sicherheit gibt es immer schwarze Schafe unter den Journalisten«, erwidere ich.

Am Ende unseres Gesprächs erzählt er von sich selbst: »Ich habe zehn Kinder«, sagt er. »Ganz schön viele«, antworte ich. Aber bestimmt nicht von einer Frau, denke ich bei mir. »Und wie viele Kinder hast *du*?«, fragt er mich. »Noch keins, aber bald«, sage ich und zeige auf meinen Bauch. Er nickt. Dann scheint er schnell das Thema wechseln zu wollen: »Hast du schon mal ein echtes syrisches Festmahl gegessen?«, fragt er mich anschließend. »Nein«, antworte ich. »Bisher gab es entweder Hähnchensandwich, oder wir haben selber gekocht.« »Dann werde ich meine Frau bitten, dass sie für dich kocht.« »Danke«, sage ich naiv. Am Ende des Gesprächs sagt er noch: »Bitte komm niemals zurück nach Syrien. Ich bitte dich.« Er macht eine lange Pause, dabei sieht er mich mit seinen blitzenden Augen an. Es ist ein unangenehmer Blick, ein berechnender Blick. Ein Blick, bei dem ich ein sehr unbehagliches Gefühl bekomme. Dann fährt der Commander fort und wird dabei sehr konkret: »Wenn sie dir irgendwann in einer Datenbank der internationalen Sicherheitsbehörden mein Bild zeigen, dann verrate mich nicht.« Ich verspreche ihm, dass ich nie wieder nach Syrien komme. Außerdem verspreche ich ihm, dass ich ihn nicht verraten werde, aber bei mir denke ich: Ich habe dich gesehen, ich würde dich überall wiedererkennen. Und ich würde dich verraten, wenn es darauf ankommt.

Die drei Männer schauen sich vielsagend an, dann grinsen sie sich an. In diesem Moment bin ich meinen späteren Entführern schon auf den Leim gegangen. Vielleicht haben sie gesehen, wie naiv und hoffnungslos ich mich um Kopf und Kragen rede. Sie wussten, dass die Maus in die Falle gegangen war, aber die Falle war in diesem Moment noch nicht zugeschnappt. Vielleicht wollten sie sich aber auch erst eine Meinung bilden, beratschlagen, was sie tun sollten.

Ich verabschiede mich von dem Commander, Abu Media und dem stummen dritten Mann. Dann stehe ich auf, öffne die Tür und gehe durch den langen Flur zurück zu Laura und den Kindern. »Und? Wie war's?«, will Laura wissen. Sie schaut mich halb gespannt, halb zweifelnd an, als wäre ich gerade aus der mündlichen Abiturprüfung in Mathe oder Physik gekommen. »Ganz gut, denke ich«, antworte ich, als wäre es tatsächlich eine Prüfung gewesen. Und vielleicht war es das auch: eine Gesinnungsprüfung. »Und worüber habt ihr gesprochen?« Ich erzähle von meinen Fragen, die ich ja schon vorher mit ihr durchgegangen war. Und von den Gesinnungsfragen des Commanders.

Syrisch

In den nächsten Tagen kochen wir viel und unterhalten uns über alte Zeiten.

Ich frage Laura, wie ihre Geburten in Waziristan gewesen seien. Die Geburt von Achmed sei sehr leicht gewesen, die Geburt von Mohammed dafür sehr schwer, sagt Laura. »Aber als ich bei der Geburt einer Freundin dabei war, sind wir sogar mit Wehen im Auto an den Checkpoints vorbei zu einer Hebamme gefahren. Ihr Kind wäre beinahe im Auto zur Welt gekommen.«

Zum Mittagessen machen wir Nudeln mit Thunfisch-Tomaten-Soße. Der Thunfisch aus der Dose kommt aus Vietnam. »Ist der noch haltbar?«, fragt Laura mich und legt ihre Stirn dabei in Falten. »Manchmal sind die Sachen, die hier ankommen, über dem Haltbarkeitsdatum. Gerade bei Fisch muss man da aufpassen.« Ich lese: 10/2015. Ja, ganz knapp noch. Wir entscheiden uns, die Dose zu öffnen. »Ist noch in Ordnung«, sagt Laura. »Sonst riecht das anders.« Nach dem Essen stehen wir wieder in der Küche, um abzuwaschen.

Ich transformiere mich innerhalb von wenigen Tagen zur perfekten Hausfrau. Ich habe das alte Lied auf den Lippen: »Das bisschen Haushalt macht sich von allein ...« Ich packe tatkräftig mit an. »Meine Familie wäre sicherlich begeistert, wenn sie mich hier sehen könnte, wie ich schon fast so gut putze, koche und wasche wie du!« Laura muss lachen. Das Leben spielt sich für Frauen hauptsächlich drinnen ab, daher hat man unendlich viel Zeit, um sich um den Haushalt zu kümmern. Bei uns in Europa findet ein großer Teil des Lebens ja bekanntlich draußen statt.

Laura fragt nach unserer alten Jahrgangsstufe: »Was ist eigentlich aus den anderen aus unserer Stufe geworden?

Warst du beim zehnjährigen Abiturtreffen im Hofgarten?«
»Nein«, antworte ich. Aber sie lässt nicht locker und scheint
wirklich neugierig zu sein, was aus unseren Klassenkameraden geworden ist. Ich berichte, wer geheiratet hat und wer
schon wieder geschieden ist, wessen Beruf überraschend ist
und welche Jungs schon eine Glatze haben.

Wir kommen vom Hölzchen aufs Stöckchen. Dann schaut
sie mich plötzlich mit ernster Miene an: »Dann bin ich ja die
Einzige, aus der etwas geworden ist!« Ich muss laut losla-
chen, und auch Laura kann sich nach ihrem Witz kaum halten. So kenne ich sie von früher: schlagfertig, witzig und
selbstironisch. »Der war gut!«, sage ich und freue mich über
ihren unveränderten Humor.

Zum Einschlafen an diesem Abend wollen die Kinder
Videos gucken. Laura macht ihnen eine Folge der *Sendung
mit der Maus* an. *Die Sendung mit der Maus*, das kennen
Laura und ich auch noch aus unserer Kindheit, es gibt sie
tatsächlich inzwischen auf YouTube. »Das ist ja eine alte
Folge, an die kann ich mich auch noch erinnern. Ich habe da
auch viel gelernt früher«, sagt sie erklärend.

Laura, die Kinder und ich sind inzwischen ein eingespiel-
tes Team. Wir haben schon eine richtige Routine in unserem
Alltag. Morgens frühstücken wir gemeinsam. Dann machen
wir Mittagessen und anschließend Abendbrot. Dazwischen
waschen wir die Wäsche. »Die Waschmaschine läuft nur,
wenn nicht zu viel anderes an der Leitung hängt. Man muss
dann alle anderen Geräte ausschalten, je nachdem, ob die
Leitungen ein oder drei Ampere haben.«

Ich beschließe, an diesem Tag für die Kinder etwas ganz
Besonderes zu machen: Pfannkuchen mit Äpfeln. Es gibt
aber nur Milchpulver, und die Pfannkuchen misslingen vollkommen. »Ist nicht so leicht mit dem Milchpulver.« Die
Kinder sind enttäuscht und betrachten missmutig die ver-
unglückten Pfannkuchen auf dem Teller. Am Abend schauen
die Kinder eine Folge von *Löwenzahn* an. *Löwenzahn* wird
inzwischen von einem sympathischen jungen Mann ge-

macht, der einen Hund hat, der Keks heißt. Am nächsten Tag spielen die Kinder Hund. Der blonde Mohammed ist Keks, er läuft auf allen vieren bellend immer hinter den anderen her durch die geräumige Wohnung.

Fahrt durch Idlib

»Du willst filmen?«, fragt mich Abu Media am darauffolgenden Tag. »Ja«, antworte ich entschlossen. »Dann machen wir heute Nachmittag eine Fahrt durch Syrien«, sagt er. Kurze Zeit später verlassen wir das erste Mal das Haus. Wir gehen das Treppenhaus hinunter und kommen auf die Straße. Direkt davor parkt ein kleiner weißer Lastwagen mit einer Ladefläche. Ein neueres Modell. An der Seite baumelt die weiße LKW-Plane im Wind. Es ist später Nachmittag, gegen 16 Uhr. Die Stadt Al-Dana hat rund 60 000 Einwohner und liegt rund 38 Kilometer westlich von Aleppo. Sie war bis 2013 in der Hand des Islamischen Staats. Danach wurde die Stadt von der Al-Nusra-Front zurückerobert.

In der Mitte der Stadt reiht sich Geschäft an Geschäft. Dort herrscht viel Betrieb auf den Straßen. Männer laufen umher, ebenso Frauen, die ein Kopftuch oder *Niqab* tragen, außerdem rennen viele Kinder herum. Die meisten Menschen, die ich sehe, sind unbewaffnet. Nur selten ist zwischen ihnen ein bewaffneter Kämpfer zu sehen mit Kalaschnikow und in voller Kampfmontur. Es gibt Geschäfte für Kleidung, Dönerbuden, Juweliere, in deren Auslagen goldener Schmuck hängt. Dass sich das Land im Krieg befindet, ist hier nicht erkennbar.

Ich gehe die einzelnen Szenarien immer wieder durch. Könnten sie mich hier festhalten? Als was betrachten sie meinen Besuch? Sehen sie eine Gefahr in mir?

Wir fahren langsam aus dem Städtchen heraus. Laura und ihre Kinder sind dabei. Das Bild nach außen ist harmlos: ein Mann mit seinen zwei vollverschleierten Ehefrauen. Wir kommen an endlosen Reihen von Geschäften vorbei. Vor manchen Läden stehen Unmengen an Möbeln: mehrteilige Couchgarnituren, Tische, Stühle, Schränke. »Warum verkaufen die hier so viele Möbelstücke, und wo kommen die ganzen Möbel her?« »Das sind die Sachen von den vielen Leuten, die geflüchtet sind oder deren Häuser zerstört wurden.« Vor manchen Läden stehen Motoren und Motorersatzteile in allen Größen und Formen. In anderen schrauben sie an Autos herum oder verkaufen Benzin in Eineinhalb-Liter-Plastikflaschen. »Das Benzin ist für die Öfen in den Häusern im Winter und natürlich für die Autos und Motorräder«, erklärt Laura. »Bald kommt der Winter. Das wird hier klirrend kalt und schneit auch, das kann man sich gar nicht vorstellen, während es jetzt noch so warm ist.«

Die Fahrzeuge, die unterwegs sind, sind alle alt und verbeult. »In Deutschland würde man solche Autos sofort verschrotten lassen. Man muss jeden Moment Angst haben, dass sie stehen bleiben. Deshalb habe ich für unsere Fahrt auch das Auto eines Bruders geliehen.«

Und tatsächlich ist unser Wagen neueren Baujahrs als die meisten anderen Fahrzeuge, die auf den Schotterstraßen Syriens unterwegs sind. Ich schaue in den Seitenspiegel des Wagens. Er ist in viele Teile zersplittert, einzelne Teile sind herausgebrochen, offenbar hat ihn eine Kugel getroffen. Neben mir sitzt Laura, am Steuer des Wagens Abu Media, auf der schmalen Rückbank Leila und Achmed. Den kleinen Mohammed hält Laura auf ihrem Schoß.

Vor uns fährt ein kleiner gelber Lastwagen, der einen gesamten Hausstand auf seiner Ladefläche verstaut hat. Die sperrigen Möbelstücke sind mit Kordeln festgebunden. Als wir den langsam fahrenden Wagen überholen, sehe ich, dass eine ganze Familie vorne in der Fahrerkabine sitzt. »Die kommen aus Hama«, erklärt mir Abu Media. »Das steht auf dem Nummernschild. Dort gibt es gerade starke Gefechte. Die sind vermutlich auf der Flucht und haben anscheinend so viel mitgenommen, wie sie konnten.«

Wir passieren bei dieser Fahrt mindestens 20 Checkpoints. Die ganze Region ist von Kontrollpunkten durchzogen, dort wird jedes Auto kontrolliert. Niemand kann einfach durchfahren. Ein kurzes Gespräch ist Pflicht. Manche Kämpfer an den Checkpoints winken uns nur durch. Manche kontrollieren jeden einzelnen Wagen. »Ist etwas auf der Ladefläche?«, fragt der bewaffnete Kämpfer am Checkpoint, einem Häuschen mit ein paar aufgestapelten Reifen und einer Schranke. Überall wehen die schwarzen Fahnen der Al-Nusra-Front.

Abu Media steuert den kleinen Toyota durch die syrischen Straßen. Dörfer und Felder ziehen vorbei. Die Erde ist rot. Wir fahren an endlosen Olivenhainen vorbei und kommen zu einer größeren Straßensperre an einem Abzweig. »Das ist der Grenzübergang Bab al-Hawa.« Er deutet mit dem Finger nach links und zeigt auf ein großes Tor, vor dem mehrere Dutzend Männer mit Kalaschnikows stehen. Ich filme versteckt mit meiner Kamera. »Bab al-Hawa, das bedeutet auf Arabisch ›Tor der Winde‹«, erklärt er. Das Tor der Winde ist inzwischen geschlossen. Davor stehen nur noch die bewaffneten Männer auf Pick-up-Wagen. »Es gibt sechs Kontrollpunkte, bis man in der Türkei ist«, erklärt mir Abu Media. »Der Checkpoint liegt auf der Hauptverkehrsstraße zwischen Antakya und Aleppo, der M45 auf syrischer und der D827 auf türkischer Seite. Schon seit 2011 wird dieser Grenzübergang nicht mehr von Assad, sondern von der Freien Syrischen Armee kontrolliert, dann eroberten im Jahr 2013 Kämpfer des Islamischen Staats die Vorherrschaft über den Checkpoint, danach übernahm Ahrar al-Sham, eine einflussreiche Rebellengruppe, die Kontrolle, und seit 2014 wird der Übergang von der Al-Nusra-Front kontrolliert. Es ist der wichtigste Grenzübergang für die Nusra«, schildert Abu Media die Umstände. »Dadurch ist der Nachschub von Waffen und anderen Notwendigkeiten im Krieg gesichert. Außerdem ist er für den Schmuggel von Erdöl wichtig.« Ich sitze am Fenster, damit ich besser filmen kann. Unauffällig, versteht sich. Abu Media steigt aus und kauft Milchbrötchen, Limo und Cola in der Dose. Die Milchbrötchen sind noch warm. Wir sind alle hungrig und essen die Hälfte sofort auf. Man bekommt den Eindruck, als liefen der Verkehr und Handel in der Gegend reibungslos. Überall werden Waren angeboten. Das Land lebt auf eine spezielle Art und Weise. Am Straßenrand sind wieder unzählige Garagengeschäfte zu sehen, davor sind ganz unterschiedliche Dinge aufgebaut. Es sieht ärmlich aus, aber eher wie im Sozialismus und nicht wie im Krieg. Es herrscht Mangel, aber auch Erfindergeist. Wenn die Dinge in Syrien kaputtgehen, dann werden sie nicht einfach weggeworfen, sondern repariert.

Als wir weiterfahren, deutet Abu Media auf meine Kamera: »Jetzt siehst du gleich, wo die zerstörten Vororte sind. Das willst du doch wahrscheinlich auch filmen.« »Ja«, antworte ich. Ich bin schockiert von der massiven Gewalt der Bomben. So viele zerstörte Stadtviertel. Ich halte zitternd die Kamera auf die Trümmer. Denke an die unzähligen Menschenleben, die diese Angriffe gekostet haben. All das Leid und die Schmerzen der Menschen hier sind unermesslich.

Wir fahren jetzt in die Stadt Idlib, sie hat noch sehr viel mehr Checkpoints, die Stadt wird speziell gesichert. Wir stoppen an dem provisorisch aufgestellten Grenzposten. Idlib besteht zum großen Teil aus mehrstöckigen Häusern. Manche sind aus blankem Beton und wurden nach der Zerstörung noch nicht fertiggestellt. Andere sind in landestypischen Farben gestrichen. In Beige und gedecktem Orange oder Weiß. Viele Häuser haben großzügige Balkone zur Straßenseite. Die Fenster sind mit Jalousien in den oberen Stockwerken ausgestattet. Auf vielen der Balkone ragen grau ausgewaschene Satellitenschüsseln wie große Elefantenohren heraus. Und auf den Flachdächern der obersten Etage ragen Antennen wie ausrangierte Wünschelruten in den Himmel, um ihre Botschaften zu empfangen.

An manchen Balkonen und Fenstern sind Klimaanlagen angebracht. Wann sie das letzte Mal betrieben worden sind, ist jedoch unklar. Nicht alle Haushalte können sich einen Generator leisten.

Wir fahren weiter durch die breiten Straßen der Stadt. Dann biegen wir nach links in eine kleinere Seitenstraße ein. An der rechten Seite steht ein roter Kleinwagen. Das Nummernschild fehlt, und die Fahrerscheibe ist eingeschlagen. Es ist ein Autowrack, gestrandet irgendwo in diesem Krieg. Aber auch wenn einige Fahrzeuge hier noch Nummernschilder haben, so haben sie keinerlei Relevanz. Diese Art von Zugriff eines staatlichen Systems existiert hier nicht mehr.

Immer wieder sind Lücken zwischen den Häuserreihen. Darin liegen aufgetürmte Berge von Schutt, die nach den Bombenangriffen nur teilweise zusammengeräumt wurden. Gewaltige Steinhaufen, die wie schlafende Riesen aussehen. Graue, schwere Steine, die Zeugen der Zerstörung und Gewalt.

An der Architektur und der Infrastruktur sieht man, dass Syrien einst ein reiches Land war. Die Häuser sind komfortabel gebaut, die Wohnungen geräumig geschnitten, und der Standard der Ausstattung ist in der Vergangenheit hoch gewesen. Vor allem im Vergleich zu den Nachbarländern.

Von manchen Balkonen und Terrassen hängen frisch gewaschene Tücher, oder Wäscheleinen sind aufgezogen, an denen bunte Kleider zum Trocknen in der Sonne hängen. Vor einigen Fenstern sind Markisen aufgespannt, die vor der Sonne schützen sollen, da während des Tages Temperaturen von über 40 Grad erreicht werden können.

Manche Autos, die uns entgegenkommen, sind gelbe Taxen. Es ist nicht klar, ob sie noch im Einsatz sind. Auf der linken Seite zwischen zwei Verkehrsinseln, auf denen Tannen gepflanzt sind, steht eine große Mülltonne. Die rote Farbe blättert an manchen Stellen ab und zeigt die blanke Metallfläche darunter. Der Deckel steht offen, oben quellen weiße Mülltüten heraus. Es sind die weißen Plastiktüten, die man beim Einkauf im *Suq* häufig bekommt.

Vor uns will eine Gruppe von drei Frauen und einem

Kind die Straße überqueren. Eine trägt einen braunen Mantel und dazu ein schwarzes Kopftuch, eine andere ist ganz in Schwarz gekleidet, und die Dritte hat ein braunes Kopftuch zu einem schwarzen Mantel. Alle haben ihre Tücher provisorisch um das Gesicht gebunden. Nur für einen kurzen Weg im öffentlichen Raum, wo sie sich unter der Herrschaft der Dschihadisten ganz verhüllen müssen.

Es dämmert schon. Der Himmel taucht sich in zartes Orangerosa, das das Blau ablöst und schließlich von der Dunkelheit verschluckt wird. Manche Autos, die uns auf der breiten und asphaltierten Straße entgegenkommen, haben schon ihr Licht eingeschaltet.

Die Steine der Bürgersteige sind zum Teil zerschlagen und liegen kaputt und abgebröckelt am Rand. Auf den Flanken der Bürgersteige sind abwechselnd große Laubbäume und dann wieder Nadelbäume gepflanzt. Auf beiden Seiten der Straße parken Autos, manchmal auch ein Autowrack mit platten Reifen. Auf der Straße vor den Geschäften sitzen Menschen auf weißen Plastikstühlen an einem Tisch mit Tee und Gebäck. Ein Mädchen in einem türkisfarbenen T-Shirt läuft die Straße entlang. Neben uns fährt ein grauer Wagen vorbei. Der Mann am Steuer hat die Fenster heruntergekurbelt und seinen linken Arm auf die Tür gelehnt. Zwei Motorräder sind unter einer blau-weißen Plane abgestellt. Hier tragen nur wenige einen Motorradhelm.

Auf der linken Seite steht ein Haus im Rohbau. Im Erdgeschoss sind die großen Löcher für Mauern und Fenster nur notdürftig mit Holz verschlossen. Wir fahren auf eine Kreuzung zu. Ein Eckhaus ist in zartem Rosé gestrichen. Die Ecke des Hauses ist rund, und die Balkone erstrecken sich über die ganze Front des Hauses. Manche Häuser haben auch nur zwei Geschosse. Nicht alle Bereiche im Erdgeschoss werden als Ladenlokale genutzt, sondern manchmal auch als Wohnraum. Ebenso führen manche Treppen auf schmalen Stiegen vom Erdgeschoss noch weiter hinunter in einen Keller.

Wir kommen ins Zentrum und fahren auf einen Kreisverkehr zu. In der Mitte befindet sich eine Verkehrsinsel. Die Kanten des Bürgersteigs sind abwechselnd in schwarzen und gelben Streifen markiert. In der Mitte der Verkehrsinsel befindet sich eine blaue Weltkugel auf einem Marmorsockel, davor ist eine Grünfläche, die die Kugel umschließt.

Auf einem Motorrad kommt uns ein Mann entgegen, der ein T-Shirt mit großen blauen und weißen Balken trägt. Viele Männer tragen westliche Kleidung, die wenigsten lange Gewänder und lange Bärte. Motorräder sind ein sehr verbreitetes Verkehrsmittel in Syrien, ich sehe so viele Motorräder wie Autos auf den Straßen.

Über einem Imbiss an der rechten Ecke, auf die wir zufahren, ist ein rotes Plakat aufgespannt. Vor dem Geschäft stehen drei Bratöfen aus Edelstahl, in denen heiße Gasflammen rot züngeln und an deren Spießen unzählige Hähnchen kreisen und vor sich hin brutzeln. Im Vorbeifahren weht der Geruch der gebratenen Tiere durch das geöffnete Fenster herein.

Als wir nach dem Kreisverkehr auf die große Turmuhr, eines der Wahrzeichen von Idlib, zufahren, fährt ein Motorrad dicht an uns vorbei. Abu Media bremst ab, dann hupt er mehrmals aufgeregt.

Überall sind Einschusslöcher in den Hauswänden zu sehen und zerbombte Häuser oder das, was davon übrig ist. Manchmal stehen nur noch Gerippe der ehemaligen Häuser. Vereinzelt laufen Menschen durch die Trümmerhaufen. Sie wirken verloren in diesen chaotischen Steinmassen.

Nachdem wir immer wieder Läden mit ähnlichem Angebot gesehen haben, fällt mir an einer Ausfahrtsstraße ein Waffengeschäft auf, das Kalaschnikows im Schaufenster ausstellt. Ich frage nach: »Ist das wirklich ein Waffengeschäft? Mitten im Krieg?« »Ja«, antwortet mir Abu Media.

Er zeigt auf die Polizeistation von Idlib, an der wir vorbeifahren. Er kommt ins Erzählen: »Bei dem Kampf um dieses Gebäude war ich auch dabei. Ich habe einen Soldaten von Assad lebendig erwischt. Den habe ich dann an die Brüder übergeben.« Er grinst dabei. Es klingt so, als wolle er uns imponieren. »Und was haben die mit dem Soldaten von Assad gemacht?«, will ich von ihm wissen. »Der hat bestimmt nicht mehr sehr lange gelebt«, versichert er uns, dabei lächelt er diabolisch. Ich bin mir in diesem Moment sicher, dass Abu Media nicht nur an Kämpfen beteiligt war, sondern auch schon einen Menschen getötet hat.

Wir fahren weiter durch diese unwirkliche Gegend. »Hier! Auf der rechten Seite«, ruft Laura plötzlich aufgeregt. Sie zeigt auf ein zerstörtes Gebäude. »Das war ein Krankenhaus, hier haben die Russen erst vor Kurzem bombardiert.« Große Teile des riesigen Gebäudes sind eingestürzt. »Wann war das?«, frage ich sie. »Es ist wenige Tage her.« Langsam beginne ich, die Dimension des Krieges zu begreifen. Wir fahren weiter, bis die Dunkelheit anbricht. Vorbei an Flüchtlingslagern, die in der Nacht notdürftig beleuchtet sind. Dann fahren wir zurück zur Wohnung von Abdullah.

Die E-Mail

Ich habe mich bis zu diesem Punkt meiner Reise positiv begleitet gefühlt. Ich dachte, dass alles gut läuft. An diesem Abend geht Laura mit den Kindern auf den Basar einkaufen. Es ist am späteren Abend, als ich eine E-Mail, die ich auf ihrem Rechner durch Zufall gefunden habe, wiederholt durchlese. Laura verrät mich gerade, denke ich. Darin schreibt sie: »Liebe Janina. Die Brüder wollen dich fragen, ob du bei einer gespielten Entführung mitmachen willst. Aber Entführungen brauchen Zeit. Das ist klar. Deshalb wissen sie nicht, wie das mit deiner Schwangerschaft ist. Sie wollen wissen, ob du schon weiter fortgeschritten schwanger bist.« Ich bin vollkommen schockiert. Als sie mit den Kindern vom Basar kommt, stelle ich sie zur Rede: »Was ist das für eine E-Mail auf deinem Rechner an mich, wo es um eine gefakte Entführung geht? Die hast du nie an mich abgeschickt!« Sie schaut mich durchdringend an, dann antwortet

sie mir mit ruhiger Stimme: »Die Pläne wurden verworfen.«
»Ja, klar!«, antworte ich ihr. Ich kriege plötzlich Panik.
»Scheiße, Laura«, murmele ich. »Ich habe dir vertraut!«
Tränen laufen mir über die Wangen. Sie nimmt mich in den
Arm, um mich zu beruhigen. Ich bin immer noch in einem
Schockzustand. Sie redet weiter auf mich ein: »Wirklich, sie
haben nicht gedacht, dass du wirklich schwanger bist, danach haben sie den Plan fallen gelassen.« Als ich mich wieder etwas beruhigt habe, blicke ich ihr ins Gesicht. Laura
sagt mir nicht die Wahrheit, denke ich bei mir. Ich will ihr
glauben, aber eigentlich möchte ich nur noch so schnell wie
möglich zurück in die Türkei. Oder besser: nach Hause.

In dieser Nacht in Syrien schlafe ich kaum. Ich wälze mich
hin und her, schrecke zwischendurch auf. Verschiedene
Traumsequenzen ziehen vorbei. Alle handeln von Berlin. In
einem Traum kehre ich nach langer Zeit zurück: Es scheint
sehr viel Zeit vergangen zu sein, denn in Kreuzberg sind
noch mehr Häuser saniert worden. Ich komme zur Ecke
Glogauer Straße und Maybachufer, auch hier ist ein weiteres
Haus saniert worden. Ich denke: Ich war ganz schön lange
weg. Alles kommt mir unglaublich modern, fast futuristisch
vor. Die fortgeschrittene Gentrifizierung beeindruckt mich:
die coolen Cafés, das aufwendige Design, der perfekte
urbane Look. Alles wirkt auf mich seltsam faszinierend. Als
ich aufwache, bin ich schweißgebadet. Es ist ein hellsichtiger
Traum mit einer dunklen Vorahnung.

Abreise

Nach diesem Traum will ich am nächsten Morgen nur noch
weg. Als ich aufstehe, schauen die Kinder mit den Männern
im Wohnzimmer Fernsehen. Ich setze mich auch dazu. Alle
sind aufgeregt. »Es gab einen Selbstmordanschlag des Islamischen Staats in Ankara auf einer kurdischen Friedens-
demonstration«, sagt Waleed. »Mit 150 Toten«, fügt er hinzu.

Es ist Mittag. Das *Breaking-News*-Banner läuft über den Fernsehbildschirm. Als ich in den Nachrichten die Bilder sehe, die während des Selbstmordattentats aufgenommen wurden, überfällt mich ein kalter Schauer. Auf dem Monitor sind zerfetzte Tote zu sehen, abgerissene Gliedmaßen, schreiende Menschen. Blut. Geschrei. Die Bilder, die mit einer Handkamera aufgenommen wurden, sind brutal. Ich befürchte, dass die Türkei ihre Grenzen zu Syrien dichtmacht. »Ich will fahren«, sage ich zu Waleed. Innerlich bin ich erstarrt. Jetzt kommt plötzlich alles zusammen. Sie schalten durch die Programme, auf allen Kanälen läuft das Video, das mit einem Mobiltelefon aufgenommen wurde und die Explosion mitten in der Menge zeigt.

»Die Türken werden diesen Anschlag nicht unbeantwortet lassen«, glaubt auch Waleed. »Und dass es mit Syrien zu tun hat, ist auch klar«, ergänzt er. Jetzt habe ich noch mehr Angst. Ich will unbedingt zurück, solange es noch einen Weg zurück gibt.

Am nächsten Tag versucht Waleed, den Rückweg zu organisieren. Ich solle mich auf eine baldige Abreise einstellen, sagt er mir.

»Kannst du mir einen Rucksack leihen?«, frage ich ihn. »Klar«, sagt er. Er schaut im Schlafzimmer nach und findet hinter der Tür einen schwarzen Rucksack. »Den kannst du haben.« »Danke. Den kriegst du in Antakya zurück«, verspreche ich ihm naiv-optimistisch. Am Abend ist es dann so weit, Waleed und ich sollen zu zweit zurück in die Türkei fahren. Ich kann es kaum erwarten. Abu Media schreibt eine SMS an meinen Freund, weil ich ihn darum bitte: »Alles gut hier, ich komme bald zurück. Ich liebe dich, Janina.« Am Abend bringt der Commander das versprochene Festessen mit. Es gibt gefüllte Auberginen und Zucchini mit Reis und Hackfleisch, ein syrisches Nationalgericht, das den Namen *Mashi* hat. Es werden unglaubliche Mengen aufgetischt. Es sollte meine Henkersmahlzeit werden.

Es klopft an der Tür. Dann steht Waleed vor unserem Zimmer: »Wir fahren jetzt los.« Ich nehme Leila in den Arm. Sie ist mir in den letzten Tagen sehr ans Herz gewachsen. Mit ihren acht Jahren ist sie schon ein großes Mädchen. Ich flüstere ihr zu: »Ich bin immer für dich da, du kannst jederzeit zu deiner Oma und zu mir nach Deutschland kommen, wenn es dir in Syrien nicht mehr gefällt.« »Aber da wohnen doch nur Ungläubige«, entgegnet sie mir. Ich sage: »Aber wir Ungläubigen sind ganz nett. Das hast du doch jetzt gemerkt, oder?« Sie nickt, aber ihr Blick sieht immer noch irritiert aus. Ich verabschiede mich von den beiden kleinen Kindern. »Tschüss, macht es gut, passt auf euch auf.« Laura und ich umarmen uns. Ich halte sie ganz fest, will sie gar nicht loslassen, als hätte ich eine dunkle Vorahnung, dass ich ohne sie in Syrien verloren sein würde. Mir ist bewusst, dass ich Laura vielleicht nicht noch einmal wiedersehen werde.

»Maximal ein paar Tage in türkischer Haft, sonst kann dir nichts passieren«, sagt Laura zum Abschied. »Und Einreiseverbot in die Türkei für fünf Jahre«, ergänzt Abu Media. Sie verunsichern mich. Ich habe Angst vor dem nächsten Teil meiner Reise, auch wenn es jetzt zurückgeht. Mir scheint es, als würde der letzte und schwerste Teil nun bevorstehen, damit sich der Kreis wieder schließt und ich nach Hause zurückkehren kann. Aber ich bin auch optimistisch. Bisher hat alles nach Plan funktioniert: Ich habe ein Interview mit Laura gemacht, eines mit dem Commander, habe Filmaufnahmen aus Syrien, und die Sicherheitsgarantie, die die Gruppe von Laura mir gegeben hat, hat gehalten. Sie haben die sichere Einreise organisiert und meinen Aufenthalt hier auch geschützt. Nach sieben Tagen in Syrien werde ich die Reise jetzt wie geplant zu Ende bringen.

Wir gehen das Treppenhaus hinunter. Waleed trägt meinen Rucksack. Ich habe meinen Pass und das Filmmaterial an meinem Körper versteckt. Diesmal reisen wir von der anderen Seite aus zurück. Jetzt heißt es, wieder aus Syrien herauszukommen. Waleed ist gut gelaunt. Auch er scheint sich zu freuen, dass die Mission jetzt fast vorbei ist. »Morgen früh sind wir in Antakya«, versichert er mir. »Ich hoffe es«, sage ich. »Auf jeden Fall«, beteuert er erneut. Waleed hätte unter anderen Umständen bestimmt viele Möglichkeiten gehabt, aber der Krieg kam ihm dazwischen. Wir verlassen das Safehouse. Wir verlassen Laura und die Kinder – und meine Sicherheitsgarantie. Waleed hat ein Taxi organisiert, das direkt vor dem Haus auf uns wartet.

Wir steigen in den silbernen Van ein, und ich drehe mich noch einmal zu dem Haus um, bevor sich das Taxi in Bewegung setzt und wir in die dämmernde Nacht in Richtung Türkei fahren. Das Straßenschild zeigt an, dass wir die Region Aleppo verlassen: »Auf Wiedersehen, Aleppo«, steht da auf Arabisch und darunter auf Englisch »Good bye, Aleppo«. Nach rund 20 Minuten Fahrt durch die Nacht hält der Wagen an einem kleinen Laden. Waleed zeigt mir an, dass ich schweigen soll. »Wir kennen diese Leute nicht, das sind Fremde, keine Freunde«, zischt er mir zu, als die beiden Fahrer gerade ausgestiegen sind. Ich nicke ihm zu. »Tamam«, antworte ich auf Arabisch, was so viel wie »einverstanden« bedeutet. Ich verhalte mich ganz unauffällig. Dann holt Waleed Süßigkeiten und Getränke für uns. Er wirkt angespannt. Er trinkt seinen Kaffee in kleinen Schlucken, weil er noch sehr heiß ist. Mir hat er eine Dose 7 Up mitgebracht mit einem Strohhalm. Das macht das Trinken für mich mit dem *Niqab* leichter.

Als wir an der Grenze ankommen, ist die Situation vollkommen aufgeheizt. Es ist der 12. Oktober 2015. Überall stehen Gruppen von syrischen Flüchtlingen, die auf die Einreise in die Türkei warten. Der Kontaktmann von Waleed geht vor, allerdings wird er schon nach wenigen Minuten von türkischen Soldaten verhaftet. Sein Handy ist plötzlich aus. Waleed und ich warten neben einem Gebüsch. Es hat zuvor geregnet, daher ist der Boden schlammig, und alles ist rutschig. Waleed trägt meinen Rucksack. Dann kommt eine Gruppe von Halbstarken mit Kalaschnikows im Anschlag auf uns zu. Sie umringen uns und beginnen, mit Waleed heftig zu diskutieren. Dann fordern sie uns auf, ihnen zu folgen. Wir gehen einige Meter weiter. Ich klammere mich an Waleed fest. Sie wollen wissen, wer ich bin. Aufgrund meiner Statur vermuten sie, dass ich ein Assad-Soldat bin, der unerkannt fliehen will. Sie wollen, dass ich vor ihnen auf die Knie gehe, und halten mir eine Kalaschnikow an den Kopf. Dann soll ich meinen Namen sagen. Ich antworte mit zitternder Stimme in Englisch: »Salam aleikum. My name is Janina Findeisen.«

Die Türkei ist nur wenige Meter entfernt. Ich schaue in den Sternenhimmel über Syrien und denke: Das war es. Jetzt muss ich Abschied nehmen. Mein Leben war zu kurz, ich hatte noch so viel vor. Es kann ganz schnell gehen in Syrien bei Nacht, hier löst sich schnell mal ein Schuss. Ich knie vor den aufgeregten Männern, die ununterbrochen diskutieren. Als sie meine Stimme hören, sind sie jedoch erleichtert. Waleed versucht, die Situation weiter zu beruhigen, aber sie lassen sich nicht überzeugen. Sie sind misstrauisch. In ihren Gesichtern ist Anspannung zu sehen. Auch Waleed ist panisch. Sie bringen uns zu ihrem Befehlshaber an ein kleines Grenzhäuschen. Waleed sagt, dass ich seine schwangere Frau sei, die nur zurück in die Türkei wolle. Er schaut sich den syrischen Ausweis von Waleed an und glaubt uns. Er entschuldigt sich, dann lässt er uns gehen.

Ich bin genauso erleichtert wie Waleed. Einer der Männer, die uns eben noch bedroht haben, soll uns jetzt zur Grenze führen. Allerdings hat er immer noch die Kalaschnikow über der Schulter hängen. Waleed will schon gehen, aber ich halte ihn am Ärmel fest. Ich habe Angst. Dann geht der Grenzposten einige Schritte zum Grenzhaus zurück und stellt seine Kalaschnikow auf den Boden, um unbewaffnet zu sein.

Die Stimmung an der Grenze ist weiterhin angespannt. Es fallen Schüsse, und ich zucke zusammen. Ich höre, dass türkische Soldaten auf syrische Flüchtlinge einprügeln. Ihre Schreie hallen durch die Nacht, wahrscheinlich haben sie versucht, die Grenze zu passieren. Ich sehe die Türkei vor mir, nur wenige Meter entfernt. Nur noch ein paar Schritte. Doch ich traue mich nicht. Ich entscheide, dass ich an diesem Abend nicht über diese Grenze gehen kann.

Nur ist mir nicht klar, dass in diesem Augenblick die Sicherheitsgarantie erlischt. Mit einem Mal ist die Kerze ausgepustet, es gibt kein Versprechen mehr. Ich bin plötzlich Freiwild.

Waleed versteht mich nicht. »Warum?« Ich erkläre ihm meine Befürchtung, dass die Soldaten mich nicht erkennen. Ich bin unter diesem *Niqab* vollkommen unsichtbar, ein Tritt in den Bauch würde genügen. Die Angst treibt mich in die Höhle des Löwen zurück.

Wir gehen zum Parkplatz. Das Taxi hat auf uns gewartet, als wir eingestiegen sind, fühle ich mich sicher. Doch auf der Rückfahrt wird die Stimmung anders, ich bin wieder beunruhigt. Es ist kurz vor dem Morgengrauen, und ein Checkpoint folgt dem nächsten.

Ein Typ, der aussieht wie Denis Cuspert, steht neben einer Feuertonne, die Flammen züngeln an der rostigen Tonne hinauf. Er ist wahrscheinlich nicht der ehemalige Rapper, der zu einem der bekanntesten deutschen Gesichter des Islamischen Staats geworden ist und den ich im Rahmen meiner Recherchen getroffen hatte, aber er sieht Cuspert verdammt ähnlich. Damals hatte er mir schon von seiner Absicht erzählt, sich dem Dschihad anzuschließen.

Er reist nach Ägypten, dann verliert sich zunächst seine Spur. Doch nach einigen Monaten Funkstille flimmert sein Gesicht wieder über die Bildschirme der Sicherheitsbehörden. Cuspert hatte nun endlich wahr gemacht, wovon er in der Mariannenstraße in Kreuzberg während des Ramadan so oft geträumt hatte: Er hatte es geschafft, er war im Dschihad angekommen. Zunächst landete er in Syrien bei einer tschetschenischen Kampfgruppe. Seiner Freude ließ er vor laufender Kamera freien Lauf. Aber in keinem Video vergisst er die Botschaft, die ihn antreibt: »Kommt zu uns in den Dschihad!«

Im Herbst 2013, als Cuspert schon in Syrien ist, erscheint ein Video über ihn, es stammt von den Chouka-Brüdern aus Waziristan. Es heißt »Liebesgrüße aus der Ferne« und ist eine Nachricht an Mohammed Machmud und Denis Cuspert. So schließt sich der Kreis. Was wohl aus ihm geworden ist, denke ich. Dass er ein paar Jahre später für tot erklärt werden wird, kann ich da nur ahnen.

Der Rückweg zur Wohnung ist mühsam, die Kontrollen an den Checkpoints häufen sich.

Bei der vierten Kontrollstation werden wir von einem Vermummten aufgehalten, der nicht lockerlässt. Er will alles ganz genau wissen und fragt schließlich sogar nach den Ausweisen unseres Fahrers und des Beifahrers. Dann lässt er sich noch mal die Geschichte erzählen und ist immer noch nicht vollkommen überzeugt. Schließlich lässt er uns fahren. Das war knapp, denke ich bei mir. Die Aktion hat bis zum Morgengrauen gedauert.

Als wir endlich bei der Wohnung ankommen, macht uns Abdullah nach mehrmaligem Klopfen auf. Es herrscht eine seltsame Stille in der Wohnung. Vielleicht liegt das daran, dass Laura und die Kinder schon weg sind. Das Zimmer ist leer und gefegt, Laura hat alles ordentlich aufgeräumt, bevor sie gefahren ist. Nur ein abgefallener, türkisfarbener Plastikdiamant von Leilas Prinzessinnenkrone liegt in der Mitte des Zimmers auf dem Boden. In diesem Augenblick fühle ich mich sehr alleine. Mir gehen die Erinnerungen an Laura durch den Kopf, und ich falle erschöpft ins Bett.

In diesem Moment erlischt der Zauber unserer Wiederbegegnung. Der Krieg rückt näher, und Syrien fühlt sich nur noch bedrohlich an. Ich befinde mich mittendrin und bin alleine.

DIE ENTFÜHRUNG

Wir warten den ganzen nächsten Tag in der Wohnung, denn tagsüber können wir nicht über die Grenze gehen. Wohin Laura gefahren ist, weiß ich nicht. Ich überlasse die Kommunikation Waleed. Er hat das Handy. Ich besitze kein Telefon, denn das habe ich in der Türkei zurückgelassen, außerdem habe ich keinen Zugang zu meinem E-Mail-Account. Ein großer Fehler.

Waleed mahnt mich: »Bleib auf jeden Fall hier drinnen! Ich versuche, deine Freundin zu erreichen. Ich werde einen sicheren Weg zur Grenze suchen.« Waleed versucht, Kontakt mit Abu Media aufzunehmen, aber der reagiert nicht auf seine Nachrichten.

Schließlich steht fest, dass wir zum Sonnenuntergang aufbrechen. Ich schaue auf die Uhr im Wohnzimmer, die über dem Fernseher hängt und unbeirrt vom Krieg ihre Stunden laufen lässt. Es ist kurz nach sechs am 13. Oktober. Gerade dämmert es. Dann springen die Straßenlaternen an.

Am Abend fahren Waleed und ich wieder mit dem gleichen Taxi. Ich habe ein mulmiges Gefühl. Ein Motorrad mit drei Männern fährt an uns vorbei, und das Taxi wird plötzlich langsam. Zu langsam. Ich schaue Waleed vielsagend an. Wir fahren auf eine Kreuzung zu, und der Beifahrer gibt dem Fahrer Handzeichen, und die Blicke, die mich durch den Rückspiegel betrachten, sind alles andere als freundlich.

Die beiden steigen aus, um zu beten.

Als wir wieder losfahren, überholt uns wieder das Motorrad mit den drei Männern, ich erkenne sie wieder. Ich werde unruhig und flüstere Waleed zu: »Warum fahren wir so langsam? Sind wir noch auf dem richtigen Weg in Richtung

Türkei?« Er spricht mit dem Fahrer und versucht, mich zu beruhigen. Doch etwas stimmt nicht.

Dann passiert alles wie in Zeitlupe. Am rechten Rand der Straße, die von den Scheinwerfern unseres Wagens erleuchtet wird, steht plötzlich eine Gruppe von Männern mit Kalaschnikows in der Hand. Der Fahrer stoppt den Wagen abrupt. Unser Taxi wird blitzschnell von sechs Männern mit schwarzen Tüchern und Sturmmasken vor dem Gesicht umzingelt, ihre Waffen im Anschlag. Die Männer öffnen die Türen des Wagens und zerren die beiden Fahrer heraus. Einer der Kämpfer setzt sich ans Lenkrad, ein weiterer auf den Beifahrersitz. Währenddessen öffnen andere Männer die hintere Schiebetür. Sie stehen nun direkt vor Waleed und mir, vier von ihnen steigen zu uns nach hinten.

Ich sitze auf der hintersten Rückbank, Waleed in der Reihe vor mir. Zwei Männer setzen sich nach vorne, einer neben mich. Ich sitze ganz ruhig da, wie ein Tier, das versucht, sich unsichtbar zu machen oder tot zu stellen. Der Taxifahrer und sein Begleiter bleiben an der Straße stehen. Die Tür steht noch offen, als der Van mit quietschenden Reifen anfährt. Wir machen einen U-Turn und fahren in die Richtung, aus der wir gekommen sind. Mein Herz rast.

Sie verbinden Waleed die Augen. Ich blicke nach rechts aus dem Wagen. Draußen sehe ich die syrische Nacht vorbeiziehen. Am rechten Straßenrand steht ein alter Mann mit einem schwarzen Gewand und einem rot-weiß karierten Tuch, das lose um seinen Kopf gebunden ist. Er sieht mich und meine Entführer, es gibt einen Menschen, der alles beobachtet hat. Aber wie sollte er eingreifen?

Waleed beginnt zu diskutieren, da prügeln sie auf ihn ein. Als er schreit, schlagen sie noch heftiger auf ihn ein. Ich zucke bei jedem Schrei zusammen. Mir werden die Augen verbunden, und ich wehre mich nicht, es hat ohnehin keinen Sinn. Die ganze Welt wird mit einem Mal schwarz. Ich werde ganz ruhig, als wäre ich in einem Traum. Wie unter Wasser.

Von Waleed höre ich nur noch Keuchen. Ich muss ganz

ruhig bleiben, denn die Entführer wirken gestresst. Ich will sie auf keinen Fall provozieren. Und ich versuche, mir alles zu merken, was von Bedeutung sein könnte.

Ich bin in eine Falle getappt, ich bin entführt worden, ich hatte eine Sicherheitsgarantie von meiner Freundin Umm Leila, aber ich realisiere, dass mir das jetzt gar nichts mehr bringt. Der Albtraum, der fast ein Jahr anhalten soll, beginnt.

Das Auto hält, nachdem wir rund 20 Minuten über die Landstraße gefahren sind. Sie stoppen den Motor, öffnen die Schiebetür. Ich soll aussteigen, mir wird eine Hand gereicht. Wir gehen einige Schritte, dann eine kleine Stufe nach unten und durch eine Tür. Im Erdgeschoss hinter dem Eingang führen sie mich nach rechts.

Ich versuche, mich nicht aus der Ruhe bringen zu lassen. Waleed und ich werden in einen Raum geführt. Dort sollen wir uns auf den Boden setzen. Meine Augenbinde ist ein wenig verschoben, weshalb ich erkennen kann, dass auf dem Boden ein grasgrüner Teppich liegt. Außerdem sehe ich, dass der ganze Raum von Neonlicht hell ausgeleuchtet wird. Waleed sitzt neben mir.

Es vergeht eine lange Zeit. Nichts passiert. Ich will etwas tun und sage: »Salam aleikum.« Einer der Entführer ruft »Zzzscht!« und tippt mir leicht mit dem Finger auf die Stirn. Wenigstens war es kein Gewehrkolben, denke ich bei mir. Dann schweige ich. Keinerlei Reaktion scheint mir die einzige Möglichkeit zu sein, um mit der Situation umzugehen.

Es ist wie bei *Alice im Wunderland* am Eingang zum Kaninchenloch.

HAUS EINS: Der Beginn

Nach einer Weile nehmen sie mir die Augenbinde ab. Ich schaue mich in dem Raum um. Wo ist Waleed? Ich bin alleine mit den Entführern. Was ist passiert? Schließlich verlassen die Wachen das Zimmer.

Der Raum hat zwei Fenster und eine Tür. Fenster und Tür sollten für mich in den schweren ersten Tagen meiner Entführung zum Symbol, zum Zeichen der absoluten Auswegslosigkeit werden. Ich war gefangen.

Das 351-tägige Gefängnis sollte hier seinen Anfang nehmen. Und es war das Gefängnis, das bald die Gesamtheit meines Lebens abbilden sollte. Innerhalb der Mauern dieses Zimmers realisierte ich, dass ich entführt worden war. Mit diesem Zimmer ist für mich für immer untrennbar der Beginn meiner ganz persönlichen Hölle verbunden.

Ich hatte keine Ahnung, warum das passiert war. Und es war nicht klar, was nun kommen würde. Nur die Absicht der Entführer war klar: Verhalte dich ruhig, und wir werden es auch tun. Aber wie lange würde das gut gehen? Wie lange würde die »Leben und leben lassen«-Strategie aufgehen? Auf jeden Fall machten mir meine Bewacher deutlich, dass es kein Zurück mehr gab, es war vorbei, und ich saß in der Falle.

Der Raum misst vier mal sechs Meter. An der Wand sind überall Kritzeleien von Kindern. Bunte Linien. Rechts neben dem Eingang hängt eine bunte Zielscheibe für eine Spielzeugpistole. Was ich schnell herausfinde: Die Entführer sind einfache Leute, die kein Englisch sprechen. Sie sind im Krieg gewesen, statt zur Schule zu gehen. Und mein Arabisch ist zu schlecht, ich kann also schlecht mit ihnen kommunizieren. Sie tragen außerdem immer Masken, wenn sie in meinen Raum hereinkommen. Es gibt drei Wachen, die sich abwechseln. Der Dünne, der Soldat und der Dicke, so taufe ich sie.

Ich gehe im Raum auf und ab und grübele. Plötzlich geht die Tür auf, das Quietschen durchbricht die angespannte Stille. Der Dünne kommt herein. Er trägt die obligatorische schwarze Sturmmaske und hält einen amerikanischen Schokoriegel in der Hand. Ich lehne dankend ab. Er nickt und legt ihn mir hin. Ich schüttelte erneut den Kopf. Er verlässt den Raum. Als er hinausgegangen ist, betrachte ich den Schokoriegel.

Ich nehme ihn in die Hand und öffne langsam das Papier. Dann esse ich ihn in einem auf. Zur Beruhigung, Nervennahrung. So schlimm können Entführer nicht sein, wenn sie Snickers bringen, denke ich bei mir. So schlimm wie beim IS kann es nicht sein. Das gibt mir Hoffnung. Mit dem Gedanken, Glück im Unglück zu haben, verbringe ich die nächsten Stunden. Es dauert, bis wieder etwas passiert.

Schließlich kommt eine Frau ins Zimmer. Sie trägt einen schwarzen *Niqab*. Sie ist alleine. Keine Männer, keine Waffen. Ich bin erleichtert. Ich sage ihr auf Englisch, dass ich Angst hätte. Sie antwortet auf Englisch. »Keine Sorge.« Sie hat einen deutschen Akzent, aber es ist nicht Laura. Wer weiß, dass ich hier bin? Wer ist diese Frau? Woher kommt sie so plötzlich? Ich betrachte sie. Sie ist klein. Sie wirkt ruhig. Ihre Augen sind braun, ihr Blick ist scheu, und ihr Englisch ist sehr gut.

»Ich habe von den Männern den Auftrag bekommen, dich auf Waffen zu durchsuchen«, sagt sie mit ruhiger Stimme. Ihre Worte klingen wie auswendig gelernt. Sie soll mich also abtasten. Ich merke, dass sie noch nie in so einer Situation war. Sie sagt, dass es ihr leidtue. Ihr Gesicht bleibt verborgen, der *Niqab* ist ein ideales Entführeroutfit, denke ich. Die Frau wirkt zerbrechlich, wie sie da in meinem Zimmer steht. Sie flößt mir keine Angst ein, im Gegenteil. Sie ist wirklich darauf bedacht, dass ich mich nicht vor ihr fürchte.

Mir laufen die Tränen herunter, ob sie denn nicht wissen, dass ich schwanger sei? »Doch.« Sie schaut durch den schwarzen Schlitz zu Boden. Diese Entführung scheint nicht vollkommen spurlos an ihr vorüberzugehen. Sie wirkt in diesem Moment verletzlich und nicht abgebrüht. Ein gutes Zeichen, denke ich. Keine kaltherzige Dschihadkämpferin, die mich in die Mangel nimmt, sondern eine Frau wie Laura oder ich. Ob sie Laura kennt? Ich frage sie: »Kennst du Umm Leila?« Sie sagt: »Nein«, dann schaut sie erneut scheu zu Boden. Kann ich ihren Worten glauben?

Nachdem sie mich untersucht hat und wieder hinausgeht, wird die Tür geschlossen und anschließend verriegelt. Ich bleibe alleine in dem Raum zurück.

Nach einiger Zeit muss ich auf die Toilette und klopfe. Nichts geschieht. Ich klopfe erneut, dann höre ich, wie sich jemand im Nebenraum in Bewegung setzt. Der Schlüssel dreht sich im Schloss, und die Kette, mit der die Tür gesichert ist, wird herausgezogen. Die Tür öffnet sich nach innen, und ein schmaler Flügel geht auf.

Ich erkläre mein Anliegen. Die Wachen bedeuten mir zu warten. Die Tür geht wieder zu, ich höre sie draußen herumfuhrwerken und Leute instruieren, dann machen sie wieder auf und lassen mich heraus. Ich gehe das erste Mal hier zur Toilette, deshalb zeigen sie mir den Weg, ich muss links durch den Flur. Ich sehe zum ersten Mal das Haus, in dem ich gefangen gehalten werde. Zwei vermummte Wachen stehen an den Ausgängen, damit keine Missverständnisse aufkommen.

Anschließend kehre ich in mein Gefangenenzimmer zurück. Hinter mir wird die Tür wieder verschlossen. Meine Hilflosigkeit, alleine und schwanger in diesem Raum zu sitzen, ist in den folgenden Stunden unermesslich. In diesem Krieg kann sich alles von einem auf den anderen Tag ändern.

Die Tür geht wieder auf. Die beiden Wachen mit den Kalaschnikows von eben kommen herein. Danach kommt ein dritter Mann. Er war vorher nicht dabei. Auch er trägt eine schwarze Sturmmaske. Ich sehe seine Augen, aber nicht seinen Mund. Seine Augen funkeln, sie sind grün. Er tritt wie ein Alphatier auf. Breitbeinig. Überlegen. Von den bewaffneten Sturmmaskenträgern flankiert. Ich betrachte ihn. Und auch er mustert mich. »Warum bist du hier?«, fragt er mich in überraschend gutem Englisch. Er hat einen syrischen Akzent, aber spricht flüssig. Der erste Mann, der wirklich Englisch spricht, denke ich.

Das Verhör beginnt. Diese ersten Stunden sind die wirklich harten Momente einer Entführung. Jetzt entscheidet sich viel. So kommt es mir zumindest vor, aber in Wirklichkeit war in diesem Augenblick schon alles entschieden.

Sie bringen Waleed und befragen zuerst Waleed und mich zusammen. Alles geht drunter und drüber. Es ist ein Tohuwabohu. Englische und arabische Wortfetzen wabern durch den Raum. Dann wird Waleed hinausgeführt, und der Typ nimmt mich alleine in die Mangel.

Ich nenne ihn den »English-Speaking Man«, kurz ESM oder einfach »English Man«.

»Wer bist du?«, fragt er mich und inszeniert sich dabei als der Böse. »Ich bin eine deutsche Journalistin«, antworte ich ihm.

»Bist du eine amerikanische Spionin?« O Gott, denke ich, bitte nicht das amerikanische Hollywoodstereotyp. »Nein«, antworte ich und verziehe mein Gesicht.

»Warum hat Amerika dich geschickt?«, fährt er unbeirrt fort. Ich zögere. Er fragt in schrofferem Ton: »Wer bist du *wirklich*?« Ich schaue ihm betont aufrichtig in die Augen. Mit diesem Hollywoodklischee können sie mich nicht bekommen. »Du weißt, wer ich bin, deine Gruppe hat meine Ausweise«, sage ich jetzt ganz ruhig und deutlich zu ihm.

»Was macht eine amerikanische Spionin hier?«

Die Wachen stehen dabei. Es ist spät geworden. Ich bin müde. Es ist anstrengend, entführt zu werden. Es ist zermürbend, wenn man von vollkommen verrückten und bewaffneten Psychopathen abhängig ist. All die Wut und die Anspannung, die ich schon seit der Einreise nach Syrien spürte, brechen mit einem Mal aus mir heraus.

»Ihr habt meinen Pass, meine ganzen Dokumente, meinen Journalistenausweis und alles sonst.« Ich schaue ihn vorwurfsvoll an: »Ihr wisst doch, wer ich bin!«, schreie ich laut. Ich versuche, ihn durch einen gezielten verbalen Angriff zu provozieren. Ich muss den Vorwurf, dass ich eine Spionin bin, direkt entkräften, damit ich nicht in eine falsche Schublade gesteckt werde: Was droht wohl einer Spionin und was einer Journalistin im Krieg?

»Ich weiß alles«, behauptet er. Fragen von meiner Seite sind nicht gestattet. Er ist ein großer Typ, der wie ein aggressiver Cowboy durch den Raum läuft. »Bist du Muslima?« Ich zögere kurz. Was soll ich darauf antworten? Dann antworte ich schließlich mit »Nein«. Er schaut mich betroffen an. »Noch nicht!«, schiebe ich schnell hinterher.

»Was machst du hier?«, will er wissen. »Ich bin eine deutsche Journalistin und habe meine Freundin Umm Leila besucht. Sie ist auch Deutsche. Sie ist Dschihadistin. Ich habe eine Sicherheitsgarantie. Ich bin *wirklich* Journalistin.« Er schaut mich an. Ich *hatte* eine Sicherheitsgarantie, denke ich. Ich erzähle immer wieder in dieser ersten Nacht von Laura. Als ich merke, dass er der Erste ist, mit dem ich wirklich kommunizieren kann, fließt alles aus mir heraus. Ich merke, dass ich ihm die Wahrheit sagen muss, weil sie meine Papiere haben, meine Ausweise, meine Identität kennen. Es gibt nichts mehr zu verheimlichen. Sie hatten uns aufgelauert und uns in die Falle tappen lassen. »Ich habe eine Sicherheitsgarantie von Umm Leila«, wiederhole ich immer und immer wieder. Er macht sich Notizen.

Ein Mensch, der eine Sturmmaske trägt, wirkt an sich sehr bedrohlich, weil man seine Mimik nicht lesen kann. Weder kann man sein Gesicht sehen, noch kann man die Situation neutral betrachten. Ich fühle mich durch die Sturmmaske und die Waffen bedroht, aber die Sturmmaske finde ich ganz besonders schrecklich, und es trägt zu meiner

Ablehnung der ganzen Situation bei. Und doch lässt mich die Sturmmaske Hoffnung schöpfen. Warum sollten sie Masken tragen, wenn sie mich umbringen wollten? Ich bin in dem Moment ganz sicher, dass ich mich aus dieser Situation würde befreien können, nur wann und wie, scheint ungewiss zu sein.

Ich fragte ihn: »Bist du der Kopf der Gruppe? Der Commander?« Er lacht nur laut auf und schüttelt den Kopf. »Nein.« »Wer bist du dann?«, bohre ich weiter. »Das ist nicht wichtig.« »Und was wollt ihr?« »Du bist für eine Geschichte gekommen? Dann musst du keine Sorge haben, wir werden deine Geschichte größer machen«, mit diesen Worten verlässt er den Raum. Er beendet das Gespräch, und ich bin wieder alleine.

Das ist jetzt mein Zimmer, denke ich. Hier muss ich jetzt durch, das ist die erste Station auf dem Weg durch mein Hasenloch.

Dann geht die Tür erneut auf. Die Entführer bringen das Abendessen herein, ein Tablett mit einer Schüssel mit Hühnersuppe und einen Löffel dazu. Duftend und lecker. Ich kann nicht essen und rühre das Essen nicht an. Mir ist nicht nach »Abendessen« zumute. Ich vergesse völlig, was es bedeutet zu essen, zu trinken und auf die Toilette zu gehen. Ich bin in einem Schockzustand, der mir auf den Magen schlägt.

Nachdem eine halbe Ewigkeit vergangen ist, bringen sie Waleed zurück. Ich schaue zu ihm hinüber. Bei seinem Anblick schöpfe ich neue Hoffnung. Ich bin glücklich, dass er lebt, dass er wieder da ist. Ich lächele. Zumindest bin ich nicht mehr alleine. Das gibt mir das Gefühl der Vertrautheit. Ich sehe zu ihm hinüber.

Waleed geht leicht gebückt. Seine Augen werden von einem grünen Tuch verdeckt, die Hände sind auf dem Rücken mit einem blauen Band gefesselt. Die Entführer nehmen ihm die Augenbinde ab. Der Schreck ist ihm ins Gesicht geschrieben, wie ein Moment nach der Begegnung mit dem Teufel.

»Holt einen Arzt«, rufe ich den Entführern zu. Sie sollen einen Arzt für seine Verletzungen rufen. Die Entführer weigern sich, und auch Waleed winkt zu meiner Überraschung ab. Ich verstehe es nicht. Wie schlimm es sei, will ich von ihm wissen. Er nickt mir beruhigend, aber erschöpft zu. Ich vergewissere mich, dass es ihm den Umständen entsprechend gut geht. Waleed wirkt geschwächt, aber nicht vollkommen entmutigt. Als die Entführer kurz den Raum verlassen, um sich mit ihrem Anführer zu beraten, flüstert er mir zu: »Ich habe Angst, dass sie mich einfach erschießen, statt mich zu einem Arzt zu bringen.« Jetzt kapiere ich es: Deshalb hatte er abgewunken. Er hatte Angst, dass sie ihn einfach entsorgen könnten. Ich versuche, ihn zu beruhigen, doch er lässt sich nicht wirklich darauf ein.

Er ist gefesselt und liegt, halb verdreht mit den Händen auf dem Rücken, auf der Seite auf seiner Matratze. Ich bin nicht gefesselt, doch wir sind beide verzweifelt. Maximal verzweifelt. Wir sind beide in der Falle. Er befreit mühsam seine Hände, schiebt die Augenbinde nach oben, und blickt mich an. Wir sitzen auf zwei verschiedenen Seiten im Raum und betrachten uns schweigend. Ich gebe ihm die Schuld an meiner Misere. Es ist ein Schutzmechanismus in diesem Moment.

Dann versuchen wir zu sprechen. »Warum hast du das alte Taxi genommen?«, zischele ich ihm zu. »Warum hast du gesagt, dass ich nicht dein Ehemann bin?«, entgegnet er. Die Entführer klopfen an die metallene Tür. Wir sollen nicht sprechen. Fortan verständigen wir uns unauffälliger, nur noch per Handzeichen und Pantomime. Manchmal flüstern wir einzelne Worte. Dann flammt das Gespräch erneut auf: »Warum bist du nicht bei der Geschichte geblieben?«, fragt Waleed mich schließlich. »Weil es vorbei ist!«, antworte ich mit bebender Stimme. »Sie haben meine Ausweise. Sie haben alles, Waleed!«, versuche ich, ihm zu erklären. »Jetzt ist alles vorbei«, wimmert er. Wohl ein wenig zu laut. Die Entführer unterbrechen unsere Unterhaltung mit einem deutlichen Verweis auf ihre Waffen. Sie rütteln an den Ketten und schlagen mit dem Pistolengriff gegen unsere Tür.

Wir sind leise, so wie im Schullandheim, wenn die Lehrer nachts auf dem Flur patrouillieren. In unserem Raum herrscht eine angespannte Stille. Er schaut mich weiter vorwurfsvoll an. Er wirft mir vor, dass ich den bewaffneten Entführern gesagt habe, dass wir nicht verheiratet sind. Was denkt er sich eigentlich, als ob das noch etwas gebracht hätte, wo sie doch meine Papiere und meine Ausweise hatten.

Wie hätte ich anders reagieren sollen, wo doch alles zu spät war? Ihm werfe ich auf der anderen Seite vor, nicht genug getan zu haben, um unsere Entführung zu verhindern. Ich werfe ihm vor, dass er kein neues Taxi genommen hat, sondern das Taxi aus der Nacht zuvor. Ich bin einfach wütend, ohne zu differenzieren. Am meisten auf mich selbst, aber Waleed ist gewissermaßen in die Schusslinie geraten.

Jetzt sitzt jeder auf seiner Matratze. Ich sitze auf der linken Seite des Zimmers, Waleed auf der rechten Seite vom Eingang aus. Wir sind beide verzweifelt. Er ist mein Spiegelbild: Er kauert mit zusammengefallenen Schultern auf der Matratze und blickt ins Leere. Ich sehe es und kann nichts tun. Ebenso wenig kann Waleed mir helfen. Wir sind zwei Fremde, die sich am besten niemals getroffen hätten. Ich verfluche Waleed. Und doch versuche ich, gefasst zu bleiben. Streit bringt nichts, aber ich koche innerlich. Und ihm scheint es ähnlich zu gehen. Es ist eine riesengroße Scheiße, denke ich. Ich bin verzweifelt und starre schließlich auch nur noch verloren auf die braune Wand.

Wir hätten uns über die Details gar nicht streiten müssen, denn es war ein abgekartetes Spiel, das von langer Hand geplant war, aber das wusste ich zu diesem Zeitpunkt noch nicht. Ich wusste nur, dass wir in einer Sackgasse angekommen waren, aus der es kein Entrinnen mehr gab. Und wahrscheinlich auch keinen Ausweg.

Waleed fährt mich nach einiger Zeit des Schweigens an: »Ich bin ein Stück Dreck, ein Stück Scheiße, eine lästige

Fliege.« Dann fügt er mit matter Stimme hinzu: »Ich habe keine Lebensgarantie.« Plötzlich gab es eine Bedeutungsverschiebung von der Sicherheitsgarantie zur Lebensgarantie. »Du bist wertvoll, ich bin es nicht«, sagt er. »Du hast nichts zu befürchten!«, versucht er, mich zu beruhigen. Ich will ihm glauben. Und ich bezweifele ja tatsächlich, dass mein Weg jetzt direkt in den Tod führt. Es fühlt sich nicht nach Tod an, sondern nach Zukunft, aber wie genau die aussehen wird, ist noch völlig unklar.

Kann es sein, dass die einzige Möglichkeit, um hier wieder herauszukommen, die totale Kooperation ist? Ich will nichts mehr verstecken und beschließe, ab sofort den Entführern alles zu erzählen, was ich weiß. Damit kein Misstrauen zwischen ihnen und mir entsteht.

Mitten in der Nacht, als die Wachen schlafen, versuchen Waleed und ich, unser Gespräch im Verborgenen fortzuführen. Wir versuchen, uns abzusprechen, wir versuchen, verzweifelt irgendetwas zu tun, das uns voranbringt, zu taktieren. Aber all das scheint schon ab diesem Moment vollkommen aussichtslos zu sein. Kein Moment der Hoffnung passt zu der anfänglichen Aufregung. Alles änderte sich vom Fluiden zum Erstarrten. Der Aggregatzustand der Realität ändert sich. Alles wirkt sonderbar endlich und eingefroren, von den Gesichtszügen bis hin zur gesamten Situation.

Ich denke an meine Familie. Wir befinden uns zusammen in der Hölle, und der einzige Ausweg führt durchs Feuer, denn die Wachen vor unserer Tür haben schwere Waffen unter dem Kopfkissen. Sie demonstrieren in jedem Moment ihre Überlegenheit. Sie präsentieren sich immer bewaffnet. Bis unter die Zähne. Es werden einige durchtrainierte Kämpfer vor unserem Zimmer postiert, um den leisesten Gedanken an Flucht zu vertreiben, bevor er gedacht werden kann. Die erste Nacht in Gefangenschaft ist ein Trauerspiel. Und was ich nicht wusste: Es sollten die letzten Stunden sein, die Waleed und ich miteinander verbringen.

Ich mache kein Auge zu, und auch Waleed wälzt sich unruhig hin und her. Wir finden keine Ruhe, auch weil das LED-Licht den Raum erhellt. Ich lasse meinen Blick über die kahle Wand wandern, jede Unebenheit, jede Stelle des Betons taste ich mit meinen Augen ab. Ich verliere mich in dem Muster aus abgebröckeltem Gestein. Ich muss unwillkürlich an Guantánamo denken. Licht als Foltermethode, sie lassen es die ganze Nacht über an. Aber ich kann sowieso nicht schlafen. Ich lausche auf jedes Geräusch. Als ich die Wachen schnarchen höre, bin ich ganz sicher, dass uns niemand hört.

Waleed hört das Schnarchen auch. Ich sehe, dass auch er die Augen geöffnet hat. Dann unterhalten wir uns erneut. Er hat seine Augenbinde hochgezogen, als er meinen Blick sieht, lächelt er. Ich traue ihm nicht. Ich traue niemandem. Mir laufen die Tränen herunter. Auch Waleed kann mir nicht helfen. Und was, wenn er sogar ein Teil des Komplotts gegen mich ist?

Nach unendlichem Hin- und Herwälzen in dieser Nacht schallt mit einem Mal das Morgengebet aus Lautsprechern in einiger Entfernung durch den syrischen Morgen. Die Nacht ist vorbei. Ich atme erleichtert auf. Mein Bauch ist heute groß und rund, und ich habe Probleme beim Aufstehen. Ich keuche, während ich mich zur Seite rolle. Plötzlich fühle ich mich sehr schwanger. Bis zu diesem Moment habe ich versucht, die Gefahr auszublenden. So, wie ich in der Schwangerschaft bisher versucht habe, alles ganz normal weiterzumachen. Ich habe gearbeitet und versucht, meine Projekte zu beenden, bevor ich ganz und gar schwanger bin.

Das Gebet erklingt. Waleed springt sofort auf, um zu beten. Auch er hat nicht geschlafen. Er lauscht an der Tür und sagt: »Die Wachen schlafen noch.« Er fügt spöttisch hinzu: »Sie beten nicht einmal!« Seine Hände sind immer noch gefesselt. Er betet mit Fesseln. So gut es eben geht. Er murmelt die Suren leise, aber voller Hingabe und betet aus vollem Herzen. Während ich ihn betrachte, denke ich, dass eine tiefe Spiritualität und Religiosität in einem so existenziellen Moment wie diesem Kraft geben können.

Ich beobachte ihn bei seinem Ritual. Ich weiß nicht, was das für mich bedeutet. Als Atheistin. Wo ist mein Gott, der mich jetzt beschützt vor dem schrecklichen nächsten Tag, vor der Ungewissheit, die mir bevorsteht? Auch wenn es vorher noch nie so war, würde ich jetzt auch gerne zu jemandem beten. Ich sehe ihm weiter beim Morgengebet zu. Er ist versunken und schöpft daraus unmittelbare Kraft. Sein Gesicht wirkt gelöst, und seine Augen leuchten glücklich, als er mit dem Gebet fertig ist.

Unser erster Morgen in Gefangenschaft bricht an. Die Sonne geht auf. Licht scheint durch die Fenster. Die Vögel beginnen draußen zu zwitschern. Ich kann kaum glauben, dass es diesen Tag wirklich gibt. Ich lasse die Geschehnisse der letzten Nacht wieder und wieder vor meinem inneren Auge ablaufen. Ich gehe alle Details durch. Das Taxi, das umstellt wurde, die Frau, dann der Übersetzer. Immer wieder die Wachen, dann das Abendessen und schlussendlich Waleed. Es waren schreckliche Stunden.

Es beginnt der zweite Tag meiner Gefangenschaft. Verdammt noch mal, denke ich. Und: War es wirklich nötig, dass ich mein Leben so wegwerfe? Das *arme Ich* meldet sich zu Wort.

Ich bemühe mich um Ruhe, um Kontrolle und um Taktik. Nicht aufgeben, nicht verzweifeln. Nicht geschlagen geben. Ich bin eine Frau, denke ich. Ich darf jetzt nicht verzweifeln. Ich stand vielleicht auch einfach zu sehr unter Schock, um zu verzweifeln. Das Adrenalin war hoch, und ich war noch nicht bereit aufzugeben, bevor ich begonnen hatte zu kämpfen. Aufgeben war also vorerst keine Option. Und diese Einstellung sollte mich lange tragen. Solange ich konnte, würde ich für meine Freiheit kämpfen. Bis zum letzten Atemzug, nehme ich mir in diesem Moment vor.

Ich schaue zu Waleed hinüber. Plötzlich geht die Tür auf. Mehrere Wachen kommen herein. Mit einem Tablett voller

Essen: Sie bringen das Frühstück. Jeder von uns bekommt einen Teller. Sie lösen Waleeds Handfesseln, dann verlassen sie den Raum. Ich schaue auf den Teller: Dort steht eine Schale mit Rührei, daneben liegen ein rundes Fladenbrot, Tomaten, in kleine Stücke geschnitten, und einige Gurkenscheiben.

Waleed isst hungrig das Ei mit Brot. Nachdem er den halben Teller aufgegessen hat, schiebt er ihn beiseite. Er sagt, dass er nicht viel essen könne, und zeigt auf seinen Bauch. »Warum?«, frage ich ihn. Er hebt sein weißes T-Shirt hoch. Über seinen gesamten Rumpf verläuft eine riesengroße Narbe, die ein Bombensplitter hinterlassen hat. Seine ganze Verdauung funktioniere seit dem Angriff nicht mehr. »Mein Magen kann nichts mehr richtig verarbeiten, daher esse ich immer nur wenig«, erläutert er mir. Er nimmt noch ein kleines Stück vom runden Fladenbrot und dreht es in der Hand hin und her. Dann steckt er es in den Mund und kaut. Ich habe immer gedacht, dass Waleed das Essen nicht schmeckt, ich ahnte nicht, dass er so stark von einer Bombe verletzt wurde. Ich blicke ihm ins Gesicht. Seine Geschichte wird zu meiner Geschichte. Seine Angst ist real. Sein Schmerz ist auch mein Schmerz. Es macht mich traurig.

Dann esse ich auch ein paar Bissen, wissend, dass es ohne Essen nicht besser werden würde. Ich bin natürlich hungrig. Ich lebe noch in einer Blase, ich wünsche und hoffe noch auf die schnelle Rückkehr nach Deutschland, auf ein Missverständnis, das sich aufklären wird. Oder auf die Rückkehr zu Laura, in meine Schutzzone, auf die Rückkehr in meine halbwegs heile Welt in Syrien.

Jetzt sitze ich auf dem Boden, irgendwo in einem Haus in der Region Idlib, und versuche, mit dem arabischen Brot die Tomatenstücke aufzuheben und in meinen Mund zu stecken. Es gilt, keine Zeit zu verlieren. Ich muss mich beeilen, um den nächsten Schritt planen zu können. Ich muss mich innerlich bereithalten, um weiterzugehen. Das Essen haucht mir neue Lebensgeister ein. Die Panik ist dem wohligen Gefühl von Sattheit gewichen. Aber es ist schnell vorüber. Eine kurze Ablenkung. Dann wieder die Ungewissheit, die auf den Plan tritt, kurz nach dem Frühstück.

Waleed sitzt auf seinem Bett, ich auf meiner Matratze. Wir schauen uns in die Augen.

Ich drehe mich zur Tür um, als diese quietscht. Waleed zieht schnell die Augenbinde über seine Augen. Die Wachen, die hereinkommen, haben ihre Kalaschnikows umgehängt, wie zum Zeichen, dass mit ihnen nicht zu spaßen sei, und wie zum Zeichen, dass man sich vor ihnen fürchten sollte. Und das tue ich auch. Ihre Waffen wirken bedrohlich, und sie sind Symbole für eine unmittelbare Gewalt, die jederzeit eskalieren kann.

Sie kommen zu viert in den Raum, gehen direkt zu Waleed und ziehen ihn von seiner Matratze nach oben. Verbinden seine Augen erneut – diesmal ganz fest. Sie schubsen ihn herum. Dann führen sie ihn aus dem Raum und bringen ihn weg. Es ist das letzte Mal, dass ich Waleed sehe.

Ich mache mir Sorgen. »Wohin bringt ihr ihn?«, will ich von den Bewachern wissen. »Er ist Syrer! Er ist einer von euch!«, sage ich. »Ja, er ist einer von uns. Deshalb musst du dir keine Sorgen um ihn machen.« »Aber ich mache mir Sorgen«, antworte ich. »Warum?« »Weil ich euch nicht vertrauen kann. Ihr habt mich gerade entführt!« Der Dünne zuckt mit den Schultern und schließt die Tür hinter sich. Wem kann man hier schon vertrauen? Wer steckt mit wem unter einer Decke? Die einzige Person, der ich hier vertrauen konnte, war Laura, aber die ist nicht mehr da. Jetzt bin ich alleine in diesem fremden Land, schwanger. Mein dicker Bauch fühlt sich dicker an als zuvor. Und plötzlich kommt es mir vor, als sei ich träge wie eine Elefantenkuh. Alles an mir fühlt sich plump an. Ich bin alleine mit meinem Kind, und die Uhr tickt.

Als Waleed weg ist, bin ich niedergeschlagen. Doch als ich begreife, dass Waleed nicht nur weg ist, sondern auch nicht zurückkommen wird, bricht eine seltsame Stille in meinem Zimmer aus. Eine absolute und unbarmherzige Stille.

»Du bist etwas wert, ich nicht«, klingen die Worte von Waleed immer wieder in meinem Kopf nach. Ich muss an seine Verletzung denken, die ihm den Magen zerrissen hat. Ich muss unwillkürlich an den Krieg in seiner Absolutheit denken. Dann geht das Licht aus. Es wird Nacht. Es wird dunkel in dieser unwirklichen zweiten Nacht in Gefangenschaft in Syrien.

Das Haus liegt ein wenig abgelegen. Es liegt zwar direkt an einer Straße, aber in der Nacht gibt es kaum Geräusche. Ich höre nachts, wie die Lastwagen in der Kurve herunterschalten, bis sie erneut beschleunigen. Ebenso Autos und Motorräder. Ich denke an Waleed, den sie heute vermutlich über diese Straße weggebracht haben. Dann denke ich an den alten Sponti-Spruch: »Wer kämpft, kann verlieren. Wer nicht kämpft, hat schon verloren.« Ich schlafe ein.

In den nächsten Tagen frage ich jedes Mal, wenn die Tür aufgeht: »Wo ist Waleed?« Ich will von ihnen eine Antwort bekommen. »Er ist weg«, sagt der Soldat lapidar. Ich lasse nicht locker und frage weiter: »Wo ist er? Wie geht es ihm?« Sie sagen es mir nicht, sondern winken nur ab. Ich weiß nicht, wohin sie ihn gebracht haben. Sie sagen, dass er noch lebe, das beruhigt mich. Auf der anderen Seite kann es aber auch sein, dass das nicht stimmt.

Ich höre die Frau im Nachbarhaus weinen. Sie weint, weil ich weine. Sie weint, weil sie nicht will, dass es mir so schlecht geht, denke ich bei mir.

Ich klopfe an die Tür. Der Soldat öffnet und schaut nur mit seinem Kopf durch die halb geöffnete Tür. »Ich brauche Papier und Stift«, sage ich. Die Wachen können das nicht entscheiden. Deshalb fragen sie den Commander. Der hat nichts dagegen. Und so bekomme ich Papier und Stift. Sie geben mir ein ungefähr DIN-A5-großes syrisches Notizheft und einen schwarzen Kugelschreiber. Die Notizhefte in Syrien sehen alle sehr ähnlich aus. Die Zeilen und die Normierung sind anders als in Deutschland. Ich halte triumphierend den Stift in der Hand und beginne zu schreiben.

Ich versuche, mir jedes Detail einzuprägen. Wie eine Kamera versuche ich, ein fotografisches Gedächtnis zu entwickeln. Ich schaue aus dem Fenster. Ich gehe im Raum auf und ab. Ich weiche nicht aus, sondern konfrontiere mich mit allem: Die Wände sind bräunlich grau. Es ist der blanke Beton. Das Zimmer liegt im Erdgeschoss des Hauses. Es kommt mir im Nachhinein relativ groß vor, aber in Wahrheit waren es nur wenige Schritte von der einen zur anderen Seite.

Ich merke, dass verschiedene Stimmungen in mir auftauchen. Ich erkenne die Muster wieder. Einmal ist es ein distanzierter Zynismus, dann wiederum die blanke Panik. Beide Gefühlszustände wechseln sich ab. Dann denke ich: Ich werde alles schaffen. Ich werde alles dafür tun, um mit meiner Familie in Kontakt zu treten. Irgendwie. Irgendwann. Aber die kontinuierlichen Gedanken fressen meine Zuversicht auf. Ich schwanke zwischen euphorischer Hoffnung und totaler Hoffnungslosigkeit.

Die Entführer lassen mich tagsüber lange in Ruhe, sie zwingen mich auch nicht, mich mit dem Islam zu beschäftigen oder zu beten. Sie interessieren sich überhaupt nicht für meine Religion oder Nichtreligion. Ich habe als Christin einen Sonderstatus. Wenn sie mich fragen, dann beziehe ich mich auf meine christliche Sozialisation. Auf das Christentum als Buchreligion.

Drei Tage später kommt der Entführer wieder, der Englisch spricht. Er ist derjenige, der sich schon in den Tagen zuvor als der einzige substanzielle menschliche Kontakt herausgestellt hat.

Offenbar wollen sie auch gerne, dass die Entführung bald vorbei ist. »Du wirst gehen, wenn deine Regierung das Geld bezahlt. Dann wirst du gehen. Und zwar sofort«, sagt der kräftige Soldat in gebrochenem Englisch zu mir. Er trägt eine schwarze Uhr am rechten Handgelenk. Er hockt sich in einigen Meter Entfernung vor mich und sagt: »Deine Entführung ist eine sichere Sache. Da kann gar nichts schieflaufen. Keine Sorge.« Er schaut mich mit seinen weit aufgerissenen Augen an. Sein Gesicht ist von einer schwarzen Sturmhaube zum großen Teil verdeckt. Ich bin vollkommen entsetzt von seinen Worten. Warum setzen sie nur auf diese eine Karte? Die Gedanken fräsen sich durch meinen Kopf. Ich betrachte seine Augen, die von der Maske gerahmt werden. Sie sehen kalt aus. Ich versuche, nicht zu verzweifeln. Ich versuche, nicht an einzelnen Gedanken zu verzweifeln.

Dann versuche ich, mich darauf zu besinnen, dass mir bisher noch nichts Schlimmes passiert ist, dass ich bisher sicher gewesen bin. Es hätte zu meinem Gefühl der Sicherheit beigetragen, wenn ich gewusst hätte, dass es die Gruppe von Laura ist, die mich gerade entführt. Aber das ist für mich nicht vorstellbar. Und in diesem Moment auch nicht ersichtlich. Ich versuche, wie eine Detektivin vorzugehen, um meine Lage besser einschätzen zu können, doch ich war auf dem Holzweg.

Ich versuche, mir die örtlichen Details einzuprägen und natürlich die Personen. Ich lauere auf ihre Fehler und versuche, mich selbst vor dem Gefühl des absoluten Ausgeliefertseins zu bewahren. Zumindest in meinem Kopf will ich gegen die Entführer arbeiten. Ich will mich nicht abfinden mit meiner Situation, obwohl mir in diesem Moment dämmert, dass meine Lage eine ausweglose Misere ist.

Ich verlasse das Zimmer nur, wenn ich auf die Toilette muss. Dieser Raum ist mein Raum. Und doch ist es die Bühne der Entführer. Sie inszenieren hier ihre Auftritte, sie zeigen wie im Theater eine Entführung. Sie ziehen sich ihre Masken für ihren Auftritt an. Manchmal gehen sie hinein, obwohl die Maske noch verrutscht ist. Sie zupfen sie zurecht. Daher habe ich Angst. Unfassbare Angst, wohl wissend, dass mein Leben ganz in den Händen dieser Entführer liegt. Wohl wissend, dass ich schachmatt gesetzt bin.

Es kommen nicht nur Kämpfer der Gruppe, sondern auch andere Personen in mein Zimmer. Andere, wie der Commander, bleiben meistens im Hintergrund. Ich versuche, sie in meinem Raum zu halten, um mehr zu erfahren über die Situation da draußen. Ich versuche, sie in Gespräche zu verwickeln. Sonst passiert nichts. Wenn ich nicht gegen die Stille kämpfe, dann nimmt sie überhand.

Eine Wache kommt herein, sofort frage ich: »Was ist mit der Sicherheitsgarantie?« Und ich frage noch viel mehr: »Was ist mit meinen Fotos?« Und nicht zuletzt will ich erfahren: »Was ist mit meiner Kamera?« Ich stelle ihnen immer dieselben Fragen. Sie verstehen mich nicht, sie wollen mich nicht verstehen. »Was ist mit meinen Sachen?« Ich zeichne kleine Bilder. Sie sollen mir meine Sachen zurückgeben. »Ja, ja«, sagen sie desinteressiert. Sie sind inzwischen von meinen immer gleichen Fragen sichtlich genervt.

Inzwischen eile ich jeden Morgen zum Fenster, um die Spatzen zu beobachten, die ich dort entdeckt habe. Sie sind für mich Boten aus der Freiheit. Tränen laufen mir über die Wangen. Ihre Klänge färben alles rosa zum Sonnenaufgang. Es sind die Melodien der Vögel, die draußen zwitschern, es sind die Wesen, die da draußen sind. Die völlig frei hinfliegen können, wohin sie wollen. Die da sitzen, im Innenhof vor meinem Fenster im ersten Haus. Wie ich mich über sie freue. Ich füttere sie mit meinem Fladenbrot. Die kleinen Spatzen sind sehr agil und flattern fröhlich aufgeregt vor meinem Fenster herum, als ich die ersten Brotkrumen verfüttere. Ich gebe lieber den Spatzen das Brot, als es selbst zu essen.

Murat Kurnaz hatte während seiner fünf Jahre in Guantánamo nur eine Eidechse als Haustier. Und er wurde gefoltert. Das ist ein verdammter Unterschied, denke ich.

Das Essen kommt aus dem Haus nebenan. Es wird frisch gekocht und ist noch warm. Es klopft an der Haustür, und nur wenige Minuten später bringen die Entführer es mir hoch.

Es ist der Morgen des vierten Tages. Ich wache frühmorgens auf und klopfe an die Tür, weil ich auf die Toilette muss. Der Soldat öffnet sie. Ich blicke ihn an, während er schlaftrunken auf der rechten Seite des Flurs steht.

Der Dünne schläft noch. Er liegt auf einer Matratze direkt vor dem Zimmer. Er hat die Decke über den Kopf gezogen und hält eine Pistole in seiner Hand. Ich gehe langsam um ihn herum.

Auf dem Weg zur Toilette liegt seine Kalaschnikow auf dem Boden. Ich müsste mich nur bücken, denke ich. Ich könnte sie nehmen. Der Soldat hat keine Waffe in der Hand. Könnte ich diese verdammte Kalaschnikow überhaupt entsichern? Ich kann nichts riskieren. Als ich aus der Toilette komme, hat der Soldat die Waffe schon weggeräumt. Es ist der einzige Moment, in dem ich eine solche Chance bekommen sollte.

Im Lauf des Tages kommen die Wachen immer öfter herein. Einmal fragt der ESM: »Warum macht Deutschland nichts? Warum interessiert sich niemand für dich?« Ich weiß es auch nicht. Er hat Mitleid. Ich weine. Ich weine nicht, weil ich denke, dass es einen Effekt hat. Ich weine, weil mir danach ist. Ich merke, wie der Mensch, der vor mir steht, Mitleid bekommt. Er geht hinaus und kommt kurze Zeit später wieder. Er bringt einen Teller mit Obst und sagt, dass es nicht mehr lange dauern werde. »In zwei Wochen bist du zu Hause!« »Zwei Wochen?«, frage ich ungläubig. Ich sage, dass ich *jetzt* gehen wolle und nicht in zwei Wochen oder in zwei Jahren. Er schüttelt den Kopf und schaut aus dem vergitterten Fenster nach draußen. »Das geht *leider* nicht!« Er ergänzt: »Du wirst zu deiner Familie zurückkehren, wenn deine Regierung zahlt. Unsere Familien hingegen sind tot, also sei froh!« Dann schließt er die Tür hinter sich. Ich bleibe mit meiner Verzweiflung zurück. Das Grau der Wand wirkt immer bedrohlicher. Mit einem Mal denke ich, dass die Wände auf mich zukommen, dass der Raum immer enger wird. Ich versuche, ruhig zu bleiben.

An diesem Tag höre ich um die Mittagszeit plötzlich Eselsgeschrei direkt vor meinem Fenster. Ich ziehe den Vorhang beiseite, aber ich kann nichts sehen, weil ich nicht groß genug bin. Ich versuche, auf eine rote Schüssel zu steigen, die ich in meinem Zimmer gefunden habe. Doch sie hält meinem Gewicht nicht stand. Ich baue die Matratze darunter auf, dann lege ich die Decke darüber und rolle sie zusammen, damit ich auf den Haufen steigen kann.

Nun kann ich viel besser aus dem Fenster schauen. Und ich sehe viel da draußen: Tatsächlich steht vor meinem Fenster ein hellgrauer Esel. Er ist direkt vor dem Haus mit einem Strick an einem kleinen Pfahl festgebunden. Was macht der Esel hier? Wem gehört er? Welche Lasten trägt das Tier für seine Herren? Das Geschrei des Esels dringt durch Mark und Bein. Ich muss an die Bremer Stadtmusikanten denken. Der Esel ist jenes der Tiere, das die anderen motiviert. In den sich wiederholenden »I-Ah«-Rufen des Tiers höre ich den Esel von den Bremer Stadtmusikanten, der den anderen Tieren zuruft: »Was Besseres als den Tod findest du überall.« Etwas Besseres als den Tod findest du überall. Ich hoffe, dass dies auch in dieser Geschichte stimmt.

Der bekannte deutsche Kinderreim »Ich und du, Müllers Kuh, Müllers Esel, das bist du!« kommt mir in den Sinn. Und ich fühle mich tatsächlich wie der Esel in der ganzen Geschichte. Warum steht er vor meinem Fenster? Bin ich in einer sicheren Gegend? Wozu halten sie einen Esel? Mich irritiert er. Das Tier ist unruhig und schüttelt seinen Kopf hin und her.

Ich höre, wie sie an der Tür mit dem Schloss und der Kette herumklappern. Blitzschnell versuche ich, die weiße Gardine aus glattem Stoff zurück über die Kante des Fensters zu heben, doch sie rutscht immer wieder ab, und schließlich hängt der Vorhang ein bisschen schief herunter, als die Wachen hereinkommen und ich mich schnell auf meine Matratze setze, als wäre nichts geschehen. Der Soldat sieht sofort, dass etwas mit der Gardine nicht stimmt. Er sieht, dass sie beim Öffnen verrutscht ist. Dann blickt er forschend im Raum herum.

Am Abend nimmt eine Wache die Schüssel mit nach draußen und sieht, dass sie kaputt ist. Er ermahnt mich mit erhobenem Zeigefinger: »Wie ist das kaputtgegangen?«, fragt er in gebrochenem Englisch. Ich zucke mit den Achseln. »Alt«, sage ich zur Entschuldigung. Er schaut mich misstrauisch an. Er glaubt mir höchstwahrscheinlich nicht, dass sie einfach so zerbrochen ist. Aber was kann ich schon mit einer roten Plastikschüssel ausrichten?

Da sie mir Papier und Stifte gegeben haben, habe ich endlich eine Beschäftigung. Ich kann schreiben. Das ist vielleicht das Letzte, was mir geblieben ist, aber es ist das Beste, was ich tun kann. Ich führe einen Kalender, ein Logbuch meiner Entführung, wie ein Tagebuch. Ich denke: Das Leben geht weiter. Ich schreibe es in Großbuchstaben auf: DAS LEBEN GEHT WEITER. Und dann muss ich an die Menschen daheim denken. An meine Familie und meine Freunde. Ich vermisse sie so sehr, dass mein Herz zerplatzen möchte. Grausame Einsamkeit.

Papier und Stift werden in kurzer Zeit zu den wichtigsten Gegenständen für mich. Mein Tagebuch wird zum Zentrum meiner Welt, weil mir sonst nichts bleibt. Ich mache eine Liste, die sich in verschiedenen Spalten dem Thema Zeit widmet. Ich schaffe mir eine Struktur für die unerträgliche Unendlichkeit. Vor allem beginne ich, die Tage zu zählen. Ich beginne mit Tag eins und will mit dem letzten Tag meiner Gefangenschaft enden. Es ist eine Sammlung von allen Dingen, die geschehen sind, und von allen Ereignissen und Gedanken in dieser Zeit.

Es sind aber die Dinge, die sich täglich oder wöchentlich wiederholen, die mir Sicherheit geben. Wenigstens ein kleines Stück Kontrolle. Als Bollwerk gegen die Ungewissheit der Situation diente mir das Schreiben, es war mein geistiges Zentrum, um keinen totalen Kontrollverlust zu erleiden. Das Schreiben half mir, die unerträglich langen Tage zu überstehen, ohne durchzudrehen.

Sehr viel Zeit vergeht, während ich in mein Tagebuch schreibe. Ich verwende viele Stunden darauf. Über so viel Hoffnung und so viel Schmerz, so viel Leid habe ich dort geschrieben. Während ich schreibe, bin ich versunken. Ich bin auf der Suche nach dem Shangri-La in meinem Zimmer in Syrien. Mitten in diesem gottverdammten Krieg. Die Gedanken blitzen durch meinen Kopf. Es ist zuweilen ein rauschhafter Zustand.

Die Sonne scheint in mein Zimmer. Die Strahlen sind so hell, dass ich geblendet werde. Ich besinne mich auf die Kraft, die in jedem Menschen wohnt, die Kraft, um zu überleben. Ich konzentriere mich auf meine Stärke und nicht die Schwäche. Ich versuche, mich auf mein inneres Licht zu fokussieren und nicht auf die Schatten.

Am nächsten Morgen sitze ich schon aufrecht auf meiner Matratze. Es ist sehr deutlich, dass ich an diesem Tag keine neuen Entscheidungen treffen kann. Die ganze Entführung wandelt sich für mich vom einen auf den anderen Moment in unendliche Erschöpfung um. Ich funktioniere weiter, aber ich fühle mich wie erschlagen. Wie taub. Hilflos und matt.

In dieser Nacht habe ich das erste Mal seit der Entführung lebhaft geträumt, es erschien mir von der »anderen Seite« ein alter Schulfreund. Er war schon immer durch seinen Schabernack aufgefallen und auch im Freundeskreis dafür bekannt. Er besuchte mich in meinem Gefangenenzimmer. Seine Mutter ist Deutsche, und sein Vater ist Araber. Daher steht er für eine Brücke zwischen den Welten. Er tanzt wie ein wilder Clown durch den Raum. Macht Grimassen, veräppelt die Entführer.

Plötzlich sind draußen Explosionen zu hören, mit der Ruhe ist es jetzt vorbei. Ich habe Angst, dass Kämpfe ausgebrochen sind. Ich klopfe sofort an die Tür, und dann kommt eine Wache. Es ist der Soldat. Die Ketten rasseln am Metall. »Was ist das da draußen? Direkt vor meinem Fenster?« Ich bin aufgeregt. Er versucht, mich zu beruhigen. »Das sind nur Sprengungen, da werden Steine abgebaut«, erklärt er. Er hebt einen kleinen Stein vom Boden auf, dann hält er ihn mir hin. Es beruhigt mich.

Dann darf ich raus, weil ich auf die Toilette muss. Außerdem lassen sie mich an diesem Tag duschen. Dafür gehe ich ins Badezimmer. Es ist ein schlauchförmiger Raum mit einer Dusche und einer Waschmaschine darin. Es ist schön, das kalte Wasser an mir zu spüren. Ich fühle mich vollkommen erfrischt. Ein herrliches Gefühl, sogar in Gefangenschaft oder vielleicht gerade dort. Im Badezimmer steht ein Karton vom Deutschen Roten Kreuz. Es ist ein Hygienepaket. Zum Inhalt gehören: Zahnbürste, Zahnpasta, Seife und Einwegwaschlappen.

Waleed ist seit dem zweiten Tag weg. Und seitdem auch nicht mehr zurückgekommen. Ich frage weiter nach ihm, doch ich habe in den letzten Tagen nichts über ihn in Erfahrung bringen können. Die Entführer sagen nur immer wieder: »Er sitzt in genau so einem Raum wie du. Er bekommt Essen und wird gut behandelt.« Ich verfluche die Entführer. Kann ich ihnen glauben? Haben sie Waleed am Leben gelassen, oder haben sie ihn hingerichtet? Ich habe ein schlechtes Gefühl.

Jeden Tag muss ich mich der schrecklichen Wahrheit stellen: Ich bin entführt. Immer wieder denke ich: »Positiv sein. Stark sein. Positiv denken.« Die Wachen kommen am Abend mit dem ESM herein. Ich muss an den Satz einer Freundin denken: »Lächele einfach, dann kommt die Freude von alleine.« Der Übersetzer hat nur die Aufgabe zu übersetzen, wie er mir erklärt. Er sagt: »Sie wollen ein Video aufnehmen.« Ich denke, dass es eine gute Idee ist, damit irgendjemand von meinem Schicksal erfährt. Mir graust es natürlich davor, dass die Bilder auf YouTube hochgeladen werden, aber was soll ich tun? Das erste Video ist auch eine Hoffnung für mich. Die Hoffnung, dass sie mich nicht töten werden.

Wir nehmen das erste Video auf. Leider wird bei den Videoaufnahmen schnell klar, dass diese Leute so etwas noch nie gemacht haben. Es sind Amateurentführer. Sie haben auch noch nie zuvor jemanden entführt, jedenfalls keinen Ausländer.

Meine Hoffnung schwindet. Warum sollte es so schnell gehen? Warum sollte ich aufgrund eines solchen Videos schnell freikommen? Ich bin schockiert von der Unprofessionalität der Entführer und verwundert über ihre vollkommene Ahnungslosigkeit. Doch noch mehr ärgere ich mich über meine eigene Dummheit, die mich in diese Situation gebracht hat. Meine gesammelte Zuversicht bröckelt, als mich die Entführer das erste Mal über ihre Strategie informieren: Sie wollen Kontakt zu der türkischen Hilfsorganisation IHH aufnehmen, ihr ein Video schicken, und die Organisation soll ihrerseits die Bundesregierung kontaktieren. Die IHH habe das schon öfter gemacht und genieße das Vertrauen der Gruppe.

Ich falle aus allen Wolken. Die IHH, die türkische Hilfsorganisation, die Hilfsmittel nach Syrien liefert, als Vermittler zur Bundesregierung? Wie zur Bestätigung schaue ich aus meinem vergitterten Fenster und sehe im Innenhof einen Karton der IHH stehen. In blauer Schrift steht auf dem weißen Karton das Label der Organisation.

Ich bin resigniert, vor allem als ich die ersten Versuche der Entführer, mit der Bundesregierung Kontakt aufzunehmen, beobachte.

In diesem Moment wünsche ich mich tatsächlich zu al-Qaida. Zu einer Gruppe, die eine offiziell anerkannte Terrororganisation ist, die weiß, was zu tun ist. Die schon mal eine Entführung von Ausländern gemacht hat und auch *erfolgreich* beendete. Ich muss an das Schicksal anderer Geiseln in Syrien denken: Mir fallen die beiden Italienerinnen ein, Greta Ramelli und Vanessa Marzullo. Sie waren damals beide Anfang 20 und gingen als Helferinnen 2012 nach Aleppo, um für verschiedene NGOs zu arbeiten. Ende Juli, wenige Tage nach ihrer Ankunft wurden sie entführt und von der Al-Nusra-Front gefangen gehalten. Was ich damals noch nicht wissen konnte: Am 15. Januar 2015 wurden beide nach einer Zahlung Italiens freigelassen.

Außerdem fällt mir der Amerikaner ein, der von der Al-

Nusra-Front entführt wurde: der Autor und Journalist Theo Padnos. Er war in einem Keller unter einer ehemaligen Schule in Aleppo gefangen gehalten worden.

In der Nähe der türkischen Stadt Antakya, also rund zehn Kilometer von der Grenze zu Syrien entfernt, wurde Padnos im Oktober 2012 gekidnappt. Er gibt sich selbst eine Mitschuld daran, da er mit ihm unbekannten Schmugglern über die Grenze nach Syrien ging und diese ihn dann festhielten.

Padnos konnte zweimal fliehen. Er wurde beide Male von der Freien Syrischen Armee zur Al-Nusra-Front zurückgebracht. Insgesamt war er 22 Monate in Haft, darunter sechs bis sieben Monate mit dem US-Fotografen Matthew Schrier, schließlich wurde Padnos unter unklaren Umständen freigelassen.

Am folgenden Tag, den 19. Oktober, nehmen sie mir mein Tagebuch weg und durchsuchen es nach Auffälligkeiten. Anschließend geben sie es mir zurück. Es ist zerfleddert. Ich habe dort nur mein »offizielles Tagebuch« geführt. Mein »inoffizielles« führe ich immer bei mir. Das ist sicherer.

Sie kommen wieder herein. »Der Commander war nicht zufrieden!«, übersetzt der ESM. »Wir müssen das Video noch mal aufnehmen.« Es kommt ein hagerer Mann in den Raum, den ich vorher noch nicht gesehen habe. Er hat sein Gesicht ganz penibel mit einem Tuch verbunden. Kein Zentimeter Haut ist zu sehen, nur seine braunen Augen stechen heraus. Er schaut mich grimmig an und fuchtelt mit seiner Pistole vor mir herum. Während der gesamten Aufnahme des zweiten Videos steht er vor mir. Vielleicht um mich einzuschüchtern, um ein wenig Terror im Raum zu verbreiten. Ich finde ihn sehr unangenehm.

Sie diktieren mir beim Videodreh vorab, was ich sagen soll. Diesmal hat das Ganze eine andere Botschaft: Wenn Deutschland nicht bezahlt, dann soll ich innerhalb von zehn Tagen an den Islamischen Staat verkauft werden. Machen die Entführer jetzt ernst? »Was bedeutet das für mich?«, will ich von ihnen wissen. »In einer Woche bist du zu Hause«, versichert mir der ESM. »Ganz bestimmt. Ganz sicher.« Das sei eine sichere Nummer, meine Entführung. Das wiederholen sie oft. Zu oft. Wir wiederholen die Aufnahme dreimal hintereinander. Auch nach dem dritten Mal sind sie noch nicht ganz zufrieden. Und doch benutzen sie das Video, das wir gedreht haben.

Bevor ich nach dem Videodrehen ins Bad gehe, drehe ich den Karton mit der Zielscheibe für die Spielzeugpistole der Kinder um. Sie scheinen das bemerkt zu haben, denn als ich zurückkomme, ist der Karton verschwunden.

Ich träume in der darauffolgenden Nacht von Denis Cuspert. Ich wache schweißgebadet auf. Dann denke ich an die anderen Journalisten, die beim Islamischen Staat waren, und an die grausamen Bilder ihrer Enthauptungen vor laufender Kamera. Die Ökonomie der Aufmerksamkeit hat sich seitdem verändert. Vielleicht ist das Video von mir nicht spektakulär genug?

Ich denke an den israelisch-amerikanischen Journalisten Steven Sotloff. Dieser wurde im Grenzgebiet zwischen der Türkei und Syrien von seinem Mittelsmann verraten und beim Grenzübertritt am 4. August 2013 in Raqqa gefangen genommen, wie auch sein Mittelsmann. Letzterer wurde nach 15 Tagen freigelassen, Sotloff blieb in Haft. Am 2. September 2014 wurde das Video mit Sotloffs Enthauptung vom Islamischen Staat veröffentlicht.

Und an den Journalisten John Cantlie muss ich denken. Zusammen mit James Foley wurde Cantlie im November 2012 gefangen genommen, als sie eine Doku über Cantlies erste sechstägige Entführung drehen wollten. Foley wurde später enthauptet. Zwischen Ende 2014 und Frühling 2015 drehte der IS mit Cantlie mehrere Filme, bis heute ist er verschollen.

Ich versuche, mich fit zu halten. Ich laufe durch das Zimmer, mache leichte Gymnastik und singe. Ich singe sehr viel, wenn ich nicht gerade weine. Die Hoffnung, dass es bald vorbei ist, und die zermürbende Ungewissheit wechseln sich ab.

Meine Anti-Stockholm-Strategie ist einfach: Ich scanne die Abläufe meiner Entführer, studiere ihre Handlungsmuster, zum Beispiel wenn ein Motorrad kommt. Einmal sehe ich ein rotes Motorrad älteren Modells, das im Flur geparkt ist. Mein Ziel ist die Flucht. Sie passen nicht gut genug auf, das merke ich. Es gibt immer wieder Lücken in der Matrix. Ich schaffe es, die Augenblicke zwischendurch anzuhalten.

Ein Motorrad kommt jetzt vor das Haus gefahren. Es klopft an der Haustür, und sie wird von innen entriegelt. Ich höre, dass jemand kommt. Manchmal kann ich sogar erkennen, wer es ist. Die Wände sind dünn in Syrien. Eigentlich hört man alles. Darauf konzentriere ich mich. Einer der Entführer betritt das Haus. Manchmal bringen sie Nachrichten mit, manchmal Essen, und manchmal passiert gar nichts.

Singen hilft gegen den Schmerz. Und Gymnastik. Ich werde mich fit halten, ich werde als Yogi hier rauskommen, beschließe ich. Gymnastik, Zähneputzen, Duschen, das ist Teil meiner täglichen Routine. Doch alles findet nur im Haus statt. Ich bin umstellt. Umzingelt. Eingesperrt von Menschen, die sich nicht darum scheren, wie es mir geht. Aber ich lebe trotzdem weiter, auch mit der Gewissheit, dass ich weit weg von meinen Liebsten bin.

Ich frage mich, ob sich die Bundesregierung vorstellt, dass ich noch lebe. Und ob sie nicht vielleicht denken, dass ich übergelaufen bin. Von jetzt auf gleich. Von jetzt auf morgen. Wer wird mir glauben, dass ich nicht zum Islam konvertiert bin?

Und was würde ich tun, wenn sie mich zum Überlaufen zwingen würden? Mit Gewalt, mit roher Gewalt und körperlicher Aggression? Mit den Martyrien, die anderen Leuten schon angetan wurden? Wie schnell kann man einen Menschen brechen? Welche Gewalt wird auf die Körper von Frauen in Syrien ausgeübt? Welcher Gewalt sind die Frauen jeden Tag ausgeliefert?

Ich will das Filmmaterial nicht mehr bei mir haben und damit die Gefahr eingehen, dass sie es später finden können und mir Heimlichkeiten unterstellen. Das Kräfteverhältnis ist eindeutig: Sie haben die Waffen, die Mittel, die Möglichkeiten. Ich habe nichts mehr. Ich ärgere mich über die Last dieses Materials. Natürlich würde ich es eigentlich gern behalten, ich bin ja unter anderem auch dafür nach Syrien gereist, auf der anderen Seite ist mir die Situation zu riskant. Daher gebe ich das Material nach einigen Tagen lieber freiwillig bei meinen Entführern ab. Sie stellen mir danach Fragen zu dem Filmmaterial.

Ich versinke in Schmerz. Ich versinke in Hoffnungslosigkeit. Doch immer bin ich sicher, ich werde hier rauskommen. Dieses Syrien ist ein Land voller Widersprüche. Dieses Syrien ist ein Land, in dem die Zeit rückwärtsläuft. Nicht vorwärts.

Ich träume von einem Telefonat mit meinem Chef beim Fernsehsender. Er fragt wie gewohnt freundlich: »Wie geht's?« Ich antworte sehr direkt: »Ehrlich gesagt, Stephan, es geht mir nicht so gut. Ich bin in Syrien entführt worden.« Er ist vollkommen überrascht. »Wo bist du genau? Wie geht es dir?« »Ich werde gut behandelt. Ich würde gerne gehen, aber ich kann nicht. Sie halten mich hier gefangen.« Stephan fragt am anderen Ende der Leitung, wie er mir helfen könne. Ich will ihm alles erzählen, aber dann klopft es an der Tür, und eine der Wachen kommt in den Raum, um mir Essen zu bringen. Ich wache auf. Wieder schweißgebadet.

Es hat schon die ganze Nacht über geregnet, tagsüber geht es weiter. Ich bin zu dieser Zeit ganz alleine mit dem Dünnen. Er wirkt überfordert. Da es wie aus Eimern schüttet, läuft mein Zimmer mit Wasser voll. In kurzer Zeit ist die Hälfte des Bodens bedeckt. Meine Matratze schwimmt beinahe weg. Die Wache läuft aufgeregt hin und her. Mir wird klar, dass ich mit ihm alleine im Haus bin. Er lässt die Türe des Zimmers offen stehen, obwohl ich danebenstehe. Ich könnte versuchen zu fliehen, aber da kommt er schon wieder. Ich stehe mit ihm mitten in meinem überschwemmten Zimmer und helfe ihm, die Wassermassen abzuschöpfen mit Schüsseln und Lappen.

Ich habe Zeit im Überfluss, da an den meisten Tagen sehr wenig passiert. Dadurch beginnen sich die Realitäten für mich zu verschieben. Meine Träume werden immer mehr zu meiner Realität Nummer eins. Träumen ist das Wichtigste für mich. Immer wenn ich aufwache, dann beginnt der eigentliche Albtraum.

Wenn ich wach bin, warte ich, ob endlich etwas passiert. Und an diesem Abend bewegt sich tatsächlich etwas. Ich merke, dass Unruhe herrscht. Motorräder kommen und fahren wieder weg. Es wird heftig diskutiert. Zwischendurch lachen die Männer ausgelassen. Ich klebe mit meinem Ohr an der Tür, um ja nichts zu verpassen. Es ist meine einzige Ablenkung. Dann öffnet sich die Tür, und mehrere maskierte und bewaffnete Männer kommen in den Raum. Sofort ist die Stimmung angespannt.

Ein neuer Mann ist dabei. Er ist relativ klein und dick, steht nur in der Ecke und schaut mich an. Er sagt nichts.

»Yallah!«, ruft eine der Wachen laut und kalt. Ich schaue in seine Augen, das Einzige, was nicht von der schwarzen Sturmmaske verborgen wird. »Wir gehen jetzt los! Pack deine Sachen!« Im Stakkatoton werden mir Befehle erteilt. »Freiheit?«, frage ich vorsichtig. »Nach Hause? Almanya? Deutschland?« Sie stehen in einer Ecke, schütteln nur den Kopf. »Neues Haus.« Sie lachen nicht, aber es scheint in diesem Moment klar, dass es noch lange dauern wird, bis ich zurück nach Deutschland kommen werde. Die Männer gehen aus dem Zimmer. Ich bin aufgeregt, denn wenn wir umziehen, muss ich mein Tagebuch sichern. Ich rolle die Blätter, die ich wie wild in den letzten Tagen beschrieben habe, und stopfe sie in meine Schuhe.

Ich schaue mir den Raum ein letztes Mal an. Es kann sich nur noch um Minuten handeln, bis ich dieses Zimmer für immer verlassen werde und hoffentlich nie wieder zurückkehren muss. Ich begreife, dass ich eine leichte Beute gewesen bin, aber nicht leicht zu transportieren. Dann kommen die Wachen zurück. Nach fünfzehn Tagen wechseln wir zum ersten Mal das Haus, es ist der 28. Oktober. Endlich passiert etwas, die Bewegung ins Ungewisse ist besser als der tagelange Stillstand. Doch es ist immer die Frage, wohin diese Reise führt. Denn der Krieg ist niemals sicher, und man weiß nie, wohin man kommt.

HAUS ZWEI: Hinterm Hügel

Wir fahren wieder mit einem größeren Auto, ebenfalls mit Schiebetür. Ich halte mich mit meiner Hand an einer Stange fest. Ich bin mir sicher, dass es derselbe Wagen ist, mit dem ich entführt wurde. Das Auto schaukelt ruckartig hin und her, und ich habe das Gefühl, dass wir hinter einen Hügel gefahren sind. Sie haben mir wieder die Augen verbunden. Alles ist schwarz. Aber nicht ganz. Sie unterschätzen, dass man auch durch schwarzen Stoff hindurchgucken kann. Sie sind diesmal nachlässig, und so kann ich einiges sehen. Ich habe das Gefühl, dass ich nicht durch das absolute Nichts geführt werde, ich sehe meine Schuhe und die Karosserie des Autos. Alles ist verschwommen, und es sind nur Schemen zu erkennen. Ich sehe verschwommene Umrisse und Personen. Ich versuche, mir alles einzuprägen, doch in Wahrheit erkenne ich nur Schlieren, die an irgendwelche Blair-Witch-Project-Szenarien erinnern.

Wir kommen beim neuen Haus an, und sie führen mich hinein und nehmen mir die Augenbinde ab.

Ich schaue mich in meinem neuen Zimmer um. Es ist ein Raum, der acht mal vier Schritte misst, der nicht besser oder schlechter aussieht, als das Zimmer davor war, doch ich sollte mich täuschen. Es wird für sehr lange Zeit mein Zuhause sein. Hier läuft mir die Zeit davon. Hier versuche ich, mich auf meine Rückkehr vorzubereiten. Hier bin ich noch voller Hoffnung, dass ich schon bald nach Hause zurückkehren werde. Dieses Haus gehört dem Dicken, denn nur er kommt als Bewacher zu mir. Nur er ist 24 Stunden da.

Das Haus hat eine Art überdachten Innenhof und einen Vorraum, der etwas größer zu sein scheint. Die Wohnung, in der ich untergebracht bin, ist klein und einfach ausgestattet: Es gibt zwei Räume, außerdem eine Küche und eine Toilette mit Dusche. Auf dem Weg ins Bad komme ich an den anderen Türen vorbei, die meistens geschlossen sind. Nur selten stehen sie einen Spaltbreit offen, manchmal dringen Geräusche und Gerüche hinaus. Ich rieche das Essen, bevor es kommt. Ich höre das Leben der anderen. Tür an Tür. Zimmer an Zimmer. Mauer an Mauer.

Wir sind in einer Wohnung mit Frauen, und doch kriege ich die Frauen nie zu Gesicht. Ich kann sie hören, auch die Kinder. Ich höre, wie sie abwaschen und kochen und sich unterhalten. Ich höre vieles, weil die Wände so dünn gemauert sind und ich so intensiv hinhöre. Sonst ist es ruhig. Ich habe oft nichts Besseres zu tun, als mich ganz und gar dem Horchen hinzugeben, wenn mir nichts mehr einfällt, worüber ich grübeln kann.

Am ersten Tag merke ich, dass ich direktes Sonnenlicht im Zimmer habe. Ich bin vom Sonnenstand vollkommen beglückt. Ich habe Vormittagssonne. Was für ein Luxus, denke ich. Ich döse vor mich hin. Ich versuche, das Kopfkino abzuschalten. Ich versuche, die Ruhe zu genießen. Ich versuche, die Ruhe wirklich zu genießen, und zeitweise gelingt mir das auch. Es klappt nicht immer. Aber manchmal kann ich die Zeit anhalten und glücklich sein. Die Sonne strahlt mir mit voller Kraft in mein Gesicht. Ich versuche, die Batterien wenigstens ein bisschen aufzuladen.

Am nächsten Morgen scheint alles wie gewohnt abzulaufen. Die Tür öffnet sich. Es gibt das Frühstück etwas früher als bisher. Sonst scheint es ein Tag zu sein wie jeder andere in diesem Krieg. Kein Bombardement. Keine Front. Nur das Zwitschern der Vögel. Man könnte den Krieg fast vergessen, denke ich.

Das Badezimmer ist besonders klein, und die Toilette ist in einem sehr einfachen Zustand. Die Komfortzone habe ich längst verlassen. Ich rufe sie zwar noch kurz als Referenz vor meinem inneren Auge auf, aber bald schon verblasst das

Bild von geräumigen Badezimmern in Altbauwohnungen. Das schöne Leben, das ich in Berlin geführt habe, ist in diesem Kontext in Syrien mit einem Mal Schall und Rauch. Die Erinnerung an unser selbstverständliches Glück verfliegt mit den Stunden und Tagen in Syrien.

Hier sind die Wände grau. Hier ist die Toilette eine Schale, die in den Boden eingelassen ist. In der Mitte befindet sich ein Loch. Daneben steht ein Eimer mit einem Becher oder einer Kelle, um sich zu waschen. Toilettenpapier gibt es nicht. In Deutschland werden inzwischen 18 Kilo Klopapier pro Jahr und Mensch verbraucht. Dabei müssen wir uns zwischen 80 verschiedenen Sorten entscheiden. In der muslimischen Welt ist das Toilettenpapier hingegen nicht verbreitet. Sie beantwortet die Frage nach Hygiene mit Wasser, und die Toilette ist hier eine Hocktoilette, wo der Körper nicht den Toilettenkörper berührt. Das ist hygienischer. Vor dem Bad stehen die Hausschlappen, die alle in der Wohnung für die Toilette benutzen. Sie sind aus blauem Plastik mit weißer Schrift. Männerschuhe in der Größe 43.

Berlin und alles, was damit nur im Entferntesten zu tun hat, ist für mich sehr weit weg. Es gehört zu meiner Vergangenheit, die ich nicht einfach heraufbeschwören kann wie Aladin den Geist aus der Wunderlampe. Ich bin in Syrien. Ich bin auf meine psychischen Kräfte zurückgeworfen. Die Selbstreflexion und die Auseinandersetzung mit meiner Situation absorbieren mich vollständig. Nur manchmal flüchte ich mich in schöne Erinnerungen aus der Vergangenheit.

Ich bin mit allem zufrieden, was mich am Leben hält. Die Parameter haben sich verändert. Mein Leben in der Komfortzone hat sich erst mal erledigt. Jetzt heißt es: Weiterleben, wie auch immer und egal, unter welchen Bedingungen. Was Besseres als den Tod suche ich, wie die Bremer Stadtmusikanten.

Der Mensch ist zäh. Und so viel braucht er nicht, um zu überleben. Erstaunlich wenig sogar. Vielleicht ist Hoffnung noch das notwendigste Gut, das man braucht. Auch wenn

Hoffnung manchmal nur wie ein Traum ist, manchmal ist sie realer, als die Wirklichkeit in Syrien es sein kann. Und vor allen Dingen schöner.

Tagsüber höre ich den Baulärm und das laute Rauschen der Maschinen. Dazu mischen sich andere Geräusche aus der kleinen Stadt. Und die Nacht ist voller Stille, eine Nacht, die man sich nur geträumt wünscht. Ab und an bellt ein Hund, dann ist es wieder ganz ruhig.

Die Tage vergehen ohne nennenswerte Ereignisse. Aber in einer Nacht wache ich plötzlich auf. Es ist spät am Abend. Der Gesang des Muezzins mischt sich mit dem Salvenfeuer von Kalaschnikows, das plötzlich in meiner Nähe beginnt. Es ist das letzte Gebet des Tages.

Ich gehe zum Fenster, um zu hören, aus welcher Richtung die Schüsse genau kommen. Es ist eine besondere Stille, die nach dem Gebetsruf des Muezzins ausbricht. Die Schüsse sind für den Moment auch beendet. Dann beginnt das Gefecht einige Straßenzüge weiter erneut. Hunde bellen. Viele Hunde. Sie bellen von allen Seiten. Sie bellen gegen das Gefecht an. Es gibt andere Hunde in der Ferne, die sich vom Bellen anstecken lassen. Das Bellen zieht wie ein Wind durch die Landschaft. Immer mehr Hunde schlagen plötzlich Alarm. Was wollen sie? Wen wollen sie denn hier noch verteidigen, wo alles verloren ist? Dann kommt das Gefecht immer näher. Es wird immer lauter. Und plötzlich hört es auf. Es ist eine gespenstische Stille, eine Totenstille. Ich liege auch Stunden nach dem letzten Schuss noch wach.

Als ich am nächsten Morgen aufwache, ist die Tür wie immer verschlossen. Auf dem Weg zur Toilette sehe ich viele Schuhe im Flur stehen. Was passiert hier? Immer wieder höre ich das Pfeifen des WhatsApp-Tons. Kommunizieren sie tatsächlich über WhatsApp? Ich würde auch gerne eine WhatsApp schicken, ich hätte auch gerne ein Telefon oder würde gerne jemandem auf einem Instant-Messenger schreiben. Es ist schrecklich. Ich habe keinen einzigen Kanal mehr, auf dem ich mit der Welt kommunizieren kann. Das ist beklemmend. Ich bin vollkommen abgeschieden von der Gegenwart. Ich lebe wie in einer Parallelwelt und kann mich mit der Welt meiner Familie, meiner Freunde und meines Freundes nicht in Verbindung setzen.

Ihre Leben sind abgeschnitten von meinem. Wie ist es, wenn jemand fehlt? Der Druck, der auf ihren Schultern lastet, ist hoch und wird mit jedem Tag, den ich weg bin, höher. Aber ihr Leben ist immerhin frei.

Wie sollen sie wissen, dass ich lebe, dass ich vielleicht zurückkomme? Wie können sie es wissen? Es besteht ja immer auch die Möglichkeit, dass es nicht klappt, dass ich nicht zurückkommen werde. Ich werde daran immer und immer wieder denken. Und auch andersherum werde ich alles immer denken. Ich denke während dieser Zeit in sehr viele verschiedene Richtungen. In alle Richtungen, die mir möglich sind. Ich versuche, die Vogelperspektive einzunehmen, manchmal auch die Erzählerperspektive. Ich versuche, mir ein gutes Narrativ zu erzählen. Ich versuche, mich nicht der ultimativen Verzweiflung hinzugeben. Mit dem Herzen fühle ich mich nach Deutschland. Wie das Aschenputtel tauche ich plötzlich auf und muss dann um Mitternacht wieder verschwinden. Ich gehe durch die Bonner Fußgängerzone oder treffe meine Freunde in Berlin. Wir sitzen zusammen, reden, erleben Dinge, aber nach einiger Zeit werde ich unruhig und erkläre, dass ich wieder gehen müsse. Ich muss zurück. Ich bin gar nicht wirklich hier, erkläre ich den anderen. Sie schauen mich verständnislos an. Sie begreifen die Situation nicht. Dann renne ich davon, und es ist wie im Märchen. Ich bin Aschenputtel. Ich verschwinde und fliege schnell zurück nach Syrien. In meinem Zimmer wache ich auf.

Ich denke wieder angestrengt über meine Situation nach: Die Wahrscheinlichkeit meiner Rückkehr ist gering. Die mathematische Unmöglichkeit ist erdrückend. Ich fühle mich erschlagen von der Unwahrscheinlichkeit, dass ich jemals wieder nach Deutschland zurückzukehre. In solchen Momenten gebe ich gedanklich auf.

Der letzte Ausweg ist immer der Gedanke an meine Familie. Ich vermisse sie so sehr. Ich kann es gar nicht in Worte fassen. Ich bin dann wieder ganz ruhig. Manchmal ernähre ich mich innerlich über Wochen nur von einem schönen Gedanken. Von der Rückkehr. Von der Freude des Wiedersehens. Ich denke nur an sie. Das gibt mir Kraft. Und ich denke an die schönsten Momente meines Lebens, an meine Kindheit. Dann muss ich an Laura denken. Diese Freundschaft prägt mein ganzes Leben. Sogar in meiner Kindheit geistert sie herum. Ich beginne zu weinen. Ich weine bitterlich. Es passiert äußerlich nichts, aber ich fühle mich danach befreit und erleichtert.

Die Tage vergehen, aber die Zeit steht für mich still, denn ich bin nicht handlungsfähig. Ich versuche, mich zeitweise frei zu machen von dem Gedanken an die Zukunft. Ich denke an meinen Freund. Er ist so weit weg. Mir fällt ein, dass Paul Celan in seinem Gedicht »Corona« schrieb, »wir lieben einander wie Mohn und Gedächtnis«.

Als die Wache die Tür öffnet, bringt er ein Tablett mit einem Teller voll dampfendem Essen. Ich versuche, mich zu entspannen, und genieße die warme Mahlzeit. Manchmal bringt der Duft vom Essen die Lebensgeister zurück.

An einem Tag höre ich wieder Baulärm in den Straßen des Orts. Dann ertönt das Läuten einer Pausenglocke. Nur Augenblicke später lachende und kreischende Kinder, die auf einen nahen Schulhof laufen und ihre Pause genießen. Sobald ich es zum ersten Mal wahrgenommen habe, höre ich das Läuten immer wieder. Jeden Tag, zur selben Uhrzeit am Vormittag.

Wieder nur ein Tag für getrübte Hoffnung. Jetzt ist schon so viele Tage nichts passiert. Ich würde mich gerne so lange gegen die Wand stemmen, bis sie bricht. Aber ich weiß, dass ich nichts gegen die fest zementierten Steinwände tun kann. Und ich darf die positive Kraft von geschlossenen, also sicheren Räumen im Krieg nicht unterschätzen. Die Schutzfunktion wirkt beruhigend, denn draußen auf der Straße herrscht

Krieg. Dort draußen zu sein würde mich noch mehr beunruhigen.

Tag um Tag und Woche um Woche vergehen. Es ist völlig klar, dass es schon zu lange dauert. Irgendwann versagt mein positives Belohnungssystem komplett, es kommt der Punkt, wo alles kippt. Ich kippe in die Hoffnungslosigkeit. Ich kippe in die Zukunftslosigkeit. Ich kippe in Richtung Abgrund. Ich kippe in Richtung unerlöslicher, unendlich trauriger Zukunft. Die Zukunft scheint mir versperrt zu sein. Ich bin eingesperrt. Ich lebe nicht mit. Ich bin draußen.

Tagebuchschreiben hilft. Sonst hilft kaum etwas auf Dauer. An manchen Tagen vegetiere ich nur so vor mich hin. Ich bin das ewige Rechnen der Stunden und Tage und das ewige Zählen leid. Ich möchte auch nicht nur mehr über die Vergangenheit in mein Tagebuch schreiben. Ich möchte über etwas schreiben, das fiktiv ist. Die Realität ist zu zermürbend und monoton. Also denke ich mir Detektivgeschichten von der Journalistin Lia Löwenherz aus, die in Berlin ihre Abenteuer erlebt. Ich erträume die Welt einer investigativen Journalistin: Lia ist 33 Jahre alt und arbeitet im ARD-Hauptstadtstudio am Ufer der Spree neben dem Reichstag. Ihr Vorgesetzter ist Michael Zander, ein ausgebildeter Erwachsenenpädagoge, der freundlich und sympathisch ist. Zander steht ihr mit Rat und Tat zur Seite, er ist anders als die vielen Abschreibejournalisten oder die Hofberichterstatter, die nur ihren O-Ton abholen und sonst im Konsensfahrwasser bleiben, nicht rechts und links schauen und keinen Gegenstrom zu befürchten haben. Lia ist mittendrin in der Berliner Politszene. Ich beschreibe Menschen, Orte, Situationen. Ihr erster Fall ist eine Recherche über die Waffenindustrie in Deutschland. Sie recherchiert über die Lobby, die Produktion von Giftgas und anderen Rüstungsgütern. Sie kommt hinter ein Geheimnis und kriegt einen Datenträger mit kompromittierendem Material zugespielt. Sie fragt sich, wer eigentlich an den Kriegen verdient und wer Vorteile von dem Gebrauch der Waffen hat.

In diesen Momenten, wenn mein altes Leben so weit weg ist, dann sind Lichtjahre zwischen einer denkbaren Zukunft und meiner alltäglichen Wirklichkeit. Ich glaube dann nicht daran, dass ich noch mal ein Teil der Gesellschaft sein werde, auch nicht, dass ich noch mal in mein altes Leben zurückkehren kann, um einfache Dinge zu tun. Ich würde so gerne im Supermarkt einkaufen oder den Müll rausbringen. Ich möchte zum Friseur gehen oder arbeiten. Einfach nur arbeiten. Ich sehne mich nach meiner vergangenen Alltäglichkeit. Ich sehne mich nach den kleinen Dingen. Ich trage immer noch die gleichen Sachen, die ich in der Nacht der Entführung getragen habe. Allerdings hat die Wache mir einen blauen Pulli gegeben.

Die Entführer greifen mich nicht körperlich an, sondern wahren eine strikte Gendersegregation. Die Trennung der Geschlechter im Islam wird immer eingehalten. Die Grenzen werden nicht überschritten. Es wird eine Distanz erzeugt. Es ist alles getrennt. Meine Privatsphäre als Frau wird gewahrt. Das ist viel wert im Krieg, wo es keine Regeln gibt. Im Krieg, wo es keine Gesetze gibt. Das ist viel wert, wenn es niemanden gibt, der die Gesetze einhalten muss, wenn es niemanden gibt, der diese Regeln durchsetzen kann.

Der Körperkontakt beschränkt sich nur auf die Momente, die nötig sind. Keine Grenzüberschreitung. Kein Machtmissbrauch. Es gibt eine unsichtbare Grenze, die nicht überschritten wird. Nur zweimal in dieser Zeit wird sie überschritten werden.

Meine Tagebuchseiten behandele ich wie den Heiligen Gral. Ich schreibe für mich. Ich bin dann ganz bei mir. Ich gehe mit meinen Gedanken in die Tiefe. Die einfachsten Dinge aufzuschreiben hilft mir, meine Strategien im Hier und Jetzt zu überdenken. Und auch, mich an die Vergangenheit zu erinnern. Ich hüte und verstecke die Seiten, sie liegen immer bereit für den eiligen Aufbruch. Aber einen eiligen Aufbruch sollte es so schnell nicht geben. Es gibt nur ein ewiges Warten.

Dann grüble ich über meine Situation nach: Wieso sollten die deutschen Behörden meiner Version Glauben schenken? Wieso sollten sie sich für mich einsetzen? Wieso sollten sie mich hier rausholen? Ich hatte bei den Behörden nie einen guten Stand. Wir haben uns auf dem falschen Fuß erwischt. Das lag vor allem an meinem Kontakt mit Sven Lau. Dieser hatte für mich eine besondere Bedeutung. Bei einer Recherche für den NDR über Sven Lau wurden meine Telefongespräche mit ihm überwacht. Anschließend lud mich das LKA Baden-Württemberg schriftlich vor und drohten mir bei Nichterscheinen mit 1000 Euro Strafe oder Beugehaft. Ich konterte diese Frechheit mit einer Veröffentlichung im NDR, wo ich über diese Vorladung berichtete, und antwortete mit meinem Anwalt nach dem Zeugnisverweigerungsrecht, Paragraf 5.

Ich male mir die wildesten James-Bond-Pläne aus. Ich denke an einen Ausbruch, wie ihn der britische Superagent hinlegen würde. Ich brüte immer wieder darüber, was die deutschen Sicherheitsbehörden wohl über meine Entführung denken. Sie werden mit allen sprechen: meiner Familie, meinen Freunden, dem Sender, der Produktion. Wer wird zu mir stehen? Wer wird mir in den Rücken fallen?

Und was ist mit den anderen Nationen? Die Amerikaner würden mich wahrscheinlich am liebsten verrotten lassen. Die Israelis ebenso. Für sie habe ich keinen Wert. Ich habe mich schließlich selbst in Gefahr gebracht. Ich habe alles auf eine Karte gesetzt, und ich habe verloren. Ich bezahle gerade, denke ich, für meine Unachtsamkeit, meine Neugierde, meinen Willen und meine unerschütterliche Hoffnung, dass es gut gehen wird.

Wieder ist den ganzen Tag über Baulärm zu hören. »So sind wir Syrer«, kommentiert die Wache, als es wieder besonders laut ist. Ständig wird gehämmert, geklopft, wird Stein auf Stein geschichtet. Es werden Wände aufgestemmt, neue Leitungen verlegt. Sie arbeiten mit Generatoren und Maschinen, wenn es gerade Strom gibt. Ich kann in dieser

Bauwut nur den Willen zum Leben lesen. Überall werden zerstörte Häuser wiederaufgebaut, neue Häuser errichtet oder bestehende erweitert. Die Bauarbeiter trotzen dem Krieg einfach. Ein Haus, das zerstört ist, wird wiederaufgebaut. So ist der Lauf der Dinge in Syrien. Dieses Land ruht nicht, es ist nicht nur ständig unter Feuer, es herrscht auch überall Geschäftigkeit, dieses Land schläft nicht. Es steht unter Strom, denn alle sind rund um die Uhr damit beschäftigt, zwischen Leben und Überleben zu pendeln.

Die Tage vergehen, und ich entwickle einen festen Tagesrhythmus, der sehr hilft. Ich gehe täglich meine Runden durch das Zimmer, putze mir dreimal am Tag die Zähne. Nach meiner Rechnung, die sich zusammensetzt aus keinerlei Erfahrungswerten und einer unmöglichen Einschätzung der realen Situation, sollte die Entführung nicht länger als einige Wochen dauern. Dann sollte ich wieder zu Hause sein, das versichere ich mir selbst immer wieder. Deshalb habe ich eine Art Countdown, den ich herunterzähle. Um nicht enttäuscht zu werden, kalkuliere ich ein Minimum. Ich denke mir: Zwei Monate wird es mindestens dauern. Doch leider verstreichen meine selbst gesetzten Fristen im Lauf der Entführung völlig ungeachtet meiner hoffnungsvollen Berechnungen.

Meine Tagesstruktur wird auch bestimmt von den Gebetsrufen: Fünfmal am Tag ruft der Muezzin. Es gibt mir Orientierung im Verlauf des Tages wie eine Art Zeitmesser.

Ich verspreche mir selbst, dass ich, wenn ich jemals zurückkommen sollte, für immer ein guter Mensch sein werde. Ich verspreche, dass ich meiner Familie sagen werde, wie sehr ich sie vermisst habe. Ich will jeden Einzelnen um Vergebung bitten für den Schmerz, den ich verursacht habe. Ich bin zutiefst betrübt und kann mich vor innerer Zerrissenheit kaum bewegen. Ich bin gefangen in meinen Gedanken an meine Schuld und an den unnötigen Schmerz, der entstanden ist. Auf allen Seiten.

So kann es nicht weitergehen: Ich sage mir, dass ich jetzt genau zwei Möglichkeiten habe. Entweder ich entscheide mich dazu, meine Entführung als Trauerspiel zu absolvieren. Oder ich beschließe, frei zu sein, obwohl ich nicht frei bin. Entweder aufgeben oder kämpfen. Ich möchte kämpfen.

Am nächsten Morgen klopfe ich direkt nach dem Aufwachen vehement an der Tür. »Ich will mehr Informationen!« »Das muss der Commander entscheiden«, wird mir von der Wache mitgeteilt. Niemand sonst könne etwas entscheiden. Immer wieder sprechen alle Wachen gleichermaßen vom Commander, als sei er der absolute Chef, der Befehlshaber. Wer ist dieser Commander? Was mag das wohl für ein Typ sein? Die ganze Befehlsstruktur in der Gruppe ähnelt der Gruppenstruktur der Gruppe von Laura, denke ich. Der Commander ist in der Hierarchie immer an der Spitze, bei ihm laufen alle Fäden zusammen. »Ich will mit dem Commander sprechen! Sofort!« Die Wache schüttelt nur mit dem Kopf. »Das geht nicht!« Mehr Informationen bekomme ich nicht. Je mehr ich über den Commander nachdenke, desto mehr Parallelen fallen mir auf.

In dem Haus, in dem ich gefangen gehalten werde, lebe ich wahrscheinlich mit der Familie des Hausbesitzers zusammen, aber ohne den damit verbundenen sozialen Kontakt. Ich werde in ihrem Haus eingesperrt, aber da das Haus so klein ist, teilen wir eine Wohnung. Es ist eine Art Wohngemeinschaft. Zwangswohngemeinschaft. Die Geiselwohngemeinschaft. Die Menschen halten sich eine Geisel. Sie sind Teil des Entführernetzwerks. Sie sind ein Teil des großen Spiels. Sie sind Teil des Unrechts.

Am nächsten Morgen wache ich auf und bin aktiviert. Ich denke, dass an diesem Tag endlich etwas passieren könnte. Es ist zu lange nichts passiert. Es wird mal wieder Zeit, denke ich. Doch natürlich passiert daraufhin erst mal gar nichts.

In den darauffolgenden Tagen bin ich hauptsächlich damit beschäftigt, mein Tagebuch so zu präparieren, dass ich es unbemerkt transportieren kann. Ich verbringe viele Stunden damit, den Transport meiner beschriebenen Seiten vorzubereiten. Dabei probiere ich verschiedene Möglichkeiten, verstecke das eingerollte Papier zum Beispiel in der Naht meiner muslimischen Kluft oder in meinen Socken, meinen Schuhen, mit einer Sicherheitsnadel zwischen den Lagen meines *Niqabs* befestigt.

Es tut gut, ein Geheimnis zu haben, es fühlt sich so an, als würde ich in die Offensive gehen, wenn ich mir überlege, wo und wie schnell ich das Tagebuch im Fall eines plötzlichen Ortswechsels verstecke. Ich gehe meinen Plan immer und immer wieder durch. An einem Tag fällt mir auf, dass die Wände in Syrien wirklich sehr dünn sind. Man hört sehr vieles. Das Ehepaar, das mich beherbergt, streitet sich heute. Die Frau diskutiert laut. Dann antwortet der Mann. Einige Minuten später höre ich die Frau im Nebenzimmer weinen. Die ganze Nacht über weint die Frau im Zimmer nebenan. Ich bin irritiert und berührt. Ich bin ergriffen von diesen Gefühlen, die ich auch habe. Manchmal helfen die Tränen von anderen dabei, uns daran zu erinnern, dass wir alle Menschen sind, auch wenn die Situation, in der wir stecken, unmenschlich ist. Und wir in den anderen nur den Feind sehen wollen. Ich kann in dieser weinenden Frau gerade nicht meinen Feind sehen. Ich kann nur einen anderen Menschen hören, der im Nebenzimmer weint.

Und ich vermute auch, dass irgendetwas passiert ist. Sie hat noch nie die ganze Nacht über geweint.

Am nächsten Morgen liegt tatsächlich etwas in der Luft. Es ist kein gewöhnlicher Tag: Das Handy der Entführer piepst ununterbrochen. Ich höre schon morgens zig Nachrichten auf dem Telefon meiner Entführer eingehen. Immer ertönt der klassische Pfeifton von WhatsApp, wenn eine neue Nachricht angekommen ist. Heute wird sich wohl etwas verändern, denke ich. Und dann fährt schon ein Auto vor. Mehrere Männer kommen in die Wohnung. Vielleicht ist der ESM dabei, dann gelangen zumindest neue Informationen zu mir, was für mich immens wichtig ist.

Erst am Abend dieses Tags kommt der Dicke herein und sagt, dass wir uns von Neuem auf den Weg machen. Er erscheint sichtlich erleichtert, dass es weitergeht, dass ich sein Haus verlasse. Die ganze Situation scheint ihm zu heiß zu sein. Die Personen in seinem Haus, die Geräusche, die aus meinem Zimmer nach draußen dringen. Was sollen die Nachbarn denken? Er verlässt mein Zimmer wieder.

Dann geht plötzlich die Tür ein zweites Mal auf. Es ist bereits spät am Abend. Der Dicke kommt zusammen mit zwei jungen Typen. Der eine trägt eine Maske und ist klein, hat schwarze Haare und sagt wenig. Der andere hat blaue Augen und blonde Haare. Sie sind beide klein und jung, vielleicht 19 Jahre oder maximal Anfang 20, schätze ich. Jetzt kommt der Nachwuchs an die Reihe. Aber viel mehr als ihr Alter überrascht mich die Tatsache, dass einer der drei Männer keine Maske trägt.

Dieser Umstand verunsichert mich, schließlich könnte das bedeuten, dass es ihm egal ist, ob ich ihn erkenne. Ich schaue ihn genau an: Der Typ ohne Maske hat stahlblaue Augen, und seine blonden Haare sind mittellang, das Gesicht länglich und schmal. Ich solle mich jetzt bereithalten, sagt er. Er soll wohl den Transport vorbereiten. Dann kommt er einen Schritt auf mich zu und sagt in simplem, aber gutem Englisch (und seine Augen formen sich dabei zu kleinen Schlitzen, die wie Schwerter glänzen): »Wir wechseln *jetzt* das Haus.« Ich nicke vorsichtig. »Sofort?«, frage ich. Der Dicke steht ein wenig unbeholfen daneben. »Ja, sofort!«, antwortet der junge Mann. Er zeigt mit seiner rechten Hand auf meine Habseligkeiten. »Pack deine Sachen.« Ich nicke erneut. Ich frage ihn nach dem neuen Haus. Sein Gesicht formt sich plötzlich zu einem breiten Lächeln: »Es ist ein sehr gutes Haus.« Er dreht den Kopf zur Seite. »Es ist wirklich ein sehr gutes Haus«, wiederholt er, aber dabei klingt es fast zynisch. Ich nenne ihn Blue Eye, weil seine stahlblauen Augen sich so sehr von den braunen Augen der anderen Entführer unterscheiden. An diesem Abend treffe ich Blue Eye das erste Mal, den Mann, der mich in der Summe die meiste Zeit bewachen sollte. Blue Eye wird mir unzählige Male Essen oder Nachrichten bringen, unzählige Male meine Tür aufschließen. Mir den Koran wegnehmen und meinen Fernseher reparieren. Am Ende wird es Blue Eye sein, der die Tür meines Zimmers zum letzten Mal öffnet, bevor ich befreit werde.

Ich stehe auf, packe alle Sachen. Ich habe mich den ganzen Tag oder eher die ganzen letzten Tage darauf vorbereitet, dass dieser Moment kommt, die Unruhe also richtig gedeutet. Ich bin aufgeregt. Bewegung bedeutet immer, dass die Möglichkeit besteht, bald frei zu sein, hoffe ich. Ich sehe die Freiheit direkt vor mir, sie scheint zum Greifen nah. Vielleicht ist dies der letzte Tag, denke ich. Vielleicht hatten meine Kritzeleien Bedeutung. Vielleicht ist diese Zeit nun das Ende meines Albtraums. Ich frage Blue Eye: »Komme ich jetzt frei?« Er schüttelt nur den Kopf. »Neues Haus«, seine Stimme klingt dabei hart. »Wann komme ich frei?« »Bald, *inschallah*!« Warum sagt er *inschallah* (»so Gott will« auf Arabisch)? Ich muss an einen Straßenhändler denken, den ich 2013 in Pakistan getroffen habe und der gesagt hat, dass man davon ausgehen kann, dass es nicht klappt, wenn man es Gott überlässt.

Der junge Mann, der eine Jeans und ein T-Shirt trägt, wirkt unruhig und gehetzt. Blue Eye verlässt den Raum und kommt kurz danach mit einem blauen Tuch in der Hand zurück. Damit verbindet er mir die Augen. Aber eine einfache Augenbinde genügt ihm nicht. Er wickelt das Tuch gleich zweimal um mein Gesicht. Ganz fest. Dann kontrolliert er mehrmals, ob ich auch wirklich nichts sehen kann. Er ist hyperkorrekt, so ein Kontrolltyp. Trotzdem spekuliere ich darauf, dass ich mein Tuch etwas später verrücken kann. Ebenso wie das letzte Mal. Wir gehen zum Auto. Rund zwei Wochen haben wir in diesem Haus verbracht, inzwischen ist es Mitte November. Als wir in den geräumigen Van einsteigen, kommt mir dieses Auto wieder so bekannt vor.

HAUS DREI: Die Villa

Die Straße ist ganz offensichtlich gebirgig, das spüre ich während der Fahrt. Das Auto fährt nur langsam und ächzt, als wir eine steile Schotterpiste hochfahren. Wir sind nur zu dritt unterwegs, und plötzlich zischen sie mir zu: »Psst! Keinen Ton!« Bevor das Auto langsamer wird, höre ich, wie sie das Fenster öffnen und grüßen. Es scheint ein Checkpoint zu sein. Sie lassen den Motor laufen. Zwei oder drei Fragen, dann wird unser Wagen mit mir durchgewunken. Es wäre eine Möglichkeit gewesen, mich am Checkpoint bemerkbar zu machen. Offenbar irritiert es die kontrollierenden Männer nicht, dass im Wagen eine Person mit verbundenen Augen sitzt, denn sie sehen meine Augenbinde unter dem *Niqab* gar nicht. Der *Niqab* ist ein ideales Geiseloutfit. Leider. Auch wenn die Männer am Checkpoint in das Innere des Wagens schauen würden, könnten sie doch nichts Verdächtiges sehen.

Schließlich stoppt der Wagen. Blue Eye beginnt ein Gespräch mit mir: »Bist du verheiratet?«, will er plötzlich von mir wissen. »Ja«, antworte ich, obwohl es nicht stimmt. Ich weiß, dass es darum geht, verheiratet zu sein. Das Konzept von Ehe im Islam ist im Vergleich zum Westen ganz anders organisiert. Wenn man die Traditionen der Heirat und Ehe als Allianzsystem betrachtet, wie es die Ethnologie tut, dann kommt man auch für unsere Gesellschaft zu anderen Schlüssen, als gemeinhin üblich. Kurz gefasst: In anderen Gesellschaften, die noch stärker der Stammes- und Clantradition verhaftet sind, werden durch Ehen Allianzen zwischen Familien oder Gruppen geschmiedet. Es geht um Eigentum, Erbrecht, Bündnisse. Bei uns sind die Heirat und die anschließende Ehe romantisch besetzt und finden zwischen zwei Individuen statt. Diese Form der Ehe ist damit ein Produkt der Moderne, sie ist auch in Europa noch nicht so alt. Dagegen ist Heiraten in vielen anderen Gesellschaften eine soziale Angelegenheit.

»Willst du mich heiraten, und wir gehen nach Deutschland?«, fragt er auf der Autofahrt. Ich sage, dass ich doch schon verheiratet sei. Ich bin irritiert, welche Themen er anspricht. Es scheint ihm um ein Visum zu gehen, seine Frage kommt mir in meiner gegenwärtigen Situation absurd vor. »Es ist mein Traum, nach Deutschland zu gehen«, erzählt er schwärmerisch. Mir fällt ein Detail ein, dass ich in Deutschland gelesen habe: In Syrien waren kurz vor meiner Abreise die häufigsten Suchbegriffe bei Google »Einwanderung nach Deutschland« und »Asyl in Deutschland«. Er unterbricht kurz seinen Satz, dann fährt er fort: »Wozu sollen wir uns hier töten lassen?« Seine Worte hallen in meinem Bewusstsein nach. Er hat vollkommen recht: Warum bin ich hier? Warum bin ich nicht in Deutschland?

Nach der Heiratsepisode will der zweite Mann, der bisher im Hintergrund geblieben ist, plötzlich meine Schuhe haben. Blue Eye übersetzt. Ich soll meine Schuhe ausziehen. Das kann doch nicht wahr sein, denke ich. Gerade meine Schuhe. »Nein!«, sage ich. »Was? Nein? Warum nicht?« Ich habe doch mein Tagebuch in diesem Schuh versteckt, weil ich dachte, dass es der sicherste Ort sei. Nun scheint dieser Plan nicht aufzugehen. Ich bin verdutzt, dass sie sich allen Ernstes um meine Schuhe kümmern. »Nein«, wiederhole ich beharrlich. Sie müssen mir die Schuhe schon wegnehmen, um sie zu bekommen. Das merken sie.

»Ich will mit dem Commander über meine Schuhe reden!« Sie sind überrascht. Mit so viel Gegenwehr haben sie nicht gerechnet. Vor allem der Kleine mit den dunklen Augen will meine Schuhe haben. Wahrscheinlich weil sie nagelneu sind. Weinrote Adidas-Imitate von einem Markt in Antakya. Diese hatte ich mit Waleed in Antakya auf dem Basar gekauft, kurz vor der Einreise nach Syrien. Daher hatte ich zwei Paar Schuhe dabei, aber habe mich für die roten Turnschuhe für die Rückreise entschieden.

Sie zögern. Sie diskutieren. Ich habe den Blauäugigen auf meiner Seite. »Was willst du mit meinen Schuhen?« Dann sage ich: »Die Schuhe sind das Einzige, was mir geblieben ist! Ich habe sonst nichts mehr!« Ich erkenne, dass das von mir gewählte Versteck das unglücklichste überhaupt ist. Der Braunäugige beharrt weiter auf den Schuhen. Ich versuche es mit einer anderen Taktik: »Was willst du mit meinen Schuhen, du Dieb?« Ich versuche, Zeit zu gewinnen. Ich bin mit diesen zwei jungen Kerlen alleine, und sie haben mich in der Hand. Sie steigen aus dem Auto aus, um sich zu beraten. Ich greife nach den Papieren, die ich in eine Plastiktüte gewickelt habe. Es steckt jeweils ein Paket in einem Schuh. Ich ziehe sie links und rechts heraus und verstaue sie in der Seitentasche meiner Kutte. Dann gebe ich mich geschlagen. »Okay, ihr könnt die Schuhe bekommen.« Ich ziehe sie aus und gebe sie ihnen. Als ich aus dem Auto aussteige, bekomme ich stattdessen Hausschlappen. Mit diesen geleiten sie mich bis ins nächste Haus. Ich bin froh, dass ich wenigstens meine Tagebuchseiten retten konnte. Jetzt habe ich nicht mal mehr ein Paar Schuhe.

Blue Eye nimmt mir die Augenbinde ab, als wir in meinem Zimmer angekommen sind. Das neue Haus scheint wirklich sehr geräumig zu sein. So wirkt es zumindest. Sie sind sehr stolz. »Schau, wie groß und edel!«, loben sie die neue Lokalität. Dann zeigen sie mir die kleine Küche, die links vom Zimmer ist, und daneben die Dusche mit Toilette. Auch einen Ofen für warmes Wasser gibt es. Die Kälte und alle Geräusche, die von draußen kommen, sind für mich so weit weg, als wenn sie hinter einem Schleier wären. Immer wenn der Strom an ist, leuchtet das Licht der Lampen hell. Ich bemerke, dass die Fenster meines Zimmers, das im Erdgeschoss liegt, verbarrikadiert sind. Nur in der kleinen Küche gibt es Tageslicht. Vom Küchenfenster aus kann ich auf die graue Mauer des Nachbarhauses schauen.

In diesem Haus kocht die Frau des Entführers. Es ist wahrscheinlich die Frau des Dicken, der mich auch im neuen Haus bewacht. Blue Eye und der Braunäugige kommen zunächst nicht mehr wieder. Es sind wieder die Wachen aus dem vorherigen Haus da.

Die Villa ist unheimlich. Die Toilette befindet sich in einer Ecke rechts neben der Haustür, die aus Metall und mit brauner Farbe angestrichen ist. An der Wand in meinem Zimmer entdecke ich schließlich einen blutigen Händeabdruck. Was in diesem Haus wohl passiert ist? Wer hat hier vorher gewohnt? Wurden die Besitzer vertrieben oder getötet? Ich will es eigentlich nicht wissen, ich werde es auch niemals erfahren, hoffe ich.

Der Braunäugige kommt wieder. Sein Englisch sei sehr schlecht, entschuldigt er sich. Ich schaue ihn an. Er ist klein und hat überall schwarze Haare. Ich kann ihn zunächst nicht einschätzen. Dann stellt sich heraus, dass er eigentlich ganz nett ist. Er ist emotionaler als Blue Eye. Nicht so ein Kontrollfreak. Ich bitte ihn, dass er mir etwas vom Markt mitbringt. Leider vergisst er meine Bitte immer wieder. Ich nenne ihn daher nach einigen Tagen Abu Nissi oder Abu Forget, was man mit Vater der Vergesslichkeit übersetzen kann.

Die Tage vergehen. Ich bin zunehmend betrübt. Depressive Stimmung hält Einzug in meinen Alltag. An diesem Morgen kämpfe ich mit meinem ganzen Willen gegen meine Verzweiflung an. Ich versuche, meine Gedanken stark zu machen. Ich versuche, sie zu sortieren. Ich stelle mich meinen eigenen Zweifeln und Ängsten. Jeden Tag steige ich mit mir selbst in den Ring. Ich gebe mich nicht auf, aber verzweifele fast an mir selbst. Die Last der Tage liegt einfach zu schwer auf meinen Schultern. Nichts passiert. Die Zeit in der Villa markiert den Wendepunkt: Ich verliere den Glauben daran, dass diese Entführung bald enden wird. Wo bin ich hier? Wo ist die Villa genau? Würde ich sie jemals auf einer Landkarte wiederfinden können?

Das Haus, in dem ich gefangen gehalten werde, hat einen

großen Garten, und davor sind manchmal Autos oder Motorräder geparkt. In der Mitte des Vorgartens steht ein großer Baum. Er trägt viele Blätter, die rascheln, wenn der Wind weht. Wenn ich hinausschaue, dann mache ich das bei Nacht oder am frühen Morgen. Wenn alle noch schlafen. Manchmal schlafen sie bis nach zehn Uhr, aber nur, wenn sie am Abend zuvor spät ins Bett gegangen sind. In meinem Zimmer steht ein Bett mit zwei Nachttischen rechts und links, außerdem gibt es einen großen braunen Holzschrank, in dessen linker Flügeltür ein großer ovaler Spiegel eingelassen ist. Ich gehe einen Schritt auf den Spiegel zu. Ich blicke ganz tief in meine Augen. Ich betrachte mich in diesem Spiegel. Mein Bauch ist riesig. Ich bin alt geworden. Ich bin in einer tiefen Verzweiflung gefangen. Ich weine bitterlich. Ich bin ein Schatten meiner selbst, denke ich. Ich versuche, mich nicht mehr zusammenzureißen. Ich lasse meinem Schmerz freien Lauf, gehe immer tiefer in den Schmerz. In die Hoffnungslosigkeit. Ich bin in einer selbst verschuldeten Situation. Das macht mich noch verzweifelter.

Ich habe immer die gleichen Gedanken: dass ich in die Falle getappt bin. Ich bin verloren, verdammt. Der Kreisel dreht sich immer schneller. Es gibt kein Entkommen aus diesem Gedankenkreislauf. Ich lege mich auf den Boden und versuche zu meditieren. Mich zu versenken, an nichts zu denken. Mich zu lösen, nur auf das Loslassen zu konzentrieren. Das buddhistische Nirwana. Nach dem Meditieren fühle ich, dass meine Akkus wieder aufgetankt sind. Ich versuche, mich auf die Tatsache zu konzentrieren, dass ich Deutsche bin. Sie können mich hier doch nicht einfach verrecken lassen! Ich war Journalistin. Jetzt bin ich nur noch Geisel. Ohne Rechte und ohne Handlungsspielraum.

Ich verlange danach, den Commander zu sprechen. Die Wachen lehnen ab. Dann schmiede ich einen Plan: Ich werde starke Schmerzen vortäuschen, damit die Entführer unter Druck geraten. Ich will sie dazu bringen, dass sie mich in ein Krankenhaus bringen. Dort könnte ich Hilfe finden. Ich gehe immer weiter in meiner Simulation der Schmerzen, die ich angeblich nicht mehr aushalten kann. Die Entführer bringen zunächst Schmerzmittel, Paracetamol 500 mg. Ich löse die Tabletten einzeln in einem Glas auf und schütte sie anschließend heimlich in den Abfluss, falls sie meinen Müll kontrollieren. Ich sage der Wache immer wieder: »Ich habe so starke Schmerzen, und die Tabletten helfen nicht. Ich muss in ein Krankenhaus. Ich brauche einen Arzt!« Der Mann ist zunehmend verzweifelt. Er will nichts falsch machen. Er verspricht, dass er mit dem Commander spricht. Ich merke, dass mein Theater etwas zu bewirken scheint. Die Entführer sind jetzt wenigstens ein bisschen in der Defensive.

Ich frage nun jeden Tag nach einem Krankenhaus. Die ganzen letzten Tage habe ich immer stärkere Schmerzen simuliert. Dann bringt der Dicke andere Tabletten gegen Krämpfe in der Schwangerschaft. Ich bedanke mich überschwänglich und tue so, als ob ich dankbar für ihre Hilfe wäre. Doch auch diese Tabletten löse ich auf und schütte sie in den Abfluss, damit sie unbemerkt verschwinden. Und dann klage ich weiter: »Die neuen Tabletten helfen auch nicht. Ich muss in ein Krankenhaus.« Ich tue immer verzweifelter: »Die Medikamente wirken gar nicht, im Gegenteil. Es wird immer schlimmer. Ich muss in ein Krankenhaus.« Sie scheinen sich bewusst zu sein, was das bedeuten könnte. Die Angst der Wache steigt mit jedem Tag. Ich versuche, mir Mut zu machen: Vielleicht bringen sie mich tatsächlich in ein Krankenhaus, wo ich sicherlich mit einem Arzt sprechen kann, der mir dann vielleicht hilft, aus dem Krankenhaus zu fliehen.

Ich bitte darum, dass die Entführer mir helfen. Ich simuliere jetzt so höllische Schmerzen, dass es unmenschlich scheint, mich nicht zu einem Arzt zu bringen. Die Entführer scheinen zunehmend besorgt zu sein.

Plötzlich parkt spät in der Nacht ein Auto direkt vor dem Haus. Der Schlüssel meiner Zimmertür wird gedreht. Ich bin wieder hellwach. Die Holztür geht auf. Zwei Entführer kommen herein. Die Tür bleibt offen stehen, dann betritt eine vollverschleierte Frau mit einem kleinen Baby den Raum, gefolgt von einem weiteren Mann.

Ich habe im ersten Moment fürchterliche Angst, weil es so spät ist. Ich verstehe außerdem nicht, warum diese Person zu mir kommt. »Ich bin Ärztin!«, sagt eine Frauenstimme und bleibt mitten im Raum stehen. Die Wachen sagen auch nur: »Doktor, Doktor.« Sie trägt einen *Niqab*, und ich sehe nur ihre braunen Augen, die freundlich wirken. Ich frage nach: »Wirklich eine Ärztin?« Ich stehe von meinem Bett auf, damit ich diesem schwarzen Etwas in meinem Zimmer wenigstens auf Augenhöhe begegnen kann. Es könnte sich ja jeder unter dieser Kutte verstecken. Die Wachen verlassen den Raum. Das habe ich nicht erwartet. Ich bin mit der angeblichen Ärztin und dem Baby auf ihrem Arm allein im Zimmer. Ihr Baby schläft.

Die Frau merkt, dass ich sie bedrohlich finde. Als sie ihr Kind auf dem Bett abgelegt hat, hebt sie den Gesichtsschleier hoch. Ihr Gesicht wirkt freundlich. Sie ist blass. Ich bin es wahrscheinlich auch. Ich bin berührt und muss kurz lächeln, aber dann mustere ich sie erneut kritisch von oben bis unten.

»Bist du wirklich Ärztin?«, frage ich misstrauisch nach. Kann ja jeder behaupten. »Ja«, antwortet sie mir mit ruhiger Stimme. »Wo hast du denn studiert?«, bohre ich nach. Ohne eine Sekunde zu zögern, antwortet sie: »In Damaskus.« »Und was?« »Gynäkologie. Ich habe im Krankenhaus gearbeitet. Seit einigen Jahren bin ich auf Hausgeburten spezialisiert.« Sie schaut sich in dem Zimmer um, dann schüttelt sie den Kopf. »Wahrscheinlich bin ich die einzige Gynäkologin, die noch in Nordsyrien ist.« Vermutlich hat sie recht.

Seit wann sie Ärztin sei, will ich von ihr wissen. Sie sagt: »Seit acht Jahren praktiziere ich.« Ihr Englisch ist so gut, dass mir schnell klar ist, dass sie studiert haben muss. Ihr Wortschatz und ihre Formulierungen sind auf Universitätsniveau. Sie hat eine rundliche Statur, ist kräftig und groß.

Es ist schnell klar, dass sie nicht nur studiert hat, sondern auch Medizin studiert hat. Sie ist eine Ärztin. Ich bin erleichtert. Und sie ist eine Frau. Eine Frau an meiner Seite. Endlich. Sie ist die Einzige, der ich ein bisschen Vertrauen schenke. Ein ganz kleiner Restzweifel bleibt, aber ich will ihr vertrauen.

»Wie heißt du?«, frage ich sie. »Noor«, antwortet sie mit weicher Stimme. »Das bedeutet Licht«, sage ich. Und sie fügt lächelnd hinzu: »Das braucht man hier in Syrien auch!« Ich nicke ihr zu. Ich muss an die Zeit denken, als ich noch frei entscheiden konnte, was ich tue. Jetzt kann ich gar nichts mehr frei entscheiden oder tun. Aber dieses neue Licht in meinem Zimmer gibt mir Hoffnung. Ich muss an den Satz von Hemingway denken: »Die Welt ist so schön und wert, dass man um sie kämpft.«

»Und wie heißt du?«, fragt sie mich jetzt. Ich antworte ihr mit leiser Stimme. »Ist es ein Mädchen oder ein Junge?«, frage ich sie, als die erste Unsicherheit verflogen ist, und zeige auf ihr Kind, das ruhig auf dem Bett schläft. »Ein Junge«, antwortet sie und lächelt. »Wie heißt er?«, frage ich sie. »Mohammed«, antwortet sie. So wie fast alle Jungen in Syrien.

Unser Gespräch wird schon nach wenigen Sätzen immer vertrauter. Vielleicht liegt das an der Situation. Doch sobald die Entführer Geräusche an der Tür machen, zieht sie hastig wieder ihren Gesichtsschleier über, damit sie nicht sehen, dass sie mir ihr Gesicht zeigt. Ohne ihr Gesicht könnte ich nicht mehr existieren, denke ich. Ohne ihr Gesicht würde ich an dem Anblick maskierter Männer verzweifeln. Das immerwährende Maskiertsein der Entführer hat mich menschlich zermürbt. Der Blick in ihr Gesicht bringt mir meine Hoffnung zurück. Ich tanke zwischenmenschlichen Kontakt in dem Gesicht dieser Frau. Ich denke mich weiter in Richtung Freiheit. Meine Lebensgeister kehren mit dem Besuch dieser Ärztin zurück.

»Warum bist du hier?«, frage ich sie. »Warum bist *du*

hier?« Sie antwortet mit einer Gegenfrage. Ich versuche, ihr die Situation zu schildern. Das Eis ist gebrochen. Auf meiner Seite zumindest. Ich erzähle ihr von Laura, von der Sicherheitsgarantie, von der Entführung. Dabei weine ich. Dann weint auch sie. Wir weinen zusammen.

In solchen Momenten ist nicht mehr wichtig, was passiert ist, sondern es zählt nur noch die Intensität der Gegenwart, die Kraft des Unmittelbaren, die Magie des Menschlichen. Dann ist es nicht mehr nötig, dass wir uns erinnern, dann können wir loslassen. Es ist nur wichtig, dass es weitergeht. Das ist das Einzige, was dann noch zählt.

Ich schütte der Ärztin mein Herz aus. Ich habe das Gefühl, dass ich ihr vertrauen kann, trotz der Situation. Ich spiele kein Spiel, und sie spielt auch keines, meine ich zu spüren. Sie ist niemand, der sich freiwillig in dieser Situation befindet, vermute ich.

Dann untersucht sie mich. Es ist alles in Ordnung. Ich bin erleichtert. Ein Stein fällt mir vom Herzen. Sie ist mein schwarz gekleideter Engel. Schließlich werden sie und ihr Sohn von den Entführern wieder weggebracht. Die Wachen klopfen an die Tür und sagen, dass ein Auto bereitstehe, um die Ärztin und ihr Kind wieder in ihr Dorf zurückzubringen.

In den folgenden Tagen nach ihrem Besuch bin ich besserer Stimmung. Es ist alles nur ein kurzfristiger Zustand, versuche ich mich zu motivieren: Ich werde wohlbehalten zurückkehren. Deshalb versuche ich, dieses Leben in Syrien mitzuleben, obwohl es mir schwerfällt. Ich versuche, nicht zu klagen und mich nicht entmutigen zu lassen. Weder von einer Nachricht noch dem Ausbleiben einer Nachricht.

Ich hoffe jeden Tag, dass etwas passiert, jeden Tag, dass es bald vorbeigeht. Und ich glaube jeden Tag von Neuem aufrichtig daran, dass meine Freilassung heute geschehen wird. Die Entführer sagen mir immer wieder: »Es dauert nur noch zehn Tage.« Wenn die zehn Tage verstrichen sind, sagen sie es erneut. Meine Welt teile ich daher immer in die nächsten zehn Tage ein. Und ich glaube daran, ich glaube wirklich daran und bin daher viel ruhiger. Es ist ein alter Gefangenentrick, basierend auf simpler Psychologie.

Die Tage vergehen. Ich muss immer wieder an Noor denken. Immer, wenn die Tür aufgeht, frage ich nach der Ärztin. Ich frage jeden Tag, wann sie wiederkommt. Ich will von den Wachen eine Erklärung dafür bekommen, warum sie mich nicht noch mal besucht. Die Wachen haben jeden Tag neue Ausflüchte. Und sie kommt einfach nicht mehr. Nach Waleed frage ich inzwischen nur noch selten.

Dafür bringen die Männer mir Obst, Schwangerschaftsvitamine und Medizin, die die Ärztin verschrieben hat. Sie hören offenbar auf Noor. Sie holen alles, was sie aufgeschrieben hat, nur sie selbst bringen die Entführer nicht mehr zu mir.

Ich zähle jede Stunde, seit die Ärztin das letzte Mal da war. Die Jahreszeiten wechseln, die Tage werden kürzer, die Nächte länger. Es wird langsam kälter. Jede Nacht ein wenig mehr. Der Winter zeigt sich. Ohne Ofen kann man nachts nicht mehr schlafen. Dann wird es schließlich so kalt, dass ich den ganzen Tag heizen muss.

Und eines Tages kommt die Ärztin mich wieder besuchen. Ich lächele sie erleichtert an. Als die Tür geschlossen wird und wir alleine sind, nimmt sie sogleich ihren Gesichtsschleier hoch. Ich schaue gespannt auf ihr Gesicht. Ich habe es mir jeden Tag vorgestellt. Sie hat sehr große, runde Augen, die tiefbraun sind. Kastanienbraun. Ihre Augen erinnern mich an den Herbst in Deutschland. Ich muss lächeln.

Als sie dieses Mal kommt, bringt sie viele Tüten mit Einkäufen mit. Ich bin irritiert. Sie hat eine komplette Babyerstausstattung auf dem Markt gekauft: Strampler, Mütze, Socken, Windeln, Schnuller, Fläschchen, Decken. Medizin gegen Brustentzündung. Sie hat alle Sachen mitgebracht, die man für ein Neugeborenes braucht.

Ich bin an diesem Tag nicht überrascht, dass sie kommt. Ich hatte so fest damit gerechnet und finde ohnehin, dass es längst überfällig ist, aber trotzdem freue ich mich sehr. Es ist ein Glückstag. Ich sprudele über vor Fragen und Dingen, die ich von ihr wissen will. Sie betrachtet mich aufmerksam. Dann untersucht sie mich. Mir wird klar, dass die Geburt meines Kindes nicht mehr weit weg ist.

Als sie wieder weg ist, falle ich in ein tiefes Loch. Die zehn Tage in diesem Haus sind grausam. Es sind die einsamsten meines Lebens. Ich denke immerzu nur an mein Kind. Ich denke an unsere Familie. Ich versinke in Selbstmitleid.

Nach diesen schweren Tagen verlassen wir endlich dieses Haus. Ich packe meine Sachen, und wir begeben uns wieder auf die Reise.

HAUS VIER: Die Geburt

Der Wagen fährt durch die syrische Nacht. Wie immer wechseln wir bei Dunkelheit das Haus. Es ist Ende November. Wir fahren rund eine halbe bis eine Dreiviertelstunde, bis der Wagen endlich stoppt. Der Fahrer schaltet den Motor aus. Es ist still. Nur einige Hunde bellen in der Ferne. Wir sind angekommen.

Als wir ins Haus gehen, spüre ich, dass die Eingangstür sehr schmal ist oder nur ein Flügel geöffnet wurde. Ich warte mit einer Wache im Foyer. Es scheint ein hoher Raum zu sein. Zumindest wirkt es so, weil jeder Schritt und jedes Wort nachhallt. Im unteren Stockwerk des Hauses riecht es nach frisch gekochtem Lamm. Nach einigen Minuten kommt ein anderer Mann zu uns. Er schnalzt hastig mit den Fingern. Meine Wache zieht mich am Ärmel, dann gehen wir durch die Eingangshalle hindurch zu einem Treppenhaus.

Er führt mich langsam die Treppenstufen hinauf. Die Treppe will gar nicht enden. Dann sind wir nach vier Stockwerken endlich angekommen. Nach jedem Treppenabsatz muss ich tief Luft holen, die fortgeschrittene Schwangerschaft macht sich bemerkbar. Ich trete vorsichtig in den Raum hinein.

Das Haus hat vier Stockwerke, und die Wohnung befindet sich im obersten Geschoss. Sie bringen mich in ein Zimmer und nehmen mir die Augenbinde ab. Ich schaue mich um. Der Raum ist mittelgroß. »Du hast ein Badezimmer mit Dusche und eine Extratoilette.« Sie zeigen auf einen kleinen Flur. »Und diese Toilette«, schwärmt die Wache, als handele es sich um das Paradies auf Erden, »ist sogar eine Toilette von euch!« Leider funktioniert die Spülung nicht, und es gibt keine Klobrille, aber es ist tatsächlich eine Toilette zum Sitzen. Eine europäische Toilette. Das Bad ist ein wenig in die Jahre gekommen, aber es zeugt von altem Reichtum. Es ist etwas protzig. Die Kacheln sind grün. In der Ecke steht ein Badeofen, der zurzeit nicht funktioniert, denn es fehlen einige Schläuche und Kabel. »Das reparieren wir noch!«, sagt Abu Forget, als ich in die Ecke schaue.

Es ist eine große Wohnung. Ein richtiges Appartement mit Badezimmer und separater Toilette. Hier fühle ich mich halbwegs sicher vor dem Krieg. Dieser Ort scheint weit entfernt von den tobenden Kämpfen zu liegen. Ich versuche einzuschlafen.

Plötzlich dröhnt das Morgengebet aus den Lautsprechern. Häufig wache ich zum Morgengebet auf. Ich drehe mich dann noch mal um, weil ich weiß, dass ich weiterschlafen muss. Ich brauche meinen Schlaf. Es ist ein Ritual, das mir hilft.

Kurze Zeit später geht die Sonne langsam auf. Ich sehe die Sonne nur verschwommen, denn die Fenster in meinem Zimmer bestehen eigentlich nur aus Plastikscheiben, die in die hölzernen Fensterrahmen eingelassen sind. Man kann durch das milchige Plastik nicht hindurchschauen. Ich könnte die Scheiben leicht herausnehmen, weil sie nur mit zwei kleinen Nägeln befestigt sind, aber das traue ich mich nicht. Doch ich kann die Scheiben ganz leicht am Ende zur Seite biegen und so etwas sehen. Ich sehe die ganze Landschaft um uns herum. Im Osten geht gerade die Sonne hinter einem Gebirge auf. Die Strahlen sind noch ganz zart.

Wir befinden uns offenbar in einem ruhigen, ländlichen Gebiet. Hühner gackern. Ein Hahn kräht. Die Geräusche der Tiere beruhigen mich. Es ist noch nicht taghell, aber alles ist klar zu sehen. Ich sehe eine Schnellstraße und eine Stadt in der Ferne. Ein Lastwagen und Autos fahren mit blassen Scheinwerfern durch den Morgen. Jetzt habe ich genug gesehen und lasse die Scheibe wieder los.

Als ich auf die Toilette gehe, schaue ich dort aus dem kleinen Fenster hinaus. Draußen sind andere Häuser an einem

Hang. Das Haus liegt an einem Hügel. Ich sehe die Nachbarhäuser klar und deutlich. Es sind allesamt Villen. Große Häuser. Mehrgeschossig, mit vielen Zimmern. Sie liegen in Rufweite. Auf dem Sims finde ich ein kleines Kreuz aus Ton. Das syrische Kreuz ist symmetrisch und hat vier gleich lange Balken. Ein Balken ist abgebrochen. An einer Seite befindet sich ein Loch, um das ein kleines braunes Lederband geknotet ist. Es hing vielleicht an der Wand und ist heruntergefallen. Das syrische Christentum unterscheidet sich stark von der katholischen und evangelischen Symbolik und Ikonografie, es ist dem Urchristentum zuzurechnen. Auf einmal bin ich mir sicher: Hier haben zuvor Christen gewohnt. Das Kreuz, die Toilette. Sie sind bestimmt geflohen oder wurden vertrieben. Es gibt viele Christen, die aus Syrien geflohen sind.

Aber auch hier klopft der Krieg immer wieder mit seiner eisernen Hand an. Man hört immer wieder Kriegslärm, es wird scharf geschossen. Die Front ist zwar noch in weiter Ferne, aber ab und zu ist ein Schuss in der Nähe zu hören. Die Front scheint Tag für Tag näher zu kommen.

»Wie weit ist Aleppo weg?«, frage ich den übersetzenden ESM, der an diesem Abend kommt. »Nicht weit!«, antwortet er und zeigt auf die Bombenexplosionen, die man bunt durchs Fenster aufleuchten sieht. Es scheppert jedes Mal und klingt wie bei uns an Silvester. Natürlich, wenn das jetzt nicht Syrien wäre, dann könnte es auch ein anderer Ort auf der Welt sein, wo gerade mit Feuerwerk gefeiert wird. Aber es sind die Klänge des Krieges, die im Hintergrund rauschen und zwischendurch laut tönen. Und die Beklemmung, die bei jedem Knall mitschwingt, dass jemand gerade gestorben sein könnte.

Es wird langsam kalt. Sie bringen einen Ofen, den *Sobia*, von dem Laura schon berichtet hat. Ich röste mein Brot darauf, stelle Tee warm. In Syrien werden auch Kastanien auf ihm geröstet. Man braucht immer ein Feuerzeug. Der Ofen steht auf einer Metallschale. Er wird mit einem tropfenden

Tank betrieben. Der Name des Metalltanks ist Wassermelone, *Baticha*. Jeder weiß aufgrund des Kontextes, dass es sich nicht um eine Wassermelone handelt, sondern um eine *Baticha-Mazut*, eine Diesel-Melone. Die Melone hat ein Volumen von fünf Litern. Manchmal geht der Ofen aus. Es kann an fehlendem Sauerstoff liegen oder an einem Windstoß, der die Flamme löscht. An anderen Tagen explodiert der *Sobia* einfach. Das erste Mal passiert dies mitten in der Nacht. Eine kleine Explosion ist zu hören, und Qualm kommt heraus. Das Feuer erlischt.

In den kältesten Zeiten im Winter verbraucht man zehn Liter, das sind zwei Tankfüllungen pro Tag. Aber das ist nur in den Regionen, die hoch in den Bergen über 1100 Metern liegen, und auch nur in den wirklich kalten Perioden. Normalerweise sind es fünf Liter am Tag, dann muss man die Melone einmal am Tag auffüllen. Man benutzt ein Dieselgemisch, der Brennstoff hat eine viel schlechtere Qualität als jener, der fürs Autofahren genutzt wird.

Ich warte auf den Helikopter, auf das Spezialkommando, das zu meiner Befreiung kommt. Ich schaue auf meinen selbst gezeichneten Kalender. Die einzige Abwechslung ist der brennende Ofen. Manchmal knackt es im Feuer oder es zischt. Die Tage verstreichen, ohne dass irgendetwas Nennenswertes passiert. Kein Helikopter, kein Spezialkommando. Ich bin verzweifelt. Und wütend.

Hier in diesem Haus beginnt meine tiefste Hölle, meine dunkelste Stunde. Ich muss an meine Familie denken. Ich kann nicht damit aufhören. Doch die Liebe ist dem Wahn gewichen. Ich schaue zur Tür. Die Wachen haben mir gesagt, dass die Ärztin wohl bald wiederkommen wird. Ich hoffe es sehr. Ich bin nicht sicher, wie es weitergehen soll. Es ist mir vollkommen schleierhaft. Ich bin ratlos, kraftlos, matt.

Aber an einem dieser Tage kommt tatsächlich die Ärztin wieder. Sie ist mein Licht in der Dunkelheit, in der Einsamkeit. Durch sie werde ich daran erinnert, dass ich nicht aufgeben darf.

Als Noor dieses Mal kommt, bringt sie ein Ultraschallgerät mit. Sie kontrolliert alles. Dann sagt sie, dass es bald losgehen werde. Ich schaue sie kopfschüttelnd an. »Nein«, sage ich verzweifelt. Doch sie meint es ernst. Außerdem hat sie ein Sauerstoffgerät dabei. Ich bin davon positiv überrascht. »Und wenn der Strom ausgeht?«, frage ich Noor. »Sie haben einen Generator.« Ich bin verängstigt. Es wird immer konkreter. Es wird alles immer konkreter. Die Uhr tickt. Meine Zweifel, ob alles gut ausgehen wird, sind wieder beklemmend. Es ist schier unerträglich. Die pure Angst vor der nahenden Geburt lässt mich erstarren.

Noor sagt, dass ich mir keine Sorgen machen solle. Ich schaue ihr in den Augen, dann bricht es aus mir heraus: »Ich will nicht hier sein!« Mir kommen sofort die Tränen, sie laufen warm meine Wangen herunter. »Ich will nach Deutschland!« Sie versucht, beruhigend auf mich einzuwirken: »Bitte, bitte, du musst dir keine Sorgen machen! Ich bin eine sehr erfahrene Ärztin.« Die Entführer unterbrechen unser Gespräch. Sie warten vor der Tür und klopfen. Sie bringen Essen. Es sind zwei große Tabletts mit einigen Schalen darauf. »Hier ist wohl keine Frau im Haus, oder sie hat keine Zeit«, kommentiert Noor das Essen. »Es ist alles vom Basar gekauft. Nichts selbst gekocht.«

»Ich schaffe das nicht, so stark bin ich nicht!«, wimmere ich. Sie blickt mich ernst an, wie das vielleicht nur Ärzte können, dann sagt sie: »Wir haben leider keine andere Wahl.« Mit diesen Worten dreht sie sich zu ihrem Sohn um. Ich schaue sie an. Vielleicht schaffe ich es ja doch mit ihrer Hilfe. »Wenigstens bin ich nicht allein«, denke ich. Dann ist die Ärztin wieder weg.

In diesen Tagen beginnen die Bombenangriffe in der Region. Bei jedem Bombenangriff rattert das Plastik meiner Fenster. Am Horizont leuchtet die Front. Es flimmert. Die Entführer kommen aufgeregt in mein Zimmer. Wir nehmen ein Foto für die Bundesregierung auf, zum ersten Mal. Ein »Proof of Life«. Blue Eye betritt mit einer kleinen Kompaktkamera in der Hand den Raum. Er schaut mich triumphierend an. Der »Friend Connect« sei da, der mit der Außenwelt in Kontakt stehe. Dieser brauche jetzt ein Beweisfoto von mir. Er schaut mich dabei gierig an. »Stell dich da vor die weiße Wand«, bellt er mich an und drückt mir ein Schild in die Hand, auf dem »27.11.15« steht. Er macht einige Bilder. Ich schaue vorwurfsvoll in die Kamera. Dann verschwindet er wieder. Ich schöpfe mit dem Foto neue Hoffnung, denn vielleicht bewirkt es ja etwas.

Ich fühle mich nicht bereit. Einfach nicht bereit. Ich fühle mich für nichts bereit. Schon gar nicht für die Geburt. Aber was soll ich tun? Die Zeit läuft mir davon. Die Ärztin hat mich gewarnt, dass wir nicht zu lange warten dürfen. Was meint sie damit? Ich schreibe auf den kleinen Zettel, der mein Tagebuch ist: »Niemand wird mich retten. Ich muss da jetzt durch.« Ich muss an eine Schlagzeile denken, die ich mal gelesen habe: »Frau bringt alleine ein Kind in der Wildnis Australiens zur Welt.« Diese Gedanken machen mir tatsächlich Mut. Wenn diese Frau das allein geschafft hat, klappt es bei mir ja vielleicht auch.

Eigentlich hatte ich mir die Geburt meines Kindes ganz anders vorgestellt. Plötzlich werde ich wehmütig. Eigentlich wollte ich mein Kind in einem Geburtshaus an der Stadtgrenze von Berlin zur Welt bringen. Eigentlich wollte ich mich entspannt darauf vorbereiten, eigentlich sollte es der größte und schönste Moment meines Lebens werden. Doch ich schaue mich in dem kleinen Zimmer um. Hier sind wir weit entfernt von einer schönen Geburt, von einem Geburtserlebnis, von einer Wassergeburt oder anderen Geburtspraktiken in Deutschland.

Ich finde, dass es nicht fair ist. Aber was ist schon fair im Krieg von Syrien? Ich erinnere mich nur noch dunkel daran, dass ich stark sein wollte, aber in dieser Nacht gelingt es mir nicht. Ich weine wieder bitterlich.

Die bevorstehende Geburt ist für mich, als ob ich durch einen Tunnel hindurchmuss. Ich gehe und gehe, bis es wirklich keinen Weg zurück mehr gibt. Ich gehe immer weiter, bis ich zum Ende komme, denke ich. Aber es ist nicht leicht. Ich bräuchte noch mehr Zeit, um mich mit dem Gedanken vertraut zu machen, dass ich mein Kind hier zur Welt bringen werde. Verzweifelt hoffe ich, dass die Ärztin bald wiederkommt. Ich versuche, die Wachen in ein Gespräch darüber zu verwickeln. Doch sie kommt nicht.

Blue Eye kommt einige Tage später zu mir und sagt, dass der offizielle Twitter-Account von Jabhat al-Nusra eine Nachricht veröffentlicht habe, in der sie sich von der Entführung von mir distanzieren. Ich werde plötzlich wütend. Ich schreie ihn an. »Warum?« Jetzt ist es raus, denke ich. Jetzt wird darüber geschrieben. Ich platze vor Wut. »Sie werden euch sowieso alle mit einer Drohne töten!«, schreie ich Blue Eye entgegen. Er verlässt den Raum. Wütend bleibe ich zurück.

Sie bringen mir Stifte, unzählige Stifte. Die ganze weiße Plastiktüte vom Basar ist voll von diesen Kugelschreibern. In allen Farben. Schwarz, Rot, Grün, Blau. Eine Reserve, die lange halten soll. Ein eindeutiges Zeichen. Es dauert lange, bis man sie leer geschrieben hat, denke ich bei mir.

Endlich geht die Tür quietschend auf, und die Ärztin kommt herein. Ich bin erleichtert. Mit ihr schöpfe ich neue Hoffnung. Die Entführer lassen die Tür offen, wenn die Ärztin da ist. »Warum?«, frage ich Blue Eye. »Die Ärztin ist nicht gefangen«, antwortet er mir. »Die Ärztin ist eine freie Frau. Anders als du.« Sie lassen also die Tür offen, damit sie nicht das Gefühl hat, dass sie eingesperrt ist.

Ich bin jetzt mit der Ärztin alleine und habe für sie einen Brief vorbereitet, den sie an meine Familie schicken soll. Sie nickt. Und steckt ihn in die Tasche. Ich hoffe, dass mein Brief es durch den Krieg schafft.

Bei diesem Besuch reden wir mehr als sonst. Sie bleibt einige Stunden. Als Noor Vertrauen zu mir geschöpft hat, schaut sie mich plötzlich ernst an. Dann erzählt sie mir die ganze Wahrheit: »Sie haben meinen Mann entführt!« »Wie bitte?« Es ist kaum zu glauben! »Deinen Mann?« »Ja, den haben sie einfach mitgenommen. Ich habe ihn seitdem nicht gesehen.«

»Er ist ebenfalls Arzt«, erzählt sie. »Vor einigen Wochen kamen zwei Männer zu meinem Haus. Sie haben mich gefragt, ob ich eine Hausgeburt machen könne, die einige Stunden mit dem Auto entfernt liegt. Ich habe abgelehnt.« Sie flüstert: »Hoffentlich tun sie ihm nichts an.« Sie verbirgt ihr Gesicht in den Händen. Dann weint sie. »Warum denkst du, dass er in Gefahr ist?«, frage ich sie mit leiser Stimme. »Die Entführer haben mir gesagt, dass sie meinen Mann töten, wenn bei der Geburt dir oder dem Kind etwas passiert.« Sie macht eine Pause. »Und meinen Sohn auch«, fügt sie hinzu.

Das steht jetzt zwischen uns. Es gibt kein Entrinnen. »Warum bist du nur hierhergekommen?«, fragt sie mich vorwurfsvoll. »Obwohl du schwanger warst!« Ich schaue sie nur an und kann nichts mehr sagen. Ich habe einen Kloß im Hals. Sie weint. Ich nehme sie in den Arm, versuche, sie zu trösten.

Auch die Ärztin ist also unfrei. Sie steht unter großem Druck. Denn sie haben ja ihren Mann entführt, damit sie tut, was die Entführer sagen. Und ihren Sohn haben sie gewissermaßen auch.

Sie schaut mich an. Sehr viele Tage sind seit ihrem letzten Besuch vergangen. Sie ist in das neue Haus gekommen, und ich denke, dass alles gut wird. Dann sagt sie, dass sie nur kurz bleiben werde. Nur für eine Untersuchung. Ich verstehe und nicke ihr zu. Sie ist diejenige, die mir in diesem Moment etwas offenbart hat, was alles verändert. Die Entführung von ihrem Mann setzt ihr sehr zu. Das verstehe ich. Ich fühle mich schuldig.

Ich realisiere, dass die Geburt vor der Tür steht. Noor erinnert mich an meine Verantwortung und sagt, dass sie bald wiederkommen werde. Ihre Anwesenheit macht alles sehr real. Bisher habe ich das alles so weit wie möglich verdrängt. Die Geburt. Es ist noch nicht klar, ob und wie es sein wird. Ich weiß eigentlich gar nichts. Ich weiß nur eines: Ich muss mich fallen lassen. Ich muss tun, was ich kann. Was mich jedoch genau erwartet, weiß ich nicht.

Ich gehe jetzt diesen Schritt nach vorne. Ich muss. Ich verfluche mich nicht mehr. Ich schaue nach vorne, aber ich schaue in eine Welt, die es nicht gibt. Ich sage mir selbst: Ich habe Hoffnung. Ich bin glücklich. Ich versuche alles, um mich endlich an die Realität in Syrien zu gewöhnen. Ich hadere nicht mehr mit mir. Ich bin dankbar für alles, was ich bekomme. Ich denke, dass das Glas halb voll und nicht halb leer ist.

Die folgenden Stunden sind unendlich lang. Ich denke immer wieder an die deutsche Entbindungsidylle.

Die Ärztin sagt den Entführern Bescheid, dass es wahrscheinlich bald losgeht. Sie ist die ganze Zeit schon bei mir. Sie übernachtet sogar in meinem Zimmer zwei Tage vor der Geburt. Das gibt mir Hoffnung, denn ich bin zum ersten Mal nicht mehr alleine.

Es ist alles vorbereitet. Wir bekommen sogar einen elektrischen Heizofen, der nur mit Strom läuft, also braucht man einen Generator. Ich stelle mir vor, dass ich in der Badewanne liege. Stattdessen liege ich auf einer Matratze irgendwo in Syrien.

Dann beginnen die Wehen, und Noor begleitet mich durch die härtesten Momente meines Lebens. Die Entführer schalten den Generator an, als der Strom ausgeht.

Mein Kind kommt gesund zur Welt. Ich bin dankbar. Auch Noor ist erleichtert. Ein Stein fällt ihr vom Herzen. Die Entführer haben ihr gesagt, dass ihr Mann nach der Geburt zurückkehrt. Ich sehe ihr die Freude an. In dieser Nacht bin ich nur froh, dass alles gut gegangen ist.

Ich hatte unvorstellbare Angst vor der ersten Geburt. Ich glaube, das hat jede Frau, auch ohne erschwerende Umstände. Auch ohne Krieg. Doch der Krieg macht jetzt auf einmal nicht so viel aus. Er scheint weit weg zu sein. Denn ich bin ganz verliebt in meinen Sohn. Ich schaue ihn an und lege ganz vorsichtig meinen Kopf auf seinen kleinen Körper. Er sieht aus wie ein winziges Dinosaurierbaby, was gerade aus der Ursuppe geplumpst ist. Ich schlafe in dieser ersten Nacht mit meinem Kind auf dem Bauch ein. Ich kuschele mich unter die Decke. Er ist so zart und so zerbrechlich. Er ist wie alle Neugeborenen ganz klein. Klitzeklein. Und er ist so hilflos. Ich schaue ihn an, und die Tränen laufen warm meine Wangen herunter. Ich bin entzückt von diesem kleinen Wesen. Ich bin dankbar, dass wir es bis hierher geschafft haben, aber gleichzeitig trauere ich um die Umstände, unter denen das Leben meines Kindes begonnen hat.

Er hat so winzige Finger. Ich sehe ihn mir immer und immer wieder an. Ich habe es geschafft, ich habe ihn auf die Welt gebracht. Die Umstände sind widrig. Drum herum herrscht Krieg, ich war in diesem Zimmer, ein einziger Albtraum. Aber ich habe es geschafft. Ich bin fast euphorisch. Jetzt ist mein Kind auf der Welt, auf dieser Welt am falschen Ort zwar. Aber er ist gesund. Und ich bin jetzt Mutter. Unter sehr schrecklichen Umständen.

Seinen Namen habe ich seit Wochen jeden Tag auf den Lippen gehabt. Ich habe ständig laut mit ihm gesprochen und seinen Namen gesungen und gesagt.

Nachdem die Geburt vorbei ist, entfernt die Ärztin den Mutterkuchen. In Deutschland, wo es ein durchgängiges Kühlungssystem gibt, frieren manche den Mutterkuchen ein, um daraus homöopathische Präparate herstellen zu lassen, andere vergraben ihn, und andere essen den Mutterkuchen nach der Geburt sogar. Ich nicht. Mein Mutterkuchen landet in einem blauen Müllbeutel, zusammen mit allen anderen Tüchern, Folien, Kanülen und anderen Resten, die nach der Geburt übrig bleiben. Die beiden Müllsäcke werden von den Entführern am nächsten Morgen aus dem Zimmer getragen.

Am nächsten Morgen lege ich ihn das erste Mal an und versuche, ihn zu stillen. Es klappt zum Glück. Ich will ihm das Gefühl geben, dass ich für ihn da bin. Ich flüstere ihm zu. Ich verspreche ihm, dass ich auf ihn aufpassen werde und dass ich ihn sicher zurückbringen werde.

Am nächsten Tag will ich mit der Ärztin sprechen. Aber sie ist schon wieder weg. Ich verlange nach Noor, aber sie kommt nicht mehr. Ich bin auf mich allein gestellt. Allein mit meinem Sohn.

Die ersten zwei Tage ist er mir noch fremd, gleichzeitig bin ich voller Ehrfurcht. Wie soll ich ihn wickeln und stillen? Wie soll ich ihn halten? Ich fühle mich so hilflos. Ich fühle mich so ohnmächtig. Wie soll ich das alles schaffen? Wie soll ich mich nur verhalten? Ich fühle mich fremd. Ich fühle mich mir selber seltsam fremd als Mutter.

Ich weiß nicht, ob es an dem Hormonabfall nach der Geburt liegt, aber ich bin unfassbar wütend und verzweifelt. Ich schreie Blue Eye an, als er hereinkommt, um mir gebratene Leber zu bringen. Er verlässt den Raum direkt wieder. Ich werfe meine blutigen Unterhosen den Entführern vor die Tür. Etwas Schlimmeres als Frauenblut kann es für sie nicht geben, denke ich. »Ich brauche die Ärztin! Ich habe Schmerzen!«, rufe ich verzweifelt. Sie reagieren nicht.

Am Abend schreibe ich einen wütenden Brief an den Commander und beschwere mich. Ich sage, dass es menschenunwürdige Bedingungen seien, unter denen sie mich festhalten – mit einem Neugeborenen. Ich bestehe darauf, die Ärztin wieder zu holen. Ich beschwere mich über die Kälte und die mangelnde Versorgung. Kurze Zeit später wechseln wir tatsächlich das Haus. Die Ärztin hat von den Entführern eine Zange bekommen, um während der Geburt einen Tropf mit einem Nagel an der Wand zu befestigen. Diese hat sie danach in meinem Zimmer liegen gelassen. Ich nehme die Zange an mich und verstecke sie in meinen Sachen. Für eine mögliche Flucht, denke ich.

Sie kommen in mein Zimmer. »Yallah!«, sagt Blue Eye. Dann packe ich all unsere Sachen zusammen. »Wie fahren wir?« Blue Eye gibt mir eine klare Antwort: »Ihr fahrt getrennt.« Sie wollen mich und mein Kind bei dieser Fahrt trennen? Darüber hatte ich nicht nachgedacht.» Aus Sicherheitsgründen«, wie Blue Eye lapidar ergänzt. Sicherheit für wen? Ich wehre mich dagegen. Doch was kann ich tun? Ich bin ihnen ausgeliefert. Nach einer Weile lenke ich ein und stimme zu.

Die Türe öffnet sich, und Blue Eye kommt herein. » Wir haben hier eine Frau, die Mutter ist, die wird deinen Sohn nehmen.« Ich hasse die Entführer in diesem Moment, und ich verfluche sie, aber ich habe keine Wahl. Ich denke an Gott. Wenn es ihn gibt, dann soll er mein Kind jetzt beschützen! Ich murmele das Vaterunser. Es gibt mir Kraft. Ich gebe mein Kind Blue Eye, der ihn vorsichtig nimmt und hinausgeht. Auf dem Gang steht eine Frau im *Niqab*, die ihn auf den Arm nimmt. Ich bleibe alleine im Zimmer zurück. Voller Angst und voller Verzweiflung.

Ich bete weiter das Vaterunser. Zu etwas anderem bin ich nicht mehr in der Lage. Ich zittere am ganzen Körper, mein Herz rast, ich kann kaum atmen. Mantraartig wiederhole ich die Sätze: » Vater unser im Himmel, geheiligt werde dein Name, dein Reich komme, dein Wille geschehe, wie im Himmel, so auf Erden. Und führe uns nicht in Versuchung, sondern erlöse uns von dem Bösen, denn dein ist das Reich und die Kraft und die Herrlichkeit in Ewigkeit. Amen.« Kurze Zeit später öffnet sich erneut die Tür. Die Entführer verbinden mir die Augen. Wir verlassen am 14. Dezember das Haus, den Geburtsort meines Sohnes. Ich mache mir schreckliche Sorgen, da wir getrennt sind, aber versuche, darauf zu vertrauen, dass sie ihm nichts antun wollen. Die Fahrt führt hinaus aus der ländlichen Region auf einer Schnellstraße. Ich sehe nichts und habe keine Orientierung.

HAUS FÜNF: Wieder zurück in der Villa

Wir kommen zum neuen Haus, und ich ahne zunächst nichts. Doch als sie mir im neuen Zimmer die Augenbinde abnehmen, wird mir klar, dass ich in diesem Zimmer schon mal war. Mein Kind ist zum Glück schon da. Ich bin vollkommen irritiert.

Während ich über Laura nachdenke, öffnet sich plötzlich die Tür. Blue Eye kommt mit mehreren Plastiktüten herein. Die Entführer bringen mir allerlei Sachen vom Basar. In einer Tüte sind Windeln, es sind die aussortierten Exemplare mit einigen Fehlern. Entweder fehlt ein Klettverschluss zum Schließen, oder der Aufdruck ist verrutscht, oder das geleeartige Granulat, das normalerweise die Nässe binden soll, kommt heraus. Oder es ist irgendeine andere maschinelle Fehlproduktion. Bei uns können diese Produkte nicht mehr verwendet werden, sondern werden aussortiert. Jeder erwartet, dass alles perfekt ist. Hier in Syrien gibt es wenig Alternativen. Es gibt verschiedene Windelsorten in Nordsyrien. Es gibt Mollfix, das sind die Premiumwindeln, von denen ich die aussortierten Exemplare in der Hand halte. Außerdem gibt es die Assad-Pampers, die halten nicht so viel aus und sind viel schlechter in der Qualität, dafür gibt es bei ihnen aber keine Fehlware. In den anderen Tüten sind Lebensmittel: Kekse, Schokolade und Multivitaminsaft aus Saudi-Arabien.

Eines der größten Probleme in Syrien ist, dass niemand Geld hat. Und außerdem herrscht Gesetzlosigkeit. Eigentlich ist es sehr simpel. »Krieg bedeutet Armut«, sagte Laura bei unserem Treffen zu mir. Ich muss an ihre Worte denken.

Und dann denke ich generell über sie nach. Es ist so undurchschaubar – und vor allem nicht leicht für mich zu akzeptieren, dass es Laura gewesen sein könnte, die mich in diese Falle gelockt hat. Es gab einen Pakt zwischen ihr und mir. Hat sie mich verraten? Oder wurde sie auch verraten? Denn was gilt das Wort einer Frau hier schon?

Bei unserem Treffen in Syrien dachte ich, dass ich Laura und die Kinder zurückholen könne, aber es ist nicht wahr gewesen. Es stimmte nicht. Es war eine Illusion, denn wir waren uns seltsam fremd. Außerdem wollte Laura nicht zurück. Sie hatte Angst vor der Rückkehr. Vielleicht war sie auch zu sehr ihrer Ideologie verhaftet, vielleicht hatte sie sich über die Jahre zu sehr entfernt. Auf allen Ebenen.

Plötzlich öffnet sich die Tür, und eine neue Wache kommt herein. Der Typ sieht sehr jung aus. Er ist wirklich sehr anders als die anderen, denke ich. Er hat ein mildes Temperament. Die anderen Wachen sind leicht zu verärgern und ungeduldig. Ihre Augen funkeln, wenn sie böse sind. Er hingegen ist eher schüchtern. Ich frage mich, wie er in die Situation geraten ist, meine Wache zu sein.

Ich schaue diesen jungen Kerl an. Er berührt mich, denn er ist nett, und ich bin auch ganz freundlich zu ihm. Und so beginne ich, dem neuen Wachmann minimal zu vertrauen. Wir kommen ins Gespräch, denn er spricht ganz gut Englisch. Ein Bombenangriff ist an diesem Abend sehr deutlich zu hören. »Das waren bestimmt die Russen«, vermutet er. Wir kommen auf Russland zu sprechen. Einige Momente später erzählt er: »Ich war selbst schon sehr oft in Russland.« Mein Gesicht wird plötzlich weich. »Genosse?«, frage ich ihn auf Russisch. Er muss lachen. Ich muss ebenfalls lachen. Ich habe Russisch an der Uni gelernt und mehrmals Sibirien bereist. »Ja!«, antwortete er auf Russisch. Ich kann kaum glauben, dass während eines Bombardements von russischen Jets nun ein Mensch, der Russisch spricht, mich so sehr erfreut. »Warum sprichst du Russisch?«, will ich wissen. »Ich habe mit meinem Vater als Kind in Russland gelebt.

Mein Vater hat beim Zirkus gearbeitet.« »Wo?« »In Moskau«, antwortet er.

Ich bitte ihn, seine Maske abzuziehen, aber er lehnt es ab. Trotzdem wird er mein Verbündeter, ich nenne ihn »Abu Russia«. Er kommt immer, wenn er Zeit hat. Anders als die anderen, die nur kommen, um mich abzufertigen. Er schließt die Tür auf. »Weißt du etwas Neues?«, will ich von ihm wissen. »Leider nein«, er schüttelt den Kopf, »aber ich habe dir etwas mitgebracht.« Er reicht mir einen Teller mit frischen Früchten.

Ich schaue ihn an. »Welchen Beruf hattest du vorher?« Ich halte kurz inne. »Ich meine, bevor du unschuldige Journalisten bewacht hast?« Er steht direkt vor mir. »Ich habe auf dem Markt als Gemüsehändler gearbeitet!« Ich mustere ihn. Sagt dieser Typ mir gerade die Wahrheit? Ich zweifele an allem. »Wirklich!«, versucht er, meinem Zweifel zu begegnen.

»Was bedeutet der Islam für dich?«, frage ich ihn. Er zuckt mit den Schultern. »Das ist schwer zu sagen«, antwortet er ausweichend. »Im Krieg verändert sich alles.« »Findest du islamisch, was du tust?« Er schaut mich an. Dann fügt er hinzu: »Meine Frau geht auch nie raus. Sie ist seit fast zwei Jahren immer zu Hause.« Als sollten diese Sätze mich beruhigen. »Dir geht es eigentlich gut«, sagt er. »Du hast Glück!« »Wie kommst du darauf?«, will ich von ihm wissen. »Ich war selbst mal entführt«, er schaut zu Boden. »Das war eine sehr harte Zeit.« »Wirklich?« »Ja, neun Monate. Ich habe in ebenso einem Raum wie hier gesessen.« Wir sprechen inzwischen auf Russisch. »Ich wusste nicht, ob sie mich töten oder nicht. Das war vor dem Krieg. Ich war 18 Jahre alt.« »Wer hat dich gefangen gehalten?« »Es waren Kriminelle, Gangster, Gesetzlose.« »Wie bist du freigekommen?« »Ein Freund hat mir geholfen. Es ist ein Freund, der mich auch hierher als Wache gebracht hat.« »Und wie ist das gewesen, als du frei warst?« »Als ich nach neun Monaten rauskam, habe ich das Leben erst mal ein Jahr lang gelebt. Ich habe viel Alkohol getrunken«, er deutet mit der Hand eine Flasche an, die er zum Mund führt. »Hast du Kinder?«, frage ich. »Ja, einen Sohn«, antwortet er. »Er ist drei.«

Ich musste mich mit den Entführern verstehen, aber ich musste sie nicht mögen. Das war klar. Aber Abu Russia bringt viele gute Dinge in mein Leben. Er will mir helfen, ohne dass die anderen es merken. Alles in allem bin ich nun eigentlich die ganze Zeit mehr damit beschäftigt, was ich tun werde, und nicht damit, was ich gerade tue. Mein Kind schläft viel. Ich muss mich auf meine Zukunft konzentrieren. Ich muss so schnell wie möglich hier raus, denke ich.

Am nächsten Tag kommt wieder ein neuer Mann in den Raum. Sein Name ist Abdullah. Er hat drei Kinder. Seine Frau könne leider nicht kommen, sagt er mir, sie sollte mir eigentlich mit dem Kind behilflich sein. »Meine Frau wäre wirklich gerne gekommen«, sagt er freundlich. Aber sie habe mir sehr herzliche Grüße ausgerichtet. »Aber ich bin auch sehr erfahren«, versichert er mir. Er lächelt. Sein Tuch, das er sich um das Gesicht geschlungen hat, um seine wahre Identität vor mir zu verbergen, ist eher locker gebunden, und ich sehe sein halbes Gesicht. Abdullah spricht außerdem sehr gutes Englisch.

Dann fragt mich Abu Russia, ob ich einen Fernseher habe wolle. Ich lehne es ab. Einen Tag später fragt er noch mal: »Mit Satellitenschüssel. Viele Programme.« Dann ergänzt er: »Willst du nicht doch einen Fernseher haben?« Ich sage Ja. Ich sage nicht mehr grundsätzlich Nein wie all die Tage zuvor, sondern ich sage zum ersten Mal Ja. Und zu allem sage ich ab diesem Moment Ja. Ich sage Ja zum Fernseher, und ich sage Ja zu allem anderen, was sie mir anbieten. Der Fernseher ist der »game changer«. Schlimmer kann es nicht werden, denke ich bei mir.

Der Fernseher ist klein und schwarz. Er hat eine Box, die mit der Satellitenschüssel per Kabel verbunden ist. Es ist nicht so, dass er sofort geht. Im Gegenteil. Jedes einzelne Teil scheint Probleme zu machen. Sie kriegen den Fernseher nicht zum Laufen. Als Abu Russia das Kabel einsteckt, ist die

Steckdose kaputt. Dann fehlt ein Kabel für den Satellitenempfänger, weil der Anschluss nicht passt. Dann funktioniert er. Es ist der Abend des 23. Dezember. Immer wieder
schaue ich meinen kleinen Sohn an. Immer wieder nehme
ich ihn auf den Arm, wenn er weint. Immer wieder weine
ich, wenn er schläft. Er ist mein Lebenselixier, ob er wach ist
oder ob er schläft. Ob er trinkt oder weint. Ich bin immer
wachsam. Ich schaue ihn ununterbrochen an. Er gibt mir
Hoffnung, und sein Anblick macht mir Mut. Ich fühle mich
stark, wie ein Muttertier, wie eine Löwenmutter. Ich werde
ihn nach Deutschland bringen. Wir werden es schaffen.

Ich schaue diesen kleinen flimmernden Bildschirm an, als
er endlich funktioniert. Ich zappe durch die unendlichen
Programme. Ich schaue nur Filme, keine Nachrichten oder
Dokus. Es ist eine lebenserhaltende Maßnahme. Eine unge-
meine Verbesserung meiner Lebensqualität. Die Zeit bleibt
plötzlich nicht mehr stehen, sondern fliegt durch den Raum.
Der Fernseher ist ein Wendepunkt. Mit dem Fernseher kann
ich aus meinem Raum fliehen. Wie viele Menschen fliehen
durch die Mattscheibe in andere Welten? Laufen nicht
immer die Fernseher überall auf der Welt, um für einen kurzen Augenblick zu vergessen, wo man sich gerade befindet?
Ob zu Hause auf der Couch, ob im Krankenhaus oder im
Gefängnis.

Ich schaue also jetzt Fernsehen. Am ersten Abend klebe
ich förmlich an der Mattscheibe. Ich male mir aus, was
geschieht, wenn ich zurückkomme. Irgendwann bin ich nur
noch versunken und gebe mich ganz den gezeigten Geschichten hin. Mein Sohn schläft.

Der Fernseher ist meine Rettung, mein Kamerad, mein
Freund, meine Hypnose, mein Zeittunnel. Er beamt mich
hinaus. Hinaus aus meinem Zimmer im Krieg, hinein in die
große Welt dort draußen. In meine alte Welt, die Welt, die
ich kenne. Die Hollywoodnarrative und Nachrichtenticker.
Ich fühle mich nicht mehr alleine. Ich bin verbunden.

Dann ist Weihnachten. Es ist der Tag, an dem ich mich

vollkommen vergesse. Es ist wirklich kalt an diesem Morgen. Es ist jetzt tiefster Winter in Syrien, draußen schneit es sogar manchmal kurz. Es ist der Morgen des 24. Dezember. Abdullah bringt mir das Frühstück.

Ich schleudere meinen Teller mit dem Frühstück durch den Raum und schreie: »Ich will kein Essen, ich will nach Hause.« Dann weine ich. Es ist das erste Mal, dass ich vor den Wachen die Nerven verliere. Nach meinem ersten Abend mit Satellitenempfang. Die Bilder haben mich aufgewühlt. Ich habe das Leben dort draußen auf der Mattscheibe gesehen.

Ich bin so wütend. Er geht langsam zur Tür und zieht sich zurück. Ich bleibe im Zimmer zurück mit den Oliven, die auf dem Teppich verstreut liegen.

Danach räume ich das Essen wieder auf und warte auf Strom. Am Abend schaue ich einen Hollywoodweihnachtsfilm mit bekannten Schauspielern. Ich heule wie ein Schlosshund, als ich die geschmückten und beleuchteten Bäume sehe, während ich mein christliches Weihnachten ganz alleine mit meinem Kind feiere. Ganz alleine in Syrien. Das orthodoxe syrische Weihnachtsfest findet einige Tage später statt.

Dieser Tag reißt mir komplett den Boden unter den Füßen weg. Zuerst war es der Tag, an dem alles neu erscheint. Und es ist gut. Bis es plötzlich kippt. Ich frage mich, was meine Familie macht. Ich bin hier auf mich zurückgeworfen, aber was machen sie gerade? Wahrscheinlich vergehen sie in Sorge um mich.

Nachdem ich den Fernseher bekommen habe, geht es trotzdem stimmungsmäßig bergauf. Ich fühle mich wirklich verbunden mit der Welt. Nicht mehr abgeschnitten. Die ersten neun Tage kann ich keine Nachrichten schauen. Ich schaue immer nur Filme. Ich will nichts Reales sehen. Schon gar keine Nachrichten. Am wenigsten will ich Nachrichten über Syrien sehen.

Dann schalte ich um: Es läuft Hollywood. Die Traumfabrik. Hollywood ist für mich Ablenkung. Ich versuche, mich in die Szenen zu denken. Wenn es nicht funktioniert oder zu schmerzhaft ist, dann schalte ich den Fernseher aus. Irgendwann geht der Strom sowieso aus. Ich krieche förmlich in den Fernseher hinein. Der Fernseher ist meine einzige Verbindung zur Welt. Wenn es emotional wird, dann fange ich öfter als jemals zuvor an zu weinen. Filme ohne Happy End vertrage ich kaum. Dann werde ich immer ganz sentimental. Wenn der Strom mittendrin ausgeht oder der Film vorbei ist, breche ich innerlich zusammen. Solche Filme stärken mich überhaupt nicht, ich bin emotional so angegriffen, dass ich oft in Tränen ausbreche. Ich liege dann, nach meinem Hollywoodmärchen, wieder alleine in meinem Kriegszimmer und lasse die Dialoge der Hauptdarsteller Revue passieren. Ich wünsche mich dann in diese Filme mit ihren Superhelden aus purer Romantik.

Die Fernbedienung ist vielleicht das Einzige, worüber ich wirklich entscheiden kann. Die letzte Entscheidungsfreiheit. Diese ist nur möglich, wenn es tatsächlich Strom gibt und alles technisch funktioniert. Dann besitze ich noch eine Wahl, nämlich das Programm zu wechseln oder den Fernseher auszuschalten.

Mein Geheimtipp bei Heimweh ist die Deutsche Welle. Die Welle sendet in vier verschiedenen Sprachen: auf Deutsch, Arabisch, Englisch und Spanisch. Mit dem Satellitenprogramm NILE SAT empfängt man das TV-Format in arabischer Sprache. Dort werden Bilder von Deutschland in Dauerschleife gezeigt. Ich versinke in den Bildern der Mattscheibe. Manche Beiträge sind im Original auf Arabisch wie die Nachrichten, andere Beiträge sind auf Arabisch untertitelt oder werden von Sprechern Arabisch synchronisiert. Ich schaue Jaafar Abdul Karim, seine Talkshow *Shababtalk* ist ebenfalls auf Arabisch. Diese Sendung ist eines der erfolgreichsten Formate der Deutschen Welle. Es ist eine der populärsten Sendungen in der arabischen Community. In der Sendung, die an diesem Tag über den Bildschirm flimmert, wird eine konvertierte *Niqab*-Trägerin aus der Schweiz interviewt. Ich kann nicht darüber lachen. Ich rege mich sogar auf. Warum zeigen sie so eine Frau? Was hat sie zu sagen?

Zum Überleben in Syrien sind nicht viele Dinge notwendig, um sich nach Deutschland zu träumen noch weniger. Dieses Land unterscheidet sich so sehr von Deutschland. Es reicht mir jetzt, denke ich plötzlich, ich muss etwas verändern. Ich räume das ganze Zimmer um. Ich schaue meinen Sohn an. Er schläft viel. Das beruhigt auch mich. Ich kuschele mich jede Nacht an ihn. Nachts wacht er manchmal zwischendurch auf, schläft aber schnell wieder ein, wenn ich ihn stille. Seitdem mein Sohn zur Welt gekommen ist, sind die Entführer viel zurückhaltender geworden. Sie klopfen nun immer und warten auf mein O. k., bevor sie in mein Zimmer kommen. Ich kann immer in Ruhe stillen. Im Vergleich zu unserer öffentlichen Stilldiskussion ist hier das Stillen vollkommen tabuisiert. Ein nackter weiblicher Körper.

Die Entführer werden zunehmend unruhig. Sie kommen wütend in mein Zimmer. Die Tür fliegt auf: »Warum zahlt die deutsche Regierung nicht für dich?«, fragt Abu Nissi. Sie wollen eine plausible Antwort bekommen. »Ich kann es euch genau erklären«, antworte ich defensiv. »Sie mögen mich nicht.« Ich bin mir ganz sicher. Und auch den Entführern dämmert es zunehmend, dass es nicht leicht wird. »Angela Merkel liebt dich nicht!«, sagt Abu Nissi spöttisch. »Nein«, erwidere ich. »Sie mag euch nur nicht!« Auch wenn es nur eine Diskussion mit Abu Nissi ist, wirkt dieses Gespräch noch in mir nach. Seine Sätze nagen an mir. Ich grübele darüber nach, ob es nicht doch wahr ist, dass Angela Merkel mich einfach nicht mag. In dieser Nacht schlafe ich unruhig.

Am nächsten Morgen sind die Entführer aufgeregt. Wir wechseln das Haus. Ich muss all unsere Sachen zusammenpacken. Am Abend soll es so weit sein. Der Aufbruch aus der Villa ist für mich beruhigend. Endlich weg hier, denke ich. Ich bin bereit.

Doch dann eröffnet mir Blue Eye erneut, dass ich getrennt von meinem Sohn fahren muss. Ich will wissen, mit wem er fährt und wann. Er nickt mir zu. »Wir kümmern uns gut! Keine Sorge.« Ich will ihm glauben, kann es aber nicht. Schließlich nimmt er ihn auf den Arm und bringt ihn zu den Frauen und Kindern ins Nebenzimmer. Dann führt mich Blue Eye aus dem Zimmer. Ich schaue ein letztes Mal in den Raum. Dann werden mir im Gang die Augen verbunden, und ich fange an zu beten. Aus vollem Herzen. Ich bete für unseren Schutz. Schutz vor den Bomben, Schutz vor den Kugeln, Schutz vor dem Bösen und für das Gute. Ich bete für das Gute in den Entführern.

HAUS SECHS: Das Taubenhaus

Wir kommen nach einer sehr langen Zeit schließlich an. Die Fahrt mit dem Wagen ist sehr unbequem gewesen. Ich habe mich unwohl gefühlt. Ich weiß nicht, wo wir sind, aber diesmal geht es wieder eine Treppe ganz weit hinauf. Viele Stockwerke gehen wir nach oben. Meine Schuhe knirschen auf dem Sand der Treppenstufen. Wir gehen immer weiter hoch. Schließlich führt mich die Wache in ein Zimmer. Er nimmt mir die schwarze Augenbinde ab. Ich schaue mich in dem Zimmer um: Es ist ein großer Raum. Das ist mein erster Eindruck. Ich bin alleine. Mein Sohn ist im Wagen nach mir gefahren. Ich bin die ersten Minuten zunächst froh, dass ich gut in dem neuen Haus angekommen bin, aber ich bin so unruhig ohne ihn. Ich klopfe an die Tür. Blue Eye öffnet die Tür. Er schaut mich an. »Wo ist mein Kind?«, frage ich ihn vorwurfsvoll. »Gleich kommt er. Gleich!« Dann schließt er wieder die Tür. Ich finde ihn unfreundlich und patzig. Ich werde nach dem kurzen Gespräch noch nervöser. Ich male mir aus, was sie mit ihm anstellen könnten. Ich male mir aus, was alles passieren könnte. Ich laufe auf und ab wie ein Tier. Ich steigere mich in eine toxische Verzweiflung. Ich platze vor Wut auf die Entführer und ertrinke in meiner Hilflosigkeit.

Wir kommen am 31.12.2015 in dem neuen Haus an. Es ist die Silvesternacht. Der Umzug ist vollbracht. Abu Russia hat mir drei Dosen alkoholfreies Bier mitgebracht. Ich trinke die Dosen im neuen Haus. Es ist ein Importprodukt aus den Niederlanden, das mit Sicherheit sehr teuer war. Eine Dose hat Apfelgeschmack, zwei haben Erdbeergeschmack. Ich drehe die Dose in meiner Hand herum. Mit verschnörkelter Schrift steht Old Amsterdam darauf. Es muss etwas mit sei-

nen russischen Wurzeln zu tun haben, dass er mir einfach
»Bier« mitgebracht hat. Ich hatte ihn nicht danach gefragt.
Das alkoholfreie Bier zu trinken versetzt mich in eine Hoch-
stimmung. Silvester wird dadurch für mich zu einem Fest.
Das Silvestergefühl. Für einige Momente. Bomben statt Böl-
ler. Silvester in Syrien ist makaber, wenn man unsere Knal-
lerei kennt.

»Feiern manche eigentlich Silvester hier?«, frage ich ihn.
»Feiert ihr das?« Dann halte ich kurz inne. »Nein, hier knallt
es schon oft genug«, witzelt er. »Ja, hier ist jeden Tag Silvester …«, füge ich hinzu. »Nein, in Syrien gibt es das kaum,
aber in Russland wird das orthodoxe neue Jahr gefeiert.« Die
unterschiedlichen Jahreszyklen.

Die Wohnung ist in einem Mehrfamilienhaus, das sich in
einer kleinen Stadt befindet. Die Fenster des Raums sind mit
schweren Eisengittern gesichert. Die Wohnung ist im vierten Stockwerk. Es ist das oberste Stockwerk. Auf dem Flachdach über meinem Zimmer stehen die Wassertanks.

Morgens, wenn alles in der Wohnung noch ruhig ist, dann
klettere ich auf die Fensterbank. Mit einiger Mühe kann ich
über den milchigen Plexiglassichtschutz, der vor dem Fenster angebracht ist, hinausschauen. Ich sehe dann die kleine
Stadt. Die Wohnung, in der ich gefangen gehalten werde, befindet sich in einem der höchsten Gebäude dort. Ich sehe
unter mir die anderen Häuser, die meisten haben zwei oder
maximal drei Stockwerke.

Es ist eine große Moschee mit einer grünen Kuppel zu
sehen, deren Farbe abgebröckelt ist. Ein Gebirgszug in der
Ferne, ein Flüchtlingscamp auf einer Bergkuppe mit kleinen
bunten Zelten und ein hoher Wasserturm. Ich kann die
Geräusche des täglichen Lebens hören und mich daran ein
wenig orientieren. Die auffälligsten Dinge, die ich vom Fenster aus sehen kann, sind die Moschee und der Wasserturm.

Morgens und abends sehe ich manchmal einen Schwarm
von Tauben, der durch die Luft fliegt. Die Tiere drehen ihre
Runden. Es sind 20 bis 25 Vögel. Weiße, graue und schwarze

Tiere. Die Tauben ziehen Pirouetten durch die Lüfte. Sie sind wunderschön anzusehen.

Ich sehe von meinem Zimmer direkt bis zum gegenüberliegenden Haus. Ich versuche, Kontakt mit den Taubenzüchtern aufzubauen. Ich winke ihnen. Sie sehen mich zunächst nicht. Sie unterhalten sich. Manchmal sind zwei Männer da, manchmal nur einer.

Ich stehe jetzt jeden Morgen früh auf, denn nur dann ist es hell und ruhig. Dann kann ich die Taubenzüchter genau sehen. Und sie könnten mich sehen. Ich versuche, auf mich aufmerksam zu machen. Ich versuche, ihren Blick zu mir zu lenken. Ich lasse nicht locker. Es sind die ersten Menschen, die mich sehen könnten. Ich habe Hoffnung. Ich halte meine Hand aus dem Fenster, winke. Sie sehen mich nicht. Ich habe schon einen Brief für meine Familie geschrieben und die Nachricht mit einem Stein beschwert. Es wäre möglich, ihn auf das Nachbardach zu werfen.

Sie schauen ihren Tauben beim Flug nach. Ich winke mit meinem ganzen Arm. Aber sie sehen mich nicht. Und bei all meinen Bemühungen muss ich immer darauf achten, dass die Entführer nichts mitbekommen. Aber meistens schlafen sie lange. Die Taubenzüchter sind dagegen Frühaufsteher. So geht das einige Tage.

Die Leute, die in Syrien Tauben züchten, werden »Kaschasch« genannt. Die »Werfer«, jene, die die Tauben losschicken. Wir nennen sie Taubenzüchter, aber in der syrischen Gesellschaft haben sie keinen guten Ruf. Man nennt sie auch Diebe, Lügner und Betrüger. Du stiehlst, du bist ein Lügner, dann bist du ein »Kaschasch«. Es ist eine kulturelle Assoziation, deren Ursprünge nicht genau zu klären sind, sich jedoch in einem Misstrauen gegen diese Gruppe ausdrückt. Die Brieftaube, die die Nachricht bringt, hat eine lange Tradition. Auch in Syrien. Doch Taubenzucht ist etwas, was wir auch in Deutschland kennen.

In den nächsten Tagen versuche ich, die Taubenzüchter wieder zu treffen. Meine Tage im Taubenhaus sind noch nicht gezählt. Ich gebe mir Mühe, immer daran zu denken, dass es auch noch schlimmer werden kann.

An diesem Morgen habe ich ein gutes Gefühl. Ich stehe mit den ersten Lichtstrahlen auf. Sie stehen wieder auf dem Dach und schauen ihren Tieren nach, die ihre Runden drehen. Dann, als die Tauben in der Nähe meines Hauses fliegen, versuche ich mit einem kreisenden blauen Pulli, ihren Blick zu gewinnen.

Sie sehen mich und winken zurück. Was müssen sie denken? Was sehen sie da? Ich muss aufpassen, dass die Entführer nichts davon mitbekommen. Ich gebe ihnen Handzeichen. Die beiden Taubenzüchter stehen etwas ratlos auf dem Dach. Ich hänge am Fenster und fuchtele mit den Armen. Ich deute ihnen durch überkreuzte Arme an, dass ich gefangen gehalten werde.

Ich werfe einen Zettel auf das angrenzende Nachbardach. Der Zettel landet tatsächlich an der richtigen Stelle. Einer der Taubenzüchter sieht ihn und hebt ihn auf. Darauf stehen die E-Mail-Adresse und Telefonnummer von meiner Familie. Am nächsten Tag sehe ich den Taubenzüchter wieder. Ich winke ihm wieder, doch an diesem Tag kommt er nicht noch einmal auf das angrenzende Dach, sondern er winkt nur zurück. Er kommt nicht mehr. Und reagiert auch nicht mehr auf mich. Ich bin tief enttäuscht.

Und ich kann nicht einmal fernsehen, um mich abzulenken, denn ich habe zwar wieder einen Fernseher, aber gerade ist er mal wieder ausgefallen. Es flimmern Schneeflocken über den kleinen Bildschirm. Draußen schneit es auch. Blue Eye kommt herein. Er bringt das Essen.

An diesem Abend im Taubenhaus schaue ich Nachrichten. Es ist eine Geisel bei einem Bombardement getötet worden. Ein Italiener. Er ist gestorben. Ich bin schockiert. Ich muss daran denken, dass uns dasselbe passieren kann. Ein Kollateralschaden. Sie würden dann sagen, heute sind eine deutsche Geisel und ihr Kind bei russischen Bombardierungen gestorben.

Ich merke, dass meinen Entführern das Geld ausgeht. Ich frage nach diesem oder jenem. Immer werde ich vertröstet. Ich frage Blue Eye. Er nickt zerknirscht. Er sagt, im Moment hätten wir nichts, aber das komme bald wieder. Jetzt verstehe ich endlich, warum wir seit einer Woche nur Reis mit Kichererbsen essen. Keine Früchte, keine Süßigkeiten, keine Extras. Nur das Nötigste. Selbst Windeln werden erst auf den letzten Drücker gekauft. Erst als ich die letzte Windel schon verbraucht habe, kommt die Tüte mit den losen Windeln darin. Die Einheit, in der Windeln hier gehandelt werden, sind Kilos.

Ich habe Werkzeug gesammelt, weil ich dachte, ich könne es für eine mögliche Flucht gebrauchen. Ich habe ein Messer, eine Zange und ein kleines Eisenrohr. Ich hoffe, dass es mir bei einer Flucht helfen kann, dieses Werkzeug. Und tatsächlich kommt es auch zum Einsatz. Der Gedanke an Flucht gehört zur Gefangenschaft dazu.

Irgendwann bin ich von den fiktiven Filmen, Serien, Bildern, Schauspielern, Dialogen, Szenen und Settings des Fernsehens vollkommen angeödet. Ich schalte weiter auf die Nachrichten der BBC, die gerade beginnen. Ich bin bereit für die Nachrichten aus der Welt. Ich bin auch bereit für die Nachrichten über Syrien. Aber es ist das Gegenteil, was mich erwartet: Nachrichten aus der Heimat.

Sie berichten über die Übergriffe in Köln in der Silvesternacht. Immer wieder werden die Bilder des Domplatzes gezeigt. Der Dom aus der Totalen mit dem Rhein im Hintergrund. Für einen kurzen Moment ist die Heimat ganz nah. Ich schließe die Augen, träume. Gebe mich ganz meiner Sehnsucht hin, dort zu sein. Ich träume mich an den Rhein nach Köln, nur 30 Kilometer von Bonn entfernt. 30 Minuten mit der Regionalbahn, 20 Minuten mit dem IC und 15 Minuten mit dem ICE, 25 Minuten mit dem Nachtzug.

Ich bin wahrscheinlich die Einzige, die sich so sehr über die intensive Berichterstattung freut. Ich bin überrascht, was dort in Deutschland los sein soll. Ich sehe immer wieder die

Domplatte. Ich habe so gute Erinnerungen an sie und den Kölner Hauptbahnhof.

Aber dann sehe ich die Richtung der Berichterstattung. Es gibt eine große Debatte in Deutschland, es ist der Moment, in dem Deutschland kippt. Die Bilder der Nachrichten zeigen die Flüchtlingsströme aus Syrien, die nach Europa kommen. Ich sehe, wie sie gekämpft haben, um hier herauszukommen. Ich verstehe sie nur zu gut. Alle wollen nach Deutschland. Alle wollen dieses Land verlassen. Ich will es auch, ich will dieses Land auch verlassen. Ich will nicht die Einzige sein, die es nicht nach Deutschland schafft.

Auch die Situation in Syrien hat sich verändert. Der Jahreswechsel 2015/16 ist geprägt vom Vorrücken regierungstreuer Kräfte aus dem Iran, dem Libanon und aus Afghanistan, die unter dem Schutz russischer Luftangriffe im nördlichen Syrien Kämpfer verschiedener Rebellengruppen aus Gegenden nördlich von Aleppo vertreiben.

Der Zulauf zu den islamistischen Rebellengruppen war viele Jahre lang sehr hoch. Seit Ende 2015 ist er rapide abgefallen, da der Anreiz nicht mehr groß ist, nach Syrien einzureisen. Es sei eher so, dass viele Kämpfer oder ehemalige Kämpfer versuchen, wieder zurück in ihre Heimatländer zu reisen. Da die militärische Überlegenheit und auch die militärische Ausstattung der IS-Gegner immer deutlicher geworden sind, hätten immer mehr junge Kämpfer verstanden, dass es dort zu keiner großen Expansion des IS kommen wird. Zudem sind die wirklichen Opferzahlen von Kämpfern vermutlich viel höher, als offiziell genannt.

Es kommen die gewöhnlichen Wachen zu mir: der Übersetzer, die alltäglichen Bewacher. Nachdem ich im neuen Haus die üblichen Wachen gesehen hatte, kommen nach einigen Tagen jedoch zwei neue Wachen dazu, Hamdu und der Stumme. Hamdu hat dunkelbraune Haut, ist circa 1,70 Meter groß, und Hamdu scheint tatsächlich sein richtiger Name zu sein. Er ist verheiratet und hat zwei Kinder, wie er mir erzählt. Er ist zwischen 24 und 28 Jahre alt. Die zweite

Wache, die neu hinzukommt, ist ein Mann, der nicht richtig sprechen kann, weil er bei einem Luftangriff des Regimes von einem Bombensplitter getroffen wurde. Seine rechte Gesichts- und Halsseite sind stark von der Bombe in Mitleidenschaft gezogen worden. Er ist mit zwei Frauen verheiratet und hat fünf Kinder. Ich nenne ihn »den Stummen«. In einer von ihm selbst entwickelten Gebärdensprache beschreibt er mir seinen Wunsch, sich in der Türkei operieren zu lassen, um endlich wieder sprechen zu können. Er wurde nach seiner Verletzung bereits operiert, aber es half noch nicht. Wie ich von Abdullah erfahre, befindet sich außerdem die Wohnung eines Soldaten, der zur Entführergruppe gehört, im selben Haus. Nur zwei Stockwerke darunter.

Ich werde von den Entführern gezwungen, einen Brief mit einer Lösegeldforderung an meinen Mann zu schreiben. Der erste Hoffnungsschimmer seit langer Zeit. Es ist kurz nach Silvester. In den ersten Tagen des Januars. Ich schreibe ihm von der Geburt unseres Kindes. Ich bitte ihn, die deutsche Regierung zu kontaktieren, außerdem schreibe ich, wie schlecht es mir jeden Tag geht. Ich habe große Hoffnung, dass dieser Brief zu meiner Freilassung führt. Dann fordert die deutsche Regierung vielleicht ein Beweisfoto an. Ich stelle mir vor, dass jetzt alles ganz schnell geht. Es sollen jedoch noch weitere Monate vergehen.

Mir wird gesagt, was ich schreiben soll. Ich schreibe den Brief zwischen dem 1. und 6. Januar 2016. Ich schreibe mehrere Versionen, die von den Entführern korrigiert, zensiert und überarbeitet werden.

Da dieser Brief nicht zum gewünschten Erfolg führt, zwingen mich die Entführer, ein Video aufzunehmen. Es ist für die Entführer die vorletzte Chance. Die letzte Chance ist die Veröffentlichung meines Falls durch die Presse. Wir nehmen das Video kurz vor der ersten Waffenruhe in Syrien auf. Ich soll darin explizit darauf hinweisen, dass es trotz der Waffenruhe nicht sicher sei und wir von täglichen Bombenangriffen bedroht seien, was in diesem Haus nicht zutrifft, aber natürlich in vorherigen Häusern und im Allgemeinen dort unten.

Außerdem zwingen mich die Entführer zu weinen. In dem Video bin ich ausgeleuchtet vor einer Wand zu sehen, auf einem braunen Plastikstuhl sitzend, und halte meinen Sohn auf dem Arm. Das Video müssen wir mehrere Male aufnehmen, weil die Entführer nicht zufrieden sind. Sie sagen, dass dieses Video die deutsche Regierung umstimmen werde. Sie haben große Hoffnung in Bezug auf dieses Video. Ich bin zu dieser Zeit nur verzweifelt.

Im Fernsehen läuft eine Doku über den Regenwald in Brasilien. Gespannt schaue ich auf die flimmernden Bilder von sattem Grün. Ein schroffer Kontrast zur Kargheit der syrischen Wüste. Zu den ockerfarbenen und rötlichen Tönen dieser Landschaft. Draußen wird es wieder kälter. Dann fällt nachts mal wieder Schnee.

Wir bleiben sehr lange in diesem Haus. Ich weiß nicht, wie viele Tage wir schon da sind, aber es sind sehr viele. Blue-Eye ist ein distanzierter Sadist, stelle ich immer wieder fest. Er spricht zwar gutes Englisch, aber er ist nicht wirklich freundlich. Im Gegenteil. Er ist unangenehm, je länger ich mit ihm zu tun habe. Er ist das Gegenteil von Abdullah. Abdullah ist sehr nett. Ein guter Mensch. Mitten im Krieg. Er steht ganz aufrecht, als er in meinem Zimmer steht.

Ich bin in diesen Zimmern des Krieges allein mit meinem Sohn. Er wächst so schnell. So vieles, was ich ihm zeigen will, aber für den Moment muss ich es bei der tiefen Zweisamkeit belassen. Ich wünsche uns hinaus aus dieser Situation. Ich singe ihm deutsche Lieder vor. Zum Einschlafen oder den Tag über. Ich singe so viel wie nie in meinem Leben, weil meine Stimme mir geblieben ist. Ich singe die Lieder in allen Variationen, rauf und runter, tags und nachts: »Schlaf, Kindchen, schlaf. Deine Mutter ist ein Schaf…« Außerdem erzähle ich ihm von zu Hause. Ich erzähle ihm Geschichten von unserer Familie. Mein ganzes Leben dreht sich nur um ihn. Ich bin jeden Tag für ihn stärker, als ich zu sein glaubte.

Ich bin jeden Tag mit ihm glücklich. Einfach nur, weil wir leben und gesund sind. Das ist so viel in Syrien.

Bei jeder kleinen Regung sorge ich mich. Er darf bloß nicht krank werden, denke ich. Bloß nicht krank werden. Zum Glück bleibt uns eine schlimme Krankheit erspart.

Ich klammere mich an jede noch so kleine Hoffnung. Alles ist besser, als in Syrien zu bleiben. Allerdings bekomme ich keine weiteren Informationen. Mitte März sagen mir die Entführer plötzlich, dass ich bald frei sein werde, weil sich nun Katar eingeschaltet habe. Wir nehmen das erste Foto für Katar Mitte März auf. Ich trage meinen Sohn auf dem Arm, und wir machen ein Bild mit Kopftuch und eines ohne Kopftuch.

Wir nehmen das Foto auf, und dann schicken die Entführer es ab. Ich bin erleichtert. Ich notiere in mein Tagebuch: *Endlich eine Hoffnung! Bald bin ich frei. Nun kann ich endlich nach Hause.*

Wenn ich an Katar denke, dann denke ich an Falken. Und ich denke an die freien Falken, die über Syrien zu dieser Jahreszeit ihre Runden drehen. Die Golfstaaten und Saudi-Arabien blicken auf eine lange Geschichte der Falknerei zurück. Die Nomaden hielten schon Falken und bildeten diese zur Jagd in der Wüste aus. Es ist eine jahrtausendealte Tradition.

Auf dem Wappen Syriens ist auch ein Falke abgebildet. Der Falke dreht seinen Kopf nach rechts. Er wird der »Falke der Quraisch« genannt. Falken sind ganz besondere Vögel. Vor allem auf der Arabischen Halbinsel hat die Verbindung zu den Vögeln eine lange Tradition. Die Liebe zu den Vögeln wird vor allem unter den Herrschenden und Reichen gepflegt. Ebenso wird der Falke auf dem Wappen der Vereinigten Arabischen Emirate abgebildet.

Doch es gibt eben auch die freien Falken, die über Syrien fliegen. Jedes Jahr zur selben Zeit fliegen die Falken über das Land. Ihre Flugroute führt sie auch nach Syrien. Wenn sie rasten, dann lauern ihnen Falkenjäger auf und fangen sie ein. Für viele Syrer ist der jährliche Fang von Großfalken für den Export nach Saudi-Arabien und in die Golfstaaten ein lukratives Geschäft. Dort werden die freien Falken mit mehreren Tausend Dollar bis zu einer Million Dollar pro Vogel gehandelt.

Zwei Wochen nach dem Foto für Katar wechseln wir das Haus. Ich sehe, wie sich die Tür öffnet und jemand in unser Zimmer kommt. Ich solle meine Sachen packen, sagen sie mir. Wir brechen auf. Es ist der 31. März 2016. »Freiheit?«, frage ich. »Ja!«, antworten sie. Ich lasse mein Werkzeug zurück.

HAUS SIEBEN: Haus von Abdullah

Wir fahren am 31. März los, wieder am späten Abend. Wir fahren durch die syrische Nacht zu einem neuen Haus. Wir gehen durch die Haustür, dann einige Stockwerke hinauf. Wir kommen in eine Wohnung. Nach einigen Momenten wird meine Augenbinde von den Entführern gelöst. Vor mir steht nicht nur Blue Eye, mit dem ich gefahren bin, sondern auch Abdullah.

Er übersetzt manchmal für die Entführer, weil er sehr gutes Englisch spricht. »Wo sind wir hier?«, frage ich ihn. »Es ist mein Haus«, antwortet er. Ich bin überrascht. Warum kommen wir jetzt zu Abdullah?, frage ich mich. Es ist ein sehr großes Zimmer, auch die Wohnung scheint sehr geräumig zu sein. »Unsere Leute haben unten auch noch zwei Wohnungen bezogen, damit sie immer mit mehreren Leuten vor Ort sein können«, unterrichtet er mich. Im Haus gibt es also mehrere Wohnungen, die von den Entführern genutzt werden, versuche ich die Situation für mich einzuschätzen.

Mein Sohn wächst und gedeiht. Er ist immer noch so klein, denke ich, aber er wächst unaufhörlich. Die Strampler vom Anfang sind ihm längst zu klein, und die Entführer müssen neue Kleidung für ihn vom Markt bringen.

Abdullah ist sein richtiger Name. Die anderen Wachen nennen ihn auch so. Er ist groß und hat schwarze Haare und einen Bart. »Ich bin 27 Jahre alt«, erzählt er mir. »Ich habe drei Kinder, sie heißen Asma, Abdullah, Ibrahim. Meine älteste Tochter ist sechs Jahre alt, mein mittlerer Sohn Abdullah ist vier Jahre alt, und der kleine Ibrahim ist eineinhalb Jahre alt.« Abdullah hat eine freundliche Art und spricht immer sehr ruhig und bedacht. Der Name seiner Frau ist

Leila. Ich bin überrascht, deshalb frage ich noch mal nach. »Ja.« Tatsächlich, sie heißt Leila. Abdullah ist der Gebildetste und Interessierteste aus der Gruppe. »Ich wollte studieren, aber dann kam der Krieg dazwischen.« Er senkt seinen Blick. Dann blickt er wieder hoch und schaut mich hoffnungsvoll an: »Aber ich übe jeden Abend Englisch. Ich habe ein spezielles Programm auf meinem Computer dafür.« Ich ermutige ihn: »Englisch braucht man auf jeden Fall immer! Mach das unbedingt weiter! Aber du sprichst wirklich schon sehr gut!«, lobe ich seine Englischkenntnisse.

»Mein Bruder lebt in der Türkei«, erzählt er mir bereitwillig. Der Name seines Bruders sei Amir. Abdullah entschuldigt sich jeden Tag bei mir. »Es tut mir leid. Es tut mir sehr leid, dass du entführt bist. Ich kann auch nichts tun, aber du wirst bald freikommen!«

Der Abschied aus dem Taubenhaus war leider auch ein Abschied vom Fernseher. In Abdullahs Haus gibt es keinen Fernseher. Es beginnt die fernsehfreie Zeit. Keine Informationen mehr von außen, keine News, keine Unterhaltung. Alles bleibt still, und alles, was ich weiß, erfahre ich nur von den Entführern.

Meine Fenster bestehen dieses Mal aus Milchglasscheiben, durch die ich versuche hindurchzuschauen. Die Scheiben sind mit Blumenmustern verziert, an diesen Stellen ist die Scheibe klar, und ich kann hindurchschauen. Ich präge mir die große Terrasse ein. Die Entfernung bis zum nächsten Haus. All das ist nicht leicht zu erkennen, aber ich verschaffe mir Stück für Stück einen Überblick. Das nächste Haus ist nicht weit weg von dem Haus Abdullahs. Es ist eine große Wohnung. Sie ist sehr geräumig und weitläufig. Es ist das oberste Geschoss. Mit einer Dachterrasse. »Was ist der Preis für eine solche Wohnung?«, will ich von ihm erfahren. »Wir zahlen 150 Dollar im Monat.« Das finde ich wenig. »Ein Sonderpreis!«, ergänzt er. »Hier wollen nicht mehr viele wohnen, deshalb sind die Mietpreise im Keller.« Er schaut sich um. »Es kann jederzeit bombardiert werden!« Seine

Worte beunruhigen mich nicht. Nicht besonders jedenfalls. Es ist der Alltag im Krieg in Syrien. Es kann dich jederzeit treffen. Egal, wo du bist. Egal, wer du bist. Vor der Bombe sind alle Menschen gleich. Abdullah und seine Familie und ich und mein Kind. Wir unterliegen alle der Gewalt des Stärkeren, wir unterliegen dem Recht der Waffe. Die geladene Waffe ist immer im Recht. Wir sind dagegen nichts und können nichts tun. Oben werden die Bomben geworfen, und unten sterben die Menschen. Diese Abgeklärtheit mag manchen erschrecken, doch die pragmatische Sicht ist für mich lebenswichtig. So kann ich meinem Leben eine Zukunft geben, trotz der Ausweglosigkeit. Die »Rationalisierung der Bombe« ist der erste Schritt, um die Vernunft über den Krieg zurückzugewinnen. Jeden lässt der Krieg im Schock zurück. Der Hunger, die Armut, der Schmerz. Aber Krieg bedeutet auch ständige Veränderung. Daher sind die Dinge einen Moment später schon wieder vergessen.

Die Tür öffnet sich, Abdullah kommt erneut herein. »Bald ist es vorbei«, versichert er mir. Es herrscht eine ausgelassene Aufbruchsstimmung. Es sieht so aus, als ob die Freiheit näher kommt. Es bebt vor Aufregung in meinem Zimmer. Ist die Zeit jetzt reif?, frage ich mich. Das erste Mal scheint wirklich Bewegung in der Sache zu sein. Die Entführer scheinen alle daran zu glauben, dass ihr Plan wirklich aufgeht. Alle haben gute Laune, freundliche Gesichter. Sie lächeln unter ihren Masken. Abends, wenn sie spät noch in einer Runde zusammensitzen, dann sprechen sie beschwingt und lachen ausgelassen. Ihr Lachen überrascht mich. So vergnügt sind sie während meiner ganzen Gefangenschaft nicht gewesen.

Trotzdem haben sie zwei Wachen auf dem Dach postiert. Ich höre nachts die Schritte über mir. Es ist ein Flachdach.

Abdullah sagt: »Ich bin ein Guter!« »Ich hoffe«, sage ich und schaue ihn dabei mit einem leichten Lächeln an. Doch ich misstraue ihm. Hier im Krieg kann man niemandem trauen.

Abdullah versucht, mir in seinem Haus zu helfen. Er setzt sich dafür ein, dass man mir eine englische Übersetzung des Koran besorgt, nach der ich gefragt hatte. »Ich spreche mit dem Commander«, verspricht er mir. »Warum sollte er nicht erlauben, dass ich einen Koran lese?«, frage ich. Das wäre ja noch schöner. Wieso sollten mir Dschihadisten den Koran verweigern? Doch ich bekomme zunächst keinen Koran. Die Tage gehen ins Land. Ich versuche, mehr über den mysteriösen Commander in Erfahrung zu bringen. »Was für ein Typ ist der Commander?«, frage ich Abdullah. »Der Commander raucht Haschisch«, erzählt mir Abdullah an diesem Tag. »Und sonst?«, frage ich weiter. »Er ist auf jeden Fall kein Syrer, das hört man an seinem Arabisch, aber er ist ein arabischer Muttersprachler.«

Leila kocht jeden Tag aufwendig für mich. Es sind mehrere Gänge. Als Vorspeise gibt es Salat. Einmal ist es ein aufwendig geschmortes Hühnchen, es wird im Ofen in einem Tontopf für mehrere Stunden gegart, dazu Gemüse und Reis. Als Nachspeise gibt es einen Obstteller mit frischen Feigen, grünen Trauben und Nüssen. Das ist so nett, dass ich das Essen ganz besonders genieße und dabei gerührt bin. »Der Traum von meiner Frau und mir ist es, ein Restaurant zu eröffnen.« Ich finde diesen Traum mutig. »Wir kochen beide sehr gerne, oft kochen wir auch zusammen. Es ist vor allem die Leidenschaft meiner Frau. Sie kann wirklich sehr gut kochen«, lobt er Leila in den höchsten Tönen. Alle Menschen in Syrien haben Träume von einem anderen, weil besseren Leben.

Nach einigen Tagen im Haus von Abdullah bricht erneut Hoffnung aus: Blue Eye kommt mit einem beschwingten Schritt in den Raum hinein. Er schaut mich an. »Sie haben eine Frage geschickt!« Ich bin glücklich. Es klingt alles nach Freiheit, was er jetzt sagt: »Sie wollen diese Frage von dir beantwortet haben.« Er hat Papier und Stift in der Hand, die er vor mich hinlegt. »Was ist die Frage?«, will ich von ihm wissen. Ich erhalte jetzt also tatsächlich die erste Proof-of-

Life-Frage, denke ich bei mir. Blue Eye setzt an: »Welches Instrument hast du in deiner Jugend gespielt?« Ich schaue ihn verwundert an. In meiner Jugend spielte ich einige Jahre lang Saxofon. Ich schreibe die Antwort Englisch auf den karierten Zettel, den Blue Eye mitgebracht hat: SAXO-PHONE.

In dieser Nacht schlafe ich unruhig. Immer muss ich an Deutschland denken. Erinnerungen blitzen auf. Das Land von der Nord- und Ostsee bis zu den Alpen. Ich denke an die Bilder der Deutschen Welle, die sie in ihrer Autosendung gezeigt haben. Ich bin voller Sehnsucht. Ich fühle mich meinen Liebsten so nah.

Der Übersetzer kommt, es ist der English Speaking Man. Er schaut mich böse an, sofern das unter seiner Maske überhaupt möglich ist. Er schüttelt den Kopf. »Sie sind sehr sauer! Was hast du gemacht?« Ich schaue ihn fragend an. »Sie sagen, dass du ausbrechen wolltest.« Ich schüttele den Kopf. »Nein, das stimmt nicht!« Er fährt mit aufgeregter Stimme fort: »Es gibt jetzt ein Problem. Der Commander ist sehr sauer.« Die Wachen hätten, während sie bei der Nachtwache auf dem Flachdach über meinem Zimmer gewesen seien, laute und eindeutige Geräusche gehört. Ich verneine. Ich verneine immer heftiger. Sie glauben mir nicht.

Abdullah kommt nach einigen Stunden wieder. Er hat schlechte Nachrichten. »Sie glauben dir nicht, ich kann nichts mehr tun!« »Was soll das heißen?«, frage ich entsetzt. »Sie wollen euch in ein neues Haus bringen.« »Wann?«, bohre ich weiter, aber meine Stimme ist dabei ganz leise.

»Sie haben dein Werkzeug im Haus vorher gefunden«, berichtet Abdullah. Nun bricht die schwierigste Zeit meiner Entführung an. Ab diesem Moment ist das Vertrauensverhältnis zwischen mir und den Entführern vollkommen erschüttert.

Die Spannung ist hoch. Draußen sind immer mehr Soldaten positioniert. Abdullah erzählt von dem, was er gehört hat: »Sie vertrauen dir und mir nicht.« Er flüstert. »Sie denken, dass wir etwas aushecken.« Es geht um einen Tautropfen des Vertrauens zwischen uns. Das ist vielleicht das letzte Mal, dass wir uns sehen, denke ich. Aber es sollte anders kommen. Es sollte alles anders kommen. Abdullah werde ich immer wieder treffen. Er wird zu einem der wichtigsten Unterstützer werden.

Die Entführer kommen am nächsten Tag mit mehreren Leuten in mein Zimmer. Sie durchsuchen meinen Raum, unsere Kleider, meine Habseligkeiten. Sie stellen alles komplett auf den Kopf. Sie nehmen mir alles weg, was ich bis dahin hatte: Papier, Stift, Notizen etc. Nachdem sie mein Zimmer verlassen haben, warnt mich Abdullah: »Sie suchen ein neues Haus für euch. Ihr werdet bald umziehen müssen.« Ich verstehe die Welt nicht mehr. Ich habe doch gar nichts getan.

Der Transport wird schnell organisiert. Sie sind in Aufruhr. Die Tür geht auf. »Wir fahren gleich los«, ruft Blue Eye. »Du musst packen.« Nach insgesamt acht Tagen im Haus von Abdullah brechen wir auf. Es ist mitten am Tag, das ist ungewöhnlich, sonst sind wir immer nachts gefahren. Mir werden die Augen verbunden. Ich werde von zwei Entführern am Arm genommen und nach unten geführt. Wir gehen durch das Treppenhaus hinunter. Auf der Straße sind viele Menschen unterwegs. Ich höre Kinderlachen, Hupen von Autos, ein Mann ruft laut. Es riecht nach syrischem Alltag: der Geruch von gebratenem Hähnchenfleisch, Benzin und Shisha. Die Entführer zerren mich schnell in einen Wagen, der vor der Tür wartet. Mein Kind folgt mir in einem zweiten Wagen. Ich steige ins Auto ein, innerlich bereite ich mich auf eine lange Reise vor. Es ist der 8. April 2016.

HAUS ACHT: Die dunkelste Höhle

Die Fahrt, die sonst immer lange dauert, ist diesmal schnell wieder vorbei, denn wir fahren nur zweimal links um die Ecke, dann stoppt der Wagen schon. Es dauert nicht länger als ein paar Minuten. Ich steige aus. Wir gehen durch einen Hauseingang ins Treppenhaus und huschen hinauf. Ein Stockwerk hoch, dann gehen wir in eine Wohnung hinein. Diese befindet sich im selben Stadtteil wie das Haus von Abdullah. Das Zimmer, in dem wir nach der Konfrontation mit den Entführern eingesperrt werden, hat kein Tageslicht, sondern lediglich schwaches LED-Licht. Und Deckenlicht, wenn es Strom gibt. Es ist eine Bestrafung. Die Botschaft lautet: »Wenn du fliehen willst, dann stoppen wir dich.« Der Ton wird rauer. Blue Eye verhält sich zunehmend sadistisch. Er ist der Handlanger des Teufels, denke ich immer öfter.

Ich frage nach Kinderspielzeug. »Habt ihr so was nicht?«, will ich vom ESM wissen, als er an diesem Tag kommt. »Haben eure Kinder kein Spielzeug?«, löchere ich ihn weiter. »Nein, wir sind arm. Wir spielen mit unseren Händen«, sagt der ESM. Dann beginnt er, mit den Händen spielerische Bewegungen zu machen. All meine Wachen haben nur eine Sache gemeinsam, denke ich. Sie sind Sunniten. An diesem Tag probe ich den Aufstand. Ich halte es in diesem Raum einfach nicht mehr aus. Ich dusche. Im großen Gemeinschaftsraum, an dem ich vorbeigehe, sind mehrere Leute. Ich höre das Gelächter von jungen Frauen. Haben sie hier etwa Damenbesuch? Wie undschihadistisch und unislamisch. Ich bin kurz empört.

Dann spüre ich eine unendliche Einsamkeit. Ich höre die anderen lachen und witzeln. Ich fühle mich so ausgeschlos-

sen vom Leben. Ich habe keinen Erwachsenen zum Lachen.
Werde ich jemals wieder mit meiner Familie und meinen
Freunden gemeinsam beisammensitzen und lachen können? Nein! Bestimmt nicht. Ich lege mich auf mein Bett,
dann schaue ich an die Decke.

Aus lauter Verzweiflung beginne ich zu basteln. Kinderspielzeug bekomme ich nicht. Dann fülle ich eben eine der
vielen Plastikflaschen, die ich ausgetrunken habe, mit Oli-
venkernen, die ich jeden Morgen vom Frühstück oder von
einer anderen Mahlzeit übrig habe. Die Flasche füllt sich
jeden Tag ein bisschen mehr. Am Anfang habe ich die Oli-
venkerne immer weggeworfen, aber jetzt brauche ich eine
Rassel für mein Kind.

Die Entführer verstehen das nicht, aber es amüsiert sie.
Sie nehmen meine gebastelten Flaschen in die Hand. Nach
der Rassel habe ich ein kleines Aquarium in einer Plastikfla-
sche gebastelt. Die Wasserpflanzen sind aus grünem Stoff.
Ich reiße die Schlingpflanzen aus einem T-Shirt heraus.
Dann stanze ich mit dem Nagelclipper kleine und große
Fische und Sterne aus dem bunten Verpackungspapier von
den Lebensmitteln. Wenn man die Flasche schüttelt, dann
schweben die Teilchen durch das Wasser. Das sieht fast wie
ein richtiges Aquarium aus.

Nach der ersten Flasche, die mein Prototyp wird, gehe ich
schließlich in die Massenproduktion. Ich bastele bestimmt
zehn dieser Aquariumsflaschen und gebe sie den Entführern
für ihre Kinder. Sie freuen sich darüber. Sie erzählen mir,
dass ihre Kinder damit spielen. Es ändert die ganze Dyna-
mik, als ich den Entführern etwas schenke.

Abdullah kommt herein. »Das hat der Commander erlaubt«, sagt mir Abdullah und gibt mir ein Buch. Ich bekomme tatsächlich den Koran. Es ist eine englische Übersetzung mit einem Kommentar von Ibn Taymiyya, einem
muslimischen Gelehrten, der 1328 in Damaskus starb. Er gilt
vielen als einer der Wegbereiter des Dschihad. Diesen Ruf
bekam er vor allem durch seine Schriften und Ansichten,

daher wird er als Ideengeber des konservativen Salafismus und Dschihadismus bezeichnet. Die Lektüre ist auf jeden Fall ideologiekonform, denke ich. Kurz vor der Geburt von Ibn Taymiyya gab es eine mongolische Invasion.

Es sind dschihadistische Sunniten. Meine Entführergruppe sind also alle sunnitische Dschihadis. Es muss also eine sunnitische Gruppe sein wie al-Qaida oder al-Nusra oder eine Splittergruppe dieser Gruppierung. Es ist später Abend, und der Koran liegt aufgeschlagen vor mir auf dem Bett. Ich lese darin. Ich versuche, mich zu versenken.

Dann plagt mich wieder diese eine neue Frage: Was kann noch alles passieren? Was ist noch alles möglich? Was kann ich überhaupt noch wollen? Ich wünsche mir nur eines: Noch einmal neu anzufangen! Das ist mein einziger Wunsch. Und mit diesem Gedanken im Gepäck geht es wieder ein Stück weiter. Ich möchte so gerne eine zweite Chance bekommen, noch einmal neu leben dürfen: heil, in Deutschland, in Sicherheit, in der Schutz-, Wachstums- und Komfortzone.

Ich habe die falsche Entscheidung getroffen. Ja, ich habe es getan. Ich bin immer wieder an diesen Punkt gekommen. Ich weiß es. Und ich versuche, es mir zu vergeben, aber das kann ich nicht, weil der Albtraum noch nicht vorbei ist. Ich bin noch in der Hölle, und zwar mittendrin.

Die Entführer sind wirklich dabei, mich zu zermürben. Ich weiß jetzt, dass Deutschland nicht zahlen wird. Ich habe Angst, dass sich alles gegen mich richtet. Für immer. Ich versuche, in diesem Status quo zu verharren. Ich traue mich nicht hinaus aus meinem Schneckenhaus. Meine Gedanken sind klirrend kalt, hart und einsam.

Einige Tage danach bekomme ich die zweite Proof-of-Life-Frage gestellt. Der ESM kommt in mein Zimmer. Ich solle den Namen meiner Großmutter aufschreiben. Und den Name meines Kindes. Das tue ich.

Ich frage immer wieder nur nach einer Sache: »Kinderspielzeug.« Warum bringen sie nichts mit? Es ist ein besonderer Moment, als die Tür aufgeht. Ich schaue in das lächelnde Gesicht des Dicken, das sich durch die Maske drückt. Er hält einen riesigen Stoffteddybären in der Hand. Der Teddybär ist weiß. Ein Eisbär in Syrien. Der Eisbär kommt mit einem gestrickten roten Wollpullover. Ich nehme ihn dankend an. Ein weißer Eisbär, mitten im warmen Frühling. Ich bin perplex, was hier in meinem Zimmer ankommt. Es ist unglaublich. Zu aller Surrealität ist es auch noch ein Werbeprodukt der Coca-Cola Company mit dem Logo der Firma darauf. Dabei gibt es Coca-Cola hier gar nicht häufig. Als dieser Bär nach Syrien kam, war er wahrscheinlich gespendet. Für mich bedeutet dieser Bär viel.

Ich muss an Knut denken, den Eisbären im Berliner Zoo. Ich bin wirklich froh über dieses Kuscheltier vom Basar.

Einige Monate sind seit meiner Entführung inzwischen vergangen, und jegliche Motivation für alle Arten von Sport ist von der Unzumutbarkeit der Situation geschluckt worden. Zugleich breitet sich eine lethargische Stille in meinem Raum aus. Nichts ist mehr übrig von der anfänglichen Motivation. Ich fühle mich ausgebrannt. Keine Power mehr. Kein metaphysischer Strom mehr vorhanden. Die Batterie ist tot. Der Kleine robbt inzwischen ununterbrochen durch unser Zimmer. Er ist sehr neugierig und erkundet unsere kleine Welt. Hier sind wir sicher. Das ist meine einzige Beruhigung.

Es ist ein Tag wie jeder andere auch in meiner Räuberhöhle. In meinem Verlies. Ich liege auf meinem Bett, als plötzlich die Tür aufgeht. Es kommt Blue Eye herein. »Du hast Post!«, sagt er aufgeregt. »Post?«, frage ich überrascht. Seit wann habe ich überhaupt einen Briefkasten? Ich muss an die Geschichte von Janosch denken: Post für den Tiger.

»Du hast eine Nachricht von einem Deutschen.« Ich bin nun vollkommen perplex. Blue Eye hält mir einen kleinen Zettel hin. Ich lese die krakeligen Buchstaben, die mit blauem Kuli auf syrisches Karopapier geschrieben wurde. »JÜRGEN TODENHOF.« »Kennst du den?«, fragt Blue Eye. »Ja!«, sage ich.

Eine Nachricht von Jürgen Todenhöfer? Seine Nachricht erreicht mich aus dem Nichts. Sie scheint auf einem anderen Kanal verschickt worden zu sein. Die Nachricht von ihm besteht aus einem Zettel, auf dem sein Name steht. Sonst nichts. Ich schaue diesen zerknitterten Papierzettel an und schöpfe Hoffnung. Ich bekomme Zettel und Stift, um eine Antwort zu schreiben. Der Kontakt wird aufgebaut. Aber ich schreibe nicht zurück. Ich bin zu geschwächt von einem starken Durchfall. Außerdem denke ich, dass ich bald nach Hause kommen werde. Ich will den Kontakt, der zu funktionieren scheint, nicht durch eine neue Nachricht stören. Ich antworte ihm daher nicht.

Ich habe immer noch den Koran. Ich lese ihn. Danach lege ich ihn meistens auf den Boden neben meinem Bett. Blue Eye beschwert sich, dass ich den Koran auf den Boden lege. »Warum legst du das heilige Buch auf den schmutzigen Boden?« Ich schaue den Entführer an. Das ist eine Ringbuchkopie, mitten in Syrien. »Der ist heilig«, sagt er verächtlich. Wir geraten deshalb immer wieder aneinander.

Am nächsten Morgen hat Blue Eye offensichtlich besonders schlechte Laune. »Das heilige Buch liegt ständig auf dem Boden. Du bist nicht würdig, es zu haben.« Mit diesen Worten nimmt er mir den Koran einfach weg.

Kurz danach zwingen mich die Entführer, ein Video für Katar aufzunehmen. Es ist der 28. Mai 2016. Die Entführer fordern für das Video einen Preis von 50 000 Euro. In dem Video soll ich folgende Dinge sagen, die von Katar angefragt worden sind: den Namen meiner Großmutter und ihren Beruf, außerdem meinen Namen und den Namen meines Kindes, meinen gesundheitlichen Zustand sowie den gesundheitlichen Zustand meines Kindes. Ich soll mich auf einen Doppelselbstmordanschlag in Tartus und Jableh in Syrien durch den Islamischen Staat fünf Tage früher beziehen.

»Was war das für ein Anschlag?«, frage ich Blue Eye. Er erläutert mir den Hintergrund: »Am Montag vor fünf Tagen gab es hier einen Doppelanschlag durch den Islamischen Staat, dabei wurden in der Stadt Jableh rund 103 Menschen getötet. In der Hafenstadt Tartus sind über 50 Menschen getötet und mehr als 200 Menschen verletzt worden. Der Anschlag auf die beiden Küstenstädte galt dem russischen Militär und den Alewiten, die in diesen Orten wohnen. Und dieser Religionsgemeinschaft gehört auch der Al-Assad-Clan an. Nur einige Kilometer entfernt von Jableh ist Hamaimim, das ist die russische Luftwaffenbasis. Es waren fünf Selbstmordattentäter und mehrere Autobomben. Der Hafen von Tartus ist der russische Zugang zum Meer und wird seit Jahren von der russischen Marine genutzt. Daher sind sie zum Ziel geworden. In Jableh wurde ein Krankenhaus getroffen. Krankenhäuser werden hier immer wieder zu Zielscheiben.« Blue Eye schaut mich grimmig an. »Wir beziehen uns auf diesen Anschlag vom Islamischen Staat. Das musst du sagen.« Ich nicke. Ich probe meine Rolle. Ich möchte das Video gut aufnehmen, aber ich kann mich nicht richtig konzentrieren. Es geht mir schlecht. Ich hätte gerne das Video vor einigen Tagen oder Wochen aufgenommen oder in einigen Tagen und Wochen, aber genau jetzt fühle ich mich hundsmiserabel und krank. Ich habe immer noch Durchfall und kann mich kaum auf den Beinen halten. Ich habe einen schlimmen und schrecklichen Krankheitsanfall. Alles relativiert sich danach wieder. Es ist nichts, wie es zu sein scheint. Es ist nichts wie vorher.

Die Videoaufnahme macht mich unruhig. Es gibt wieder eine funktionierende Verbindung zu dem Mann, der immer mit dem Verschicken der Videos und Bilder und Fragen beauftragt ist, sagt Blue Eye.

Nach dem Video wechseln wir plötzlich erneut das Haus, noch am selben Abend. Wir waren 59 Tage in diesem Haus. Wir wechseln das Haus am Nachmittag des 28. Mai 2016.

HAUS NEUN: Schwarz ist keine Farbe, oder: Swimmingpool und Oliven

Meine Augen sind mit einer Augenbinde verbunden, so wie bei jedem Transport. Ich sehe nur Schwarz. Schwarz ist genau genommen gar keine Farbe, sondern ein fehlender visueller Reiz. Ich denke über das Schwarze nach. Und ich denke an meinen Sohn, der nicht bei mir ist. Wo er wohl sein mag? Ob es ihm gut geht? Schwarz ist der ausbleibende Lichteinfall auf der Netzhaut. Hierbei geht es um die Lichtfrequenz, die von der Netzhaut aufgenommen wird. Es sind die fehlenden Lichtwellen, die von der Netzhaut nicht oder nur in geringem Maße wahrgenommen werden. Weil man zwischen Farbwahrnehmung und Helligkeitsempfinden unterscheidet, wird die Farbe Schwarz den unbunten Farben zugerechnet, ebenso wie Weiß und Grau. Als Lichtfarbe beinhaltet Schwarz die fehlende Lichtfrequenz. Die Lichtfrequenz ist eine physikalische Eigenschaft des Lichts. Eine Farbe hingegen ist der Sinneseindruck eines Menschen.

Wir fahren mit einem gut gefederten und schallisolierten Auto. Ich muss mich auf meinen Tastsinn und meine Wahrnehmung verlassen. Nirgendwo klingt es nach Krieg, sondern überall nach Normalität: Autos hupen im Kreisverkehr, dann höre ich Maschinen klappern. Ich versuche, meine Augenbinde unauffällig zu verschieben, damit ich endlich mehr sehe als Schwarz.

Ich bin nicht gefesselt, deshalb kann ich mit meinen Händen unter dem Gewand frei agieren. Ich versuche, mit meiner Hand an den Stoff der Augenbinde zu gelangen. Manchmal löst sich der Knoten einfach so, oder er lockert sich zumindest, ohne dass ich etwas tun muss. Dann kann ich kurz hindurchschauen in die Wirklichkeit jenseits von diesem unendlichen Schwarz.

Ich trage den *Niqab* nicht aus religiösen Gründen, sondern ich bin verkleidet unter dem *Niqab*. Wir Westler kennen den Blick aus dem *Niqab* auf die Welt nicht. Ich werde unter dem *Niqab* versteckt.

Und ich sehe bei dieser Fahrt gar nichts. Ich habe nur diesen einen Gedanken, der wie ein Stakkato in meinem Kopf hämmert: Schwarz ist Schwärze. Wir fahren stundenlang durch die Straßen dieses unwirklichen Landes. Die Fahrt dauert so lange, dass ich schon unruhig werde. Wo soll das neue Haus liegen, wenn wir so lange fahren müssen? Sind wir überhaupt noch in Syrien? Sie stoppen schließlich den Wagen. Das Benzin scheint leer zu sein. Sie halten an einer Tankstelle. »Volltanken«, ruft einer der Entführer einem anderen zu. Manchmal steigen Personen aus oder ein. Sie scheinen alle angespannt zu sein, das merke ich. Und sie passen gut auf mich auf. Sie wollen mich noch verkaufen.

Doch irgendwann ist auch diese Fahrt vorbei. Der Wagen stoppt. Ich werde zum Aussteigen aufgefordert: »Yallah, wir sind da«, ruft Blue Eye. Wir kommen ins neue Haus. Es scheint unglaublich weitläufig zu sein. Wir gehen einige Treppenstufen hinauf in den ersten Stock. Dann noch einen kleinen Flur entlang.

Das erste Treffen mit dem Hausherrn ist seltsam. Er verhält sich anders als die eingespielten Wachen der Entführer. Er sieht irritiert aus, aber er sagt nichts, sondern schweigt einfach. Ich finde ihn sehr unfreundlich. Er stellt sich nicht mal vor. Aber er scheint sich im Haus am besten auszukennen.

Es ist das größte Haus, in dem ich untergebracht bin. Doch ich höre nur davon: Es soll viele Zimmer haben. Ich erfahre nach kurzer Zeit außerdem, dass sich im Haus ein Schwimmbad befindet. Ich bin überrascht von diesen Gerüchten. Ist das tatsächlich realistisch? Ein Schwimmbad in Syrien? Wie soll das mit dem Wasser gehen?

Aus dem Fenster unseres neuen Zimmers kann ich kaum herausgucken, aber im Bad gibt es ein weiteres kleines Guckloch im Ventilator. Ich baue die Verkleidung ab und kann tatsächlich etwas sehen. Ich bin ganz überrascht, dass dieser Blick nach draußen sowohl in die Höhe als auch nach unten möglich ist und ich durch Zufall ganz einzigartige Dinge sehen kann. Wenn ich durch das kleine runde Loch schaue, wo ich den Ventilatorenpropeller herausgenommen habe, dann sehe ich auf der rechten Seite einen großen Berg, und darauf ist ein Gebäude zu sehen, das länglich gebaut ist.

In der ersten Nacht, als mein Sohn schläft, gehe ich ins Badezimmer, um dahinter in der Ferne auf den Bergkamm zu schauen. Ich sehe beleuchtete Häuser und beleuchtete Straßen. Auch in der Nacht brennt dort das Licht. Ich schaue weiter und überlege. Das ist die Lösung! Es ist die Türkei! Ich bin in Sichtweite der türkischen Grenze. Ich bin mir sicher, weil es dort 24 Stunden Strom gibt. Und die Lampen auch noch brennen, wenn in Syrien schon alle Generatoren ausgeschaltet sind. Nur deshalb gibt es hier keine Angriffe. Das erste Mal seit all diesen Wochen. Hier oben, im Norden, in der Flugverbotszone, ist es komplett ruhig. Nur ein einziges Mal schlägt eine Rakete in der Nähe ein, aber es schien ein Blindgänger gewesen zu sein, ein Versehen.

Mir kommen immer mehr Gerüchte über Luxus in diesem Haus zu Ohren. Abdullah ist auch da, und als er eines Tages in unser Zimmer kommt, frage ich ihn: »Gibt es wirklich einen Pool? Und bist du auch schon schwimmen gewesen?« »Ja«, sagt er und fügt hinzu: »Es war herrlich.« Er erklärt mir, dass er in dem Pool mit dem Hausherrn geschwommen sei. »Es war sehr erfrischend«, berichtet er voller Stolz, »es ist ein überdachter Swimmingpool!« Er sei sehr groß. »Und das Wasser?«, frage ich. »Dieses Haus hat keine Wassertanks auf dem Dach, sondern das Wasser kommt aus dem Brunnen«, erläutert Abdullah. Also gibt es deshalb genug davon, daher ist ein Pool möglich. Es gibt den Swimmingpool also wirklich, denke ich. Nur nicht für mich, versteht sich.

Ich putze und ich tue alles, was mich beschäftigt. Ich bin mit meinem Sohn Vollzeit beschäftigt. Stillen, Spielen, Waschen, Aufräumen, Schlafen. Immer ist etwas zu tun. Ich wasche, ich räume auf, ich fege, ich wische das Zimmer und das Bad. Ich putze und reinige alles. Ich bin rastlos tätig in meinem kleinen Badezimmer. Ich versuche am Vormittag, die ersten Stunden des Tages das warme Wasser abzuschöpfen. Ich sitze am Kontrollpanel. Ich sehe, um wie viel Prozent das Wasser erhitzt wird. Bei einer Solaranlage werden über Paneele die Sonnenstrahlen auf dem Dach aufgenommen und in Energie, zum Beispiel zur Erzeugung von warmem Wasser, verwandelt. Wir haben immer morgens warmes Wasser, denn im Lauf des Vormittags wird das warme Wasser meistens schnell verbraucht. Ich kann es immer auf der digitalen Anzeige der Solaranlagenschaltung sehen. Die Temperatur ist bei 100 Grad, und dann sinkt sie langsam. »Aus China«, sagt der Mann, dem das Haus gehört, und zeigt auf die Solaranlagencontroller.

Ich habe heute Geburtstag, es ist der 30. Mai 2016. Ich erzähle es Abu Nissi. »Heute ist mein Geburtstag!« Er schaut mich mitleidig an. Ich bin niedergeschlagen. Ich bin wie betäubt nach einer Vollnarkose. Wie im falschen Film. Mein Geburtstag vor einem Jahr verlief ganz anders. Ich gerate ins Träumen. Ich versinke in meinen Erinnerungen, werde von ihnen im Lauf des Tages geschluckt.

Später am Abend geht die Tür auf. Abu Nissi kommt mit drei Twix-Schokoriegeln und einem Plastikbecher in der Hand herein. »Happy birthday«, sagt er. Im Islam wird der Geburtstag nicht gefeiert, daher hatte er nicht daran gedacht. Ich nippe an dem Becher, er ist mit 7-Up-Limonade gefüllt. Es ist mein Geburtstagsgeschenk. Das Einzige neben meinem Kind natürlich. Mein Kind ist das Wichtigste, was ich habe. Es ist das Zentrum meiner Welt geworden.

Ich bin gerührt von den Twix-Geburtstags-Schokorie-
geln. Und ich mag Twix tatsächlich am liebsten, das wissen
sie inzwischen. Dann öffne ich einen der drei goldenen
Schokoriegel und gebe mich ganz dem Zuckerhigh hin. Die
beiden anderen spare ich mir für schwerere Momente auf.
Ich bin glücklich. Nicht, weil ich alleine meinen Geburtstag
unter solchen Umständen feiern muss, sondern dass ich ihn
überhaupt feiern kann und sogar kurz etwas Besonderes
passiert. Ich hoffe aber, dass ich meinen Geburtstag nächstes
Jahr unter besseren Umständen feiern kann als alleine mit
meinem Kind in Gefangenschaft.

Die Tage und Nächte vergehen. An einem Tag öffnet sich
die Tür nicht. Kein Essen wird hereingebracht. Es ist Ramadan. Ich bin überrascht. Das habe ich nicht erwartet. Ehrlich
gesagt, habe ich vollkommen übersehen, dass der Ramadan
anfängt, daher trifft mich der erste Tag wie aus heiterem
Himmel.

Die Atmosphäre unter den Entführern ist anders an den
Tagen, an denen sie fasten. Sie sind insgesamt ruhiger. Nach-
denklicher. Kurz vor dem Fastenbrechen werden sie hingegen nervös.

Während des Ramadan schlafen die Entführer tagsüber
häufig, daher kommt der Hausherr jetzt immer öfter zu uns
ins Zimmer. Ich frage ihn immer mehr aus. Er ist sehr hilfs-
bereit. Er bringt mir Oliven. Und ich freue mich sehr darüber, es sind die sehr frischen grün-gelben, die noch knackig
sind. »Sie sind klein, aber sie schmecken sehr aromatisch!«,
sagt er und fügt hinzu: »Sie sind aus meinem eigenen Garten. Es sind die Früchte der Bäume, die um uns herum wachsen.« Daher seien das die besten Oliven, die man überhaupt
bekommen könne. Sie schmecken ein bisschen bitter. Da
fällt mir ein, dass Syrien vor dem Krieg ein bedeutender Oli-
venölproduzent war.

Die Toilette ist verstopft. Der Hausherr muss kommen,
um die Toilette zu reparieren. Auch wegen anderer Dinge
muss er kommen. Er kennt sich mit allem aus, wenn etwas

nicht funktioniert, dann wird er gerufen. Alle Dinge rund um das Haus laufen bei ihm zusammen. Das merke ich schnell. Er erklärt mir auch, dass das Haus neben dem Schwimmbad zehn Bäder habe und sehr viele Räume.

Dabei kommen wir ins Gespräch. Auch über die Schaltbox für die Solaranlage. Wir haben nämlich in diesem Haus fließend warmes Wasser. Das ist eigentlich nicht möglich in Syrien: warmes Wasser aus dem Hahn. Die Entführer sind irritiert, wie viel Wasser ich jeden Tag verbrauche. Ich wasche mich, den Kleinen, unsere Kleidung. Ich wische und putze alles.

Als er öfter zu mir kommt, merkt er, dass ich nett und normal bin, und es stellt sich schnell heraus, dass er nicht zur Gruppe gehört. Plötzlich schlägt mein Herz immer schneller. Er ist nicht Teil der Entführer, sondern ein alter Schulfreund von Hamdu, einer meiner Wachen. Der Besitzer ist etwas kleiner als ich, aber hat ganz wache runde Augen.

Nach einigen Tagen kommt er wieder. »Ich habe drei Kinder«, sagt er, dann schweigt er kurz. Er bringt mir Früchte, Süßigkeiten und 3-in-1-Kaffeepulver zum Aufgießen. Er besorgt eine Thermoskanne, damit ich immer heißes Wasser habe. »Ich war im Gefängnis von Assad«, eröffnet er mir plötzlich, als er mir an diesem Tag heißes Wasser bringt. Er hält die Hände über Kreuz und verweist damit auf seine Gefangenschaft. Er nickt mir zu, dann fährt er mit fester Stimme fort: »Ich weiß, wie das ist, gefangen zu sein.« Er malt Striche an die Wand. »Man zählt jeden Tag.« Ich nicke. Wer jemals gefangen war, der kennt dieses Gefühl. Es sind das Ausgeliefertsein, die Ohnmacht, der Schmerz, der Schrecken. Dann fährt er fort: »Ich war zwei Jahre lang im Gefängnis von Assad. Mein Bruder ist nicht zurückgekommen.« Er schaut traurig zu Boden. »Ich bin zurückgekommen. Meine Familie hat Druck gemacht, aber von meinem Bruder haben wir kein Lebenszeichen mehr bekommen. Andere Insassen haben uns gesagt, dass er nach einem der Verhöre nicht mehr in die Zelle zurückgekommen sei.«

In dem Gespräch erfahre ich, dass ihm die Entführer erzählt haben, dass ich im Austausch mit Frauen aus dem Assad-Gefängnis freigelassen werde. Ich verstehe nicht richtig. Doch er nickt. Das Schlimme an dieser Nachricht ist: Manchmal tauschen die verfeindeten Gruppen nicht nur Gefangene, sondern auch Leichen aus.

»Wirklich. Aber zuerst haben sie gesagt, dass eine verrückte Frau kommt.« »Verrückt?« »Ja, geistesgestört, deshalb sollte ich die Fenster blickdicht machen, damit die Verrückte nicht ausbrechen kann.« Unsere Unterhaltungen werden immer länger. Er kommt immer häufiger, wenn die Wachen nicht da sind. Unsere Gespräche werden von Mal zu Mal vertrauter. Er will mir wirklich helfen, das spüre ich. Er will alles tun. Ich bitte ihn um Zettel und Stift, um eine Nachricht an meine Familie zu schreiben. Er nimmt meine Briefe mit Telefonnummern und E-Mail freundlich entgegen. Ich habe Hoffnung, dass eine Kommunikation diesmal klappt.

Obwohl er mir am Anfang noch ungewöhnlich zurückhaltend vorkommt, wird er schließlich zu meinem Verbündeten, der mir in der Not hilft. Und ich bin in Not.

Es ist ein Feuer ausgebrochen. Überall qualmt es. Sie müssen im Haus lüften. Das Zimmer ist verqualmt. Deshalb werden mein Sohn und ich ins Nachbarzimmer gebracht. Doch dieses Zimmer ist nicht für eine Geisel präpariert, daher kann ich durch die großen Fenster schauen. Ich blicke auf eine riesengroße, auffällig rund gebogene Dachterrasse.

An diesem Tag verirrt sich ein Vogel. Er ist von außen in den Rollladenkasten über dem Fenster geflogen. Er kann sich selbst befreien und fliegt wieder hinaus. Einige Tage später schlüpft der Vogel durch einen Spalt im Rollladenkasten hindurch und fliegt durch mein Zimmer. Es ist ein schöner kleiner blauer Vogel. Die Wachen kommen in mein Zimmer, um den Vogel einzufangen. Vielleicht ist der Vogel ein Bote der Freiheit?

Ich muss immer wieder über den Standort dieses neuen

Hauses nachdenken. Es liegt einige Stunden Autofahrt entfernt von allen anderen Gebieten, das weiß ich. Abdullah erzählt mir schließlich, dass wir uns tatsächlich in Sichtweite der türkischen Grenze befinden.

Ich bekomme während des Ramadan nur am ersten Tag kein Essen, weil sie es schlicht vergessen. Aber obwohl sie fasten, bekomme ich jeden Tag schon am Morgen mein Frühstück und ganz normal mein Essen. Frühstück, Mittagessen, Abendessen. Aber die Wachen sind während des Ramadan verändert. Blue Eye bleibt zum Beispiel länger, als er müsste, für ein Gespräch in meinem Zimmer. Doch manches bleibt auch. Blue Eyes Kontrollwut zum Beispiel. Bevor er schlafen geht, kontrolliert er noch mal alle Fenster in unserem neuen Zimmer. Er schaut gewissenhaft, ob ich sie manipuliert habe.

Dann kommt eine neue Wache. Der Neue ist jung. Er ist maximal 22 oder 23 Jahre alt. »Woher kommst du?«, will ich eines Tages, als er die Tür öffnet, von ihm wissen. Er erzählt mir seine Vorgeschichte. »Ich komme aus Damaskus«, sagt er. »Mein Name wurde vom Regime im Fernsehen veröffentlicht. Es war eine Liste von Menschen, die sich den Rebellen angeschlossen haben. Danach konnte ich nicht mehr zurück.« Er rückt sich die Maske zurecht. »Meine Mutter lebt immer noch dort«, sagt er. »Wir telefonieren regelmäßig. Sie vermisst mich, aber ich kann nicht zurück.« Er schließt wieder die Tür.

Einige Tage später kommt der Neue wieder. Er setzt sich zu mir. Manche der Wachen unterhalten sich mit mir. Andere sind eher scheu, sie versuchen, so wenig wie möglich mit mir zu sprechen. Sie haben nichts zu sagen. Aber der Neue erinnert mich ein bisschen an Abu Russia, der leider schon lange nicht mehr gekommen ist. Er ist neugierig. »Ich habe gehört, dass man im Westen auch zusammen sein kann, ohne miteinander verheiratet zu sein. Stimmt das?«, fragt er mich mit weit aufgerissenen Augen. Ich muss kurz lachen. »Ja. Das stimmt wirklich!«, entgegne ich ihm amüsiert und muss sofort an ein Gespräch in Pakistan denken. Damals fragte mich die jüngste Tochter eines Bekannten, ob es wahr sei, dass ich nicht mit meinem Freund verheiratet sei. Ich bejahte das.

»Aber nicht nur das«, sage ich und will schon zum großen Rundumschlag ausholen, »die Freiheit bei uns reicht noch viel weiter!« Er schaut mich skeptisch an. »Ich habe außerdem gehört, dass man sogar ein Kind zusammen haben kann, ohne miteinander verheiratet zu sein. Stimmt das auch?«, will er dann von mir wissen. »Ja, das stimmt wirklich!«, antworte ich und bin mir sicher, dass er die Konzeption unserer Gesellschaftsorganisation im Vergleich zu der syrischen Gesellschaft nicht anhand des Heiratssystems verstehen wird. »Bei uns gibt es sogar Strände am Meer, wo Männer und Frauen zusammen nackt baden dürfen. Es sind extra gekennzeichnete Orte, wo das erlaubt ist«, erzähle ich ihm triumphierend und muss an den FKK-Strand am Langen See bei Berlin denken. »Direkt nebeneinander?«, fragt er und schaut mich dabei zunehmend irritiert an. Er kann nicht begreifen, wie das möglich sein soll.

Der Mann, dem das Haus gehört, bringt mir während des Ramadan viele Geschenke. Eines Tages bringt er ein Kinderschwimmbecken vom Markt für mich und mein Kind mit. Ein Swimmingpool im Zimmer, das ist wirklicher Luxus, denke ich bei mir.

Es kommt wieder eine neue Wache. Er ist schweigsam und ruhig. Er ist sehr kräftig, daher nenne ich ihn bei den anderen »Abu Kauwi«, was »der Starke« bedeutet. Wenn ich alleine über ihn nachdenke oder mit dem Übersetzer über ihn spreche, dann nenne ich ihn den Kräftigen. Der Typ kommt oft. Er hat ein ruhiges Gemüt, ist älter als die anderen und irgendwie geduldiger als Blue Eye und Abu Nissi. Er sieht aus wie ein Braunbär, und sein Englisch ist nur sehr rudimentär. Ich versuche, mit ihm auf Arabisch und mit Händen und Füßen zu kommunizieren.

Die Entführer warnen mich immer wieder, ich solle mich

ruhig verhalten, weil es bald vorbei sei. Ich verkrieche mich in meinem Zimmer. Draußen im Krieg ist es im Zweifelsfall noch schlimmer, tröste ich mich. Aber Deutschland, Berlin, Brandenburg, die Ostsee, die Alpen, alles ist so weit weg. Ich stelle mir vor, dass ich eine Fischerin bin, die am Fluss sitzt und jeden Tag ihre Netze auswirft. Alles, was ich einmal hatte, ist in den Fluten verloren gegangen. Ich fange selten große Fische, aber meine Netze der Erinnerungen treiben auf dem Wasser.

Als der Ramadan vorbei ist, am Morgen des Fastenbrechens, öffnet sich die Tür. Blue Eye kommt mit einer riesigen Schüssel voll mit Süßigkeiten herein.

»So viele Süßigkeiten?«, frage ich. Er nickt und hält mir die Schale hin. Ich betrachte die Auswahl an in buntes Zellophanpapier eingewickelten Leckereien. Ich nehme mir zwei Stück heraus. »Nimm dir ruhig ein paar mehr, du hast es ja sehr schwer! Du bist die ganze Zeit ohne deine Familie hier in Syrien.« Er hält mir die Schale erneut hin. Und ich greife mit der vollen Hand hinein.

Plötzlich kippt die Stimmung im Haus. Die Entführer müssen etwas von unseren vertrauten Unterhaltungen herausgefunden haben, denn mit einem Mal taucht der Hausherr nicht mehr auf. Er wird den Entführern nichts sagen, hoffe ich. Aber ganz sicher bin ich nicht. Sie lassen sich nichts anmerken.

Dann kommt er nach drei Tagen endlich wieder. Er wirkt verschüchtert. »Was ist passiert?«, frage ich ihn. »Ich habe ihnen erzählt, dass ich dir helfen will. Deshalb haben sie mich drei Tage lang in meiner eigenen Wohnung festgehalten. Meine Familie hat sich große Sorgen gemacht. Ich habe alles geleugnet. Sie haben mein Mobiltelefon und meine Unterlagen durchsucht, aber sie haben nichts gefunden«, erklärt er mir. Die Entführer haben also nicht die Briefe gefunden, die ich für meine Familie vorbereitet habe. Das erleichtert mich. Doch leider endet meine Hoffnung auf Freiheit hier wieder einmal.

Die Entführer sind ab diesem Moment sehr nervös. »Sie sind total ausgerastet«, erzählt der Hausherr weiter. »Die Entführer haben eine Bombe am Eingang des Hauses platziert und außerdem mehrere Sprengsätze im Keller, um innerhalb von Minuten das ganze Haus sprengen zu können. Sie haben Angst vor einem militärischen Helikoptereinsatz der Deutschen oder der Amerikaner.« Ich schüttele den Kopf. Dennoch ist es eine schreckliche Vorstellung, in die Luft gesprengt zu werden. Ich kann es kaum erwarten, dass wir wieder das Haus wechseln.

Endlich ist es so weit. In diesem Haus waren wir 60 lange Tage und Nächte. Mittlerweile ist es Ende Juli. Bei den Vorbereitungen merkt man: Die Entführer sind unter Strom, und ich bin es auch.

HAUS ZEHN: Das letzte Haus

Wir kommen bei Nacht in dem neuen Haus an. Einige Momente später bringen sie mein Kind. Der Mund ist schokoladenverschmiert, und es schläft. Ich bin erleichtert.

Ich sitze im neuen Raum und schaue mich um: Er kommt mir riesig vor. Es liegen nur einige Matratzen auf dem Boden und an der Wand. Es sieht aus wie ein Gemeinschaftsraum.

Dann ertönt der Lautsprecher. Die Lautsprecher der Moschee sind direkt vor meinem Fenster, der Ruf des Muezzin ist unüberhörbar und laut. Er ist so nah, dass er mich erschreckt. Zum Glück ist das Fenster neu, daher schluckt es einiges an Lautstärke von den Gebetsrufen, sodass mein Sohn nicht aufwacht.

Das Zimmer ist frisch renoviert. Die Wände sind geweißelt. Ich muss an Barblin denken, die das Haus ihres Vaters weißelt. *Barblin weißelt.* In dem Stück *Andorra* von Max Frisch, das Laura und ich im Deutschunterricht in der zehnten Klasse bei Frau Kopp gelesen haben, heißt es: Wenn bloß kein Platzregen kommt über Nacht. Sonst wird die Farbe wieder abgewaschen.

Es brennt grelles Neonlicht in diesem Raum. Auf jeden Fall ist es eine Verbesserung im Vergleich zum vorigen Zimmer, denke ich. Es hat zwei Türen, aber eine wurde von den Entführern verbarrikadiert, und davor haben sie eine Garderobe gebaut. Die andere ist mit einer Kette und einem Vorhängeschloss gesichert. Es gibt ein großes Fenster, das zwei Schiebetüren hat. Das Fenster beginnt auf Brusthöhe und geht bis zur Decke hoch. Es ist, wie immer, vergittert.

Ich schaue nach draußen. Das Gebäude ist von einer hohen Mauer umgeben und hat einen riesigen Garten zu beiden Seiten. Es grenzt an eine Moschee, und vom Badezimmer aus kann man einen großen Wasserturm sehen. Es ist eine ländliche Region. Keine städtische Infrastruktur, keine gepflasterten Straßen. Ab und zu höre ich blökende Kühe und Schafe und das Gackern von Hühnern. Ich frage mich, wo genau wir uns befinden. Es muss in der Nähe von Aleppo sein, weil ich den Kampf um die Stadt im Fernsehen verfolge und die Schüsse gleichzeitig draußen in der Ferne höre und nachts die bunten Raketeneinschläge aufblitzen sehe.

Wieder kommt der Mann, der wegen seiner Verletzung nicht sprechen kann. Ich nenne ihn inzwischen Abu Silence. Er ist deshalb ein wenig seltsam. Ich frage mich, ob alle Wachen Dschihadisten sind.

Schließlich kommt der Stumme immer öfter. Er scheint sich etwas von dem Kontakt zu mir zu versprechen, aber ich verstehe zunächst nicht, was ihn motiviert. Ich hoffe natürlich, dass ich ihm etwas anbieten kann. Er versteht sehr gut Englisch, aber er kann nicht sprechen, oder er spricht nicht mit mir. Er gibt sich jedoch große Mühe, trotzdem mit mir zu kommunizieren. Wenn ich mich mit dem Stummen austausche, dann bringt er inzwischen manchmal Papier und Stift mit, um einiges besser erklären zu können. Ich bitte ihn, mir das Papier und den Stift dazulassen. Er nickt und gibt mir beides. Aber ich solle mit niemandem darüber sprechen, sonst würden sie ihm die Kehle durchschneiden.

Nach einigen mühsamen Unterhaltungen, die mir zeigen, dass er mehr wissen will, sprechen wir schließlich über seine Operation. »Was für eine Operation ist das genau?«, will ich von ihm wissen. Er deutet mir mit Handzeichen an, dass er erneut medizinische Hilfe braucht. Ich glaube, bei ihm eine Art von Zuneigung, eine Art von Humanismus in dieser inhumanen Situation zu spüren. Das baut mich auf.

Die Operation ist das große Thema des Stummen. Er erzählt mir von einem Freund, der auch eine Kriegsverletzung hatte. Die Operation seines Freundes, der nun in Deutschland lebe, sei nicht von der Krankenkasse bezahlt worden, berichtet er fast empört. Sie sollte 100 000 Dollar kosten. Aber seine Verletzung sei auch kompliziert, erläutert er mir.

Der Stumme ist sich sicher, dass seine Operation rund 45 000 Dollar kosten würde. 45 000, damit jemand wieder sprechen kann. Er bewegt den Mund, aber seine Stimme klingt nur wie das Krächzen eines Vogels.

Der Stumme scheint mein Verbündeter zu sein, aber vielleicht tut er auch nur so. Ich bin auf jeden Fall sehr glücklich, dass ich wieder einen Stift habe. Er erzählt mir sehr stolz von seinen Kindern und seinen zwei Frauen. Bisher hatten alle Entführer nur eine Frau. Er ist der Erste, der mit zwei Frauen verheiratet ist. Früher, vor dem Krieg, sei er reich gewesen, er habe ein stolzes Leben geführt, deshalb habe er sich eine zweite Frau genommen, weil er es sich habe leisten können. Er habe außerdem ein großes Haus gehabt.

An diesem Abend unterhalten wir uns lange. Der Stumme zeigt auf das Fenster und gibt mir zu verstehen, dass ich nicht darüber nachdenken solle zu fliehen. Das würden sie verhindern. »Wie?«, frage ich ihn.

Dann erklärt er mir, dass er gut schießen könne und an der Waffe ausgebildet sei. Der Commander habe ihm befohlen, auf mich zu schießen, wenn ich versuchen würde zu fliehen. Aber er solle nur mich erschießen und nicht mein Kind, erzählt er mir weiter. Deshalb solle er nicht auf meinen Oberkörper zielen. Ich bin schockiert, versuche aber, es mir nicht anmerken zu lassen. Ich erforsche seinen Gesichtsausdruck und versuche herauszufinden, ob dieser Mensch mich tatsächlich töten würde.

Sein Geständnis lässt mich erstarren. Nach einigen Momenten finde ich meine Sprache wieder. Ich frage ihn, ob er wirklich auf mich schießen würde, wenn ich versuchen würde zu fliehen. Er antwortet, dass er selbst erschossen werden würde, wenn er es nicht täte. »Würdest du dann danebenschießen?«, frage ich ihn. Er schweigt und schaut mich mit einem feindseligen Blick an. Seine Entführermaske umrahmt sein Gesicht. Jeder ist sich selbst der Nächste, denke ich. Im Krieg zumindest. Ich frage ihn erneut: »Würdest auf *mich* schießen oder *daneben*?« Er zuckt nur mit den Schultern und schaut zu Boden.

Man kann es verdrängen, und das gelingt mir auch ganz gut, aber angesichts dieses Dialogs mit dem Stummen wird wieder klar: Die Gewalt, die hier in Syrien herrscht und uns alle umgibt, ist immer präsent. Hier tut niemals jemand etwas freiwillig, hier herrscht nur das Gesetz des Krieges, und das ist eben das Gesetz des Stärkeren. Es ist das Gesetz der geladenen Waffe. Der Tod ist immer nah, und jeder kann zu seinem Werkzeug werden. Jede meiner Wachen, jederzeit.

Ich möchte mich jetzt nicht mehr mit dem Stummen unterhalten. Ich bin von dieser brutalen Enthüllung und dem Schreck danach vollkommen erschöpft. Ich gebe ihm zu verstehen, dass ich müde sei und jetzt wirklich schlafen müsse. Er nickt und zieht sich aus meinem Zimmer zurück. Er versteht wahrscheinlich, dass ich meinen potenziellen Mörder nicht weiter um mich haben möchte.

Ich bin lieber alleine. Denn die Erkenntnis schockt mich: Jeder würde mich hier töten, um zu überleben. So, wie sie mich alle hier die ganze Zeit gefangen halten, um mich zu verkaufen, um dadurch besser zu leben. Töten oder verkaufen macht keinen Unterschied. Es steht dieselbe Härte dahinter. Wo Menschen entführt werden, werden bald auch Menschen getötet. Ich muss an die Gefühlskälte im Blick des Stummen denken. Ein eiskalter Schauer läuft mir über den Rücken.

Wenn ich nachts wach werde, stelle ich mir immer dieselben Fragen: Wer sind meine Entführer? Was sind das für Menschen? Was haben sie vorher gemacht? Und was werden sie nachher tun? Warum bin ich schon so lange hier? Und: Werden wir *jemals* zurückkehren?

Ich bitte um einen Fernseher. »Es ist so langweilig«, erkläre ich dem Stummen. Er nickt. Dann bekomme ich endlich wieder einen Fernseher. Es ist ein anderes Modell als vorher. Aber leider sind der Satellitenempfänger und das Kabel nicht so leicht auf dem Basar aufzutreiben. Es dauert einige Tage, bis alle Teile endlich da sind. Der Stumme schließt meinen Fernseher an die Satellitenschüssel an. Ich bin aufgeregt, als er meinen neuen Fernseher das erste Mal einschaltet. Das Menü blitzt in giftgrünen Buchstaben auf dem Bildschirm auf. Die Buchstaben sind auf Kyrillisch. Warum ist die Sprache auf Russisch eingestellt? Ein Fernseher, der vorher einem Russen gehörte, wo die Russen hier doch täglich bombardieren? Ich finde das absurd. Vielleicht war das der Fernseher eines russischen Soldaten, der in Syrien stationiert war? Ich wechsele die Sprache des Menüs auf Englisch.

Ich schaue wieder sehr gerne fern. Das geht aber nur, wenn es Strom gibt. Sonst nicht. In jedem Haus sind die Stromzeiten anders. In diesem Haus gibt es vormittags ungefähr zwischen 11 und 13 Uhr Strom. Dann nochmals am Abend, wenn es dunkel wird.

Ich krieche in den Fernseher und schaue amerikanische Liebesfilme. Am liebsten mit Happy End. Hauptsache, Liebe kommt darin prominent vor. An diesem Abend schaue ich einen Hollywood-Blockbuster-Liebesfilm: eine romantische Komödie von drei Frauen, die heiraten wollen. Ich versinke förmlich in der schnulzigen Romantik. Ich fiebere mit. Ich vergesse ganz und gar die Situation um mich herum: Ich vergesse die Bomben, das Leid und die unendliche Hoffnungslosigkeit. Dann flimmert die Szene einer Geburt im Krankenhaus über die Mattscheibe. Das ist mir zu krass. Ich schalte den Fernseher aus. Ich bin überfordert mit der Idylle einer Krankenhausgeburt im Hollywoodstil. Das geht mir einfach zu nah. Es ist ein zu starker Kontrast zur Geburt meines Sohnes.

Plötzlich herrscht Aufregung in der Wohnung. Ich kann hören, wie jemand zu Besuch kommt. Er diskutiert aufgeregt mit Blue Eye. Es wird sehr laut. Sie schreien fast. Immer wieder fallen die Namen »Jabhat al-Nusra« und »al-Qaida«.

»Was ist los?«, will ich von Blue Eye wissen, als er die Tür öffnet. »Jabhat al-Nusra hat sich von al-Qaida abgespalten.« Er rückt seine Maske zurecht, dann fährt er fort. »Sie haben außerdem einen neuen Namen gewählt. Sie nennen sich jetzt Jabhat Fatah al-Sham, was als ›Front für die Eroberung der Levante‹ übersetzt wird.«

Was bedeutet das für mich? Wird sich meine verzwickte Situation jetzt ändern? Es ist der 28. Juli 2016. Blue Eye und die anderen sind in den nächsten Tagen sehr aufgeregt und unruhig. Ich schaue zur Beruhigung wieder Deutsche Welle und habe Heimweh. Die Bilder von Deutschland berühren mich. Wie schön Deutschland ist! Aus der Ferne, aus der Gefangenschaft, aus diesem Zimmer ist der Eindruck sehr stark, den die gezeigten Bilder bei mir hinterlassen. Ich bin vollkommen überwältigt von ihnen, den Ansichten von Deutschland, meinem geliebten Deutschland. Meiner Heimat. *Heimat ist kein Ort, Heimat ist ein Gefühl,* textete ein deutscher Musiker, aber ich muss ihm widersprechen. Heimat ist ein Ortsgefühl, das man in der Ferne noch viel stärker spürt, denke ich.

In den nächsten Wochen versuche ich, mit dem Stummen einen Deal zu machen. Ich versuche, ihn ganz auf meine Seite zu ziehen. Ich verstehe, dass für ihn seine Operation am allerwichtigsten ist. »Ich kann dir mit deiner OP helfen!«, versuche ich ihn zu locken. »Wie?«, will er wissen. »Ich kann alles für dich in Deutschland organisieren, wenn du mich zur türkischen Grenze bringst«, argumentiere ich verzweifelt. Wir beraten über einen Plan. Der Stumme will eine Sicherheit. Ich habe noch viele Ideen, und auch er scheint ernsthaft über einen Plan nachzudenken. Doch nach unseren intensiven Verhandlungen kehrt der Stumme plötzlich nicht mehr zurück. Er ist einfach weg. Er verschwindet vollkommen von der Bildfläche. Er taucht nicht mehr auf. Dabei habe ich doch noch seinen Stift und den Zettel, den ich für ihn vorbereitet habe.

Was mir auffällt, seit ich mit meinem Sohn im Zimmer

lebe: Ich sehe die Kinder der Entführer nie, auch ihre Frauen nicht. Sie verstecken sie vor meinen Blicken. Ich höre sie immer nur in den Nebenräumen. Ich höre ihnen bei ihrem Leben zu. Sie lachen, streiten, manchmal schreien sie ihre Kinder an. Sie scheinen auch angespannt zu sein, denke ich.

Doch an diesem Tag ist es anders. Zuerst höre ich nur die aufgeregten Rufe einer Mutter, deshalb schaue ich aus dem Fenster, dann höre ich das Kichern eines Kindes. Schließlich sehe ich das erste Mal den Sohn von Blue Eye. Der Junge ist drei Jahre alt, trägt eine kurze beige Hose und ein blaues T-Shirt. Seine gelockten Haare wippen auf und ab, während er direkt unter meinem Fenster vorbeiläuft. Er lacht, während seine Mutter schimpft. Ich sehe nur kurz einen Zipfel ihres schwarzen Kleides, der direkt wieder aus dem beschränkten Blickfeld meines Fensters verschwindet.

Es ist Abend geworden. Ich schaue mal wieder fern. Die Mattscheibe flimmert. Ich zappe durch das Programm. Auf France 24 läuft ein Bericht, in dem die Deutschen aufgerufen werden, sich mit den wichtigsten Lebensmitteln zu versorgen für einen möglichen Blackout. Ich horche auf. Das Innenministerium rät dazu, sich mit Lebensmitteln einzudecken. Ich bin überrascht und kann mir kaum vorstellen, dass im sicheren Deutschland ein wirklicher Grund herrschen könnte für solch eine Notsituation. Aber ich will es natürlich genauer wissen. Ich kann zunächst keine weiterführenden Informationen in anderen Nachrichtensendungen finden. Die BBC erwähnt es nur am Rande. Aber auf Euronews werden die Titel der Tageszeitungen eingeblendet. Ich versuche, das Bild im richtigen Moment anzuhalten, damit ich die Überschriften lesen kann. Ich schaue Euronews in der Endlosschleife. Bis wieder das Bild kommt. Ich versuche, es einzufrieren. Obwohl es ein uraltes Gerät ist, hat die Fernbedienung eine Taste, um das Bild einzufrieren. Es gelingt mir schließlich. Ich schalte mit der Fernbedienung auf Pause. Da der Empfang sehr schlecht ist, ist das Bild zu krisselig. Ich kann die Schrift nicht entziffern. Es ist im August 2016, als das neue Zivilschutzkonzept des Bundes veröffentlicht wird. »Bürger sollen sich einen Vorrat an Lebensmitteln anlegen«, heißt es tatsächlich.

In den letzten Tagen gab es viele Bombenangriffe in der Region. Immer wieder werden die Fenster und Türen in meinem Zimmer von den Druckwellen erschüttert, die nach den Bombenexplosionen in unmittelbarer Nähe durch die Landschaft rollen. Der physikalische Ablauf einer Fliegerbombenexplosion basiert auf der Detonation von Sprengstoff beim Aufschlag.

Als direkt in der Nähe eine Bombe einschlägt, klappern die Fenster laut, und selbst die schwere Metalltür scheppert, was dafürspricht, dass es sich um eine große Bombe handelt. An den Klang kann man sich nicht gewöhnen, ich zucke jedes Mal zusammen. Doch wenn mein Baby schläft, wacht es zum Glück nicht davon auf. Wenn die Türen und Fenster von der Druckwelle wackeln, dann durchfährt mich die Angst. Aber auch an diese Geräusche muss man sich in Syrien gewöhnen.

An diesem Nachmittag kann ich meinen Ohren kaum trauen. Ich halte sie direkt an die weiße Platte der Garderobe, hinter der eine zweite Zimmertür versteckt ist. Sie arbeiten offenbar davor. Ich höre, wie sie den Eingang zumauern, damit ich nicht fliehen kann. Ich kann es nicht glauben. Dann, nachdem ich lange genug den Geräuschen von Steinen und Mörtel, die aufeinandergeschichtet werden, zugehört habe, bin ich mir sicher, dass sie sich auf die Langstrecke einstellen. Ich will mich aber nicht auf die Langstrecke einstellen. Im Gegenteil.

Der Stumme kommt nicht mehr wieder. Ich warte immer noch jeden Tag auf ihn, weil ich noch den Zettel für ihn versteckt habe. Wo er sei, frage ich die anderen Wachen. Es kommt keine Antwort. Der Stumme ist weg, und die Stille kommt. Sobald der Kleine aufwacht, ist es natürlich ganz und gar nicht mehr still. Dann steht er aufrecht und geht einige tapsige Schritte. Ich darf die Hoffnung nicht aufgeben, dass der Stumme zurückkommt. Aber er kommt nicht mehr wieder. Am ersten Tag nicht und auch an den folgenden nicht.

Dann macht Blue Eye nach einigen Tagen eine Andeutung, die mich überrascht. Ich hatte nach etwas zum Schreiben gefragt. Er erwidert: »Du hast doch schon einen Stift!« Es stimmt, der Stumme hatte mir ja einen Stift gegeben. Ich streite es ab. Hat der Stumme mich verraten? Was war geschehen?

Die Zeit vergeht wieder sehr langsam, es fühlt sich an, als würden die einzelnen Stunden sich durch einen kleinen Spalt hindurchschieben. Immerhin bleibt die Zeit nicht stehen, sondern läuft weiter. Sie ist unaufhaltbar. Die vergehende Zeit ist gerade das Einzige, was ich in Richtung Befreiung habe, und sie läuft tatsächlich immer weiter, egal, was ist. Die Zeit ist mein Joker, denke ich.

Es sind diese Augenblicke und Erkenntnisse, die mich am Leben halten, ein Mensch bleiben lassen.

Ich denke immer wieder über meine Situation nach. Jeden Tag und jede Nacht. Ich bin oft schlaflos und rastlos in meinen Gedanken. Jedes Haus, in dem ich bisher gefangen gehalten wurde, ist in sich ähnlich oder verwandt, auch wenn ich mir immer versucht habe, alle Einzelheiten einzuprägen. Vom Kern her unterscheidet sich kein Haus vom anderen. Die vielen Häuser sind in ihrer Summe das Haus der vielen Tage. Mein Haus der vielen Tage scheint unendlich zu sein. Es ist ein Haus, das viele Zimmer hat. Unendlich viele Zimmer.

An diesem Tag beginnt *Eid al-Adha*, das muslimische Opferfest, das höchste islamische Fest. Es findet zum Höhepunkt der Hadsch statt, der Pilgerfahrt nach Mekka, und dauert vier Tage. Bei diesem Feiertag wird des Propheten Ibrahim gedacht, der in der Bibel Abraham genannt wird. Er hatte die Probe Gottes bestanden, da er bereit war, seinen Sohn Ismael, in der Bibel Isaak, zu opfern. Als Allah sein Gottvertrauen erkannte, hielt er Ibrahim davon ab. Anschließend opferten Ibrahim und Ismael stattdessen gemeinsam einen Widder. Diese Geschichte wird sowohl im Koran in der Sure 37, Vers 95–113, als auch in der Bibel als Opferung Isaaks in der Genesis 22, Vers 1–19, erzählt.

Ich bin in dieser Nacht unruhig. Dann höre ich ein Summen. Ich kann mir das Geräusch draußen nicht erklären. Da ich während dieser Entführung so wenig nach draußen sehen kann, bin ich vollkommen auf Geräusche gepolt. Ich vertraue meinem Gehör wie eine Blinde. Diesem Sinn gilt meine Aufmerksamkeit ständig, vollkommen automatisch. Denn ich kann so viele verschiedene Informationen aus den Geräuschen ableiten, die für mein Leben und Überleben elementar sind. Die Geräusche erzählen mir über den Krieg, die Entführer, ihre Pläne und Absichten, vor allem wenn ich sonst keine Informationen bekomme.

Höre ich draußen vielleicht eine Drohne? Ich gehe zum Fenster und versuche, das Surren zu deuten. Ich schaue in den Nachthimmel, sehe aber nichts. Ich vermute, dass ich mich getäuscht habe. Nur das Zirpen der Grashüpfer ist zu hören.

Der Strom ist längst wieder ausgegangen, deshalb schweigt der Fernseher. Es ist der übliche Stromcut. Danach ist immer alles vollkommen ruhig. Das Surren der Drohne ertönt erneut. Ich springe wieder auf und gehe rasch zum Fenster, um zu sehen, ob ich etwas erkennen kann.

Ich verstehe die Herkunft dieses Surrens nicht. Ich kenne die Geräusche der großen Drohnen, zum Beispiel der amerikanischen Armee. Aber dieses Surren ist leiser, und trotzdem ist es da. Jetzt bin ich mir ganz sicher. Mein Herz rast. Mein Kopf verstärkt das Summen. Die Drohne kreist über meinem Haus.

Es ist der Moment, in dem die Schallmauer des Krieges einen Riss bekommt. Dadurch kommen die ersten Lichtstrahlen in mein Gefängnis, das vorher undurchlässig und abgeschottet war wie ein Atombunker.

Ich höre drei Tage hintereinander Drohnen fliegen.

Immer mal wieder sind Drohnen zu hören, aber diesmal sind sie nah. Ich höre sie direkt vor meinem Fenster summen. Was hat das zu bedeuten?

Werde ich bald freigelassen? Ich lasse nicht locker, und endlich informieren meine Bewacher mich. Die Verhandlungen laufen! Ich bin vollkommen außer mir vor Freude, ich tanze, ich jubele, ich klatsche in die Hände.

Doch Blue Eye dämpft meine Hoffnung sofort wieder. Das Angebot sei zu schlecht, und die Entführer wollen nicht klein beigeben. »Warum macht der Commander keinen Deal? Was ist das Problem?«, frage ich Blue Eye. »Keine Ahnung«, antwortet Blue Eye.

DIE BEFREIUNG

Der letzte Tag unserer Gefangenschaft bricht an, aber ich ahne nichts davon. Ich bin an diesem Tag guter Dinge. Ich habe gestern mein ganzes Zimmer gewischt und mit Wasser geschrubbt. Es ist alles sauber und duftet nach syrischem Bodenreiniger mit Zitrone. Manchmal sind Bombeneinschläge während des ganzen Tages oder der Nacht zu hören. Manchmal ist es tage- oder sogar wochenlang ruhig. Der Krieg ist kryptisch und unberechenbar.

Ich schaue in einen kleinen Spiegel, den ich im Bad finde. Auch ich habe dünnes Haar am Ansatz bekommen. Die Tage und Nächte, all die Stunden und Gedanken haben mich zermürbt. Ich bin ein Schatten des Menschen, der ich mal gewesen bin. Meine Einsamkeit ist grenzenlos. Und die Hoffnung ist immer auf Stand-by. Sie springt bei jedem noch so kleinen positiven Ereignis sofort an.

»Ein Haus, dessen dunkelste Winkel hell ausgeleuchtet sind, wird unbewohnbar«, so Werner Herzog. Aber ich fühle mich in diesem Moment so, als sei mein eigenes inneres Haus unbewohnbar geworden. Mein Schneckenhaus im Krieg. Mein kleines Schneckenhaus, mein Rückzugsort. Mein Versteck, meine Höhle. Als sei schon zu viel gedacht worden in diesem Raum, als sei schon zu viel passiert.

Ich muss an Laura denken und an meinen Traum von ihr, den ich in der Nacht zuvor hatte: Ich war mit Laura zusammen. Ich war zwar real noch entführt, aber ich machte eine Art Ausflug. Ich besuchte Laura. Ich war mir der Entführung in diesem Traum bewusst, aber sie spielte zunächst keine Rolle. Laura führt mich durch ihre fremde Welt. Alle Farben leuchten hell. Die Frauen tragen blaue und grüne

Burkas. Es kommt mir vor wie eine Region an der Grenze zu Afghanistan. Pferdewagen, die mit Heu beladen sind, fahren über die Straßen. Darauf sitzen lachende Kinder. Es ist ein idyllisches Dorfleben. Es ist eine überstilisierte Ansicht. Die Farben leuchten wie bei einem starken Filter. Laura erzählt mir, dass sie mit einem meiner Entführer zusammen ist. Ich bin im Traum überrascht. Sie und Abu Nissi sind ein Paar. Dann treffe ich Abu Media. Er zeigt mir auf einer Landkarte, die ich aus dem Erdkundeunterricht kenne, an welchen Orten ich eingesperrt war und welche Strategie sie verfolgt haben. Dieser Traum ist unfassbar stark. Ich wache auf, und er klingt immer noch in mir nach. Er ist real, denke ich. Ich bin mir ganz sicher.

Auf MBC 2, dem saudi-arabischen Sender, der 24 Stunden am Tag Hollywoodfilme sendet, läuft *Silver Linings* mit arabischen Untertiteln. Plötzlich fallen direkt vor unserem Haus Schüsse, eine erste Salve, dann wird das Feuer erwidert. Da draußen wird gekämpft. Ich versuche, aus dem vergitterten Fenster hinauszuschauen.

Es ist der 16. September 2016 kurz nach elf Uhr abends. *Eid al-Adha* ist seit einem Tag vorbei. Das Gefecht draußen scheint sich beruhigt zu haben. Mit einem Mal kommt Blue Eye in den Raum und ist ganz aufgeregt. Er sagt zu mir: »Wir wechseln jetzt sofort das Haus«, er klatscht dabei mehrmals in die Hände. Ich schalte zunächst nur den Ton des Fernsehers aus. »Warum?«, frage ich. »Soldaten von Assad oder andere Kämpfer sind in diesem Gebiet. Wir müssen uns beeilen. Pack eure Sachen. Sofort! Wir haben keine Zeit zu verlieren.« Er drängt mich, meine muslimische Kleidung anzuziehen. Sie haben offensichtlich große Angst, weil die Region gerade gestürmt wird. Am Ton seiner Stimme erkenne ich, dass die Situation ernst ist. Blue Eye verlässt mein Zimmer ebenso schnell, wie er gekommen ist. Mein Herz beginnt wie wild zu rasen. Ich sehe nach meinem Kind. Dann schaue ich auf den Fernseher, dort laufen die Bilder von *Silver Linings* immer noch weiter. Tiffany und Pat bereiten sich auf den großen Tanzwettbewerb vor, den Show-down. Ich schalte hastig den Fernseher aus, vielleicht nur, um mir in diesem Augenblick selbst deutlich zu machen, dass meine Welt mit der von Hollywood nicht das Geringste zu tun hat. Dann beginne ich, hastig zu packen. Jetzt darf ich bloß nichts vergessen. Ich stopfe alles in eine weiße Plastiktüte: Windeln, Feuchttücher, Kleidung und den Eisbären mit meinen Tagebuchseiten darin. Die geheimen Briefe an den Stummen stecke ich in meine Socken.

Plötzlich öffnet sich erneut die Tür. Eine andere Frau wird mit ihren Kindern in mein Zimmer gebracht. Sie spricht nicht mit mir, sondern bleibt nur verängstigt in der Ecke stehen. Jede Geschichte hat einen Anfang und ein Ende. Und jener 338. Tag in Geiselhaft war der letzte Tag meiner Entführung. Offiziell. Das war der letzte Moment, in dem jemand über mein Leben und das Leben meines Sohnes bestimmen konnte.

Blue Eye kommt zurück in den Raum. Er trägt keine Maske mehr. Sonst hatte er jedes Mal, wenn er in mein Zimmer kam, sein Gesicht mit einer Maske bedeckt. »Komm!« Er winkt mit seiner Hand. Auch die Frau mit ihren zwei Kindern geht mit. Sie geht vor, und ich gehe hinterher. »Wir gehen durch den Flur in die andere Wohnung! Alles ist in Ordnung!« Ich sehe, dass er sehr angespannt ist. Ich nicke. »Nimm all deine Sachen mit.« Ich nehme alles in die Hand und hebe meinen Sohn hoch, dann gehe ich durch die Wohnungstür hinaus in den Flur. Dort stehen viele Männer mit Kalaschnikows. Manche sind vermummt, andere nicht. Sie rufen mir etwas zu. Ich reagiere nicht. Versuche nur rasch vorbeizugehen, um schnell in die andere Wohnung zu kommen.

Dann bin ich plötzlich mit der Frau alleine in der Nachbarwohnung. Keiner der Männer ist dabei. Die Tür ist angelehnt. Ich könnte einfach hinauslaufen, aber das tue ich nicht, weil ich von der gesamten Situation vollkommen verunsichert bin. Alles ist plötzlich anders: Es gibt keine Wachen mehr, sie scheinen wie vom Erdboden verschluckt worden zu sein. Die Frau hält ihr neugeborenes Kind auf dem Arm. Es ist erst einige Wochen alt. Die ältere Tochter der Frau schaut mich verschreckt an. Mein Kind schläft auf meinem Arm. Nach einigen Momenten, in denen wir voreinanderstehen und uns gegenseitig mustern, sagt die Frau zu ihrer Tochter, sie möge mir einen Tee holen. Diese läuft schnell in die Küche und holt eine Tasse mit dampfendem Tee für mich. Syrische Gastfreundschaft, denke ich. Ich nehme den Tee dankend an und trinke einen Schluck.

Nach einer halben Stunde kommt Blue Eye schließlich zurück, immer noch ohne Maske. Er wird von fünf Männern mit Kalaschnikows und schwarzen Gesichtsmasken begleitet. Sie sehen mich, dann fangen sie an zu grölen und rufen: »Janina. Janina. Freedom. Freedom.« Sie ziehen dabei ihre Masken herunter, damit ich ihre Gesichter sehen kann. Ich denke nur: O mein Gott, sie kennen meinen Namen. Blue Eye, der bisher der Bewacher der Entführer war, wird von der neuen Gruppe festgenommen. Er sagt mir, dass ich nun bei einer neuen Gruppe mit dem Namen »Jabhat Fatah al-Sham« – der ehemaligen Al-Nusra-Front – sei. Danach fordern die Männer mich auf, ihnen zu folgen. Ich denke, dass es sich im schlimmsten Fall um eine andere militante Gruppe handelt, die mich nun erneut entführt. Erst im Lauf der nächsten Stunden wird mir klar, dass es sich um meine Befreiung und nicht um eine erneute Entführung handelt.

Blue Eye sagt: »Du gehst jetzt mit ihnen. Du bist in maximal einer Woche frei.« Es ist der Moment, wo sich die Realität mit einem Mal verbiegt. Es ist der Moment, in dem wir von den Kämpfern befreit werden, an dem die Geschichte eine Wendung nimmt. Wir haben bis zu diesem Augenblick zehnmal hintereinander das Haus gewechselt. Ich habe das Gefühl, dass ich durch ganz Nordsyrien gereist bin.

Aus dem letzten Haus werden wir in der Nacht vom 16. September 2016 befreit.

Ich gehe mit ihnen aus dem Haus. Es ist Nacht, es weht ein

leichter Wind. Ich trage einen *Niqab*. Blue Eye wird von den anderen vermummten Männern mit dem Gewehrkolben vor sich hergestoßen. Er wirkt das erste Mal verängstigt. Ich genieße seine Demütigung, er hat mich so oft während der Gefangenschaft gedemütigt. Es ist das erste Mal, dass er nicht in der Machtposition ist. Ich bin zwar auch nicht gerade in einer Machtposition, aber ich werde mit höflicher Distanz behandelt.

Wir haben jetzt das Haus verlassen. Nur einige Meter entfernt vor dem Haus steht ein weißer Van. Er hat eine Schiebetür, die von innen geöffnet wird, als wir kommen. Als wir einsteigen, gibt es eine heftige Diskussion mit Blue Eye. Wir fahren durch die Nacht, und ich schaue aus dem Fenster. Der Fahrtwind weht mir ins Gesicht. Ich halte mein Kind im Arm. Immer noch Masken, immer noch Ungewissheit.

Sie werfen Blue Eye schließlich aus dem Auto. Er bleibt irgendwo in Syrien an der rechten Seite der Straße stehen und schaut dem Bus hinterher, als wir losfahren.

»Wohin fahren wir?«, frage ich die Kämpfer, als er weg ist. Sie nehmen ihre Masken ab. »Und wer seid ihr?« »Jabhat al-Nusra«, antworten sie. Obwohl sich al-Nusra doch vor drei Wochen umbenannt hat. Das ist wohl noch nicht bei der Basis angekommen, denke ich. Oder sie denken, dass ich den neuen Namen ihrer Gruppe nicht kenne. »Wir sind keine Mafia!«, insistieren sie.

»Was willst du haben?«, fragen sie mich. »Wir können alles auf dem Basar besorgen. Was brauchst du?« Ich schüttele meinen Kopf. »La« heißt auf Arabisch »Nein«, und sie verstehen, dass ich nichts brauche. Ich denke bei mir, dass ich nichts brauche, sondern nur nach Hause möchte.

»Almanyie?«, frage ich. Sie nicken heftig. »Bald!«, sagen sie.

Dann fällt mir ein, dass ich die weiße Plastiktüte mit dem Eisbären und meinem Tagebuch in der Wohnung habe stehen lassen. Ich habe mich wohl von diesem Tagebuch verabschiedet, als ich es in den Coca-Cola-Eisbären gesteckt habe.

Ich habe es aufgegeben, obwohl das Aufschreiben nicht nur ein wichtiger Prozess für mich, sondern auch eine Ablenkung, eine Aufgabe, ein Sinn war, täglich und minütlich. Es ist eine lebenserhaltende Maßnahme gewesen, ohne die mein Leben ärmer gewesen wäre und härter. Es hat mir die Zeit leicht gemacht. Das Tagebuch hatte nur eine Funktion, und die war, mich am Leben zu halten. Es war kein bewusster Prozess, es war nur mein Wunsch, etwas zu tun. Und es hat sich gut angefühlt, wenigstens zu schreiben und nicht ganz tatenlos bei allem, was geschehen ist, zuzusehen.

Ich schaue wieder aus dem Fenster. Die Welt existiert tatsächlich noch. Mir laufen die Tränen herunter. Ich schaue den Männern in die Augen. Als ich berichte, dass ich eine Sicherheitsgarantie bei der Einreise hatte, nicken sie und sagen, »dass sie meine Geschichte kennen würden«. Ebenso kennen sie meinen Kontakt »Umm Leila«.

Der Mann auf dem Beifahrersitz sagt: »Du wurdest von dem Mann deiner Freundin entführt und seinen Freunden, aber deine Freundin hat sich von ihm schon wieder scheiden lassen.« Ich bin schockiert. Ich kann es nicht fassen. War es die Gruppe von Laura, die mich fast ein Jahr lang gefangen gehalten hat?

Wir kommen bei einem großen Gelände an. Es liegt an einer Straßenecke und ist von einer hohen Mauer umgeben.

Wir sind die folgenden zwölf Tage bei diesen und anderen Kämpfern der Al-Nusra-Front, die sich inzwischen JFS nennen, Jabhat Fatah al-Sham. Erste Köpfe der Bewegung kamen aus der irakischen al-Qaida. Seit Ende 2011 unternahmen sie gezielte Aktionen und Anschläge gegen hauptsächlich militärische Einrichtungen von Assad-Truppen, unter anderem in Aleppo und mehrmals in Damaskus. Seit 2012 traten sie auch öffentlich mit Videobotschaften auf. Abu Muhammad al-Jolani war hierbei einer der führenden Köpfe, der sich jedoch auf die Seite des Al-Qaida-Chefs Aiman al-Zawahiri schlug und nicht dem IS-Kalifen Abu Bakr al-Baghdadi die Treue schwor.

Die Al-Nusra-Front will im östlichen Mittelmeer einen islamisch-sunnitisch-salafistischen Staat gründen und das Assad-Regime stürzen. Unterstützung soll sie vor allem von Katar erhalten. Jenem Staat, der neben dem irakischen Teil der al-Qaida immer wieder Gelder bereitstellt. Seit dem 28. Juli 2016 hat sie sich endgültig losgelöst von der breiten »Basis« al-Qaida und heißt jetzt: »Jabhat Fatah al-Sham« (JFS). Am 28. Juli 2016 veröffentlicht al-Jolani eine Audiobotschaft, die den neuen Namen seiner Gruppe bekannt gibt.

Sie sind einer der Keyplayer im syrischen Bürgerkrieg. Sie bringen mich zu einem Gelände in einem Vorort von Idlib. Zu dieser Zeit tobt gerade der Kampf um Aleppo, in Idlib ist es ruhiger.

Hier verbringen wir die erste Nacht. In dieser Nacht bin ich hellwach. An Schlafen ist nicht im Entferntesten zu denken. Einer der Kämpfer kommt herein und sagt immer wieder: »Happy birthday! Happy birthday!« Er hat mitten in der Nacht noch alles vom Markt geholt, was er nur konnte. Ich schaue den riesigen Berg von Dingen an, die er vor mich auf dem Teppich gelegt hat: Windeln, Feuchttücher, Äpfel, Fruchtgummis, Kuchen, Kekse, Orangen und noch vieles mehr.

Der Tee wird in der Küche gekocht. Schwarzer, dampfender Tee auf einem Tablett. Die Küche ist sehr schmutzig, die Toilette auch. Ein Männerkriegshaushalt. Überall steht dreckiges Geschirr herum. Wir haben einen kleinen Raum für uns. Die Toilette ist winzig. Es gibt einen Schlauch und einen Wassereimer und eine »klassisch« syrische Toilette auf der rechten Seite daneben.

Morgens gehe ich direkt nach draußen. Der Raum, in dem wir schlafen, scheint eine Art Abstellraum zu sein, ein Durchgangszimmer zur Küche. Er ist groß und ebenerdig. Viele Dinge werden dort gelagert. Kisten und Taschen stehen in einer Ecke sowie die Rucksäcke der Kämpfer. Mitten im Raum steht ein Stuhl. Mehrere Matratzen mit Decken liegen auf dem Boden. In der linken Ecke auf dem Boden liegt eine Panzerfaust. Direkt daneben Säcke mit Munition.

Ich gehe aus dem Haus. Draußen im Hof steht ein großer Karton mit Kleidung, Schuhen und anderen Gegenständen. Ich gehe weiter auf die Gruppe von Kämpfern zu, die vor dem Haus sitzt und Nachtwache hält. Die anderen der Gruppe haben sich zum Schlafen in den ersten Stock des Hauses zurückgezogen.

Nachts sitzen die Nachtwachen auf dem Podest vor dem Haus. Ein türkisfarbener Teppich ist auf dem Boden ausgelegt. Es ist Oktober und warm in Idlib zu dieser Zeit. Es sind 29 Grad Celsius, und auch nachts fällt die Temperatur niemals unter 22 Grad. Die Wachen liegen jeder auf einem kleineren Teppich. Vier Jungs. Sie schauen sich auf ihren Mobiltelefonen Clips von den Kämpfen um Aleppo an. Der Kämpfer mit dem T-Shirt schaut sich das Interview mit Abu al-Jolani auf Al Jazeera an, das Ende Juli dieses Jahres im Fernsehen veröffentlicht wurde. Einer der Kämpfer trägt ein Trikot von Bayern München. Das alte Modell mit dem Namen Schweinsteiger. Am nächsten Tag trägt er wieder ein Fußballtrikot, aber diesmal eines von Real Madrid. Die Dschihadi-Salafis im Westen tragen häufig traditionell muslimische Gewänder, um religiöse Authentizität zu suggerieren. Aber hier tragen die Dschihadisten Fußballtrikots von den besten europäischen Vereinen. Warum unterscheiden sie sich so sehr voneinander?

Ich laufe umher. Mein Kind schläft in unserem Raum. Die Tür steht offen, damit ich ihn höre, falls er aufwacht. Ich trage mein schwarzes Gewand mit dem *Niqab* vor dem Gesicht, aber ich kann mich sonst auf dem Gelände frei bewegen. Auf der rechten Seite des Geländes befinden sich zwei sehr große Hallen. Darin parken jetzt mehrere Autos. »Was wurde hier vorher produziert?«, frage ich. Die Nachtwachen wissen es nicht. Im Krieg haben die Orte keine Geschichte, sondern sie haben eine Zeitspanne, in der sie besetzt sind von etwas. Es sind Orte der Transformation, die sich ständig im Wandel befinden. Der Krieg produziert lauter Nichtorte im Sinne des Anthropologen Marc Augé. Das Wesen des Nichtorts im

Krieg besteht darin, dass er in jedem Moment bombardiert werden kann und damit erlischt. Es ist der Nichtort, der vom einen auf den anderen Tag zerstört werden kann. Mit dir darin. Es ist ein Nichtort, weil er vielleicht im nächsten Moment nicht mehr existiert. Bei Augé besteht der Nichtort in einem Ort des Transits, wie Flughäfen, die nicht zum Bleiben gemacht sind, sondern zur Durchreise.

Meine neuen Bewacher versammeln sich am Vormittag auf dem großen Gelände. Sie berichten mir detailliert, was geschehen war: »Es gab ein spezielles Einsatzkommando, das dich befreit hat.« Es waren insgesamt sechs Leute. Drei von ihnen sind auch am nächsten Tag noch da. Der Dicke, der Commander der Gruppe und noch ein weiterer Kämpfer. Den Commander soll ich Abu Sara nennen, sagt er mir. Er habe das Befreiungskommando angeführt. Er lächelt und hat freundliche Augen. Sein Gesicht ist rund. Er und seine Soldaten wären für mich gestorben, versichert er mir. Sein Englisch ist nicht sehr gut, deshalb übersetzt der andere für ihn. Das Narrativ der JFS-Kämpfer ist eindeutig: Sie haben uns befreit. Sie sind die Helden, und meine Entführer sind die Bösen.

Wir sitzen nachts draußen vor dem Wohnhaus, im ersten Stock, der über eine Seitentreppe erreichbar ist. Ich kann nicht schlafen. Es ist viel zu aufregend. Sie zeigen mir Fotoaufnahmen der Drohnen, die mein Haus aus der Luft darstellten. Jetzt erklären sich auch die sirrenden Geräusche, ich hatte es ja vermutet. Ich bin überrascht, dass sie eine »Phantom 4«-Drohne haben, ein Amateurmodell. Sie zeigen mir stolz den Karton. »Sehr gute Qualität!«, sagt Abu Sara. Bilder von einer solchen Drohne hatte ich schon in den Nachrichten gesehen: Bei der Schlacht um Aleppo hatte ein Kämpfer der Al-Nusra-Front einen Selbstmordattentäter mit einer Drohne gefilmt. Die Bilder zeigen einen Lastwagen, der von der Drohne verfolgt wird. Er fährt durch die Kampflinie der Assad-Soldaten durch und zündet dann den Sprengsatz. »Allahu akbar«-Rufe sind neben der Kamera zu hören. Dann zeigen sie mir die Luftaufnahmen der Drohne von dem Haus, aus dem ich befreit wurde. Ich erkenne das Gebäude sofort wieder: den Garten, die Mauer, den Wasserturm, die Straße am Haus. Außerdem seien sie in den Tagen zuvor mit einem Motorrad an dem Gebäude vorbeigefahren und hätten es mit einer Helmkamera von außen gefilmt. Auch diese Bilder zeigen sie mir. »Wo war das Haus?«, frage ich Abu Sara. »Es war in der Region Aleppo. Das Haus ist nur acht Kilometer von der türkischen Grenze entfernt und 22 Kilometer westlich von Aleppo.« Ich bin über diese detaillierte Beschreibung überrascht, habe aber keinen Zweifel an den Aussagen von Abu Sara.

Ich habe jetzt mehrere Bodyguards, die rund um die Uhr auf uns »aufpassen«. Ich werde immer von mindestens drei bis fünf Männern beschützt. Ich könne jederzeit hinausgehen, behaupten sie, aber ob das wirklich stimmt, bezweifele ich sehr. Ich bin eine Gefangene, der etwas mehr Freiräume eingeräumt werden. Gehen dürfte ich doch wahrscheinlich nicht. Wie auch? Und wohin? Die Situation scheint immer noch ausweglos zu sein. Ich sehe Syrien um mich herum und kann doch nirgendwo hingehen. Natürlich tue ich es aus Sicherheitsgründen nicht. Ich trage keine Augenbinde, die Räume sind nicht abgesperrt. Es ist mehr Freiheit als vorher. Doch bis nach Hause ist es noch ein langer Weg.

Wir sitzen auch in der zweiten Nacht wieder draußen. Die Kämpfer liegen auf Kissen und unterhalten sich, die Kalaschnikows liegen neben ihnen. Ich sitze am Ende des Hofs, neben der Straße, während mein Sohn im Zimmer drinnen ruhig schläft. Ich beobachte die Autos, die vor der Mauer vorüberfahren, durch den Schlitz unter dem Tor. Manche der größeren Autos ragen über den Sichtschutz von Mauer und Tor hinaus. Wieder sitzt Abu Sara in der Runde von Kämpfern. In dieser Nacht erzählt er von meiner Befreiung: »Als wir das Haus gestürmt haben, wo du gefangen gehalten wurdest, da waren wir zunächst im Nachbargebäude. Es war das Haus des Commanders. Dort sind wir nach einer Schießerei reingestürmt und haben dich gesucht. In dem Haus waren mehrere Frauen und Kinder, aber es waren zwei Syrerinnen und eine Ausländerin. Ich habe sie gefragt: Bist du die Deutsche? Sie hat verneint. Sie hat geweint und gesagt, dass sie Russin sei. Dann haben wir weiter nach dir im Nachbarhaus gesucht. Dort, wo wir dich schließlich befreit haben. Wir standen im Flur, als du im Hijab vorbeigegangen bist, aber du hast uns nicht wahrgenommen. Erst als wir den kleinen blonden Jungen gesehen haben, waren wir sicher, dass wir dich gefunden haben. Wir haben sofort gesehen: Das ist kein syrisches Kind!«

Immer wieder sprechen sie von Abu Maria, einem der hochrangigen Mitglieder ihrer Organisation. »Du wirst ihn treffen. Er wird in den nächsten Tagen kommen!« Und immer wieder wollen sie wissen, was ich über Jolani denke. »Kennst du Jolani?«, fragen sie mich. »Ja«, antworte ich ihnen. »Er ist der Beste!«, schwärmt Abu Sara. Ich nicke vorsichtig. Ob Jolani auch über meine Situation informiert sei, will ich wissen. »Natürlich!«, sagen sie. »Er entscheidet alles!« Ob Jolani jetzt tatsächlich über mein Leben und das Leben meines Kindes bestimmt, frage ich mich. Jolani hat ein jugendliches Aussehen, er ist 1974 in Darʿā im südlichen Syrien an der jordanischen Grenze geboren. Er hat braune Haare, braune Augen und einen langen Bart. Sein bürgerlicher Name ist Ahmad Husain asch-Schara, und er hat offenbar meist in Damaskus gelebt. Sein Kampfname lautet Abu Mohammed al-Jolani. Der Kampfname »al-Jolani« bezieht sich auf den arabischen Namen der von Israel besetzten Golanhöhen. 2014 gab al-Jolani seinen Treueeid dem Führer von al-Qaida und Nachfolger von Osama bin Laden, Aiman al-Zawahiri. Dadurch grenzt er sich von Abu Bakr al-Baghdadi, dem selbst ernannten Kalifen des Islamischen Staats, ab.

Zur Zeit vom Einmarsch der US-Truppen in den Irak 2003 soll al-Jolani ebenfalls in das Land gezogen sein und als Lehrer klassisches Arabisch unterrichtet haben. Als Aufständischer hat er dann US-Truppen im Irak bekämpft und stieg schnell in den Rängen der irakischen al-Qaida auf.

Seit 2004 war Abu Musab al-Zarqawi aufstrebendes Mitglied der irakischen al-Qaida und enger Vertrauter von al-Jolani. Offenbar hat al-Jolani mehrere Sprünge in der Hierarchie nach oben gemacht, als al-Zarqawi zum Staatsfeind der USA wurde und 25 Millionen Dollar auf ihn angesetzt waren, unter anderem nachdem er vor laufender Kamera Amerikaner enthauptet hatte und sich daraufhin die Schlinge um ihn und seine engsten Mitstreiter enger zog und etliche um ihn herum und schließlich al-Zarqawi selbst 2006 ermordet wurde. Dieses entstandene Machtvakuum hat wohl al-Jolani sehr geholfen, seinen Rang zu verbessern.

2006 war al-Jolani wohl in viele Aktionen gegen US-Truppen involviert und wurde für etwas mehr als ein Jahr inhaftiert. Unterschiedliche Quellen besagen, dass er vermutlich Ende 2006 inhaftiert und 2008 entlassen wurde und seitdem enger Vertrauter Abu Bakr al-Baghdadis war. Seit März 2011 soll er wieder längerfristig in syrische Gebiete gegangen sein. Da war er »Emir« der Al-Nusra-Front bis zum 28. Juli 2016. Dort hat er direkt unter Abu Bakr al-Baghdadi gedient und sah sich als Teil des neu definierten IS, wollte jedoch im April 2013 die Untergruppe al-Nusra nicht auflösen, wozu ihn al-Baghdadi aufgefordert hatte.

Am 28. Mai 2015 veröffentlichte Al Jazeera ein Interview von Ahmed Mansour mit al-Jolani, worin dieser unterstrich, dass die Mission seiner Gruppen vorrangig sei, das syrische System zu stürzen, und nicht, den Westen anzugreifen.

Das Tor wird geöffnet, und einige Autos fahren herein. Einige Kämpfer steigen aus. Ich gehe zu einem Wagen hin, es ist ein roter Pick-up. Kurze Zeit später kommt ein weißer Van auf das Gelände gefahren.

Ein Mann steigt aus. Er spricht sehr gutes Englisch. Er ist klein und hat ein schmales Gesicht. »Wie heißt du?«, frage ich ihn. Er winkt ab. »Wie soll ich dich nennen?«, frage ich ihn stattdessen. Er überlegt kurz, dann antwortet er: »Hassan.« Ich wiederhole den Namen: »Hassan. Okay.« Ich bin mit allem einverstanden. Was soll ich anderes tun? Alles ist unklar, denke ich. Es ist ein abgekartetes Spiel. Wir verlassen das Gelände nach zwei Nächten und drei Tagen.

Wir fahren mit Hassan am Steuer des weißen Vans vom Gelände. Wir fahren durch den Vorort Idlibs und aus der Stadt hinaus. Es ist mitten am Tag. Syrien wirkt fast harmlos. Wir fahren vorbei am Markt, vorbei an zerbombten Häusern. Wir verlassen Idlib in Richtung Aleppo. Ich fahre das erste Mal seit fast einem Jahr durch Syrien bei Tag ohne verbundene Augen. Der moderne weiße Jeep der Mudschahedin schlängelt sich über die Landstraßen. Staub wird aufgewirbelt.

Ich bin keine Geisel mehr, aber ich bin auch noch nicht frei. Ich sehe alles, habe aber keinen Einfluss.

Dann wechseln wir einmal das Auto und steigen von dem großen weißen Van in einen Personenwagen um. Wir fahren weiter. Rechts neben uns ist ein verfallenes Regierungsgebäude zu sehen. Es steht etwas zurückversetzt und ist von einem hohen Zaun umgeben. Überall sind Einschusslöcher in der grauen Fassade zu sehen.

Einige Minuten später kommen wir an einem verlassenen Kinderspielplatz vorbei, auf dem ein verrostetes Karussell aus Metall steht. Für lange Zeit hat hier kein Kind mehr gespielt. Die Ruinen und verlassenen Nichtorte ziehen am Fenster vorbei. Die Kämpfer benutzen Funkgeräte für ihre Kommunikation. »Keine Mobiltelefone«, erklärt Hassan. Alles andere sei zu gefährlich.

Dann hält der Wagen in einer Wohngegend mit hohen Häusern am Rand einer Kreuzung. »Abu Maria kommt jeden Moment«, sagt Hassan, nachdem er auf dem Funkgerät Rücksprache gehalten hat.

Wir warten einige Minuten lang an der Kreuzung. Dann biegt ein dunkelblauer Wagen um die Ecke. Ein Mann steigt aus. Das muss er sein, denke ich. Der Mann ist sehr groß, und er humpelt, als er auf das Auto zukommt, in dem ich sitze. Er setzt sich auf den Beifahrersitz. Wir fahren mit Abu Maria al-Qahtani durch die Wüste. Er gehört zur Führungsriege der Al-Nusra-Front. Abu Maria spricht auf Englisch mit mir. Er entschuldigt sich für sein schlechtes Englisch. Ich entschuldige mich für mein rudimentäres Arabisch. Er schaut nach hinten zu mir. Lächelt. Ich nicke ihm unter meinem *Niqab* wohlwollend zu. Mein Kind habe ich auf dem Arm.

»Ich habe auch Kinder«, erzählt Abu Maria. »Und vier Frauen!« Ich nicke überrascht und antworte: »Full house.« Er lacht. »Ja«, sagt er. Wo seine Familie wohne, frage ich ihn. »Im Irak«, antwortet er.

Er wurde 1976 in Mossul im Irak geboren und ist dort zur Uni gegangen, unter anderem bekam er vor 2003 erste militärische Erfahrungen in einer paramilitärischen Einheit.

Er arbeitete auch als Polizist in Mossul, als dann der Einfluss von al-Qaida stärker wurde, geriet er zunächst in Gefangenschaft, arbeitete dann weiter als Polizist der Sittenpolizei, die religiöse Verstöße der Zivilbevölkerung ahndete.

Vom irakischen ISI (irakischer Islamischer Staat) wurde er 2011 mit al-Jolani nach Syrien gesandt, um dort im Shura-Rat der Al-Nusra-Front mitzuwirken. Er wurde dort offiziell mit dem Rang eines »Emir« gelistet, wurde aber auch als Kritiker von Abu Bakr al-Baghdadi bekannt.

Wir fahren weiter durch die Landschaft. Plötzlich bricht es aus mir heraus: »Es ist schrecklich, wenn man gefangen gehalten wird! Es war so grausam«, klage ich. Hassan und Abu Maria stimmen mir zu. »Wir verstehen dich«, sagt Hassan. Auch Abu Maria schaut zu mir nach hinten und nickt.

»Ich war zweimal in amerikanischer Gefangenschaft in Abu Ghraib und Camp Bucca«, erzählt Abu Maria und dreht sich dabei zu mir um. Sein Gesicht wird von einem langen schwarzen Bart umrahmt. »Und auch er kennt das Gefühl«, sagt er und zeigt auf Hassan. Hassan nickt. »Ja, ich war im Gefängnis von Assad.« Es herrscht absolute Stille im Auto. Es ist nur das Rattern des Motors zu hören, der uns durch diesen

Krieg fährt. Ich habe nicht erwartet, dass sie beide auch einmal Gefangene waren. Doch im Krieg gibt es viele Gefangene. Hassan steuert eine steile Straße hinauf. Das Gestell des alten Fahrzeugs knarzt bei der Steigung. Diesem Gespräch hat für eine lange Zeit niemand etwas hinzuzufügen. Jeder scheint seinen eigenen Gedanken nachzuhängen, seiner eigenen Gefangenschaft. Es ist ein besonderes Schweigen, das in diesem Auto herrscht.

Ich mustere den Mann auf dem Beifahrersitz. Er wird »Scheich« genannt, »Scheich Abu Maria«, was ein Ehrentitel ist. »Woher kommen Sie?«, frage ich. »Aus dem Irak«, antwortet er mir.

Während dieser Autofahrt von einem Safehouse zum anderen sagt Abu Maria zu mir: »Es tut mir leid, was dir angetan wurde, es war vollkommen unislamisch. Ich möchte mich bei dir im Namen der Mudschahedin entschuldigen!« Ich bedanke mich bei ihm für die Befreiung. Ich schaue aus dem Fenster. Wir diskutieren über die Luftangriffe der Russen und der Amerikaner. Dann kommen wir auf Amerika zu sprechen. Auch er scheint den Präsidentschaftswahlkampf gespannt zu verfolgen, wie ich das getan hatte, wenn der Fernseher in meinen Zimmern ging: »Gerade ist in Amerika ja der Wahlkampf«, erläutert er. »Ja«, antworte ich. »Ich hoffe nicht, dass Trump Präsident wird, sonst wird Amerika vollkommen außer Kontrolle geraten!« Er schaut dabei nach vorne auf die Straße, dann seufzt er tief. »Das wäre eine Katastrophe. Hillary Clinton wäre tatsächlich das kleinere Übel«, offenbart er seine Sorgen. Nach dem Exkurs über den amerikanischen Wahlkampf berichtet er über den Krieg. »Es ist grausam, was hier jeden Tag passiert.« Ich nicke.

»Ich wurde im Kampf mit dem Islamischen Staat verletzt, deshalb kann ich nicht mehr richtig laufen«, erklärt mir Abu Maria. Nach rund einer Stunde, die wir zusammen im Auto fahren, stoppt Hassan den Wagen. »Ich muss jetzt aussteigen, aber er wird sich um dich kümmern!«, sagt Abu Maria und klopft Hassan auf die Schulter. Abu Maria verlässt den Wagen und humpelt zu einem anderen Fahrzeug, das am Rand der Straße steht.

Wir fahren zu einem anderen Ort, wo wir in ein Wohnhaus gebracht werden. Dort verbringe ich wartend die nächsten Tage. Sie bringen mir an diesem Tag einen Schokoriegel vom Markt mit. Es ist zu meiner Überraschung ein Kinder-Bueno.

Am nächsten Tag bringen sie gleich eine ganze Packung Kinder-Riegel mit. Ich verschenke an meine Bewacher viele davon. Ich sitze mit dem dicken und freundlichen Jungen zusammen. Er ist wirklich noch jung, höchstens 22 Jahre alt. Er ist klein und hat einen rundlichen Bauch, und ich unterhalte mich mit ihm.

Der Verlust des Eisbären und die nahende Befreiung lassen mich mein Tagebuch nicht weiterführen. Der Verlust schmerzt mich sehr. Es tritt eine Art Stummheit ein, die mich und meine innere Stimme verklingen lässt. Ich habe nichts zu sagen, trotz Papier und Stift. Und ich bin einfach zu aufgeregt. Die Zeit bei JFS ist vom Aufbruch geprägt.

Es sind die vielen Eindrücke und die Hoffnung, dass es bald vorbei sein wird. Ich kann es kaum erwarten. Ich versuche, mich ganz auf den Moment zu konzentrieren. Ich bin die ganze Zeit bereit, im nächsten Moment wieder in der heilen Welt, in Sicherheit anzukommen. Ich konzentriere mich auf mein Traumbild von Deutschland.

Meine Familie darf ich jedoch nicht anrufen. »Zu riskant. Das könnten die Amerikaner falsch verstehen«, sagt Hassan. Ich schaue ihn prüfend an. »Was sollen sie denn daran falsch verstehen?« »Sie denken dann, dass wir dich entführt haben.«

Ich darf einmal mit einem Handy meinen Namen googeln. Hassan gibt mir ein Mobiltelefon. Als ich meinen Namen in das Suchfeld von Google eingebe und auf »Suchen« drücke, falle ich ob der Ergebnisse fast vom Stuhl: Bilder von mir erscheinen online, ich klicke auf einen *Focus-*

Artikel, der über eine Lösegeldforderung spricht, über eine Freundin, die mich in den Krieg gelockt hat.

Sie kommen und wollen ein Video drehen. Ich lehne ab. Sie kommen erneut. Sie wollen dieses Video unbedingt machen. Hassan insistiert. Ich lehne wiederum ab. Wozu?

Einige Tage darauf soll ich mich bereitmachen, um den Scharia-Richter zu treffen. Wir verlassen das Haus in verschiedenen Autos, eine kleine Kolonne. Hassan sitzt wieder am Steuer meines Wagens, eines modernen weißen SUV. Die Scheiben sind verdunkelt. Die Fahrt geht über wüstenartige Straßen mit gelbem Sand, wie in einer Filmkulisse. Der rotgelbe Staub wird aufgewirbelt. Es ist eine schnelle Fahrt. Die Tanks sind voll, wir rasen durch die syrische Weite, vorbei an Bergen und einem Kloster oder einer Moschee im Berg. Die Autos sind immer so vorbereitet, dass wir nicht zwischendurch tanken müssen.

Ich sehe die syrische Steppe vor mir. Ich fahre wie durch eine unwirkliche Landschaft aus *Star Wars*. Die Wüste scheint kein Ende nehmen zu wollen, dann kommen wir endlich zu einer kleinen Stadt. Wir fahren zügig hindurch. Die Scheiben unseres Wagens sind schwarz getönt. Dahinter liegt das normale und alltägliche Syrien in seinen Szenen: Die Spieße mit Fleisch drehen sich über dem Feuer, Händler bieten ihre Waren in kleinen Geschäften am Straßenrand an, Mechaniker schrauben an Motoren, Generatoren und Fahrzeugen. Menschen laufen über die Straße.

Überall gibt es kleine »Tankstellen«, wo Diesel verkauft wird. Immer wieder sind Ölfässer am Straßenrand aufgebaut, auf denen Kannen mit Diesel stehen und abgefüllte 1,5-Liter-Flaschen daneben. Wir kommen wieder durch die kleine Stadt. Dann biegen wir an einem großen Gebäude ab. Schließlich halten wir an einem großen Haus an. Es ist eine syrische Villa. Frisch renoviert. Aufwendig saniert. Das Bad ist edel ausgestattet. Die Kacheln sind schwarz glänzend, mit Mustern versehen.

Ein großer breiter Mann kommt aus dem Nebenzimmer

auf mich zu, der mich freundlich angrinst. Er hat lange schwarze Haare und einen üppigen, ebenso schwarzen Bart. Er trägt ein schwarzes Tuch um den Kopf gebunden.

»Hey, wie geht's? Ich bin Abu Sulayman«, sagt er auf Englisch zu mir. Er ist Muttersprachler, das hört man sofort. »Woher kommst du?«, will ich von ihm wissen. »Aus Australien«, antwortet er mir. Und tatsächlich ist sein Habitus anders: Er hat einen lockeren Gang, der eher dem eines Surfers in Bondi Beach, der unweit von Sydney entfernt liegt, ähnelt als dem der anderen Jabhat-al-Nusra-Kämpfer. Auch sein Naturell ist anders. Er hat einen westlichen Humor.

Wir unterhalten uns über die Unterschiede zwischen Syrien und dem Westen. Mostafa Mahamed Farag hat viele Namen. Er nennt sich mal Abu Sulayman al-Australia, mal Abu Sulayman al-Muhajir. Er wurde als Mustafa Mahamed 1984 in Port Said am nördlichen Sueskanal in Ägypten geboren und kam mit seiner Familie im Alter von einem Jahr nach Australien. Er wuchs in einem südlichen Vorort von Sydney auf.

»Ich bin seit fünf Jahren in Syrien«, erzählt er mir. »Ich kam kurz nach dem Beginn der Revolution.« Er kam 2012 in Syrien an. »Früher war ich ein Dozent an der Uni, jetzt bin ich in Australien ein Terrorist.« Er schüttelt den Kopf. »Du findest mich im Internet«, sagt er. »Welche Funktion hast du innerhalb der Gruppe?«, frage ich. »Ich bin ein Repräsentant und eine Art Pressesprecher.« Er scheint auf meine Reaktion zu warten. Mahamed stieg in der Hierarchie der Al-Nusra-Front offenbar schnell auf und wurde zu einem wichtigen Mitglied.

In Australien betrieb er einen Buchladen für islamische Literatur. Er stieg zu einem wichtigen religiösen Gelehrten in der Organisation auf. Er war auch einer der Vermittler zwischen dem Islamischen Staat und der Al-Nusra-Front. Und er ist medial sehr aktiv. Er ist zu einer wichtigen Person geworden. Er wurde von der USA seit 2016 als »specially designated global terrorist« gelistet und damit zur Tötung oder Verhaftung ausgeschrieben.

»Du wirst sehr bald zu Hause sein!«, versichert er mir.

Dann betritt der Scharia-Richter mit einem dicken schwarzen Buch unter dem Arm den Raum. Er ist ein kleiner hagerer Mann, der mir viel zu klein vorkommt für einen Scharia-Richter. Ich hatte diese religiöse Autorität auch mit einer körperlichen Größe in Verbindung gebracht. Aber vielleicht ist einfach nur meine Vorstellung von einem Scharia-Richter eine andere gewesen. Er trägt ein schwarzes Gewand und einen langen dunklen Bart. Und um seinen Kopf trägt er ein schwarzes Tuch, das elegant herabhängt.

Der Richter schaut mich kein einziges Mal an, auch wenn ich einen *Niqab* trage.

Die Seiten seines großen Buchs im schwarzen Ledereinband sind mit dichter Handschrift beschrieben. Er blättert darin herum, bevor er meine Aussage aufnimmt. Ich mache meine Aussage. Es gibt einen Übersetzer, einen jungen Mann, höchstens Anfang 20. Ich erzähle alles, was ich weiß, und antworte wahrheitsgemäß auf alle Fragen. Sie wollen viel wissen: »Was genau ist passiert? Wie wurdest du behandelt?« Der Übersetzer übersetzt meine Worte für den Richter. Dieser hört sich alles ruhig an und nickt zwischendurch. Er vermeidet jeglichen Augenkontakt mit mir.

Am Ende übersetzt der junge Mann nochmals detailliert jenen Text, den der Richter als meine Aussage aufgenommen hat. Diese handschriftlichen Seiten in arabischer Schrift muss ich schließlich unterschreiben. Auch Laura wird von diesem Scharia-Richter besucht und muss ihre Aussage machen, erfahre ich von einem der Kämpfer.

Zu Scharia-Gerichten im Norden Syriens liegen nur wenige Informationen vor. Wie andere bewaffnete Gruppen in Syrien hat auch Jabhat al-Nusra sich durch Gründung von Scharia-Gerichten als legitime Herrschaft im Gegensatz bzw. als Alternative zum syrischen Regime zu etablieren versucht. Das Ziel war, ebenso wie der Islamische Staat dies versuchte, die Herstellung einer eigenen Ordnung. Die Etablierung von Scharia-Gerichten und anderen Dienstleistungen war der Versuch, konkurrierende Gruppen in bestimmten Territorien zu verdrängen oder Dominanz zu erreichen. Ziel der al-Nusra war es daher, ein weites System an Scharia-Gerichten zu etablieren. Wenn auch nicht so ausdifferenziert wie unter IS-Herrschaft, gibt es in von al-Nusra kontrollierten Gebieten eine Reihe von Scharia-Gerichten, die in ein administratives System eingebettet sind.

Das Scharia-Gericht setzt sich grundsätzlich aus einem Präsidenten oder Vorsitzenden zusammen, einer Art Staatsanwalt für Ermittlungen und Scharia-Richter, der eine Ausbildung in islamischem Recht oder Zivilrecht haben sollte.

Diese Gerichte schlichten Konflikte im Bereich Militär-, Kriminal- und Verwaltungsrecht und innerhalb von Milizen oder zwischen Angehörigen, Milizen und Zivilisten. Die Rechtsprechung basiert nicht nur auf der Scharia, sondern ist eine Mixtur aus flexiblem und lokal anerkanntem islamischen Recht, Gewohnheitsrecht und Zivilrecht. Die Anwendung von Scharia und *Ijtihad*, das eine eigene, vernunftgeleitete Interpretation der normativen Quellen bezeichnet, ist die Basis der Rechtsprechung und hilft, die eigene Dominanz über das Territorium zu unterstreichen und damit Konkurrenten zu verdrängen, wie es in der Region Idlib 2016 geschehen ist. Es ist eine sehr pragmatische Anwendung von Scharia-Prinzipien, die in ihrem Strafmaß und und ihren Mitteln von etablierten Praktiken abweicht. Die Jabhat al-Nusra ist in der Anwendung von Scharia-basiertem Recht sensibler für die Belange der lokalen Bevölkerung als andere Gruppen.

Als wir wieder im Haus zurück sind, wollen sie unbedingt ein Video mit mir drehen. Vor allem Abu Maria versucht mich zu überzeugen. Ich lehne wieder ab, und sie insistieren.

Wir sitzen in dem Zimmer der Villa. Abu Maria kommt in den Raum zurück. Er trägt ein grünes Baseballkäppi mit einem weißen Logo darauf. Er begrüßt alle in der Runde einzeln mit einer Umarmung. Er zieht humpelnd sein Bein nach, bevor er sich im Schneidersitz auf den Boden zu den anderen Kämpfern setzt.

»Woher ist der Krieg in Syrien gekommen?«, frage ich ihn. Und was sei aus seiner Sicht die Lösung? Wenn er ein Interview mit mir machen wolle, dann möchte ich auch eines mit ihm machen. Das sei schwierig, antwortet Hassan. »Der Scheich ist noch nie in einem Interview aufgetreten.« Wie gut er Abu Bakr al-Baghdadi kenne, will ich von ihm wissen. Abu Maria nickt und beginnt zu lächeln: »Er war im Camp Bucca, aus dieser Zeit kenne ich ihn, er ist überhaupt kein religiöser Mensch gewesen. Er war damals noch ganz anders als heute. Für ihn war die Religion nicht wichtig.« Dann schaut er in die Runde: »Wir alle hier bekämpfen den Islamischen Staat. Ich selbst wurde ja im Kampf mit dem Islamischen Staat verletzt.« Er zeigt auf sein Bein. Seine Augen blitzen dabei. Sein Hass ist pur, denke ich. Auch als er über die Zeit in Camp Bucca in der großen Runde mit den anderen Kämpfern spricht, blitzen seine Augen seltsam auf. In seinen Erzählungen ballt er die Fäuste zwischendurch, und seine Stimme wird immer lauter. »Wir bekämpfen *Daesh* mit allen Mitteln!« Dann fährt er fort: »Syrien war auch vor dem Krieg ein Land, in dem sich alles hinter verschlossenen Türen abspielte. Im öffentlichen Raum passiert sehr wenig bei uns. Die wichtigsten Dinge finden drinnen statt. Das ist in euren Ländern anders.«

Dann erhebt er noch einmal seine Stimme: »Wir wollen niemanden in euren Ländern angreifen. Es gibt niemanden, der sich mit irgendwelchen Plänen zur Bekämpfung des Westens beschäftigt. Wir haben nur ein Ziel, und das ist, die Situation hier vor Ort zu lösen. Uns geht es nur um Syrien. Unsere Kämpfer kommen nicht aus dem Westen. Es sind lokale Leute, die um ihr Land kämpfen.« Ist das, was er sagt, glaubwürdig? Was meint er überhaupt damit? Will er mich von seiner neuen Agenda überzeugen?

Im Anschluss versucht Abu Maria, mich von dem Interview zu überzeugen: »Wir müssen dieses Video mit dir drehen! Es ist sehr wichtig für uns!« Ich lehne es weiterhin ab. »Warum braucht ihr dieses Video unbedingt?«, frage ich skeptisch. »Damit uns die Welt glaubt!« »Das werden sie schon tun«, versichere ich ihnen. »Dazu braucht ihr kein Video.«

Ich finde es unerträglich, für alle Kameras uneingeschränkt zur Verfügung stehen zu müssen. Ich will dieses Video nicht aufnehmen. Ich blockiere an dieser Stelle. Ich musste schon zu viele Videos und Bilder aufnehmen. Die Tage vergehen. Es passiert nichts, und ich fürchte wieder, doch nicht nach Deutschland zu kommen. Ich warte.

Als nach vielen Tagen immer noch nichts passiert, frage ich mich, ob es etwas mit dem Video zu tun hat, das ich nicht aufnehmen will.

Bei der nächsten Fahrt zur Villa spreche ich mit Abu Australia. Er wiederholt: »Wir brauchen das Video!« Ich gebe mir einen Ruck, wenn ich meine Freilassung dadurch beschleunigen kann, dann soll es so sein. Ich willige ein. Sie drehen ein Interview mit mir, in dem ich der Al-Nusra-Front danken soll, dass sie mich befreit hat.

Wir wechseln das Haus noch einmal. Wir fahren durch ein kleines Dorf in Nordsyrien, Region Idlib. Kinder spielen auf der Straße, alte Menschen sitzen vor ihren Geschäften, wo Früchte, Gemüse, Fleisch und Brot verkauft werden. Ich sehe den Alltag abseits des akuten Krieges.

»Wer hat hier vorher gewohnt?«, frage ich sie, als wir in dem neuen Haus ankommen. Sie zucken mit den Schultern. »Keine Ahnung!« Das Haus ist komplett eingerichtet. Es stehen überall Gegenstände herum.

Ein Kämpfer, der mich beschützt, ist ein junger Typ. Er wolle unbedingt zurück nach Aleppo. »Um zu kämpfen«, wie er sagt. Er ist zunehmend ärgerlich, dass er dazu verdonnert ist, hier zu sein und mich zu bewachen. Er wolle lieber heute noch an die Front nach Aleppo zurück. »Sie brauchen meine Hilfe dort!«, sagt er und schaut mich mit seinem jugendlichen Gesicht an. »Was soll ich hier? Hier sitze ich nur herum, während ich dort gebraucht werde und meine Freunde kämpfen.« Er ist nicht mal 25 Jahre alt und bereit, sofort zu sterben, wenn es nötig wäre.

Der Dicke heißt Abdulrachman. Er ist ebenfalls nicht älter als 25 Jahre.

Der junge Beschützer schaut mich an und ermahnt mich mit einer Geste, meinen Rock nach unten zu ziehen, der beim Sitzen über meine Knöchel hochgerutscht ist. Ich ärgere mich über seine Kontrolle. Gebe ihm das auch zu verstehen. Er ist der Religiöseste von den JFS-Leuten. Er ist derjenige, der mich immer mit der orthodoxen Kleiderordnung nervt.

Wir wechseln wieder die Unterkunft, kommen in einem weiteren Haus an. Es gibt mehrere Zimmer. Die Wohnung liegt im ersten Stockwerk eines Hauses. Von der Küche aus kann man einen Grenzübergang sehen und Fußgänger. Die JFS-Kämpfer schlafen in einem Zimmer mit Fernseher. Ich schlafe in dem Zimmer direkt neben der Eingangstür.

Die Tage bei JFS vergehen, und es kommen so viele Dinge hinzu, die ich fast ein Jahr nicht machen konnte: das erste Mal wieder kochen. Es ist eine Küche vorhanden.

Apfelpfannkuchen mache ich als Erstes. Aber sie honorieren es nicht. Es ist ihnen suspekt. Nur einer isst die Pfannkuchen, und das auch nur auf mehrmaliges Bitten meinerseits hin. Mir schmecken sie sehr gut. Ich esse die anderen alleine. Die Entführer haben mich ja nicht kochen lassen. Vielleicht weil sie Angst hatten, dass ich sie vergifte oder sie mit der Gaskartusche und einem MacGyver-Trick in die Luft jage.

Als ich wieder einmal in die Küche komme, sagt einer der Männer zu mir: »Dieser Kaffee ist aus Ostaleppo! Gerade sind die Straßen wieder geöffnet worden.« Er hält den Kaffee in der Hand und strahlt vor Freude, dass der Kaffee durchgekommen ist. Ich verstehe, was daran so besonders ist. Es ist eine goldene Alutüte. »In Aleppo gibt es den besten Kaffee.« Er öffnet die Tüte und hält sie mir hin. Es duftet nach frischem Kaffeepulver. Die Checkpoints sind also geöffnet. Wenn der Kaffee durchgekommen ist, dann gilt das sicher auch für Waffen und Kämpfer.

Ich laufe durch die Wohnung. Immer wieder auf und ab. Ich bin nervös. Die Bundesregierung ist es auch. Es soll ein Foto gemacht werden. Ein Foto, auf dem ich eine Wasserflasche in der rechten Hand halte und mein Kind auf dem Arm habe.

Ich gehe in das Wohnzimmer, wo die Kämpfer sind. Hier drinnen liegen überall Waffen herum. Wir machen das Foto dort. Ich schaue es mir auf dem Samsung Smartphone des JFS-Kämpfers an. Es ist ein Foto, das mich berührt. Ich und mein Kind und diese Flasche in meiner Hand. Immer muss ich das tun, was andere von mir wollen. Viel zu lange schon. In mir steigt die Wut auf und wird überbordend.

Ich sehe mich um. Es liegen fünf Kalaschnikows kreuz und quer auf dem Boden, neben den Matratzen. Dazu Handgranaten. Im Fernseher laufen Nachrichten auf Al Jazeera, in Afrika gibt es eine Dürre. Menschen sind zu sehen, die neben ihren Ziegen stehen.

Es gibt keinen Zweifel mehr. Ich bin mir in diesem Moment ganz sicher, dass es bald vorbei sein wird. Ich bin mir sicher, dass er ausgeträumt ist, dieser Albtraum. Ich muss an Herrn Keuner von Bertolt Brecht denken: »Ich habe eine Ewigkeit gewartet. Ich habe Jahre, Monate und Tage gewartet, aber den nächsten Moment kann ich nicht abwarten.«

ZURÜCK AN DER GRENZE

Nach zwölf langen Tagen werde ich von einem Konvoi mit drei Fahrzeugen zur Grenze gebracht. Es ist der 28. September 2016. Ich muss mich auf der Rückbank ducken. Ich schaue in den Himmel und auf Tannenbäume, die links am Fenster vorbeiziehen. Mein Kind liegt neben mir. Wir sind kurz davor zurückzukommen. Wir sind kurz vor der Freiheit. Es wird nicht mehr lange dauern.

Wir halten auf einem großen Platz neben einem leeren Gebäude. Die türkische Grenze ist in Sichtweite. Nach einigen Minuten steigt Hassan aus. Er öffnet die hintere Tür des Wagens, und auch ich steige mit meinem Kind auf dem Arm aus. Ich schaue mich um. Überall sind vermummte Kämpfer der JFS positioniert. Auch meine Kämpfer wie Hassan, die in den letzten Tagen nie Masken getragen haben, sind jetzt vermummt. Ich schaue ihn fragend an. »Weil die türkischen Soldaten hier schon in Sichtweite sind«, fügt er erklärend hinzu.

Zwei Vermittler stehen bereits neben ihrem Wagen. Sie schauen mich erwartungsvoll an. Sie sind mir unheimlich, ich finde sie unangenehm. Hassan übersetzt: »Sie haben in deinem Fall vermittelt. Das ist Abu Yusuf, und der andere Mann heißt Dr. Hamza.«

Hassan wünscht mir alles Gute. Dann verabschieden wir uns. Ich bedanke mich höflich. Ein Kämpfer sagt zu mir: »Das nächste Mal, wenn du nach Syrien kommst, stehst du direkt unter unserem Schutz!« Ich schüttele heftig mit dem Kopf und sage ihm: »Keine Sorge. Ich werde niemals nach Syrien zurückkehren!« Ich verlasse Hassan und die anderen, die neben dem Auto zurückbleiben.

Auf den letzten Metern begleiten mich sechs vermummte Kämpfer und die beiden Vermittler, ohne Masken, auf dem Weg über den Acker in Richtung Türkei.

Sie wollen es per Handyvideo filmen. Meine letzten Meter über diesen Acker. Ich kann es nicht fassen. Hört das denn niemals auf?, denke ich. Ich nicke schließlich resigniert und lasse meinen *Niqab* unten. »Nein«, sagen sie entsetzt. »Ohne *Niqab*, sonst sieht man dein Gesicht doch nicht!« Ich kann mir schon vorstellen, wie sie diese Bilder mit religiösen Gesängen unterlegen und über ihre Social-Media-Kanäle veröffentlichen. Ich habe zwei Taschen dabei, die von einem Kämpfer getragen werden.

Ich verlasse Syrien. Good bye. Es ist mein Check-out. Ich habe mich monatelang mental darauf vorbereitet. Dieser Moment war der wichtigste für mich. Immer wieder habe ich darüber nachgedacht. Doch er sollte nicht so stattfinden, wie ich es befürchtet oder mir in meinen Gedanken vorgestellt hatte.

Schon zu viele Tage bin ich bis zu diesem Augenblick in Syrien gewesen. Ich gehe über den Acker. Am Ende des Feldes, das sehr matschig ist, sehe ich den Grenzzaun. Davor stehen ein türkischer Panzer, ein Militärbus und einige türkische Soldaten.

Die Dschihadisten verabschieden sich von mir. Sie bleiben zurück, während ich die letzten Meter alleine gehe. Sie winken. Auch ich hebe meine Hand zum Abschied und nicke ihnen zu. Die vermummten Kämpfer ziehen sich langsam nach Syrien zurück. Ich gehe die letzten Schritte mit meinem Kind auf dem Arm über den Acker in Richtung ultimativer Freiheit. In Richtung Heimat.

Jetzt scheint wirklich nichts mehr schiefzugehen. Ich sehe einen einzelnen großen Mann vor der Grenze stehen. Er lächelt mich an und gibt mir die Hand. »Willkommen, Frau Findeisen! Jetzt sind Sie in Sicherheit!«, sagt er auf Deutsch. Es ist ein deutscher Polizeibeamter, vermute ich aufgrund seiner Erscheinung in dieser Situation und aufgrund seiner höflichen Gesten. Der erste Deutsche. Ich lächele ihn an. Ich gehe einige Schritte auf ihn zu. Es sind meine ersten Schritte auf türkischem Boden. Jetzt sind wir frei. Endlich haben wir es geschafft. In diesem Moment fällt alle Last von mir ab. All die Last, die ich bis dahin noch spürte.

Ich danke dem deutschen Beamten. Dann kommen noch zwei weitere Deutsche dazu. Sie begrüßen mich ebenfalls. Wir tauschen einige freundliche Worte aus. Einer hat eine dunkle Stimme und mustert mich von oben bis unten.

Doch das Sicherheitsgefühl sollte nicht allzu lange anhalten. Der Polizeibeamte tastet mich auf Sprengstoff ab, ein anderer nimmt mir währenddessen meinen Sohn ab. Man weiß ja nie, denke ich. »Routine«, murmelt er. Wir alle sind erleichtert, als das geklärt ist. Ich verstehe die Beamten. Sie wissen ja nicht, wer da gerade über die Grenze gekommen ist.

Wir setzen uns in einen vergitterten türkischen Militärbus und fahren weg von der Grenze in Rehanlı. Endlich weg. Die Straße am Zaun schlängelt sich bis zum militärischen Grenzposten der Türken. Im Bus zeigen sie mir eine große schwarze Tasche, die sie für mich gepackt haben. Sie steht auf der Rückbank. Ich bedanke mich. Ich frage, ob ich mit meiner Familie sprechen darf. Sie erklären mir, dass meine Familie gerade erst informiert werde, weil sie erst sicher sein wollten, dass ich es wirklich über die Grenze schaffe. Das verstehe ich. Ich bin ja erst wenige Minuten frei.

Wir fahren nur einige Minuten mit dem Bus. Dann steigen wir aus und stehen davor. Ein türkischer Beamter in Uniform möchte ein Foto machen. »Darf ich?«, fragt er unbeholfen. Ich nicke irritiert. Diese Fotos, immer diese Fotos. Aber dann schaue ich lächelnd in die Kamera. Ich bin stolz. Mein Befreiungsfoto. Ich sehe die deutschen Polizisten nur für rund zehn Minuten. Dann besprechen sie den weiteren Ablauf mit mir: Erst muss ich auf die Militärstation, da muss ich alleine nur mit meinem Kind hinein und danach ins Sammelzentrum für Abschiebungen. Es solle alles so schnell wie möglich gehen.

Wir werden also in die türkische Militärstation gebracht. Es ist ein großer Aufenthaltsraum. Dort werde ich von dem Leiter der Station in bestem Englisch verhört.

Die Tasche der Deutschen ist sehr schwer. Ich öffne sie und schaue hinein. Die Beamten haben wirklich an alles gedacht. Ich bin gerührt. Eine volle große Tasche mit Gegenständen für mein neues Leben, mein Leben nach Syrien. Wasser, Cola, Schokoriegel. Ich bin überrascht, was noch alles darin ist: Kleidung, Kindernahrung, Spielzeug. Ich fühle mich ein bisschen erleichtert – vielleicht habe ich aber auch eine Konsumüberdosis.

Das ist die Freiheit. Sie ist da. In der Militärstation werden meine Sachen mitgenommen. Ich werde kurz befragt. Ich trinke die Cola und esse den Schokoriegel. Das gibt mir kurz Kraft in all der Aufregung.

Kurz nachdem ich die Grenze zur Türkei passiere, veröffentlicht die Jabhat Fateh al-Sham ein Statement auf ihrem Twitter-Kanal, in dem es heißt: »JFS hat eine Spezialoperation durchgeführt, um die deutsche Journalistin Janina Findeisen von einer bewaffneten Gruppe zu befreien. Sie wurde fast ein Jahr zuvor in Syrien durch eine kleine Gruppe entführt. Diese Entführergruppe verwendete den Namen der JFS, um Lösegeld zu fordern. Wir haben am 1.12.2015 ein Statement veröffentlicht, in dem wir unsere Beteiligung an der Entführung dementiert haben. Vor etwa einem Monat begannen wir eine Untersuchung, nachdem wir neue Informationen erhalten hatten. JFS stürmte das Gefängnis, befreite die Journalistin und ihr Kind und verhaftete die meisten Mitglieder der Gruppe, die in ihre Entführung verwickelt waren. Einige Tage zuvor hatte ein Scharia-Gericht ihre Freilassung angeordnet. Das Gericht stellte fest, dass die Journalistin mit der Sicherheitsgarantie einer deutschen Muslima nach Syrien eingereist sei, was bedeutet, dass sie während ihres Aufenthalts geschützt werden muss. Janina Findeisen war im siebten Monat schwanger, als sie nach Syrien einreiste, und brachte ihr Kind während der Entführung zur Welt. Ihr Sohn ist neun Monate alt. Heute hat Janina Findeisen mit ihrem Baby die Türkei betreten. Die Verantwortlichen für die Entführung werden vom Gericht angeklagt.«

Am Ende des Schreibens der JFS sind zwei Hadithen angehängt, die sagen, dass eine Sicherheitsgarantie, die an feindliche Krieger gegeben wurde, für alle Muslime und Nicht-Gläubige gilt. Niemand darf die Sicherheitsgarantie brechen. Das Wort gilt. Und: »Die Sicherheitsgarantie ist für die Muslime einheitlich. Sie gilt auch für den kleinsten Mann. Wer dem widerspricht oder das missbraucht oder missachtet, wird den Zorn Gottes und der Engel und der ganzen Menschheit zu spüren bekommen. Gott akzeptiert seine Gnade nicht.«

Wenige Stunden nach meiner Freilassung springt der internationale Nachrichtenticker an.

Auch die Sprecherin des Auswärtigen Amtes kommentiert kurz danach die Situation: »Die Deutsche und ihr in der Geiselhaft zur Welt gekommenes Kind sind den Umständen entsprechend wohlauf und befinden sich in der Obhut deutscher Konsularbeamter und Mitarbeiter des Bundeskriminalamts.« Die Bundesregierung sei erleichtert über den guten Ausgang dieses Falls in einer außerordentlich schwierigen Gesamtlage in Syrien. Die deutsche Botschaft Ankara werde nun die Rückkehr nach Deutschland vorbereiten. »Der Krisenstab der Bundesregierung im Auswärtigen Amt hat sich intensiv um eine Lösung des Falls bemüht«, heißt es. »Wir freuen uns mit den Angehörigen und Kollegen der Entführten, dass diese tragische Entführung zu Ende ist«, sagte »Reporter ohne Grenzen«-Geschäftsführer Christian Mihr. »Unser Dank und unsere Anerkennung gilt den deutschen Behörden, denen es gelungen ist zu verhindern, dass diese Entführung mit einer Hinrichtung endete, wie für James Foley und andere Journalisten«, heißt es in der *Berliner Morgenpost*.

Zu Hause verbreitet sich die Nachricht bei meiner Familie, meinen Freunden und Kollegen rasant. Eine Freundin liest es im News-Banner von n-tv, eine andere auf ihrer GMX-Startseite, dann bilden sich Telefonketten. Freunde und Familie weinen, Champagner fließt, sie sind ausgelassen vor Freude. Ich spüre ihre Freude irgendwie aus der Ferne, auch wenn für mich jetzt erst mal nur der letzte Teil meiner Rückreise anbricht.

TÜRKEI RELOADED

Von der Militärstation werde ich nach einigen Stunden von einem Polizisten in Zivil abgeholt, der mit mir in seinem Auto nach Rehanlı-Stadt fährt. Dort fahren wir direkt zur dortigen Militärstation. Das Gebäude ist von meterhohen Schutzmauern umgeben. Es gleicht einer Festung. Wir fahren mit dem Wagen durch die Einfahrt. Die Straße davor ist weiträumig abgesperrt, damit kein Auto parken kann. Bombenspürhunde gehören zum Standard. Die Männer an der Eingangskontrolle sind schwer bewaffnet.

Dort sitzen wir eineinhalb Stunden und warten auf den Beamten, dann warten wir auf den Übersetzer. Schließlich, nach vielen Stunden, stellt ein anderer Beamter fest, dass sie nicht zuständig sind. Ich fahre mit dem Polizeibeamten daraufhin anschließend zur Polizeistation in Rehanlı. Die großen Tore öffnen sich, als wir hindurchfahren. Wir parken davor, steigen aus dem Wagen aus und gehen ins Innere des Polizeireviers. In der Eingangshalle sitzt ein Polizist an einem Schreibtisch, der im Erdgeschoss am Eingang wacht. Er hat einen grauen Lockenkopf, eine eckige Brille und schaut sehr grimmig. Er begrüßt uns nicht, sondern weist uns nur mit einer Geste an, auf den Stühlen an der Wand Platz zu nehmen. Der Polizeibeamte, der mich begleitet, nickt. Wir setzen uns. Auch hier fühlt sich zunächst keiner zuständig. Wir warten im Foyer. Kurze Zeit später schildert er dem Mann am Schreibtisch meinen Fall. Er hat einen ganzen Stapel von Papieren dabei. Der Mann hinter dem Schreibtisch schaut jetzt noch grimmiger. Dann werden wir schließlich in den ersten Stock geschickt. Dort sitzt ein anderer Beamte an einem Schreibtisch hinter einer Schreibmaschine. Dann kommt ein Übersetzer zur Tür herein. Der Übersetzer spricht sehr gutes Deutsch. Er habe früher lange in Deutschland gewohnt.

Es ist inzwischen schon spät am Abend, nach 22 Uhr. Ich gebe schließlich meine Aussage zu Protokoll. Der Beamte tippt hastig auf seiner Schreibmaschine mit, während der Übersetzer zwischendurch ungläubig nachfragt. Der Übersetzer kann kaum glauben, welche Geschichte ich ihm da erzähle. Er schüttelt den Kopf. »Nein«, sagt er. Das könne er einfach nicht glauben. »Nein!«, wiederholt er nochmals, das Ganze mit mehr Vehemenz in seiner krächzenden Stimme. Er ist ein kleines, runzeliges Männchen, das da vor mir sitzt. Er trägt ein weißes, ungebügeltes Hemd. Der Polizist setzt am Ende seine Unterschrift unter das Protokoll.

Dann gehen wir mit dem Beamten, der inzwischen eine Menge Papiere in der Hand hat, die abgestempelt wurden, wieder aus dem Gebäude hinaus und fahren noch zu einem Krankenhaus. Dort muss ein Arzt meinen Gesundheitszustand überprüfen. In der Aufnahmestation des Krankenhauses wimmelt es von Menschen.

Danach fahren wir zu einer weiteren Polizeistation. Ich bin mir sicher, dass es dasselbe Haus ist, in dem wir Stunden zuvor schon einmal im ersten Stock waren. Aber jetzt ist alles anders. Wir betreten die Polizeistation durch einen Seiteneingang und müssen einen anderen Stempel holen. Es scheinen alle Aussagen, die ich gemacht habe, vergessen zu sein. Inzwischen ist es Mitternacht, mein Sohn hängt schlafend auf meinem Arm. Der Polizist schaut mich kritisch an, als der Kollege ihm den Fall schildert. Dann ist er plötzlich hellwach. Er kann die Geschichte nicht glauben. Ob ich sicher sei, dass ich nicht doch beim Islamischen Staat gewesen und dort Mitglied sei. Er vergleicht die Daten meiner Einreise und meiner Ausreise miteinander. Dann rechnet er zusammen: »Fast ein Jahr in Syrien, und da haben Sie nicht beim Islamischen Staat gelebt?« Er schaut mein schwarzes Gewand an. Das Kopftuch habe ich längst ausgezogen. Er betrachtet immer wieder mein Kind und dann wieder mich. Es fehlen ihm Informationen. Er beginnt wie wild zu telefonieren, aber er erreicht niemanden mehr zu dieser Uhrzeit. Es ist inzwischen 1:30 Uhr. Er zückt sein Mobiltelefon und ruft bei der Tochter seines Bruders an. Das Telefon klingelt. Ich schüttele den Kopf. Dann nimmt jemand ab, es klickt in der Leitung, und dann ist eine Frauenstimme zu hören. Die junge Frau in Deutschland muss ihm meine Geschichte in der Kurzfassung übersetzen.

Nach stundenlangen Verhören stecken sie mich schließlich in Abschiebehaft. Ich komme um drei Uhr morgens endlich im Abschiebezentrum in Antakya an. Als Erstes werde ich mit einer Decke ausgestattet. Die Nachtwache führt mich in den ersten Stock und schließt die weiße Metallgittertür auf. Der Flur ist hell erleuchtet. Es ist ein breiter Korridor, von dem rechts und links unzählige Türen abgehen. Dann führt der Mann mich den Gang entlang und deutet auf eine Tür auf der rechten Seite. Ich öffne die Tür. Eine ältere Frau stürmt fluchend heraus. Sie scheucht mich keifend weg. Ich wende mich wieder an die Nachtwache. Er zeigt auf die letzte Tür im Gang auf der rechten Seite. Ich gehe dorthin und klopfe vorsichtig. Als ich hineingehe, sehe ich, dass alle Betten überbelegt sind. Es sind viele Beine und Arme, die aus den Hochbetten heraushängen. Das Zimmer ist voll. Doch hier schickt mich niemand weg. Wir bekommen einen Platz auf dem Boden zwischen den Hochbetten von einer freundlichen Frau mittleren Alters zugewiesen. Es fällt nur wenig Licht aus dem Flur in das Zimmer. Überall schläft jemand. Dieser Platz auf dem Boden ist die erste Nacht in der wirklichen Freiheit. Ich breite meine Decke auf dem Boden aus. Die Frau bringt mir noch ein Kissen und eine weitere Decke zum Schlafen. Ich habe es aus Syrien herausgeschafft! Ich muss an all die möglich gewesen Gefahren zurückdenken: Ich wurde nicht vergewaltigt, nicht gefoltert, nicht bedrängt. Die muslimische Trennung der Geschlechter wurde strikt eingehalten. Aber ich war eine

Gefangene. Ich war in gewisser Weise unantastbar. Jedoch war ich während der ganzen Zeit über eingeschlossen.

Der Krieg war während der ganzen Zeit ein Paradoxon für mich. Er hat alles bestimmt, war allgegenwärtig, übermächtig, jeder hat nur über den Krieg und seine Folgen gesprochen, und auch ich habe irgendwann nur noch über den Krieg geredet, aber ich habe den Krieg nie gesehen. Er war wie ein Phantom. Ich habe nur seine Folgen gesehen und seine Konsequenzen zu spüren bekommen. Ich wusste, dass er um mich herum stattfindet, aber ich habe ihn niemals zu Gesicht bekommen. Ich habe keinen einzigen Toten gesehen. Aber die Jets der Russen und des Regimes habe ich manchmal am Himmel fliegen gesehen, habe manchmal an einem Tag viele Einschläge von Bomben gehört und die Druckwelle der Bomben gespürt, wenn auch Türen und Fenster verschlossen waren. Und trotz alledem war jeder einzelne Angriff weit genug von dem Haus entfernt, in dem ich war.

Mit diesen Gedanken an Syrien kuschele ich mich in die Decke und an mein Kind und schlafe ein. Es ist die erste sichere Nacht seit einem Jahr.

Am nächsten Morgen weckt mich mein Sohn. In diesem Haus sind auf den drei Etagen mit mehreren Hundert Betten fast ausschließlich Frauen, Männer und Kinder aus Mossul, die vor dem Islamischen Staat geflohen sind. Die Stimmung ist friedlich. Alle versuchen, eine konfliktfreie Koexistenz aufrechtzuerhalten. Manchmal kommt es zum Streit zwischen den Kindern, manchmal gibt es auch Streit zwischen den Erwachsenen. Aber im Großen und Ganzen verhalten sich alle ruhig. Über den Etagen für Frauen und Kinder gibt es Etagen für die Männer. Am Ende des Flurs, gegenüber von unserem Zimmer, sind die Gemeinschaftsduschen. Shampoo oder Duschgel muss man selbst mitbringen oder kann es am Abend in einem kleinen Shop im großen Gemeinschaftsraum kaufen. Außerdem gibt es einen Telefonapparat auf dem Gang, der fast immer von jemandem benutzt wird, der mit Augen voller Hoffnung vor dem Apparat steht, den Hörer mit der Schnur fest umklammert hält, leise Worte in den Hörer spricht und das Ohr so nah an die Hörmuschel drückt, dass auch ja keine Silbe aus der anderen Welt verloren gehen kann.

Die Rückkehr nach Deutschland kommt immer näher. In dem Abschiebezentrum, das auf dem Weg zum Flughafen in Antakya liegt, gibt es drei Mahlzeiten am Tag. Dafür kommen die Bewohner der verschiedenen Flure abwechselnd in den Essensraum, der im Keller liegt. Ich stelle mich in der Schlange an. Überall wimmelt es von Frauen und ihren Kindern. Alle schauen mich an. Ich schaue zurück. Manche lächeln mir zu. An diesem Morgen gibt es Linsensuppe mit Brot. Ich esse hastig meine Suppe.

Am Mittag kommen die deutschen Beamten erneut. Sie berichten, dass sie versuchen, alles mit dem Konsulat zu klären, damit sich meine Reise nach Deutschland so schnell wie möglich realisieren lasse. Ich lächele sie erleichtert an.

Am Nachmittag dürfen alle für eine halbe Stunde nach draußen in den ummauerten Innenhof, wo ein Spielplatz ist. Die Kinder toben herum. Ich gehe mit meinem Kind zum ersten Mal nach draußen zum Spielen. Alle Kinder strahlen, und auch die Mütter sehen kurz vollkommen zufrieden aus. Es werden Süßigkeiten von den Aufsehern verteilt. Die Frauen und Kinder aus Mossul sind hier auch nur auf der Durchreise. Auch sie haben einen langen Weg hinter sich und einen langen Weg vor sich. Wohin ihre Reise führen mag? Und wohin meine noch führen wird? Gedankenversunken stehe ich zwischen den lachenden und spielenden Kindern, den Frauen, die auf Bänken sitzen oder in Grüppchen am Rand stehen und sich unterhalten. Ich bin auch hier eine Fremde. Ich warte vor der Schaukel, um gemeinsam mit meinem Kind zu schaukeln. Ich bin glücklich und erleichtert. Es fühlt sich schon ein wenig nach Freiheit hat. Mein Blick bleibt an der meterhohen Mauer hängen, die uns umgibt und uns von der wahrhaftigen Freiheit trennt. Dann sehe ich wieder die lachenden Kindergesichter und höre ihr Jauchzen und Jubeln.

Die Frau, die mir in der ersten Nacht den Schlafplatz auf dem Boden gegeben hat, stellt sich auch in den kommenden Tagen als sehr freundlich heraus. Sie hat drei Kinder, die unterschiedlich alt sind, denke ich. Sie kämmt die Haare des Mädchens, das vor ihr auf dem Boden sitzt, während sie im Bett ist. Dann sagt sie: »Das sind nicht meine Kinder, sondern die Kinder meiner Schwester, die gestorben ist.« Dann erzählen sie von ihrer Reise in die Türkei. »Ich habe den Schleuser mit meinem Goldschmuck bezahlt«, sagt sie und zeigt auf ihren nackten Hals und ihre Handgelenke. »Mit Halsketten und Armreifen«, ergänzt sie. »Es hat 1300 Dollar gekostet! Pro Person! Dann hat er uns zur türkischen Grenze gebracht. Über Land. Dort wurden wir festgenommen vom türkischen Militär. Im Militärgefängnis, wo wir dann für über eineinhalb Monate waren, ist es noch viel schlimmer gewesen«, erzählt meine Zimmernachbarin. »Da gab es nicht mal genug zu essen für uns!«

Dann berichtet sie von der Zeit des Islamischen Staats: »Während der Zeit, als der Islamische Staat in Mossul geherrscht hat, war das Leben sehr grausam.« Sie schaut die anderen Frauen an, die zustimmend nicken. »Wir Frauen mussten uns immer vollverschleiern«, sie hält ihre Hand vor das Gesicht und lässt nur einen Spalt für die Augen zwischen ihren Fingern frei. »Und die ganzen grausamen Strafen, die von *Daesh* verhängt wurden«, berichtet sie klagend von dieser Zeit. »Hinrichtung, Kreuzigungen, Enthauptungen oder Hände, die einfach abgehackt wurden«, sie schüttelt sich heftig bei dieser Erinnerung. Die Kinder toben durch das Zimmer. Unsere Zimmertür steht tagsüber immer offen, außer wenn sich eine der Frauen umzieht.

»Es gibt noch eine andere Europäerin!« Meine Zimmernachbarin schaut mich mit ihren großen braunen Kulleraugen an. »Was meinst du damit?« Ich klinge überrascht. »Na, eine andere Frau, die aus dem Westen ist.« Wer soll das sein? Und woher soll sie kommen? Ich halte das zunächst für ein Gerücht, aber es hält sich hartnäckig. Und warum auch nicht? Hier wissen alle alles. Hier gibt es keine Geheimnisse auf den Fluren, zwischen den durchgelegenen Matratzen, in den unabschließbaren Duschen im gemeinsamen Bad. Hier sind alle gleich, und alle sind miteinander auf Augenhöhe. Alle stehen einander bei. Und ich gehöre irgendwie dazu. Ich gehöre eigentlich gar nicht dazu, aber ich fühle mich nach einiger Zeit aufgenommen von den Frauen aus dem Irak.

Es ist wie immer in Abschiebehaft. Wir essen dreimal am Tag im unteren Stockwerk des Hauses. Es geht jeweils eine Etage gemeinsam essen, also zwei Flure zusammen. Heute gibt es Hühnchen mit Reis. Jeder bekommt einen Hühnerschenkel mit Reis und ein Stück Brot dazu. Die aufgeregten Frauen kommen beim Mittagessen im Speisesaal plötzlich auf mich zu. Sie ziehen mich am Ärmel. »Die andere Frau ist Französin, und sie sitzt hier beim Essen!«, flüstert mir eine kleine Frau zu, die ein runzeliges Gesicht hat. »Sie wohnt im Flur gegenüber.« Dabei zeigt sie auf eine Frau, die etwas abseits mit zwei Kindern sitzt. Ich schaue sie an. Sie trägt ein schwarzes Gewand und ein ebenso schwarzes Kopftuch. »Kommst du wirklich aus Frankreich?«, frage ich sie auf Englisch. Sie nickt scheu. Neben ihr sitzen ihre beiden Kinder. Und sie ist schwanger. Ich schaue auf ihren dicken Bauch. »Meine Mutter wollte, dass ich zurückkomme.« Sie macht eine kurze Pause, dann fährt sie fort: »Sie hat mir einen Anwalt besorgt.« »Was hast du in Syrien gemacht?«, frage ich sie. »Ich bin mit meinem Mann dorthin gereist. Meine Familie kommt ursprünglich aus Marokko.« Dann isst sie einen Bissen von ihrem Teller. »Mein Mann wurde im Kampf um Aleppo vor vier Monaten getötet.« Sie scheint eine Dschihadistin zu sein. »Bei welcher Gruppe seid ihr gewesen?« »Jabhat al-Nusra«, antwortet sie. »Die Brüder von Jabhat haben mir auch bei der Ausreise geholfen.« Ich nicke ihr zu. »Die sind wirklich gute Menschen, die Brüder.«

Ob sie Angst habe, nach Frankreich zurückzukehren. Sie nickt. »Ich weiß gar nicht, was auf mich zukommt.« Sie schaut ihre Kinder an. »Ich hoffe, dass der Anwalt, den meine Mutter eingeschaltet hat, etwas taugt.«

Am nächsten Morgen kommen die deutschen Beamten wieder. Eine Frau stürzt in unser Zimmer am Ende des Gangs. Sie sagt: »Komm, komm. Du sollst kommen!« Die anderen Frauen und Kinder im Zimmer reden aufgeregt durcheinander. Ich mache mich fertig, nehme meinen Sohn auf den Arm und gehe den Flur entlang. Eine Wache schließt mir die Tür auf. Ich gehe ins Erdgeschoss hinunter. In dem Büro des Leiters der Einrichtung sitzen die drei deutschen Beamten der Grenze. Sie lächeln mich an. Ich lächele zurück. Sie wundern sich wohl, dass ich noch immer ein muslimisches Gewand trage. Sie haben mir eine Jeans und einen Pullover in die Tasche gepackt, aber alle 150 Frauen hier tragen muslimische Gewänder. Ich will nicht noch mehr auffallen.

Die BKA-Beamten verkünden mir die beste Nachricht seit einer Ewigkeit: »Sie können morgen zurückfliegen nach Deutschland, Frau Findeisen.« Ich schaue sie an, habe Tränen in den Augen. »Wir haben schon einen Flug für Sie gebucht.« Der Knoten ist geplatzt. Ich fühle mich das erste Mal vollkommen erleichtert. Ich fühle mich frei. Ich bin dankbar. Ich bin gelöst, versöhnt, bestärkt.

Ich bedanke mich. Drücke mein Kind an mich. Ich werde zurück auf mein Zimmer gebracht. Das letzte, das allerletzte Zimmer, denke ich. Dann kommen wir endlich raus aus diesem Albtraum, der mein Leben geworden ist. Ich weiß nicht, ob ich für ein Leben »da draußen«, für ein Leben in Freiheit überhaupt noch gemacht bin. Doch ich versuche, diese Zweifel wegzuschieben. Ich schaue in die Gesichter dieser Frauen aus Mossul, die dem Islamischen Staat entkommen waren. Ich sehe denselben Durst nach Freiheit in ihren Augen wie bei mir.

Ich habe so viele Dinge in meiner Tasche, die ich bestimmt nicht mehr brauche, denke ich, wenn ich jetzt wirklich nach

Deutschland zurückkehre. Was soll ich mit fünf Unterhosen? Mir reicht eine. Ich gebe meinen Zimmernachbarinnen die anderen Unterhosen. Ebenso die ungetragenen Hausgewänder, die mir die Dschihadisten gegeben haben. Und die Damenschuhe in Größe 40, die mir zu klein sind und die ich niemals im Leben tragen würde. Arabischer Damenkitsch. Die Frauen im Zimmer freuen sich riesig. Ich ziehe so viele Dinge aus meiner Tasche, die ich nicht mehr brauchen werde. Und wer weiß, wo diese Frauen noch landen werden.

Am Ende ist die Tasche leer und viel zu groß. Ich brauche also auch die Tasche nicht mehr. Die nette Nachbarin kann die Tasche für sich und die drei Kinder gut gebrauchen. Im Tausch gibt sie mir einen Rucksack mit. Es ist ein kleiner blauer Kinderrucksack. »Wir haben ihn aus Mossul mitgebracht«, sagt sie. Das sieht man diesem Rucksack auch wirklich an. Er ist aus festem Plastik und mit einer bunten Comicfigur bedruckt. »Spongebob Squarepants« steht in abgeblätterten Buchstaben darauf. An der rechten Seite ist er mit einem Bindfaden zusammengenäht. Der Reißverschluss schließt nicht mehr, dafür hält eine Sicherheitsnadel den Rucksack oben zusammen.

Ich verabschiede mich schließlich von allen Frauen im Zimmer. Ich umarme sie herzlich. Den Kindern winke ich zum Abschied. Wir haben unsere E-Mail-Adressen ausgetauscht, aber ich werde sie wahrscheinlich nie wiedersehen, denke ich. Die Tatsache, dass jemand herauskommt aus diesem Haus, scheint auch ihnen Hoffnung zu geben, dass es bald weitergeht. Alle Frauen und Kinder aus meinem Zimmer begleiten uns zu dem weiß lackierten Gitter. Neugierig schauen auch die anderen Frauen aus den Räumen heraus. Immer wenn etwas passiert, dann kommen alle direkt, um zu schauen. Ihre Kinder laufen mit zum Tor. Der Wärter kommt, um die Tür aufzuschließen.

Ein Auto mit zwei türkischen Zivilbeamten bringt mich zum Flughafen nach Adana, rund 200 Kilometer entfernt. Sie müssen die Ausreise sicherstellen. Die deutschen Polizisten fahren in einem Wagen hinterher. Wir halten an einer Raststätte und machen eine Pause. Ich sitze mit den beiden türkischen und den beiden deutschen Polizisten an einem Tisch zusammen. Einer der Deutschen holt Kaffee und Tee auf einem Tablett für alle.

Während der Fahrt komme ich mit der türkischen Polizistin ins Gespräch. Ihre Familie kommt aus der Nähe von Adana, da fahre sie danach hin. Ich nicke. Auch ich denke an meine Familie. Auch ich fahre gerade zu meiner Familie. Ich schaue aus dem Fenster und lächele still für mich. Der Polizist, der am Steuer sitzt und uns versiert zum Flughafen fährt, schaut zwischendurch immer in den Rückspiegel. Die Fahrt dauert lange. Die Frau scheint freundlich zu sein, aber sie schaut mich immer noch misstrauisch an.

Nach rund drei Stunden kommen wir am Flughafen in Adana an. Ich steige aus dem Auto aus. Der deutsche Beamte mit der Glatze sagt unvermittelt: »Angelina Jolie und Brad Pitt haben sich ja getrennt.« »Wie bitte?«, frage ich nach. Ich hatte ja seit ein paar Wochen keinen Fernseher mehr. Der Klatsch der Welt erreicht mich wieder. Ich bin irgendwie erleichtert, dass ich wieder über Promi-News nachdenken kann. Das lenkt mich von meinen eigenen Erlebnissen ab.

Wir warten am Flughafen auf unseren Rückflug nach Deutschland. Ich hätte auch in einem Zinksarg zurückkommen können, denke ich. Mir läuft ein letzter eiskalter Schauder über den Rücken. Ich werde durch die Türkei hindurchgespült und bin dankbar dafür, dass es so glimpflich abläuft. Ich werde am Ende, wie Jonas aus dem Wal, in hohem Bogen ausgespuckt: Sie schieben mich ab und belegen mich mit einer Einreisesperre. Diese Sperre ist zwar unausgesprochen, aber sie ist auch gar nicht notwendig.

Inzwischen ist die Grenze abgeriegelt. Absolute Sperrzone. Die Türkei hat das Kontingent von Grenzsoldaten aufgestockt und einen Sicherheitszaun gebaut, der eine Höhe von drei Metern hat und aus Waschbetonplatten, Stacheldraht und Wachtürmen besteht, die 25 Meter hoch sind. Die

Mauer wurde von der staatlichen Wohnungsbaubehörde der Türkei gebaut und im Jahr 2017 fertiggestellt. Außerdem wird das Gebiet jetzt mit Wärmebildkameras und Drohnen überwacht. Jetzt gibt es keine Schlupflöcher mehr. Auch die NATO hilft dabei. Vielleicht ist das besser so.

Den Namen der Airline halte ich für ein gutes Omen, er lautet SunExpress, eine türkische Fluggesellschaft, von der ich noch nie zuvor gehört hatte. Es ist Nacht. Wir betreten die Maschine. »Die Flugzeit beträgt voraussichtlich 3 Stunden und 24 Minuten«, sagt die Stewardess, als die Maschine über das Rollfeld fährt. Der Flieger startet kurz nach 22 Uhr türkischer Zeit Richtung Deutschland, Richtung Heimat. Nächster Stopp: Köln-Bonn. Ich sitze neben einem der Beamten. Ein anderer liest ein Buch. Anschließend eine Zeitung.

Als das Flugzeugessen kommt, freue ich mich. Ich habe schon so lange kein Flugzeugessen mehr gegessen, dass ich fasziniert bin. Ich blicke gebannt auf das Tablett. Das warme Essen ist in einer Aluminiumschale eingepackt. Ich habe das Menü mit »Hühnchen« gewählt, ebenso wie der Beamte neben mir. Es gibt ein kleines Brötchen, dazu ein Paket Butter. Das weiße Plastikbesteck ist, zusammen mit einer Serviette mit dem Logo der Fluggesellschaft und einem kleinen Päckchen mit Salz und Pfeffer, in eine Klarsichtfolie eingeschweißt.

Ich esse das Essen hastig auf. Dann öffne ich den Nusskuchen, den es zum Nachtisch gibt. Er schmeckt ganz köstlich, denke ich. In diesem Moment sagt der glatzköpfige Beamte, der vor dem Essen noch ein Buch gelesen hatte, dass der Kuchen sehr trocken sei. Ich denke, dass es etwas mit dem Krieg zu tun haben muss und mit der Komfortzone, dass unsere Wahrnehmungen über den Nusskuchen so unterschiedlich sind.

TEIL III

RÜCKKEHR NACH
ALMANYA,
RÜCKKEHR NACH
HAUSE

IN FREIHEIT

Aus der Luft sehe ich im Dunkeln den Rhein, der sich durch die Landschaft schlängelt. Eine warme, weiche, goldene Wärme erfüllt mich plötzlich. Ich *spüre* die Heimat mit einem Mal, das wohlige Gefühl breitet sich in mir aus. Das Ortsgefühl von Heimat. Die Maschine setzt zum Landeanflug an. Dann berühren die Fahrwerke den deutschen Boden. Ich bin zurück zu Hause.

Wir sind endlich auf dem Köln-Bonner Flughafen gelandet, und das Flugzeug rollt bis zum Terminal 1 vor. Die Beamten steigen aus. Ich nehme mein schlafendes Kind vorsichtig auf den Arm und verlasse das Flugzeug mit den anderen Passagieren. Mit einem Beamten bleibe ich auf dem Rollfeld stehen, die beiden anderen verabschieden sich von uns. Dann kommt nach einigen Minuten ein Auto der Polizei und bringt uns zum abgetrennten militärischen Teil des Flughafens. Wir fahren einige Minuten, bis wir zu einem hohen Metallzaun kommen. Es öffnet sich ein Tor, durch das wir hindurchfahren. Auf der rechten Seite steht vor einem großen Hangar die Maschine der Bundeskanzlerin. Die *Konrad Adenauer* ist weiß, und in großen schwarzen Lettern steht »Bundesrepublik Deutschland« darauf. Die Maschine sieht majestätisch und staatsmännisch aus. Sie ruht dort wie ein schlafender Stahlvogel, der jederzeit erwachen könnte, außer wenn das Betriebssystem mal wieder ausfällt.

Wir fahren vorbei an einem weiteren Hangar und kommen schließlich zu einem anderen Gebäude. Dort wartet meine Familie. Ich steige mit meinem Sohn aus dem Wagen. Er ist schon vor vielen Stunden im Flugzeug eingeschlafen und schläft immer noch.

Ich umarme meine Mutter. Ich halte sie lange im Arm. Ich spüre ihre Wärme. Ich schaue sie an. Tränen fließen meine Wangen herab. Ich bin ganz aufgeregt. Wir werden in einen Raum geführt, der sehr klein ist. Es stehen zwei Blumensträuße auf dem Tisch, daneben ist eine kleine Kapelle. Hier wäre auch mein Zinksarg aufgebahrt worden, wenn es anders gelaufen wäre, denke ich.

Als ich meinen Freund umarme, bin ich erleichtert. Ich habe ihn so lange nicht gesehen. Er schaut mich lächelnd an, dann sagt er: »Ich habe jeden Tag dafür gekämpft, damit ihr zurückkommt! Jeden Tag!« »Es tut mir leid!«, sage ich. »Es tut mir so unendlich leid, was passiert ist.« »Mir auch!«, antwortet er. Er nimmt mich in den Arm.

Dann erzähle ich von meinem letzten Jahr. Unser Kind schläft. Wir sind wieder zurück. Wir haben es geschafft. Die Anspannung fällt mit einem Mal von mir ab.

Vor der Tür parkt ein VW-Bus der Polizei. Sie haben extra einen Kindersitz mitgebracht. Ich bin kurz irritiert, denn während meiner gesamten Zeit in Syrien habe ich keinen einzigen Kindersitz gesehen. Wir fahren mit dem Wagen zu meinem Elternhaus. An der Ecke vor unserem Haus steht ein Streifenwagen, der auf uns wartet. Ich fühle mich sicher, so sicher wie schon lange nicht mehr.

Bonn ist in dieser Nacht ganz ruhig. Alle schlafen schon, als wir gegen drei Uhr morgens endlich ankommen.

Wenige Tage nach meiner Rückkehr habe ich eine Mail von Hassan in meinem Postfach. »Hasan2016« steht da. Ich hatte Hassan vor meiner Abreise meinen Kontakt gegeben. Er könne sich jederzeit melden. Ich öffne die Mail: »Hallo Janina, guten Abend, wie geht es dir? Ich hoffe, dass es Dir und Deiner Familie gut geht. Ich erinnere mich, als Du danach gefragt hast, Deine Mutter anzurufen. Ich hoffe, dass es ihr gut geht. Ich bin sehr glücklich, weil ich etwas Gutes getan habe und geholfen habe, dass Du zurück in Dein Land und zu Deiner Familie kommst. Ich denke, dass Du in diesen Tagen glücklich bei Deiner Familie bist. Ich warte darauf, dass Du mit mir kommunizierst, wenn Du das möchtest. Danke, Hassan.«

Ich tue es nicht. Ich bin froh, dass ich jetzt wieder mit meiner Familie und meinen Freunden reden kann und nicht mit syrischen Dschihadisten sprechen muss.

Meine Familie und meine Freunde sind bei mir. Bei uns. Doch das Jahr in Syrien steckt mir förmlich in den Knochen. Ich versuche, mich zu orientieren. Es ist immer eine Frage der Perspektive, was normal ist oder was man als normal empfindet. Für mich war nach meiner Rückkehr zunächst gar nichts mehr normal. Ich hatte gedacht, dass ich aus dem Jahr aus Syrien einfach wieder herausspringen könnte, wenn ich nur zurückkehren würde. Ich hatte gedacht, dass ich meine Erfahrungen dort einfach vergessen könnte. Ich hatte gedacht, dass mir das Jahr in Syrien nichts anhaben könnte, weil ich immun gegen dieses Land sein wollte. Ich hatte gedacht, dass ich die Alte sein würde, wenn ich nur in meine alte Welt zurückkehren würde.

Aber am Anfang, unmittelbar nach meiner Rückkehr, ist der Kontrast zwischen dem Leben in Syrien und dem Leben in Deutschland zu groß. Es versetzt mich in ein Niemandsland, in dem ich die ersten Tage und Wochen nach meiner Rückkehr lebe: Ich bin nicht mehr in Syrien, aber ich bin auch noch nicht wieder in Deutschland angekommen.

Ich sehe den Rhein, ich sehe Deutschland. Hier, wo alles begann. Ich stehe vor dem Supermarkt und atme tief durch. Nach zehn Tagen traue ich mich das erste Mal wieder, in den Supermarkt, den ich seit meiner Kindheit kenne, hineinzugehen. In meiner Jugend hieß der Supermarkt noch Stüssgen und hatte bis halb sieben offen. Heute gehört er zu REWE, das ist die Abkürzung für den Revisionsverband der Westkauf-Genossenschaften, der bereits in den Zwanzigerjahren gegründet wurde, und hat bis Mitternacht geöffnet.

Das erste Mal in einen Supermarkt zu gehen fällt mir wirklich schwer, obwohl ich das zunächst nicht erwartet hatte. Diese ganzen Dinge, die dort angeboten werden, die ich so lange nicht hatte – plötzlich sind sie alle vorhanden, aber es gibt von allem so viel. Alles ist im Überfluss vorhanden, alles ist hell ausgeleuchtet. Die Musik dudelt aus den Lautsprechern. Mir ist das zu viel, zu laut, zu hektisch, zu konsumgeil.

Manchmal fühle ich mich in den ersten Wochen und Monaten von einem auf den anderen Moment unwohl. Ich sehe nach meiner Rückkehr aus Syrien manchmal Gespenster. Das geschieht vor allem nachts. Draußen auf der Straße in der Stadt sind viele Menschen unterwegs. Viel zu viele Menschen für mich.

Manchmal staut sich auch die Wut in mir auf. Die Deutschen haben sich nett eingerichtet. Sie haben sich mit der weltweiten Situation aus der Ferne arrangiert. Sie haben sich in ihrem Konsumverhalten eingerichtet. Sie lieben es, in ihrer fetten, reichen Welt über andere zu richten. Sie sind selbstgerecht und engstirnig, denke ich manchmal, wenn mir die Erinnerung an das Leben in Syrien die Kehle zuschnürt. Manchmal ist alles schwarz-weiß, ohne Farbe. Ich merke, dass ich noch nicht wieder ganz da bin. Ich bin zwar körperlich da. Aber ich bin im Geist nicht da.

Trotz dieser Schwierigkeiten bin ich in den ersten Wochen und Monaten auch vollkommen getragen von dem süßen Gefühl der Freiheit. Es kommt nicht von hinten, sondern von vorne. Es ist ein erhabenes Gefühl, endlich wieder hier und frei zu sein. Es ist Oktober in Deutschland. Der Herbst beginnt, aber es ist ungewöhnlich warm.

Ich versuche, Schritt für Schritt zurückzukommen. Ich versuche, in mein altes Leben zurückzukehren, aber es hat sich aufgelöst. Es gibt mein altes Leben nicht mehr. Ich erkenne, dass ich mir ein neues Leben aufbauen muss, aber das braucht Zeit.

Nach meiner Rückkehr versuche ich, Antworten auf die Hintergründe meiner Entführung zu finden, indem ich Laura mit dem Geschehenen konfrontiere. Ich schreibe ihr auf einem verschlüsselten Messenger-Chat. Jetzt, nach meiner Freilassung, will ich alles von ihr wissen. Laura ist noch immer in Syrien. Sie ist ein Mensch, der sich zwar frei bewegt, aber doch innerhalb des Systems gefangen ist. Doch ist sie auch eine Sklavin der dschihadistischen Ideologie geblieben?

Nach einigen anfänglichen Gesprächen lasse ich die Kommunikation mit ihr vorerst ruhen. Es wühlt mich zu sehr auf. Ich muss ihre Antworten erst einmal verdauen.

Ich wollte eine Geschichte erzählen, die die Grenzen überwindet. Ich wollte eine Geschichte erzählen, die von Freundschaft und Vertrauen handelt. Aber es war keine Geschichte. Es wurde zu meinem Leben. Die Geschichte blieb mir nicht fern, sondern zog mich hinein in die Abgründe des Krieges. Mein Vertrauen war blind, und ich habe den falschen Menschen vertraut. »Das hättest du doch vorher wissen können!«, hieß es nach meiner Rückkehr. Es schlugen mir Ablehnung und Unverständnis entgegen. Es waren viele einsame Stunden nach meiner Rückkehr.

»Wie konntest du dein Kind einer solchen Gefahr aussetzen? Wie konntest du so egoistisch sein?«, fragten mich Freunde nach meiner Rückkehr. Mein Antwort ist: »Ich habe Laura vertraut.« Ich kenne Laura seit der Schule, und sie war diese Art von Freundin, die mir als Kind imponierte. Ich habe zu Laura aufgeschaut.

Jetzt nach meiner Rückkehr verfolgt mich meine eigene Geschichte, ich habe sie immer im Gepäck.

TREFFEN MIT THEO, ODER:
DIE DNA DES KRIEGES

Anfang Dezember, rund zwei Monate nach meiner Rückkehr, treffe ich Theo Padnos, den amerikanischen Journalisten, der auch entführt wurde und zurückkehrte. Ich fühle mich noch wie ein rohes Ei. Alles ist noch ganz frisch. Theo ist schon länger zurück. Das Treffen mit Theo findet abends statt. Es ist Dezember und kalt in Berlin, Nebel liegt über der Spree. Theo zeigt seinen Film und ist deshalb in der Stadt. Er wurde 22 Monate von der Al-Nusra-Front gefangen gehalten und gefoltert und hat ebenfalls den Al-Nusra-Commander Abu Maria getroffen.

Ich treffe Theo in Kreuzberg. Nach einigen kurzen Momenten ist das Eis gebrochen. »Wie hast du von mir erfahren?«, frage ich ihn. »Ein Journalist, der für das NDR-Magazin *Panorama* arbeitet, hat mich während deiner Entführung angerufen und gefragt, ob ich dir helfen könne. Er hatte mal einen Beitrag über mich gemacht. Und ich dachte, was für eine beschissene Situation!« Padnos ist klein, er hat gelockte mittellange graue Haare, und seine Stimme klingt rau, voller Höhen und Tiefen. Wir verstehen uns auf einer tieferen Ebene sofort und haben uns viel zu erzählen.

Die Frage ist: Warum wurde ich von der Gruppe befreit, die vorher ausschließlich dafür bekannt war, Theo und andere Journalisten und Mitarbeiter von Hilfsorganisationen zu entführen?

Theo erzählt weiter, es sprudelt nur so aus ihm heraus. »Ich schrieb direkt einem Journalisten von der *New York Times*, der den aktuellen Kontakt zu einem kuwaitischen

Scheich hatte. Meine Mutter traf diesen während meiner Entführung in der Türkei, weil er als Vermittler fungierte. Er finanzierte die al-Nusra. Er gehörte zum humanitären Flügel der al-Nusra, wenn es das überhaupt gibt. Ich bekam seine Nummer und rief ihn an. Ich bat ihn, sich einzusetzen. Ich schrieb auch Abu Maria al-Qahtani, aber ich hatte nichts anzubieten. Was sollte ich ihn fragen: Hey, lass sie gehen! Das hätte nichts gebracht, denn ich kenne seine Antwort: ›Gib mir zehn Millionen Dollar, und ich lasse sie gehen!‹«

»Und was hat der kuwaitische Scheich gemacht?«, hake ich nach. »Der Scheich hat nicht helfen können. Dann habe ich irgendwann aufgegeben. Ich konnte bei der Vermittlung nicht wirklich helfen. Diese Leute wollen immer mit der Regierung reden oder mit der Familie. Es ist wichtig, dass man den Terroristen etwas anbietet. Es ist wichtig, dass es immer wieder Kontakt gibt und etwas in Aussicht steht, sie müssen bei Laune gehalten werden. Das ist das Wichtigste! Das Allerwichtigste!« Er blickt ins Leere und schweigt sehr lange, dann fährt er fort: »Bei bestimmten Geiseln wurde nichts gegeben, bei Peter Kassig zum Beispiel.« Ich nicke und denke an diejenigen, die wie Peter Kassig nicht überlebt haben. Es sind so viele. Es herrscht Stille zwischen uns. Wir müssen nicht sprechen. Wir schauen uns nur an, zwischendurch lächeln wir. Wir sind beide der Hölle in Syrien entronnen, wir haben beide die Jabhat al-Nusra getroffen, wir haben beide den Albtraum überlebt.

»Einer der Momente in meinem Leben, wo ich am meisten Angst hatte, war, als wir einen Checkpoint der syrischen Regierung passierten. Es war Nacht, wir fuhren mit dem Konvoi, dann wurden wir beschossen. Wir stoppten, dann sprangen alle aus den Autos und kämpften, kurz danach kam Abu Maria in den Wagen zurück und fuhr los – wie ein Verrückter. Er fuhr unter Kugelhagel davon. Wir wären fast von den syrischen Regierung getötet oder gefangen genommen worden«, erinnert sich Theo.

»Eines Tages kamen sie in meine Zelle, von da an änderte

sich alles. Das begann ungefähr sechs Wochen bevor James Foley vom Islamischen Staat vor laufender Kamera enthauptet wurde. Nachdem Katar dazugekommen war, waren alle ganz freundlich zu mir. Auch Abu Maria al-Qahtani. Sie behandelten mich von diesem Moment an alle ganz anders. Ich bin aus dem Gefängnis herausgekommen, habe Respekt bekommen. Gutes Essen, Kleidung. Sie haben gesagt: Du wirst bald nach Hause kommen.« Ich kenne diesen Satz nur zu gut. Theo fährt fort: »Dann sagten sie: Hey, behandelt ihn gut, er ist elf Millionen Euro wert!«

»Was war deine Motivation, nach Syrien zu gehen?«, frage ich Padnos. Und es schwingt in diesem Moment auch meine Antwort auf die Frage mit. Padnos schaut mich mit seinem weichen Blick an. Seine Augen sind wässrig wie ein Aquarium, in dem seine Pupillen wie zwei blaue Fische hin und her schwimmen. Dann schaut er nachdenklich zu Boden. »Es war ein Fehler, ich wollte eine Geschichte erzählen und ein Abenteuer erleben. Dass ich dafür mit zwei Jahren meines Lebens bezahlen musste und fast zerbrochen wäre, das habe ich nicht gewollt.« Auch ich werde traurig und nachdenklich.

Wir erinnern uns in diesem Moment nicht an die schwere Zeit, die wir beide hinter uns haben, sondern an die Zeit, die es gedauert hat, um sich wieder selbst fühlen zu können jenseits der ersten Anfangseuphorie des Wiederkommens, jenseits der großen Worte. Manchmal, und das weiß Theo auch, gibt es Momente, in denen man plötzlich wieder in diesem Raum in Syrien ist, sich wieder gefangen fühlt, als wäre man gar nicht zurückgekehrt, dann steht man zwischen beiden Welten.

»Abu Maria ist Iraker, ebenso wie Abu Bakr. Die beiden kannten sich schon vor dem Gefängnis«, raunt er mir zu. »Es gibt zwei Strukturen. Bei der einen ist Jolani der Führer, er hat seine Männer, kontrolliert seine Gefängnisse und hat seine eigenen Geldquellen. Und bei dem anderen Strang ist Abu Maria der Chef. Er hat seine Männer, seine Gefängnisse, seine Geiseln, über die er die alleinige Befehlsgewalt hat. Abu Maria nutzt seine Treue zu Jolani auch, um die Syrer zu überzeugen: Seht her, ich liebe Jolani, ich liebe ihn über alles! Das erzählt er allen unermüdlich. Jolani ist Syrer. Abu Maria ist Iraker. Natürlich erzählt er allen Syrern: Wir holen uns Baschar al-Assad. Aber du darfst eines nicht vergessen«, sagt er und schaut mich dabei ernst an, »Abu Maria macht nichts, wenn er nichts dafür bekommt.« Dann verzieht er sein Gesicht zu einer Fratze, indem er die Augen zusammenkneift und seine Zähne fletscht. »Er stellt nicht mal ein Glas von rechts nach links auf den Tisch.« Und zischt mir zu: »Glaub mir, ich kenne ihn!« Theos Blick und Theos Geschichte lassen mich erahnen, was er durch die Al-Nusra-Front erleiden musste. Theo wurde gefoltert. Von Abu Maria und seinen Schergen.

Ich schaue Theo an. Ich habe keinen Zweifel an dem, was er über Abu Maria sagt. Dann berichtet Theo weiter von ihm: »Sie haben Seite an Seite mit Abu Musab al-Zarqawi gekämpft. Sie haben Seite an Seite mit Zarqawi getötet. Sie haben immer von ihm gesprochen. Dem großen al-Zarqawi.« Der Kampf al-Zarqawis richtete sich gegen die Invasion der Amerikaner.

Und er fährt unbeirrt fort: »Dieser Hass ist geblieben. Der Hass von al-Zarqawi. Er war der Erste, der einem Amerikaner vor laufender Kamera die Kehle durchgeschnitten hat.« Dem Amerikaner Nicholas Evan Berg am 7. Mai 2004. Es gibt ein Video, in dem Berg mit fünf maskierten Männern zu sehen ist. Die Männer lesen eine Erklärung vor, dass es eine Revanche für die Folter im irakischen Gefängnis Abu Ghraib sei. Berg trug einen orangefarbenen Overall, wie sie später auch in den Videos des Islamischen Staats verwendet werden sollten. Falls sich noch irgendwer fragt, auf welche Referenzen sich die Ikonografie des Islamische Staates bezieht.

Ich nicke und muss an die Momentaufnahmen aus dem Video des Irakkriegs denken. Und an den Irakkrieg.

»Zu Beginn hatte Abu Bakr sehr viel Geld und unterstützte damit aus dem Irak Abu Maria, Jolani und Adnani. Sie begannen 2010 und 2011 mit Attacken als al-Nusra und eroberten Teile von Raqqa und die Ölfelder in Deir ez-Zor. Innerhalb kurzer Zeit hatten sie Öl, Waffen und Gefangene und damit Geld und Macht. Abu Bakr meldete sich aus dem Irak und verlangte, dass sie die *Bai'a* auf ihn schwören sollten und ihm Geld schicken sollten.«

»Doch was passierte dann?«, will ich von ihm wissen. »Baghdadi wollte Geld haben, und er wollte Unterstützung haben. Dies war der große Bruch zwischen *Daesh* und der Al-Nusra-Front.« Er spricht flüsternd weiter: »Baghdadi bot eine Lösung an. Er sagte: Jolani sei das Problem. Er schlug Abu Maria vor, er solle Jolani töten. Dann wäre er der Größte in Syrien. Abu Maria lehnte diesen Vorschlag jedoch ab. So kam es zu der Spaltung. Adnani sagte Ja. Jolani und Abu Maria lehnten ab. Das war der Beginn dieses alten Bruderkriegs zwischen al-Nusra und *Daesh*«, berichtet Theo weiter. Er ist atemlos, und ein Wort jagt das nächste. »Die Generäle sprechen miteinander, während die Soldaten gegeneinander kämpfen. Abu Bakr stand in Kontakt mit Abu Maria.«

Man könnte im ersten Moment gewillt sein zu denken, dass der Irakkrieg schon lange her und auch schon lange vorbei sei. Man könnte argumentieren, dass die Abu-Ghraib-Geschichten aus längst vergangenen Tagen stammten, die uns nicht mehr beträfen, aber das stimmt nicht.

Der Irakkrieg bildet die Wurzel des Kriegs in Syrien. Der Krieg breitete sich nach Syrien aus. Es ist lediglich eine neue Front, die Akteure sind dieselben, und ihr Kampf ist älter, sie sind Veteranen.

Mit Theos Worten im Ohr wird es mir noch einmal überdeutlich. Wenn wir über den Krieg in Syrien sprechen, dann müssen wir verstehen, dass es lediglich die neue Front eines alten Krieges ist. Es ist der Krieg aus dem Irak, der nach Syrien geschwappt ist und das Land mit in den Kampf hineingezogen hat.

Wenn wir die DNA dieses Krieges beschreiben wollen, wenn wir die Genealogie des Krieges in Syrien beschreiben wollen, dann müssen wir diesen Krieg als eine Folge des Krieges im Irak benennen. Denn die Matrix des Krieges in Syrien wird von dem Krieg im Irak bestimmt. Der Bruderkrieg zwischen al-Nusra und dem Islamischen Staat ist älter als der Krieg in Syrien. In den Krieg in Syrien ist das Erbgut des Krieges im Irak eingeschrieben.

Der Krieg im Irak war der Vorläufer einer noch viel größeren Welle. Es war der Beginn einer Bewegung, die bis heute anhält. Die DNA des Krieges in Syrien besteht aus dem Erbgut des Krieges im Irak. Personell und ideologisch.

Einige Tage nach dem Treffen mit Theo Padnos checke ich meine E-Mails. Ich tue es voller Neugierde. Doch wieder haben mir nur zahlreiche Journalisten geschrieben. Ich wollte nicht die Geschichte sein, aber jetzt bin ich es geworden.

LAURA

Nach einiger Zeit fahre ich weg. Diese Reise lässt mich auf neue Gedanken kommen. Ich stelle Laura in einem verschlüsselten Messenger zur Rede: War sie die Ideengeberin hinter der Entführung? War es ihr Plan? Hat Laura meine Entführung in Kauf genommen? Warum hat sie mich nicht gewarnt? Kann ich Laura das Geschehene verzeihen? Gibt es etwas zu verzeihen? Kann man Dschihadisten vertrauen?

»Warum hast du mich nicht gewarnt, als sie dich gefragt haben, ob ich an einer gestellten Entführung teilnehmen würde, als ich noch in der Türkei war?«
»Also, ich habe, ehrlich gesagt, gar keinen Grund zur Beunruhigung gesehen. Mir wurde vorgeschlagen, dich danach zu fragen. Also, alleine das hat mir schon gezeigt: Wenn die was planen sollten, wären die dann tatsächlich so dumm, mich dich vorher fragen zu lassen? Ich habe das eher so gesehen: Fragen kostet ja nichts. Wobei ich schon direkt abgewunken habe und meinte: Leute, sie ist schwanger!!! Als ob sie ihr erstes Kind in Syrien bekommen will! Mir wurde dann nur gesagt: Bereite mal eine Art Brief für sie vor, du kannst ja nie wissen. Also, aus all dem habe ich jedenfalls keine akute Gefahr für dich ablesen können.«
»Dachtest du wirklich, dass du die Situation im Griff hast und mich deine Sicherheitsgarantie schützt?«
»100%. Ich bin voll und ganz davon ausgegangen.«
»Warum hast du meine Gefährdung in Kauf genommen?«
»Wie gesagt, habe ich nicht den geringsten Grund zur Beunruhigung gesehen. Somit habe ich aus meiner Sicht auch nichts in Kauf genommen. Also du bist mir echt nie in die Falle

gegangen. Ich habe mal im Fokus gelesen, ich hätte dich die ganze Zeit überredet zu kommen und angelockt, aber da kam ja viel Initiative und Nachfragen von dir, bis ich wirklich jemanden fand, der bereit war, das zu machen. Und hauptsächlich als Gefallen für mich und meine Mutter.«

»Was hast du während meiner Entführung getan?«

»Also, erst mal hat es eine ganze Weile gedauert, bis ich das herausgefunden habe. Deine Familie hat mich ständig gefragt, wo du bist, ich habe die Brüder ständig gefragt, wo du bist. Mir wurde nur gesagt: Sie wurde mit einem Taxi zur Grenze geschickt. Mehr wissen wir nicht, sie ist einfach verschwunden. Ich war natürlich total geschockt. Ich hatte gar nicht mit so was gerechnet. Nicht in meinen wildesten Träumen. Das war total unvorhergesehen. Ich habe gleichzeitig versucht, mich und deine Familie zu beruhigen. Dann wurde mir gesagt: ›Sie sind an einem Checkpoint angehalten worden, ihr Begleiter Waleed wurde verprügelt, aber dann verliert sich die Spur.‹ Das hat mir den Rest gegeben. Ich war davon überzeugt, dass irgendeine Gruppe oder irgendwelche Kriminellen etwas von dir mitbekommen haben. Bis zu dem Zeitpunkt war ich zuversichtlich, dass die Brüder alles schnell klären würden. Mir wurde gesagt: ›Mach dir keine Sorgen, wir regeln das.‹ Dann kam die nächste Nachricht: Du bist bis zur Grenze gekommen, dann ist geschossen worden und du bist zurückgelaufen. Ich wurde immer unsicherer. Ab diesem Zeitpunkt wollte ich selber aktiv werden, wollte von Checkpoint zu Checkpoint laufen und jeder Gruppe erklären, dass du eine Sicherheitsgarantie hast. Das ist im muslimischen Recht verankert. Das darf nicht ungestraft gebrochen werden. Ich dachte, bestimmt hat sie jemand entführt, der nichts von der Garantie wusste. Meine Pläne sind praktisch natürlich nicht durchsetzbar gewesen: Eine Frau, die noch nicht mal ein Auto besitzt, will von Checkpoint zu Checkpoint laufen und nach einer nicht muslimischen deutschen Journalistin suchen. Kurz gesagt: Ich wurde davon abgehalten. Dann wollte ich Briefe an verschiedene *mahkamas* (Gerichte) schicken, um die Richter über den Fall zu informieren. Davon waren die Brüder überhaupt nicht begeistert. Und ich fand niemanden, der mich darin unterstützte. Schließlich wurde ich selbst durch die Brüder unter Druck gesetzt. Was habe ich also getan? Das Einzige mir Mögliche: Ich habe für deine Freilassung gebetet. Und ich habe ständig und jeden gefragt, ob er einen Anhaltspunkt habe, wo du sein könntest. Und ich habe immer weiter versucht, deine Familie zu beruhigen. Also nicht viel, aber das Einzige, was mir möglich war.«

»Wie hat dich meine Entführung verändert? Sind dir dadurch Zweifel an der Integrität der ›Brüder‹ und der Ideologie im Allgemeinen gekommen?«

»Natürlich war ich erst mal geschockt, enttäuscht und misstrauisch. Aber ganz ehrlich, ich habe mittlerweile so viele Versionen der Story gehört, dass ich selber nicht mehr weiß, wem ich in dieser Hinsicht trauen kann. Und ich habe das Gefühl, dass man mich in etwas reinreiten will, mit dem ich nichts zu tun habe. Und du weißt, dass ich nichts damit zu tun habe. Ich würde so was in keiner Weise unterstützen. Unabhängig von Religion, Gruppe oder was auch immer. Ich habe dir mein Wort gegeben und es nicht gebrochen. Allerdings haben sich andere die Situation zunutze gemacht.«

»Wie lebst du seither?«

»Also, meine Lebensumstände haben sich nicht geändert. Von gewissen Leuten habe ich mich natürlich distanziert. Ich bin vielleicht auch insgesamt misstrauischer geworden. Ansonsten leben wir unser Leben weiter wie bisher.«

»Wie soll es weitergehen? Was sind deine Wünsche und Träume für die Zukunft? Wie sollen deine Kinder leben?«

»Wir leben hier ja ganz offensichtlich nicht mit den gewöhnlichen Wünschen wie Ausbildung, Job, Familiengründung oder Rente. Meine persönliche Zielsetzung ist es, mir selbst treu zu bleiben, zu helfen, wo ich kann. Und wenn es auch nur, wie schon oben erwähnt, mit meiner Präsenz ist. Wir glauben an ein Leben nach diesem. Und auf dieses bereiten wir uns vor. Auch für mich ist natürlich wichtig, dass im Speziellen meine Kinder eine Bildung genießen, jedoch unabhängig von Noten und Abschlusszeugnissen. Noch wichtiger allerdings ist mir die persönliche charakterliche Entwicklung: Nächstenliebe, Opferbereitschaft, Demut, Hilfsbereitschaft und Geduld, um nur einige Beispiele zu nennen. Das sind Dinge, die bleiben und einen Menschen zu einem guten Menschen machen. Und genau dafür sind wir hier. Und wir befinden uns hier an einem der besten Orte, um diese Eigenschaften reifen zu lassen. Was die Zukunft bringt, weiß ich nicht. Und sie zu planen ist meiner Meinung nach verlorene Zeit. Das Leben ist kurz. Da spreche ich aus eigener Erfahrung. Also gucken wir, wie wir unser Hier und Jetzt bestmöglich gestalten und nutzen.«

»Was war mit Abu Media, der dich heiraten wollte, als ich da war?«

»Ich habe ihn geheiratet, und ich habe mich von ihm scheiden lassen, als ich vermutete, dass er hinter der Entführung steckt.«

»Was ist mit ihm nach der Entführung passiert?«

»Er wurde am 17. Januar 2017 durch einen Drohnenangriff in der Nähe von Idlib in Nordsyrien getötet, wie das Pentagon bekannt gegeben hat. Innerhalb von zwei Wochen gab es eine Angriffswelle, bei der Abu Media und einige seiner Clique getötet wurden. Wie es dem Commander ergangen ist, weiß ich nicht. Ich habe nie wieder etwas über ihn gehört.«

»Bin ich für dich eine Freundin oder eine Journalistin?«

»Die Antwort ist nicht leicht. Also, damit du mich vielleicht besser verstehst: Genauso wie dir vielleicht Leute vorher sagten: ›Wie kannst du dahin gehen und ihr vertrauen?‹, haben danach auch Leute zu mir gesagt: ›Wieso triffst du eine Journalistin? Sie wird sowieso schlecht über dich berichten!‹ Und ich habe immer aus Überzeugung gesagt: ›Nein, ich kenne sie seit meiner Kindheit, und ich vertraue ihr.‹ Die meisten sind trotzdem skeptisch geblieben. Und halten mich bestimmt bis heute für naiv. Und ganz ehrlich, es würde mich schon traurig machen, wenn sie am Ende recht behalten würden.«

Der Commander der Entführer war derselbe Commander, den ich getroffen habe. Der Mann, mit dem ich das Interview geführt habe, ist also mein späterer Entführer gewesen. Sein Name ist Al-Juhni, er ist saudischer Staatsbürger, der am 4.12.1971 in Kharj in Saudi-Arabien geboren wurde. Er ist ein langjähriges Al-Qaida-Mitglied und war in Waziristan für die Sicherheit von Osama Bin Laden verantwortlich. Er steht auf der UN-Terrorliste.

Das kann ich jetzt klar sagen. Und auch Abu Media war an meiner Entführung beteiligt. Sein echter Name ist Mohammed Boussadoun, ein Tunesier, wie er es zu mir auch sagte. Er lebte eine Zeit lang in Deutschland, war nicht vorbestraft. Er radikalisierte sich in Deutschland, nicht in Tunesien und reiste mit seiner deutschen Frau nach Waziristan, dann weiter nach Syrien. Und auch die Rolle von Waleed scheint eine andere gewesen zu sein als gedacht: Der Schleuser steckte wohl mit Abu Media und dem Commander unter einer Decke. Auch er war an meiner Entführung beteiligt und trat unter dem Namen »Abu Hafs« auf.

Vieles davon hatte ich vermutet, doch ich hatte lange Zeit keine Gewissheit darüber. Und Laura? Es gibt ein Band zwischen uns, das die letzten Jahre überdauert hat, und ich bin mir sicher, dass ich sie niemals ganz vergessen kann. Sie ist Teil meines Lebens, so lange schon, und das wird sie auch bleiben.

Fest steht: Nichts scheint in Syrien so zu sein, wie es aussieht. Dieses Land ist eine Blackbox, die schwärzer wird, wenn man mittendrin ist.

Ich flüchte mich nach einiger Zeit in Deutschland in andere Vitamin-D-Länder: Malediven, Gomera, Griechenland. Das hilft. Dann kommt irgendwann der Moment, als das mulmige Gefühl endlich aufhört: Ich kann mir selbst vergeben. Der Zweifel hört auf, und mit diesem Moment setzt eine Ruhe ein, die seitdem geblieben ist.

Ob Laura mit meiner Entführung etwas zu tun hat, kann ich nicht mit endgültiger Sicherheit sagen, aber ich versuche ihr zu glauben. Es fällt mir schwer, die Distanz der Journalistin zu bewahren, denn es schwingt eine Hoffnung als Freundin mit, dass sie nicht beteiligt war und alles versucht hat, um mir zu helfen.

Dafür spricht, dass sie von der JFS nicht verhaftet wurde. Außerdem hat sie sich scheiden lassen von Abu Media. Das bestärkt mich in meinem Blick auf sie.

Dagegen spricht, dass sie in einem Kontext lebt, der von den radikal-dschihadistischen Kräften bestimmt wird und von skrupellosen Männernetzwerken, die im Namen des Dschihads töten und sterben.

Schluss

Als ich wenige Tage nach dem Treffen mit Theo im Dezember 2016 mit meinem Sohn auf den Weihnachtsmarkt gehen will, bin ich von der großen Anzahl überfordert: 80 verschiedene Weihnachtsmärkte gibt es in Berlin. Ich kann mich zunächst nicht entscheiden und fühle mich an den Supermarkt erinnert. Doch dann ändert sich am 19.12.2016 plötzlich alles: Anis Amri, der im Auftrag des Islamischen Staates handelt, steuert einen Lastwagen auf den Weihnachtsmarkt auf dem Breitscheidtplatz. Zwölf Menschen werden getötet und mehr als weitere 70 verletzt. Dieser Anschlag schlägt einen weiteren Keil in unsere Gesellschaft. Die rechtsgerichteten Populisten bekommen Auftrieb. Kurz vor Weihnachten ist Deutschland mitten ins Herz getroffen. Nicht nur ich bin vollkommen fassungslos. Fortan patrouillieren schwer bewaffnete Soldaten mit Maschinengewehren auf den Märkten. Der Krieg in Syrien greift mit seiner kalten Hand in das Leben in Deutschland ein. Ich bin erschüttert und habe Angst, mit meinem Sohn auf den Weihnachtsmarkt zu gehen. Man sieht, dass die Folgen des Irakkrieges und des Syrienkrieges jetzt auch nach Deutschland geschwappt sind.

Meine Rückkehr ist auch die Rückkehr in ein Land, das mir fremd geworden ist. Nicht nur, weil ich mich verändert habe, sondern auch, weil Deutschland sich verändert hat, während ich ein Jahr weg war. Ich habe das entscheidende Jahr verpasst. Das entscheidende Jahr für dieses Land.

Die politische Entscheidung, die Flüchtlinge aus Syrien aufzunehmen, hat zu starken Diskussionen und Konflikten innerhalb der Gesellschaft geführt. Vor allem die rechtspopulistischen Parteien und Wortführer konnten von der Antiflüchtlingsstimmung profitieren. Es wird von einer »Flüchtlingswelle« gesprochen, die die Perspektive auf einzelne Individuen ausblendet. Tsunamiartige Bedrohungsszenarien werden dabei gezeichnet.

Ich habe nach meiner Rückkehr das Gefühl, dass ich fast zu spät gekommen bin. Deutschland ist mir fremd geworden. Der Hass auf das andere, der Hass auf das Fremde. Er ist so eine starke Stimme geworden.

Ich frage mich, mit welchem Recht Krieg geführt wird. Führen wir Krieg für den Frieden? Ich muss an einen Slogan der Antikriegsbewegung denken, der in den Sechzigerjahren auf einem Protestplakat während des Vietnamkriegs stand: »Bombing For Peace Is Like Fucking For Virginity.« Die Freiheit bei uns ist trügerisch. »Die Freiheit ist ein Luxus, den sich nicht jedermann gestatten kann«, so Reichskanzler Otto von Bismarck Anfang des 20. Jahrhunderts.

Wenn Marx schreibt: »Kein Mensch bekämpft die Freiheit, er bekämpft höchstens die Freiheit der anderen«, dann lässt sich daraus eine Kritik ableiten: Es gibt keine Freiheit, die losgelöst von Interessen besteht. Und im Namen der Freiheit kann vieles legitimiert werden, sogar Kriege. Dabei stehen doch immer die konkreten wirtschaftlichen Interessen von einzelnen Staaten einander gegenüber, die Freiheit ist nie losgelöst von Herrschaftsansprüchen. Zwecklose Freiheit gibt es folglich nicht. Es ist der Kampf von Staaten um ihren Einfluss über und gegen andere Staaten und deren Eliten. Und die Mächtigen führen Kriege nicht in ihrer Heimat, sondern im Ausland, da wird um Einflusssphären und Vormachtstellungen gerungen.

Ich frage mich, wie kann im Namen von Freiheit gelogen werden wie beim Beginn des Irakkrieges – dem Anfang der DNA des Syrienkrieges –, als die Aussagen des BND-Informanten »Curveball« als Legitimation für einen Angriff dienten, wenn sich nicht das Interesse auf Einflusssphären dahinter verbirgt? Und wie passen Embargos, die die Bevölkerung treffen, zur Verteidigung von Freiheit? Und sind die Bomben, die die irakische Bevölkerung trafen, in ihrer tödlichen Wirkung wirklich in ihrer Zerstörung von Bomben, die die syrische Bevölkerung treffen, zu unterscheiden? Sollte nicht die Einseitigkeit der Betrachtung überwunden werden? Ist das gleiche Mittel einmal gut und einmal böse, oder ist es nicht ein großes Vorurteil, das unser Denken beherrscht?

Müssen wir uns immer den Interessen der konkurrierenden Staaten beugen, oder dürfen wir die Zwecke der kriegsführenden Parteien kritisieren? Was könnte ein Gegenentwurf für ein Miteinander sein? Ein von politischen Interessen losgelöstes Miteinander der einzelnen Länder?

Der Krieg in Syrien ist die größte humanitäre Katastrophe seit dem Zweiten Weltkrieg. Und es geht um den Krieg der Bilder und die Bilder des Krieges. Wir werden mit kalten Zahlen über Tote und Verletzte und mit jenen brutalen Bildern überflutet, aber wir sind unempfindlich gegenüber dem menschlichen Ausmaß des Krieges geworden. Sie lösen nichts mehr in uns aus. Wir sind vollkommen abgestumpft. Sowohl die Videos des Islamischen Staats und der Taliban haben sich durch ihre Brutalität in unser mediales Gedächtnis eingebrannt als auch die schrecklichen Bilder der Toten aus den Folterkellern Assads und der Toten durch die Bombardierungen durch das Regime und seine Verbündeten. Und doch vergessen wir viel zu oft, dass hinter all den toten Körpern auf unseren Fernsehbildschirmen Leben und Geschichten stehen. Wir vergessen, dass all die Menschen, die immer noch täglich in diesem Krieg sterben, real sind. Wir vergessen, dass Familien zerstört werden und Träume und Hoffnungen für immer zerbrechen. Wir müssen uns gegen das Wegschauen stemmen, gegen die Abstumpfung und das Desinteresse an dieser täglichen Ungerechtigkeit. Auf dem Index für Pressefreiheit, der von »Reporter ohne Grenzen« jährlich erhoben wird, belegt Syrien den Rang 177 von 180 Ländern. Und die Rückkopplungen dieses Krieges in Syrien haben Deutschland längst erreicht.

Wir müssen der Suggestivkraft des Radikalislamismus mit seiner Zweiteilung der Welt in Gut und Böse etwas entgegensetzen. Wir müssen die Fragen, die ihm zugrunde liegen, beantworten können, aber wir müssen andere Antworten finden. Andernfalls wird sich das Problem des Dschihadismus nur weiter verstärken. Dieser ist, so lässt sich bis hierher festhalten, kein Phänomen, das »von alleine« wieder verschwinden wird. Und auch das hat Gründe.

Auch den Islam per se zu verurteilen hilft nicht. Wir müssen uns den Nährboden anschauen, auf dem diese Ideologie wächst: unsere Gesellschaft. Der Dschihadismus ist kein Massenphänomen in Deutschland, und doch sagen uns diese Extreme, die Ausreißer, immer auch etwas über die Welt, aus der sie kommen, sie antworten auf gesamtgesellschaftliche Strömungen.

Wir werden von den Medien täglich mit Nachrichten über den *gefährlichen* Islam konfrontiert. Dabei werden ständig dieselben Stereotype reproduziert, die die gesellschaftliche Wahrnehmung prägen: Burka, Steinigung, Gotteskrieger, Hassprediger, Salafisten, Paradiesjungfrauen. Das sind die Schlagworte, mit denen wir durch die Medien versorgt werden. Es ist erstaunlich, wenn man die Zahlen dazu betrachtet: Rund 80 Prozent der Berichterstattung über den Islam in den öffentlich-rechtlichen Medien ist negativ. Das Narrativ über den Islam ist somit ein Narrativ gegen ebendiesen. Die Stoßrichtung ist eindeutig negativ. Inwieweit legen die Medien damit das Fundament für eine negative Rezeption des Islam? Es ist nicht verwunderlich, dass die Mehrheit unserer Gesellschaft nur noch *einen* Islam sieht, den politischen. Es wird nicht mehr unterschieden zwischen verschiedenen Traditionen, Rechtsschulen oder Glaubensgrundsätzen. Der Islam wird zu einem undifferenzierten *Fremden* erkoren, das wir nicht verstehen und vor dem wir Angst haben sollen. Und die islamophobe Hetze trägt Früchte: Islam wird in erster Linie mit Terror assoziiert. Zu diesem Entwurf gibt es wenige Gegennarrative.

Häufig wird im Zusammenhang mit dem Islam nur über diese negativen Stereotype diskutiert, es werden angstbesetzte Themen und ausschließlich gescheiterte Integrationsfälle in den Mittelpunkt gestellt. Dabei wird die andere Seite der Medaille vollkommen ausgeblendet: die vielen Muslime, die hier in Deutschland einen festen Bestandteil unseres täglichen Lebens ausmachen: Sie backen als Bäcker morgens unsere Brötchen, sie berichten als Journalisten über die neuesten Ereignisse, sie betreiben den inhabergeführten Supermarkt um die Ecke, der bestens sortiert und trotzdem familiär ist, sie schützen als Polizisten bei einem Einbruch unsere Sicherheit, sie sind Lehrer, Nachbarn, Freunde. Und die mit ihren Steuern einen integralen Bestandteil des deutschen Bruttoinlandsprodukts erwirtschaften.

Es sind keine Fremden, wie uns die rechten Ideologien suggerieren wollen. Wir müssen Verantwortung übernehmen für jene Menschen, die sich als Teil unserer Gesellschaft sehen und hier leben. Wir haben auch Aufgaben, wir sind auch Teil des Vertrags.

Die Vorstellung von »einem« Islam oder »den Muslimen«, die eine homogene Einheit bilden, ist eine grundsätzliche Simplifizierung, die sich nicht mit den Erkenntnissen aus der sozialwissenschaftlichen Forschung deckt. Vielmehr zeigt die Forschung, welche Vielfalt der Islam in Deutschland aufweist, und auch, welche zum Teil widersprüchlichen Positionen die Gläubigen vertreten. Es sollte um Differenzierung gehen. Das Ziel unserer Bemühungen sollte es sein, zwischen verschiedenen Spielarten des Islam und auch zwischen verschiedenen Spielarten des Islamismus zu unterscheiden. Erst dadurch wird es möglich, ein fundiertes Gegennarrativ zu entwerfen.

Die Zukunft des deutschen Dschihadismus ist schwer prognostizierbar. Die Pole der Welt haben sich in den letzten Monaten rasant verschoben. Eine exakte Prognose für die kommende Entwicklung ist daher nahezu unmöglich. Aber man kann klare Tendenzen erkennen. Steht uns der nächste große Anschlag längst bevor, und wir wissen es nur noch nicht? Steuern wir auf die Katastrophe zu? Eine düstere Zukunftsprognose, sofern wir nichts verändern. Wir müssen handeln.

Natürlich stellt sich auch immer wieder die Frage nach der Wahrscheinlichkeit von kleinen oder großen Anschlägen in Deutschland. In Zeiten des *individuellen Dschihad*, in dem sich einzelne Individuen selbst dazu ermächtigen, im Namen Gottes Menschen zu töten, kann jeder einzelne Fanatiker zur Gefahr werden. Das macht es für alle Beteiligten schwierig, die dies verhindern wollen. Es wird in diesem Zusammenhang oft über zusätzliche Überwachungsmaßnahmen durch die Sicherheitsbehörden gesprochen. Alle Bürger unter Generalverdacht zu stellen ist keine wünschenswerte Option. Es sei an Georg Orwells *1984* erinnert. Ist in Zukunft eine totale Überwachung die Folge, weil sie eine notwendige Konsequenz ist? Das müssen wir verhindern. Es müssen Antworten gefunden werden. Und es müssen Lösungen her. Gesellschaftlich, politisch und individuell.

Und auch andere Fragen in Bezug auf die Rückkehrer müssen beantwortet werden: Wie gehen wir mit den Rückkehrern und ihren Kindern um? Welche qualifizierten Ansprechpartner gibt es? Welche Angebote für einen Ausstieg aus der Szene können gemacht werden? Wird es in Zukunft Deradikalisierungskindergärten geben? Was kann unsere Gesellschaft tun? Was kann jeder Einzelne beitragen?

Wohin Lauras Weg führen wird, das weiß ich nicht. Und sie weiß es vielleicht auch nicht. Aber eines ist sicher: Viele Menschen haben ihr Leben verloren in diesem Krieg. Auch viele Journalisten. Aus Syrien und aus westlichen Ländern. Ich nicht. Ich hatte Glück im Unglück. Ich habe ein Kind geboren in diesem Krieg, das ist das Gegenteil von Sterben. Auch wenn ich in diesem Buch meine Geschichte erzähle, möchte ich damit an die unzähligen Opfer dieses grausamen Krieges erinnern, die ihre Geschichte nicht mehr erzählen können.

DANKSAGUNG

Ich möchte mich bei allen Menschen bedanken, die dieses Buch ermöglicht haben, auch wenn hier nicht alle namentlich genannt werden.

Ich danke meiner Familie, die mich immer unterstützt hat. Zudem danke ich Norman Ohler von ganzem Herzen, der sich während der 351 Tage ununterbrochen für unsere Rückkehr eingesetzt hat. Auch bei meinen Agenten Andrew Nurnberg und Sabine Pfannenstiel möchte ich mich für ihre kontinuierliche Ermutigung bedanken. Und natürlich danke ich Felicitas von Lovenberg, die meiner Stimme vertraut hat und dieses Buch hat Wirklichkeit werden lassen. Ohne meine kluge Lektorin Anne Stadler, die mich während der Arbeit am Manuskript sehr unterstützt hat, wäre das Buch in seiner jetzigen Form nicht entstanden. Außerdem danke ich Eva Brenndörfer und den anderen Mitarbeitern des Piper Verlags.

Ich danke der NGO »Reporter ohne Grenzen« für ihre Unterstützung. Auch den Kollegen Volkmar Kabisch und Georg Heil, die während meiner Entführung nicht lockergelassen haben, danke ich sehr. Außerdem danke ich Sophia Schäfer, Lisa Reisch und Julika Schmidt, die die ersten Versionen meines Textes aufmerksam gelesen und wichtige Anmerkungen gemacht haben, und Anna, die mir mit ihren Fragen häufig einen anderen Blick auf die Dinge ermöglicht hat. Ebenso bin ich Hamid Sulaiman, der mir in zahlreichen Gesprächen Syrien vor dem Krieg ein Stück nähergebracht hat, zu großem Dank verpflichtet.

Ich möchte mich zudem bei den Beamten der Sicherheitsbehörden und des Auswärtigen Amtes aufrichtig für ihre Unterstützung bedanken.

Literatur

Atwan, A. B. (2016). *Das digitale Kalifat: Die geheime Macht des Islamischen Staates.* München: C.H. Beck.

Bunt, G. (2009). *iMuslims: Rewiring the House of Islam.* London: Hurst.

Biene, J., Daase, C., Junk, J., Müller, H. (2016). *Salafismus und Dschihadismus in Deutschland: Ursachen, Dynamiken, Handlungs-empfehlungen.* Frankfurt: Campus Verlag.

Cook, D. (2005). *Understanding Jihad.* Berkeley [u. a.]: University of California Press.

Devji, F. (2005). *Landscapes of the Jihad: Militancy, Morality, Modernity.* London: Hurst.

Erelle, A., Potter, E. (2015). *In the Skin of a Jihadist: A Young Journalist Enters the ISIS Recruitment Network.* New York, NY: Harper Paperbacks.

Hafez, K., et al. (2007). *Das Gewalt- und Konfliktbild des Islams bei ARD und ZDF: Eine Untersuchung öffentlich-rechtlicher Magazin- und Talksendungen.* Univ. Erfurt.

Kepel, G. (2002). *Das Schwarzbuch des Dschihad: Aufstieg und Niedergang des Islamismus.* München: Piper.

Kepel, G. (2017). *Der Bruch: Frankreichs gespaltene Gesellschaft.* München: Antje Kunstmann.

Kippenberg, H. G. (2008). *Gewalt als Gottesdienst: Religionskriege im Zeitalter der Globalisierung.* München: C.H. Beck.

Logvinov, M., Hummel, K. (2014). *Gefährliche Nähe: Salafismus und Dschihadismus in Deutschland.* Stuttgart: ibidem-Verlag.

Manemann, J. (2015). *Der Dschihad und der Nihilismus des Westens: Warum ziehen junge Europäer in den Krieg?* Bielefeld: Transcript Verlag.

Mekhennet, S. (2017). *Nur wenn du allein kommst: Eine Reporterin hinter den Fronten des Dschihad.* München: C.H. Beck.

Mohagheghi, H. (2015). *Frauen für den Dschihad: Das Manifest der IS-Kämpferinnen.* Freiburg: Verlag Herder.

Neumann, P. (2016). *Der Terror ist unter uns: Dschihadismus und Radikalisierung in Europa.* Berlin: Ullstein.

Oeser, E. (2015). *Die Angst vor dem Fremden: Die Wurzeln der Xenophobie.* Stuttgart: Theiss.

Perusek, D. (2010). *Between Jihad and McWorld: Voices of Social Justice, Papers presented at a Conference with Benjamin Barber.* Cambridge: Cambridge Scholars Publishing.

Rashid, A. (2001). *Taliban: Afghanistans Gotteskrieger und der Dschihad.* München: Droemer.

Reuter, C. (2015). *Die schwarze Macht. Der »Islamische Staat« und die Strategen des Terrors.* München: DVA.

Roy, O. (2004). *Globalised Islam: The search for a new Ummah.* London: Hurst.

Roy, O. (2017). *»Ihr liebt das Leben, wir lieben den Tod«: Der Dschihad und die Wurzeln des Terrors.* München: Siedler.

Sageman, M. (2004). *Understanding Terror Networks.* Philadelphia: University of Pennsylvania Press.

Sageman, M. (2008). *Leaderless Jihad: Terror Networks in the Twenty-First Century.* Philadelphia: University of Pennsylvania Press.

Said, B. (2014). *Islamischer Staat: IS-Miliz, al-Qaida und die deutschen Brigaden.* München: C.H. Beck.

Said, E. W. (2003). *Orientalism.* London: Penguin Books.

Schäuble, M. (2011). *Dschihadisten: Feldforschung in den Milieus. Die Analyse zu »Black Box Dschihad«.* Berlin: Schiler [u. a.].

Schiffauer, W. (2010). *Nach dem Islamismus: Die islamische Gemeinschaft Milli Görüş. Eine Ethnographie.* Frankfurt am Main: Suhrkamp.

Schiffauer, W. (2015). *Schule, Moschee, Elternhaus: Eine ethnologische Intervention.* Berlin: Suhrkamp.

Schröter, S. (2015): *Die jungen Wilden der Ummah. Heroische Geschlechterkonstruktionen im Dschihadismus*, in: Kursawe, J., Johannsen, M., Baumgart-Ochse, C., von Boemcken M., Werkner, I. (Hrsg.): Friedensgutachten 2015 (S. 175–186). Münster: Lit.

Slahi, M. O. (2015). *Das Guantanamo-Tagebuch*. Stuttgart: Klett Cotta.

Steinberg, G. (2005). *Der nahe und der ferne Feind: Die Netzwerke des islamistischen Terrorismus*. München: C.H. Beck.

Steinberg, G. (2014). *Al-Qaidas deutsche Kämpfer: Die Globalisierung des islamistischen Terrorismus*. Hamburg: Edition Körber-Stiftung.

Zinser, H. (1997). *Der Markt der Religionen*. München: Fink.

Zinser, H. (2015). *Religion und Krieg*. Paderborn: Fink.